JN227134

PRINCIPLES OF MARKETING
14TH EDITION

コトラー、アームストロング、恩藏の
マーケティング原理

フィリップ・コトラー
ゲイリー・アームストロング
恩藏直人 [著]

Philip Kotler | Gary Armstrong | Naoto Onzo

丸善出版

Authorized translation from the English language edition, entitled PRINCIPLES OF MARKETING, 14th Edition, ISBN: 0132167123 by KOTLER, PHILIP; ARMSTRONG, GARY, published by Pearson Education, Inc, Copyright © 2012, 2010, 2008, and 2006 by Pearson Education, Inc., publishing as Prentice Hall, One Lake Street, Upper Saddle River, New Jersey 07458.

All rights reserved. No part of this book may be reproduced or transmitted in any form or by any means, electronic or mechanical, including photocopying, recording or by any information storage retrieval system, without permission from Pearson Education, Inc.

JAPANESE language edition published by MARUZEN PUBLISHING CO., LTD., Copyright © 2014.
JAPANESE translation rights arranged with PEARSON EDUCATION, INC. through JAPAN UNI AGENCY, INC., TOKYO JAPAN

キャシー、ベティー、マンディー、
マット、KC、ケリー、デラニー、モリー、メイシー、ベンに。
ナンシー、エイミー、メリッサ、ジェシカに。
そして、ミホ、コウヘイに。

目次

著者について　x
日本の皆様へ　xii
まえがき　xiii
日本版刊行にむけて　xvi

第1部　マーケティングの本質と市場競争　1

第1章　マーケティングの本質　2

オープニング・ストーリー　ザッポス・トッドコム：
顧客価値と顧客リレーションシップの創造にかける情熱　3
マーケティングとは何か　5
顧客ニーズの理解　7
顧客主導型マーケティング戦略の設計　9
マーケティング計画の設計　13
顧客リレーションシップの構築　14
顧客からの価値の獲得　21
変わりゆくマーケティングの環境　24
ディスカッション　29

第2章　企業とマーケティング戦略　30

オープニング・ストーリー　ナイキ：
価値のあるブランド経験とブランド・コミュニティの創造　31
全社的なマーケティング戦略の策定　33
事業ポートフォリオの設計　36
リアル・マーケティング　マクドナルド：顧客に焦点を合わせたミッション　41
社内外メンバーとの連携　43
マーケティング戦略とマーケティング・ミックス　46
マーケティング活動のマネジメント　52
マーケティング投資に対するリターンの評価　57
ディスカッション　59

第3章　競争優位の創造　62

オープニング・ストーリー　ヒュンダイ：競合他社が減速しているときにアクセルを踏む　63
競合他社分析　65
競争戦略　70
顧客志向と競争志向のバランス　80
ディスカッション　81

第2部　顧客価値の発見と理解　83

第4章　マーケティングの基本枠組み　84

オープニング・ストーリー　ベスト・バイ：天使を抱き、悪魔を見捨てる戦略　85
顧客主導型マーケティング戦略の設計　86
市場細分化　88
ターゲティング　94
差別化とポジショニング　99
リアル・マーケティング　ダンキンドーナツ：「ごく普通の人」のためのポジショニング　107
ディスカッション　109

第5章　マーケティング情報とカスタマー・インサイト　110

オープニング・ストーリー　P&G：深いカスタマー・インサイトが顧客との絆を生む　111
マーケティング情報とカスタマー・インサイト　113
マーケティング情報の抽出　116
マーケティング・リサーチ　118
リアル・マーケティング　エスノグラフィー調査：消費者の実態を知る　132
マーケティング情報の分析と利用　133
マーケティング情報と倫理　136
ディスカッション　137

第6章　消費者の購買行動　138

オープニング・ストーリー　アップル：すべてにクールなスタイルを貫く　139
消費者行動のモデル　140
消費者行動に影響を与える特性　142
リアル・マーケティング　ウェブ上のクチコミ：ネットの社会的影響力を利用する　152
購買行動のタイプ　154

購買者の意思決定プロセス　156
新製品に対する購買者の意思決定プロセス　160
ディスカッション　163

第3部　顧客価値の創造と提供　165

第7章　製品、サービス、ブランド　166

オープニング・ストーリー　ESPNブランド：どんなスポーツでも、今すぐどうぞ　167

製品とは何か　168
製品とサービスについての意思決定　175
サービス・マーケティング　181

リアル・マーケティング　ザ・フォーシーズンズ：顧客を大切にする従業員こそ大切　187

ブランディング　189
ディスカッション　197

第8章　新製品開発と製品ライフサイクル戦略　198

オープニング・ストーリー　グーグル：光の速さの新製品イノベーション　199

新製品開発のプロセス　201
新製品開発のマネジメント　208

リアル・マーケティング　レゴ・グループ：顧客リレーションシップの構築　211

製品ライフサイクル戦略　213
製品のグローバルな展開　218
ディスカッション　220

第9章　マーケティング・チャネルによる顧客価値の提供　222

オープニング・ストーリー　エンタープライズ・ホールディングス：バックミラーに、置き去りにしたライバルたちが映る　223

サプライ・チェーンと価格提供ネットワーク　224
チャネル・コンフリクトとマーケティング・システム　228

リアル・マーケティング　ZARA：まさにファストなファスト・ファッション　232

チャネル設計に関する意思決定　236
マーケティング・ロジスティクス　241
ディスカッション　247

第4部　顧客価値の説得と伝達　249

第10章　価格設定　250

オープニング・ストーリー　アマゾンvsウォルマート：オンライン価格戦争を戦い抜く　251
主要な価格設定戦略　253
市場状況と価格設定戦略　263
価格調整戦略　269
価格変更　275
ディスカッション　279

第11章　コミュニケーションによる顧客価値の説得　280

オープニング・ストーリー　ハーゲンダッツ：
統合されたマーケティング・コミュニケーション・キャンペーン　281
コミュニケーション・ミックス　283
統合型マーケティング・コミュニケーション　284
マーケティング・コミュニケーションの開発プロセス　288
リアル・マーケティング　ナイキ：タイガー・ウッズとの熱い関係　294
予算とコミュニケーション・ミックス　296
ディスカッション　302

第12章　広告とパブリック・リレーションズ　304

オープニング・ストーリー　マイクロソフトVSアップル：
広告は本当に変化を起こせるのか？　305
マーケティングにおける広告　307
広告戦略の展開　310
広告媒体の選定　315
リアル・マーケティング　消費者生成型広告：うまくいけば、最高に使える　319
広告に対する評価と広告会社の利用　321
パブリック・リレーションズ　323
ディスカッション　325

第13章　人的販売と販売促進　326

オープニング・ストーリー　P&G：
「セールス」ではなく「カスタマー・ビジネス・ディベロップメント」　327

人的販売　329
セールス・フォースの管理　331
人的販売のプロセス　338
販売促進　341
　　リアル・マーケティング　モバイルクーポン：今、顧客のいる場所に届ける　346
ディスカッション　348

第5部　マーケティングの革新　349

第14章　ダイレクト・マーケティングとオンライン・マーケティング　350

オープニング・ストーリー　アマゾン・ドットコム：満足度の高いオンライン経験を創造する　351
ダイレクト・マーケティングの新しい捉え方　353
ダイレクト・マーケティングの形態　355
　　リアル・マーケティング　進化を続けるモバイル・マーケティング　359
オンライン・マーケティング　361
オンライン・マーケティングの実施　366
ディスカッション　370

第15章　マーケティングと社会的責任　372

オープニング・ストーリー　ティンバーランド：持続可能な価値の追求—善行を通じて繁栄する　373
持続可能なマーケティング　374
マーケティングに対する批判　376
持続可能なマーケティングと消費者行動　380
　　リアル・マーケティング　ウォルマート：世界一のエコ推進企業　386
持続可能なマーケティングに向けての企業行動　388
マーケティング倫理　392
ディスカッション　395

参考文献　397
用語集　413
索引　429

著者について

フィリップ・コトラーはノースウェスタン大学ケロッグ経営大学院において、インターナショナル・マーケティングのS・C・ジョンソン＆サン特別教授を務めている。シカゴ大学で経営修士号を、マサチューセッツ工科大学で経営博士号を取得。第14版になる著書 *Marketing Management*（邦訳『コトラー＆ケラーのマーケティング・マネジメント（第12版）』丸善出版）は、世界中のビジネススクールで最も広く用いられているマーケティング教科書である。他に何十という名著があり、主要学術誌への寄稿も100を超える。*Journal of Marketing* 誌の年間最優秀論文に贈られるアルファ・カッパ・サイ賞については、他に例を見ない3度の受賞を経験している。

PHILIP KOTLER

アメリカ・マーケティング協会の年間優秀マーケティング教育者賞など数多くの賞を手にし、アメリカ・マーケティング協会から「マーケティングへの多大な貢献」を称えるポール・D・コンバース賞を授与された。また、『フォーブス』誌の調査では、世界で最も影響力のあるビジネス思想家のトップ10にランクインし、『フィナンシャル・タイムズ』誌の世界のシニア・エグゼクティブ1,000人に対する調査でも、20世紀における「最も影響を与えた世界のビジネス文筆家／指導者」の第4位に選ばれた。

ゲイリー・アームストロングは、ノースカロライナ大学チャペルヒル校キーナン＝フラグラー・ビジネススクール学士課程のクリスト・W・ブラックウェル特別名誉教授である。デトロイトのウェイン州立大学で経営学の学士号と修士号を、ノースウェスタン大学でマーケティングの博士号を取得。主要ビジネス誌に多数の寄稿があり、コンサルタントとしても、さまざまな企業のマーケティング調査、セールス・マネジメント、マーケティング戦略に携わっている。

GARY ARMSTRONG

だが、あくまでも永遠の初恋の相手は教育だ。長く務めるブラックウェル特

別名誉教授職はチャペルヒル校で唯一期間の定めがなく、学士課程教育での優れた実績が認められた場合に授与されるものである。キーナン＝フラグラー学士課程では熱心に教育活動に取り組み、マーケティング長、ビジネス学士課程プログラムのアソシエイト・ディレクター、ビジネス優待生特別プログラムのディレクターなどの要職を歴任。その間、ビジネス専攻の学生らと緊密に関わり、学内および校内で数々の教育賞を受賞している。優秀学士課程教育者賞については、ただ1人複数回、それも3度の受賞という栄誉に浴するとともに、2004年にはノースカロライナ大学16校による最も栄えある賞、UNC理事会優秀教育者賞にも輝いた。

恩藏直人は、早稲田大学商学学術院の教授である。早稲田大学商学部を卒業後、同大学大学院商学研究科へ進学し、修士号と博士号を取得している。また学内では、商学部長、商学学術院長などを歴任。

NAOTO ONZO

学外では、財務省「財政制度等審議会」専門委員、文部科学省「大学設置・学校法人審議会」専門委員、日本消費者行動研究学会会長、商品開発・管理学会会長などを歴任。現在はエステー株式会社社外取締役、内閣府「新しい公共支援事業運営会議」委員、国土交通省「交通政策審議会」臨時委員などを務めている。

主な著書として、『エネルギー問題のマーケティング的解決』（編著、朝日新聞出版）、『コモディティ化市場のマーケティング論理』（有斐閣）、『日経文庫マーケティング』（日本経済新聞出版社）、『競争優位のブランド戦略』（日本経済新聞出版社）などがある。Journal of Marketing 誌や International Journal of Business Studies 誌など、海外の学術誌でも多くの研究成果を発表している。

日本の皆様へ

　『コトラー、アームストロング、恩藏のマーケティング原理』が出版されることとなり、筆者として大変嬉しく思う。本書は日本におけるマーケティング・テキストに革新をもたらす画期的な一冊である。英語版の単なる翻訳ではなく、マーケティング研究の第一人者である恩藏直人教授（早稲田大学）の参加により、洞察に満ちた日本版ならではの構成となっている。恩藏先生には企画段階からご協力いただき、丸2年にわたって貴重な時間と労力を割いていただいた。この場を借りて深く感謝の意を表したい。

　地域性を考慮してまとめられた本書が、豊かな学びを提供するとともに、シンプルで体系的なマーケティング書となっていることを誇りに思う。また、実務面に焦点をあてているため、職に就く前の準備や職場での応用においても大いに役立つはずである。

　最後になったが、日本の皆様には、この革新的かつ独創的な書でマーケティングを学ぶというすばらしい機会に恵まれたことを、心からお祝い申し上げたい。楽しみながらマーケティングを学んでいただければ幸いである。

ゲイリー・アームストロング
フィリップ・コトラー

まえがき

　本書は現代マーケティングの魅惑的な世界へと読者をいざなう革新的教材を目指した。教える者と学ぶ者、どちらにも最高のテキストとなるように、表や図、データ、事例のひとつひとつにまでこだわった。

　一流企業のトップレベルのマーケターが、みな一様に掲げている目標がある。それは、顧客をマーケティングの中心に据えることだ。今日のマーケティングでは、顧客価値の創造、そして、収益性の高い顧客リレーションシップを構築することが重要視される。そのためにはまず、顧客のニーズを理解する。そのうえで対応が可能なターゲット顧客を特定し、彼らを引きつけるための強力な価値提案を策定する。これらをうまくこなした組織が、市場シェア、収益、カスタマー・エクイティという形で報酬を得ることができるのである。

　本書では、今日のマーケティングの本質をとらえるものとして、〈顧客－価値〉と〈顧客－リレーションシップ〉というフレームワークを展開している。その基礎を成しているのが、価値に関する以下の5つのテーマである。

1．顧客のための価値創造と、その見返りとしての顧客からの価値獲得　今日のマーケターは、顧客価値の創造と顧客リレーションシップのマネジメントに長けていなくてはならない。マーケティングに卓越した企業は市場および顧客のニーズを理解し、価値を創造するマーケティング戦略の設計、顧客に価値と喜びを届けるマーケティング・プログラムの策定、強固な顧客リレーションシップの構築を実践している。そして、その見返りとして、売上や利益、顧客ロイヤルティという形で顧客から価値を獲得するのである。

　この革新的な〈顧客－価値〉フレームワークの導入にあたっては、第1章のはじめでマーケティングの5ステップを紹介し、マーケティングがいかにして顧客価値を創造し、見返りとしての価値を獲得するかを示している。

2．価値を創造する強固なブランドの構築と管理　巧みにポジショニングされ大きなエクイティを有するブランドは、顧客価値や収益性の高い顧客リレーションシップ構築の土台となる。今日のマーケターに求められるのは、ブランドをしっかりポジショニングし、適切にマネジメントすることである。顧客とブランドとのあいだに緊密なリレーションシップと経験を作り上げることが必要である。

3．マーケティングにおけるリターンの測定と管理　マーケティング管理者は、マーケティング資金を有効に使う責務を負わなければならない。昔であれば大規模かつ巨額のマーケティング・プログラムに自由に資金を投じ、その投資に対する財務リターンなど気にも留めないこともままあった。だが、状況は瞬く間に変わり、今やマーケティング・アカウンタビリティー、すなわちマーケティング投資に対するリターンの測定と管理は、戦略的マーケティングの意思決定に関わる重大要素となっている。本書でも、マーケティング・アカウンタビリティーを重視する姿勢を貫いている。

4．新しいマーケティング技術の活用　デジタル技術などのハイテクを駆使したマーケティングの発展に伴い、顧客とマーケターの関係は劇的な変化を遂げている。本書では第1章の「デジタル時代の到来」を手始めに、新たなデジタル・マーケティングやオンライン技術、拡大を見せるオンライン・ソーシャルネットワークと顧客生成型マーケティングを扱うなど、マーケティングに衝撃を与える新技術を随所で取り上げた。

5．世界規模での持続可能なマーケティング　これからのマーケターには世界規模でのブランド・マーケティングを持続可能な形で展開することが求められる。本書では一貫して持続可能なマーケティングというコンセプトを強調し、顧客や企業の現ニーズを満たしつつ、同時に、将来の世代のニーズに対応する能力も保持もしくは強化するマーケティングについて記述した。

マーケティングの5ステップ

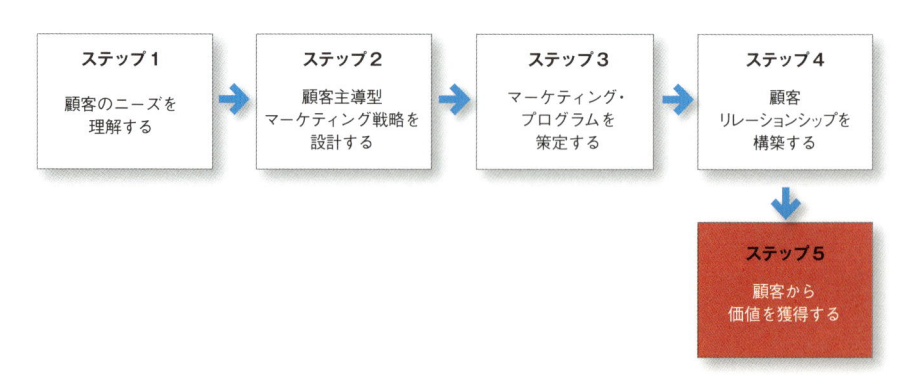

ステップ1	ステップ2	ステップ3	ステップ4
顧客のニーズを理解する	顧客主導型マーケティング戦略を設計する	マーケティング・プログラムを策定する	顧客リレーションシップを構築する

ステップ5　顧客から価値を獲得する

価値ある学習ツール

本書では各章の冒頭から本文、章末にいたるまで、主要なコンセプトについて学び、応用するための多様な仕掛けを用意した。

- **本章の概略** 各章の導入部分を能動的かつ総合的なものにするという方針のもと、その章で学ぶコンセプトの概要、前章までに登場したコンセプトとのつながりを簡潔に述べている。
- **オープニング・ストーリー** これから学ぶテーマに関する、好奇心を刺激するものとして、魅力的なマーケティング事例を解説している。
- **リアル・マーケティング** 各章で、大小さまざまな企業が実践しているマーケティング事例を詳しく取り上げている。
- **ディスカッション** 各章の理解を深めるため、3つの練習問題を示している。
- **重要語句** 各章末にその章で扱った重要語句をまとめている。

日本版刊行にむけて

　先日、早稲田大学名誉教授である宮澤永光先生にお会いする機会があった。その折、「恩藏さん。これまでに、コトラー教授の本の翻訳を何冊くらい手がけましたか」というご質問をいただいた。宮澤先生は、フィリップ・コトラー教授の著作の翻訳を私に取り組むよう、最初に勧めてくださった先生である。今から15年ほど前のことである。そうして上梓されたのが『コトラーのマーケティング入門』である。その後、コトラー教授の著作の翻訳、監訳、監修、解説などを重ねていった。振り返ってみると、すでに10点を超えるまでになっている。私の仕事の大きな柱の1つと言ってもよいだろう。

　大学に身を置くわれわれ研究者は、書籍にしても論文にしても、海外の文献には常にアンテナを張り、最新の情報を取得するよう心がけている。自身の研究を進めるだけであれば翻訳の必要性はあまりないだろうが、われわれは研究者であると同時に教育者でもある。マーケティング情報を学生や産業界に伝え、新しい理論やコンセプトを啓蒙しなければならない。私がコトラー教授の著作の翻訳作業に意義を感じ、繰り返し取り組むことができたのは、啓蒙的な部分での貢献が大きいと感じていたからである。コトラー教授の著作には、常に新たな発見があり、思わず頷いてしまうような納得感がある。それを翻訳し、多くの日本の人々に知ってもらうことで、我が国のマーケティング水準は高まるだろうと確信している。もちろん、海外の魅力的な著作が紹介されれば、マーケティングのファンは増えてくれるだろうと考えている。そうした思いは今でも変わらない。

　コトラー教授の著作の中には、海外の事例が豊富に登場する。海外の事例の多くは示唆に富み、そうした事例を手軽に学べるだけでも、翻訳書には価値がある。その一方で、私は時折いくらかの物足りなさを感じていた。理論やコンセプトの説明のために出てくる事例を読んでいて、われわれにとって馴染みがなく、名前も聞いたことがないという場合だ。知らない事例が出てくると、どうしても臨場感は薄れてしまう。日本にとって重要ではないアメリカの法令が取り上げられていることもある。やはりアメリカ人に向けられた書籍であると感じてしまい、翻訳作業をしていて、「輸入品」であるという印象はぬぐえなかった。

***

　そうした中、本書『コトラー、アームストロング、恩藏のマーケティング原理』の出版の話が持ち上がった。*Principles of Marketing*, 14th ed. (2012) をベースとして、単なる翻訳ではなく、日本の読者向けに再編集できないかという企画である。事例の差し替えや加筆はもちろん、日本市場にとって重要性の低い記述の削除、さらには章立ての見直しまで可能という提案である。長年の翻訳作業で感じてきた課題が一気に解消される企画であり、私は喜んで出版チームのメンバーに加えてもらった。われわれ日本の出版チームを信頼してくれた *Principles of Marketing*, 14th ed. (2012) の著者であり、同時に『コトラー、アームストロング、恩藏のマーケティング原理』の共著者でもあるフィリップ・コトラー教授とゲイリー・アームストロング教授には、心より感謝したい。

　コトラー教授については、翻訳作業を通じてこれまで多くの接点を有してきたが、実は、もう一人の原著者であるアームストロング教授とも忘れることのできないご縁がある。今から20年ほど前、私がノースカロライナ大学の客員研究員であったとき、アームストロング先生の別荘に招かれ、ご自身が運転するモーターボートに乗せていただいたことがある。湖の名前までは覚えていないが、先生の別荘は湖畔に位置していた。別荘の1階は湖に接しているので、家から直接ボートに乗り込むことができた。その日のことは、アメリカ生活における素晴らしい思い出の一コマとなっている。

　アームストロング先生の研究室ではさまざまなアドバイスをいただいた。ある日、コトラー教授との本の話題になった。日本でも翻訳されていて、「私も先生の本でマーケティングを学びました」と告げると、一冊のサイン入りご著書を下さった。その本は *Principles of Marketing*, 7th ed. (1996) で、その後、版を重ね今回のベースの書となっている。本当に縁や結びつきを感じざるを得ない。

***

　ある経営幹部の方から、ゴルフ道具の進化についての話を伺ったことがある。今世紀に入ってからだけでみても著しい進化があり、同じプレーヤーであっても、新しい道具を使えば打球の飛距離が伸び、正確性も高まるのだという。私

がゴルフクラブを握らなくなって10年以上も経過しているが、その間、どうも想像を超えるような進化が起きていたようだ。著しい進化という点では、マーケティング書も同じである。

　コトラー教授は、ある研究会の席で、「自分の著書であっても、古い版の本にはサインをしない。それは私がケチだからではなく、古い本は役に立たないからだ」と述べていた。マーケティングはビジネスに結びついた学問であり、アジア市場の急成長にしても、ソーシャルメディアの普及にしても、さらにはエネルギー問題の浮上にしても、ビジネス環境はこの数年で大きく変化している。普遍的な理論や発想は同じであっても、マーケティングには新たな枠組みや解釈が求められる。古い版よりも新しい版の方が、マーケティングを学ぶ上で優れていることは間違いないだろう。

　本書『コトラー、アームストロング、恩藏のマーケティング原理』の特徴について、少しだけ紹介しておこう。ベースとなった *Principles of Marketing*, 14th ed．（2012）は、20の章からなり大判で600ページを超える大部であるが、本書では15の章に再構成されている。大学での講義で用いてもらう場合、半期15という講義回数を踏まえてのことである。各章のボリュームも3割程度削減し、学生にとっても社会人にとっても、読みやすくコンパクトにまとめあげた。また、各章の冒頭に置かれているアメリカの先進的な事例は活かしつつ、随所で馴染みのないアメリカの事例を日本の事例に置き換えた。読者は、臨場感をもって本書を読み進められるはずである。

＊＊＊

　本書の出版にあたっては、多くの人々からのご支援やご声援をいただいた。青山学院大学の芳賀康浩先生、関西大学の岩本明憲先生、京都大学の若林靖永先生、専修大学の橋田洋一郎先生、一橋大学の上原渉先生、県立広島大学の粟島浩二先生、立命館大学の金昌柱先生には、原稿段階で丁寧にお目通しいただき、レビューワーとして貴重なコメントをいただいた。それらは、本書の随所で活かされている。

　また、早稲田大学の守口剛先生、慶應義塾大学の小野晃典先生、東洋大学の久保田進彦先生、立命館大学の三浦一郎先生には、本書の企画段階でのサンプ

ルレビューワーとしてご協力をいただいた。先生方からの声援がなければ、本書の企画は頓挫していたかもしれない。さらに、早稲田大学大学院の渋谷義行氏、大平進氏、永井竜之介氏には、校正段階で丹念なチェックをしていただいた。

最後となったが、ピアソン桐原の村田豪さんと高橋京子さんは、海外との連絡を取りながら、熱心に企画や調整の作業を進めてくれた。また高野夏奈さんには、編集作業に辛抱強くおつきあいいただいた。この場を借りてお礼申し上げたい。また、刊行直前に、出版社が変更することになったが、丸善出版の小林秀一郎さんと安平進さんには、最終校正を進めていただき感謝申し上げる。本書により、新しいマーケティングの動きを理解していただくとともに、マーケティング書の進化を感じていただけたならば幸いである。

2013年11月

執筆者を代表して　恩藏直人

Part 1

[第1部]
マーケティングの本質と市場競争

Chapter 1

マーケティングの本質

　まずは、**マーケティング**とは何か、という問いかけから始めてみたい。一言で答えるならば、それは顧客と良好かつ収益性の高い関係を築くための手法である。そして、マーケティングの狙いは、顧客が求めている価値を創造し、その見返りとして顧客から売上などの価値を受け取ることにある。

　定義の次は、マーケティングの5つのステップについて学ぶ。顧客が何を必要としているか（顧客ニーズ）を理解することから始まり、顧客主導型マーケティング戦略の立て方、それを実行に移す方法（マーケティング・プログラム）、顧客との良好な関係（顧客リレーションシップ）の築き方、その見返りとして顧客から受け取る価値について学ぶ。

　では最初に、ザッポス・ドットコムを例に、優れたマーケティングを具体的に見てみよう。ザッポスは、世界的な急成長を遂げたアメリカ合衆国（以下アメリカ）のネット小売業者である。その成功に特別な秘密などはない。ただひたすらに顧客のことを考えているだけである。顧客が求めている価値を創造し、顧客リレーションシップの構築に情熱を注ぐ。そして、その見返りとして顧客からロイヤルティと売上を得ているのである。

OPENING STORY

ザッポス・ドットコム
顧客価値と顧客リレーションシップの創造にかける情熱

卓越したサービスによって、顧客からは、「国税庁の業務も請け負ってほしい」「航空業を始めてほしい」といった声さえあがる。そんな驚異的な評価をアメリカで得ているのが、ザッポス・ドットコムである。

ザッポスの創業は1999年。当初はブランド、デザイン、色、サイズなどを厳選して靴を扱う通販サイトだったが、現在では洋服からハンドバッグ、アクセサリーまで販売している。開業時から顧客サービスをマーケティングの礎としてきた。2000年時点では160万ドルにすぎなかった総売上は、10年後には10億ドルに到達。今ではアメリカの総人口の3％がザッポスを利用している。

興味深いことに、同社がメディア広告に投じている資金はそう多くない。広告を打たずともサービスの質の高さから多くの顧客がリピーターとなり、友人知人にも勧めてくれる。同社の売上は、75％以上がリピーターによるものである。「通常であれば有料広告に費やす多額の資金を、我々はお客様の経験に回しています」とCEO（最高経営責任者）のトニー・シェイは語る。事業開発とブランド・マーケティングのディレクターを務めるアーロン・マグネスも、「可能な限りの資金を顧客サービスにつぎ込めば、クチコミを味方につけられると判断した」と述べている。

また、ザッポスが展開している数少ない広告も、顧客サービスをテーマに作られている。例えばアメリカで放映されたテレビCMでは、従業員を模した「ザペット」という人

顧客を大切にする姿勢は、心から顧客のことを思う企業文化からきている。「365日24時間、いつでも喜んでお手伝い」してくれるザッポス。2009年、アマゾン・ドットコムがザッポスを買収した。アマゾンはザッポスの大きな成功を評価し、買収後も独自の戦略を追求することを許しているようである。

形を使い、顧客サービス担当者と顧客との交流をアピールした。

　配送料無料、返送料無料、365日以内であれば返品可能。これらのサービスを軸に、ザッポスは顧客第一主義を貫いてきた。顧客をあっといわせるためなら、通常4〜5日かかるところを2日後、もしくは翌日に届けてみせたりもする。サービスセンターには全従業員のおよそ3分の1にあたる500人が配置されており、その意欲的なスタッフが365日24時間体制で、日に5,000本の電話を受けている。「相当な負担ではありますが、マーケティング費用だと考えています。新規に顧客を獲得するより、既存客にリピーターになってもらう方がずっと安上がりなのです」とCEOのシェイは述べている。

　顧客に対するザッポスの親密さは、心から顧客のことを思う企業文化からきている。サイト上でも明言しているとおり、「たまたま『靴（またはカバン、あるいは洋服、いずれは何もかも）』を販売しているだけで、ザッポスはサービス業」なのである。同社の企業文化は「コミュニケーションを通して顧客とオープンで正直な関係を築こう」、「楽しさとちょっとした奇抜さを創造しよう」といった10のコア・バリューを中心に形成されているが、コア・バリューの1番目は「サービスを通してワオ（感動）を届けよう！」だ。

　さらに、顧客サービスを組織の隅々にまで浸透させることを目的として、ザッポスでは最高経営責任者や最高財務責任者から子供靴のバイヤーにいたるまで、新規雇用者全員に4週間の「顧客ロイヤルティ研修」を課している。そして、生半可な気持ちのスタッフには、金銭を支払って辞めてもらうことまでしている。研修中に辞める場合は、現金2,000ドルに加えて拘束時間分の賃金が支払われる。金につられて逃げ出すようでは、どのみちザッポスの文化には合わないという理屈である。

　CEOのシェイによると、この額はもともと100ドルだったが、応じる人が少ないせいで上がり続けているとのことだ。辞退に応じるのは全体の1％程度にとどまっており、シェイにとっては低すぎる数字だ。従業員は誰しも顧客との接点として一流でなくてはならない、というのがザッポスの考えである。「顧客の喜ぶサービスを自然に提供する。これは教えてできることではなく、できる人を雇うしかない」とディレクターのマグネスはいう。

　また、ザッポスの従業員は顧客対応にあたって、独りよがりな競争心を職場の外に置いてくるようにと求められる。自社で扱っていない靴の注文を受けたら、その靴を扱っているかどうかライバルのサイトを最低3カ所は確認し、顧客に紹介するように教育される。「短期的な売上は喜んで他社にゆずります。我々は、顧客から長期的に支持され良好な関係を築くことに重点を置いています」と、CEOのシェイは語る。

　ここまで徹底して顧客第一主義を貫いたからこそ、ザッポスは電気製品やインテリア用品にまで手を広げ、成長することができたのだ。「できれば10年後には、もとも

とはネット靴屋だったことも忘れられていたいですね。実際のところ、航空業や国税の徴収を手がけてほしいという声もあるんです」とシェイ。「30年後なら、最高のサービスを誇るザッポス・エアラインもありえない話じゃないと思いますよ」[1]。

今日成功を収めている企業には、アメリカであれ日本であれ1つの共通点がある。ザッポスのように強烈な顧客重視を貫き、マーケティングに重点を置いていることである。こうした企業はターゲットとする市場を明確に定め、顧客ニーズを理解し満足させることに力を注いでいる。また、組織内のモチベーションを高め、顧客が求めている価値を提供し、良好な関係構築に一丸となって取り組んでいる。

マーケティングとは何か

マーケティングをごくシンプルに説明するならば、収益性の高い顧客リレーションシップを構築すること、となる。その目標は2つあり、優れた価値を約束して新規顧客を開拓することと、満足感を与えて既存顧客を維持拡大することである。

西友の親会社であるアメリカのウォルマートが世界最大手の小売業者にまで成長できたのは、「Save money. Live better.（節約して、より豊かな生活を）」という約束を顧客との間で守ったからだ。また、任天堂がゲーム市場で成功できたのは、「Wii would like to play（わたしたちWiiと遊んでください）」というフレーズとWii端末の普及、そして新たな顧客にも訴えるゲームソフトやアクセサリーで絶えず顧客満足を維持してきたからである[2]。

マーケティングの定義

マーケティングとはいったい何なのか。単に消費者調査をしたり、広告を出したりすることだと思っている人も少なくないようである。しかし、これらはマーケティングという氷山の一角にすぎない。

今日のマーケティングはセリング、つまり売り込むという古い感覚ではなく、顧客のニーズを満たすという新しい感覚で理解しなくてはならない。顧客のニーズを理解し、顧客が求めている価値を満たした製品を開発したうえで、適切な価格を設定し、流通させ、プロモーションすれば、製品はおのずと売れていく。それゆえ、マーケティングを「売れる仕組み作り」と言い切る論者もいる。経

営学の神様とも称されるピーター・ドラッカーも述べているように、「マーケティングの究極の目的はセリングを不要とすること」なのである[3]。

広義のマーケティングは、個人や組織が製品や価値を創造し、それを他者と交換することによって、必要なものや欲しいものを獲得する社会的かつ経営的なプロセスのことをいう。ビジネスに絞っての定義ならば、顧客と有益な価値の交換ができる関係を築くことだといえよう。本書では、マーケティングを「顧客が求める価値を創造し、顧客と強固な関係を築き、その見返りとして顧客から価値を得るプロセス」と定義したい[4]。

マーケティングの5ステップ

図1.1は、マーケティングがたどるステップを単純化したものである。企業は最初の4つのステップで顧客を理解し、顧客のための価値を創造し、顧客と強固な関係を構築しようと努める。そして最後の5番目のステップで、顧客が求める価値を提供したことに対する対価を得る。企業は見返りとして、売上やロイヤルティといった価値を獲得するわけである。

本章および次章では、このモデルを使ってマーケティングの流れを見ていこう。本章では、全ステップを概観し、そのなかで顧客と良好な関係を築くためのステップ——すなわち「顧客ニーズの理解（ステップ1）」「顧客リレーションシップの構築（ステップ4）」「顧客からの価値の獲得（ステップ5）」に重点を置く。そして次章では、「顧客主導型マーケティング戦略の設計（ステップ2）」と「マーケティング計画の設計（ステップ3）」についてより詳しく見ていくこととしたい。

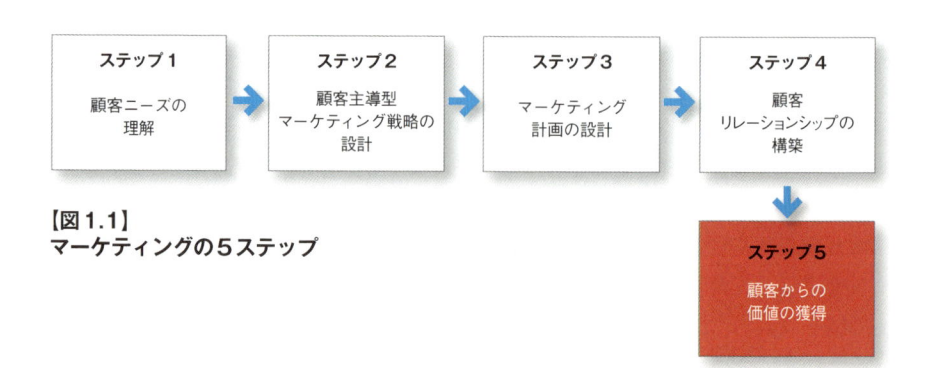

【図1.1】
マーケティングの5ステップ

ステップ1	ステップ2	ステップ3	ステップ4
顧客ニーズの理解	顧客主導型マーケティング戦略の設計	マーケティング計画の設計	顧客リレーションシップの構築

ステップ5: 顧客からの価値の獲得

顧客ニーズの理解

　マーケティングのステップ1で求められるのは、顧客のニーズやウォンツ、ターゲット市場について理解することである。まず顧客や市場に関わる中核的な概念について確認しておこう。

ニーズ、ウォンツ、需要

　マーケティングの根底にある最も基本的な概念は人間のニーズである。**ニーズ**とは「欠乏を感じている状態」のことであり、食料や衣服、安全といった生理的なもの、所属や愛情を求める社会的なもの、そして知識や自己表現に対する個人的なものまである。ニーズはマーケットを分析する人が作り出すものではなく、人間に本質的に備わっているものといえる。

　一方、**ウォンツ**とはこのニーズが文化的背景や個人の特徴を通して具体化されたものである。例えば食料というニーズについて考えた場合、日本人であればウォンツはご飯に焼き魚、味噌汁になるだろう。一方でパプアニューギニアのウォンツはタロイモやコメ、ヤムイモ、豚肉となる。そして、ウォンツが購買力を伴うと、**需要**へと姿を変える。ニーズを具体化したウォンツが顧客の購入できる値段であれば、そこに需要が生まれるのである。

　優れたマーケティングを実践している会社は、顧客のニーズとウォンツ、需要を知り、理解するための労を惜しまない。消費者調査を行い、膨大な量の顧客データを分析する。そして、地位役職にかかわらず、経営陣を含めた全員が顧客と密に接している。例えば、前述のザッポスのCEOであるトニー・シェイは、ツイッターを使って顧客や従業員との個人的なつながりを強化しており、2013年4月時点でフォロワーは270万人を超えている。P&Gでも、最高経営責任者以下の幹部が時間を設け、自宅やショッピングなどで顧客とともに過ごしている。P&Gのブランド・マネジャーは、定期的に低価格志向の消費者と同じ予算で1週間か2週間過ごし、顧客の暮らしを向上させるには何ができるか、理解を深めようと試みている[5]。

市場提供物 ── 製品、サービス、経験

　顧客のニーズとウォンツは**市場提供物**によって満たされる。市場提供物とは、

ニーズやウォンツを満たすために提供される製品、サービス、情報、経験の組み合わせであり、銀行や住宅リフォームのように、無形サービスだけのものも市場提供物である。

視野を広げると、人や場所、組織、情報、アイデアなども市場提供物に含まれる。例えば、国民から支持を受ける芸能人は人そのもの、観光地は所有する観光資源が市場提供物となる。さらに、市場提供物は子育て支援といった政策（アイデア）という形を取ることもある。

売り手は、製品自体にばかり目が行き、製品が生み出す顧客の利益や経験を軽んじるという過ちを犯すことがある。いわゆる**マーケティング・マイオピア**（近視眼）である。製品にとらわれすぎるあまり既存のウォンツしか意識せず、その背後にある顧客ニーズを見落としてしまう[6]。製品は顧客の抱える問題を解決するための道具にすぎないというのに、そのことを忘れてしまうのである。5ミリ程度のドリル刃を生産するメーカーは、ドリル刃が顧客のニーズだと思っているかもしれない。だが、顧客の本当のニーズは5ミリ程度の穴である。顧客ニーズに対してより的確に、あるいはより低価格で応える新製品が登場すれば、このメーカーは頭を抱えることになるだろう。

交換と市場

市場にはニーズを満たしてくれそうな大量の製品やサービスがあふれている。これらのものを、人々がどのように選択するのかを考えてみよう。顧客は製品から受け取る価値（顧客価値）に期待を寄せて購入する。顧客が製品の価値に満足（顧客満足）すれば繰り返し同じものを買い、さらにその快い経験を他者にも伝える。逆に、不満を持った顧客は往々にして競合製品に買い替え、不満を抱いた製品への非難を繰り広げる。

したがってマーケターは、顧客の製品への期待値を慎重に形成しなければならない。作りあげた期待値が低すぎると、購買者は満足するものの、一部の購買者は他の製品へ流れてしまい十分な数の購買者を獲得することはできない。逆に高すぎると、購買者を失望させてしまう。顧客と良好な関係を築いていくうえで鍵となるのが、この顧客価値と顧客満足という要素なのである。

交換とは、求めるものを他者から手に入れ、見返りとして何かを提供する行為のことである。交換するものは、製品やサービスにとどまらない。政治家なら票、教会なら信者、オーケストラなら聴衆となる。

マーケティングで要となるのは、この交換を通じてターゲットとなる顧客と望ましいリレーションシップ（関係）を作り、かつリレーションシップを維持するための努力を惜しまないことである。企業の多くは新規の顧客を開拓するだけでなく、顧客をつなぎとめ、ビジネスを拡大させたいと願っている。そしてマーケターは継続的に優れた顧客価値を提供することにより、顧客と強固なリレーションシップを築きたいと考えている。

　交換、リレーションシップという概念の先には市場という概念がある。**市場**とは、製品やサービスの実際の購買者と潜在的な購買者の集まりである。

　顧客と収益性の高いリレーションシップを作り上げるのがマーケティングであるが、そのようなリレーションシップの構築は一筋縄ではいかない。販売者は購買者を探してニーズを特定し、優れた市場提供物を作り、適切な価格を設定してプロモーションを行い、在庫保管し、届けなくてはならない。消費者調査、製品開発、コミュニケーション、流通、価格設定、サービス提供といった諸活動は、マーケティングの中核を成すものである。

顧客主導型マーケティング戦略の設計

　顧客と市場をしっかり理解して初めて、顧客主導型マーケティング戦略を設計するステップ2に入る。マーケターは標的とする顧客（ターゲット顧客）を見つけて市場提供物に彼らの関心を向けさせ、それを維持し、さらに大きく育てることを目指し、優れた顧客価値の創造と伝達を図る。

ターゲット顧客の選定とポジショニング

　企業は第一に、誰を製品のターゲットとするか決めなくてはならない。そこで、市場を複数のセグメントに分割し（市場細分化）、狙うべきセグメントを決定する（ターゲティング）。多くの企業にとって、すべての顧客を相手にすることなど明らかに不可能である。すべての顧客に応えようとすれば、結果的に誰に対しても十分な対応ができない。そのため企業は、良質で収益性のあるサービスを提供できる顧客のみを選ぼうとする。例えば、銀座の和光が標的としているのは富裕層であり、100円ショップのダイソーが標的としているのは価格に厳しい層である。

ターゲット顧客にどのように対応するか、そして市場のなかで自身をどのように差別化し、ポジショニングするかについても、企業は決断を求められる。ポジショニングとは、顧客のマインド内に自社ブランドをどのように位置づけるかということである。ブランドの価値提案とは、企業が消費者に対して提供を約束するベネフィットや価値の集合体である。大手家具店であるニトリは「お値段以上」でコスト・パフォーマンスの良さを訴え、日産のインフィニティは「Makes luxury affordable（贅沢を手頃に）」を約束している。

そういった価値提案がブランドを差別化し、顧客の「どうして競合他社ではなく、このブランドにするのか」という問いに対する答えとなる。企業はターゲット市場で最大の優位性を得られるよう、強力な価値提案を計画しなくてはならない。トヨタのアクアの場合は、先駆的なハイブリッド・エンジンによる世界トップの燃費性能を訴え、かつプリウスよりも小型で低価格に設定することにより、経済的で環境にやさしい車としてのポジショニングに成功している。

マーケティング・マネジメントの理念

マーケティングを経営管理の観点から捉えたものを**マーケティング・マネジメント**と言い、「ターゲットとなる市場を選定し、その市場との間に収益性の高い関係を構築する技術および科学」と定義される。では、そのマネジメントの設計は、消費者に対してどのような理念をもってなされるべきだろうか。それには5つの志向がある。具体的には、生産志向、製品志向、販売志向、マーケティング志向、ソサイエタル・マーケティング志向である。

生産志向とは、顧客は手に入りやすく価格も手頃な製品を好むので、経営者は生産と流通の効率化に集中すべきだという考え方である。最も古くから存在している志向の1つであり、状況によっては現在でも役に立つ。例えば、中国のPCメーカーであるレノボは人件費の低さと生産効率の高さ、大量流通を武器に競争の激しい市場を支配している。

しかし、特定の状況下では有益であるものの、マーケティング・マイオピアへとつながる恐れもある。この理念を採用すると、事業の焦点を絞りすぎ、顧客ニーズを満たし、顧客リレーションシップを構築するという目標を見失ってしまう大きなリスクがつきまとう。

製品志向とは、顧客は最高の品質と性能を持つ製品を好むので、マーケティングの焦点を継続的な製品改善に絞ろうという考え方である。

製品品質の改善は、どのようなマーケティング・マネジメントでも重要視されている。だが、自社製品だけに焦点を絞ってしまうと、やはりマーケティング・マイオピアに陥りかねない。例えば、「よりよいネズミ捕りを作れば大ヒットする」と考える企業は、多くの場合、期待を裏切られることになる。なぜなら購買者はネズミの問題に対する解決策を求めており、それは必ずしも優れたネズミ捕りを意味しているわけではないからである。顧客が求めているものは、薬品のスプレーやネズミ駆除サービス、飼い猫など、ネズミ捕りではなく別の解決策かもしれない。

販売志向とは、顧客が当該製品の必要性に気づきにくいため、大規模な販売活動やプロモーション活動が重要だという考え方である。一般的に販売志向は、購買者がふだん買おうと思わない「非探索品」と呼ばれる製品で実践されている。例えば保険や墓石、また、非営利組織にとっては献血などがその例である。企業には製品の長所をうまく売り込む腕が求められる。

だが、そのような売り込み攻勢には大きなリスクが伴う。長期的に収益性の高い顧客リレーションシップを築くことよりも、販売取引を生み出すことの方に焦点が当てられているからだ。市場が欲するものを作るのではなく、作ったものを売ることに注目してしまいがちである。

マーケティング志向とは、ターゲット市場のニーズを競合他社よりも的確につかみ、顧客満足を提供することが組織目標達成の鍵となるという考え方である。マーケティング志向のもとでは、顧客を重視することと顧客価値が売上へと結びついていく。製品中心の「作って売る」ではなく顧客中心の「感じ取って応じる」というスタンスのもとで、製品にふさわしい顧客を見つけるのではなく顧客にふさわしい製品を見つけることがマーケターの仕事となる。

次頁の**図1.2**は、販売志向とマーケティング志向を対比したものである。販売志向の視点は、内から外へと向かうプロダクトアウトである。まず工場から始まり、企業の既存製品に着目し、大規模な販売活動とプロモーションを行って、収益を得る。焦点は主に顧客の獲得、すなわち短期的な売上にあり、誰がなぜ購入するのかといったことには、ほとんど関心を示さない。

これに対してマーケティング志向は、外から内へと向かうマーケットインの視点をとる。マーケティング志向は明確な市場がなくては始まらない。その上で顧客ニーズに焦点を合わせ、顧客に影響を与えるすべてのマーケティング活動を統合する。それから、顧客価値と顧客満足に基づく長期的なリレーション

【図1.2】 販売志向とマーケティング志向

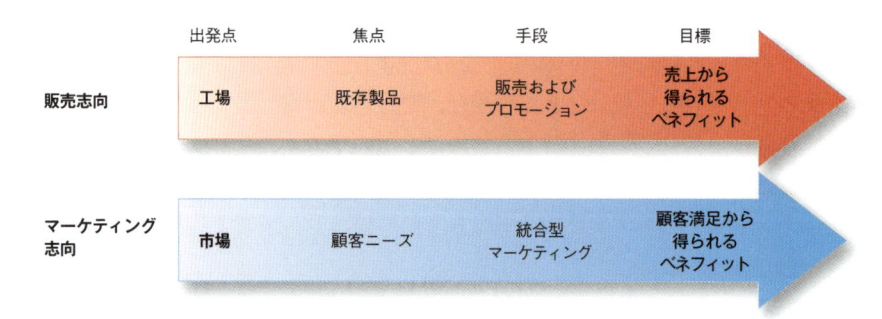

	出発点	焦点	手段	目標
販売志向	工場	既存製品	販売およびプロモーション	売上から得られるベネフィット
マーケティング志向	市場	顧客ニーズ	統合型マーケティング	顧客満足から得られるベネフィット

シップを構築する。

　マーケティング志向の実践にあたっては、表面に現れた顧客の要望や明白なニーズに応えているだけでは不十分である。顧客主導型の企業は現在の顧客を詳しくリサーチすることで顧客の要望を把握し、新しい製品やサービスのアイデアを集め、アイデアに基づいた製品改良を試みる。このような**顧客主導型マーケティング**は、はっきりしたニーズが存在する場合や、顧客が自分の欲するものを理解している場合に効果的である。

　しかしながら多くの場合、顧客は自分が何を欲しているのか、その可能性すら自覚できていない。つい20年前には、携帯電話やデジタルカメラ、24時間オンライン・ショッピング、カーナビなどを一般消費者は考えもしなかった。このような、顧客自身が欲するものを自覚していない状況から生まれたのが、**顧客誘導型マーケティング**である。顧客自身もよくわかっていないような顧客ニーズをつかみ、顕在ニーズとともに潜在ニーズにも合致する製品やサービスを作り出す、という考え方である。スリーエム（3M）のある経営幹部の言葉を借りれば、「顧客自身が自覚もしていないうちに、行きたがっているところへ案内することが目標」なのである。

　純粋なマーケティング志向は、顧客の短期的な満足と長期的な幸福との対立を見過ごしているのではないか。そう問い掛けるのが、**ソサイエタル（社会志向的）・マーケティング志向**である。ターゲット市場の目先のニーズを満たすことが、果たして長期的に顧客にとって最善の行いとなるのだろうか。ソサイエタル・マーケティング志向では、マーケティング戦略が顧客にもたらす価値は、顧客および社会双方の幸福感を維持、もしくは向上させられるものでなくては

ならないと考える。そこで求められるのが持続可能なマーケティング、すなわち人々や企業の現ニーズを満たしつつ、同時に、社会的・環境的責任を果たすマーケティングである。

今日のミネラルウォーター業界を例に考えてみよう。便利でおいしく、健康的な製品を提供しているように見えるかもしれない。手つかずの湖や雪を頂いた山など、パッケージも「エコ」なイメージである。だが、何十億という数のペットボトルの生産と箱詰め、輸送は大量の二酸化炭素を排出し、地球温暖化の原因の1つとなっている。それだけではない。持続可能なリサイクルや固形廃棄物の処理という面でも、ペットボトルは問題を抱えている。つまり、人々の短期的なウォンツを満たすことが環境問題を引き起こし、社会の長期的ベネフィットを損なっている可能性があるのだ。企業は自らのベネフィットと人々の満足、社会の幸福の3点に留意し、バランスのとれたマーケティング戦略を設計しなければならない。

マーケティング計画の設計

マーケティングのステップにおいて、企業はまずどのような顧客を対象とするのか、顧客が求める価値をどのように創造するかを考える。そして次に、その価値を実際にターゲットとする顧客に届けるための方法であるマーケティング計画を開発する。計画を適切に展開すると、顧客リレーションシップが構築される。また、マーケティングを実践するために、企業はマーケティング・ミックスという枠組みを用いる。

マーケティング・ミックスは、製品（product）、価格（price）、流通（place）、プロモーション（promotion）の4つに大きく分類され、マーケティングの4つのPと呼ばれる。顧客が求める価値を提案するにあたって、企業はまず市場提供物（製品）を作らなくてはならない。それからいくら請求するか（価格）、標的とする顧客にどのようにして届けるか（流通）を決定する。最後に、顧客とコミュニケーションを図り、製品のメリットについて納得させなくてはならない（プロモーション）。

顧客リレーションシップの構築

マーケティングのステップは「顧客ニーズの理解」、「顧客主導型マーケティング戦略の設計」、「マーケティング・プログラムの策定」という3つのステップを経て、最も大切な4番目のステップ、「顧客リレーションシップの構築」へと続く。ここでは、このステップの大切な要素について確認しておこう。

顧客リレーションシップ・マネジメント

顧客リレーションシップ・マネジメントとは、現代マーケティングにおける最も重要な概念である。一部のマーケターは、顧客データの管理業務（CRMとも呼ばれる）という狭い意味でとらえている。その場合は、顧客個々の詳細な情報を扱い、顧客と接する「タッチポイント」を注意深く管理し、顧客ロイヤルティの最大化を目指すことになる。

一方、多くのマーケターが顧客リレーションシップ・マネジメントというときは、ほとんどの場合、より広い概念でとらえている。広義の**顧客リレーションシップ・マネジメント**とは、優れた顧客価値と顧客満足の提供により、収益性の高い顧客リレーションシップを構築、維持していく総合的なプロセスのことであり、顧客の獲得から維持、拡大までを扱う。

永続的な顧客リレーションシップを構築する鍵は、優れた顧客価値と顧客満足を作り出すことにある。製品に満足した顧客はその企業へ親しみや愛着を抱きやすく、最終的に企業のシェア拡大につながるからである。

顧客を引きつけ、つなぎとめることは難しい。顧客の前には、選択肢となりうる製品が山ほど並んでいる。顧客はその中から最も高い知覚価値を提供する製品を選び、それを購入する。**顧客の知覚価値**とは、ある市場提供物における全ベネフィットと全コストの差を、顧客が代替品との比較で評価したものである。ここで重要なのは、顧客が「実際」の価値やコストを算出しているわけではないということだ。知覚価値は、あくまでも主観的に知覚された価値である。

顧客満足とは、ある製品に対する顧客の期待と、その製品が知覚されたパフォーマンスとを比較したものである。パフォーマンスが期待よりも低い場合、顧客は不満を抱く。期待どおりのパフォーマンスであれば満足する。期待を超えるパフォーマンスにはおおいに満足し、喜びさえ感じるのである。

マーケティングに秀でた企業は、大切な顧客の満足を保つことに力を入れている。ほとんどの研究が示しているように、顧客の満足が高いほど企業への信頼度や顧客ロイヤルティも大きくなり、その結果、企業の業績は向上する。そこで賢明な企業は提供できるものだけを約束し、その上で約束以上のものを提供して顧客を喜ばせようとする。喜んだ顧客は購買を繰り返すだけでなく、マーケティング・パートナーあるいは「顧客伝道師」となり、自分のすばらしい経験を他者に広める。実際、ソーシャル・メディアが普及したことにより、個人が情報を発信する機会は急激に増えている。顧客が数分前に食べた料理の感想をツイッターでつぶやき多くの人と共有することなど、今ではあたりまえのことになっている。

　顧客満足を大切にしている企業には、飛び抜けた価値やサービスが企業文化の一部として組み込まれている。高級ホテルとして有名なリッツ・カールトンは、顧客満足に関するランキングで毎年のようにサービス業中第1位、もしくはそれに近い位置につけている。同社は熱い思いを「クレド（信条）」として集約し、真に忘れがたい経験──「感覚を満たすここちよさ、満ち足りた幸福感、そしてお客様が言葉にされない願望やニーズをも先読みしておこたえするサービスの心」──を提供すると約束している[7]。

　世界中のどこでもいい。リッツ・カールトン・ホテルにチェックインしてみよう。顧客の言葉にしないニーズまでをも読み取って応えようとする、同ホテルの真摯な献身の姿勢に驚かされることだろう。ピーナッツ・アレルギーであることも、キングサイズのベッドとアレルギーを起こさない枕を望んでいることも、到着時にはブラインドを開けておいてもらいたいと思っていることも、朝食はカフェイン抜きのコーヒーとともに部屋まで運んでもらいた

顧客満足：リッツ・カールトンの顧客満足に対する熱い思いは、真に忘れがたい経験を約束する「クレド（信条）」として次のように集約されている。「感覚を満たすここちよさ、満ち足りた幸福感、そしてお客様が言葉にされない願望やニーズをも先読みしておこたえするサービスの心」。

いことも、あらかじめ伝えなくても理解してくれているように感じられる。フロント係からメインテナンス係、清掃係にいたるまで、ホテルのスタッフが日々ゲストのほんの些細な好みにも気づかれないように目を配り、記録しているのだ。そして、世界中の同社ホテルが毎朝、その日に到着するゲストのうち、リッツ・カールトン・ホテルに滞在経験のある顧客をファイルで確認し、それぞれに喜んでもらえそうな特別サービスについても、リストでチェックしているものと思われる。

　顧客の特別なニーズに気づくと、リッツ・カールトンの従業員は伝説的な徹底ぶりでそのニーズに応えようとする。例えばゲストの食物アレルギーに対応するために、バリのあるシェフは他国の小さな食料品店で扱っている特別な卵と牛乳を探し出し、ホテルまで届けさせた。また、あるマネジャーはスーツのシミ抜きが顧客の出発に間に合わなかったからと、自宅まで届け、無料宿泊券も同封した。顧客のペットの写真を入手したらコピーをとって額に入れ、どこのリッツ・カールトンに泊まっても部屋に飾るようにするのだという話もある。こうしたサービスを積み重ねた結果、チェックアウト時のアンケートでは、驚くべきことに95％が本当に忘れがたい経験だったと回答している。そして、満足した顧客の90％がまた戻ってきている。

　顧客中心の会社は競合他社より高い顧客満足を与えようと努めるものの、顧客満足ばかりを優先しようとはしない。たしかに価格を下げたりサービスを強化したりすれば、顧客の満足度は向上する。だが、これでは収益が落ちてしまうからだ。マーケティングでは、ベネフィットと顧客満足の両立を目標に掲げる必要がある。

顧客リレーションシップのレベルとツール

　顧客リレーションシップの構築で肝心なのは、ターゲット市場の特性を考慮して、かかわり方のレベルを変えることである。利幅の薄い市場の場合、企業は顧客と基本レベルの関係を築けばよい。例えばシャープの液晶テレビAQUOSなら、全消費者に電話や訪問をして一人ひとりを知る必要はない。顧客が求める価値を広告やホームページなどを通して伝え、顧客との関係を築けばよい。一方で、利益率の高い市場の場合、売り手は鍵となる顧客との間に全面的なパートナーシップを築こうと考える。同じくシャープの例でいうと、法人市場が対象であれば、担当者はクライアントのところへ頻繁に足を運び、密接な関係を

保とうとする。この両極端のケースの間には、何段階ものレベルの顧客リレーションシップが存在するわけである。

　顧客とのつながりを深めるには、高い価値と満足を継続的に提供する以外にも、特別なマーケティング・ツールを使うという方法がある。多くの企業は継続取引を促進するためのプログラム（フリークエンシー・マーケティング・プログラム）を採用し、利用頻度あるいは購買金額の大きさで顧客を優遇している。航空会社のマイレージ・サービスやホテルの常連客に対する部屋のアップグレード・サービス、スーパーマーケットの「お得意様」を対象にした特別割引などである。

　また、限定された顧客に対してクラブ・マーケティング・プログラムを実施する企業もある。例えば、ハーレーダビッドソンはハーレー・オーナーズ・グループ（H.O.G.）を主宰し、ライダーに「ハーレーダビッドソンの夢を人生の一部に」という熱い思いを共有する場を提供している。H.O.G.の会員には特典として、季刊誌『HOG』、や『ツーリング・ハンドブック』、緊急ロードサービス、盗難補償サービス、ホテルなどのメンバー優待サービス、旅先の空港でハーレーを借りることができる「フライ＆ライド」プログラムなどが用意されている。世界に広がる地域支部は1,500以上、会員数は100万人を超える[8]。

変化する顧客リレーションシップ

　企業と顧客とのつながりは現在、重要な転換点にある。従来までの大企業は、マスをターゲットとし、とにかく多くの顧客と結びつこうとしていた。だが今日は慎重に選定した顧客と、より深く、直接的かつ永続的なリレーションシップを構築しようとしている。

　どんな相手にでも売るという販売を実践している企業は、今ではほとんどない。すべての顧客と結びつく必要はないことに、ほとんどのマーケターが気づいている。そこで標的を絞り、収益性の高い顧客に限定するようになった。ある実務家は「マーケティングの労力に見合う顧客ばかりではない。対応することで損失が生まれる場合もある」という。

　今では多くの企業が顧客の収益性分析を利用して、損だと判断した顧客は敬遠、排除し、儲かる顧客に狙いを定めて優遇している。あるマーケティング・コンサルタントにいわせれば「収益の上がらない顧客を抱えるくらいなら、競合他社に譲った方がよい」のだ。収益性の低い顧客をふるい落とすことで、よ

り高い収益性の見込まれる顧客に、よりよいサービスを提供できる[9]。それでは、低収益の顧客をすでに抱えている企業は、どうすればよいのだろうか。外資系大手銀行シティバンクでは、月間平均総取引残高が一定水準に達しない顧客に対して口座維持料を要求している。

メールやインターネットのホームページ、ブログ、携帯電話、動画共有サイト、コミュニティ・サイトなど、新しい技術の誕生により、人と人との結びつきは根底から変わった。このコミュニケーションの変化は、企業やブランドと顧客との結びつきにも影響を与えている。顧客はブランドとの一体感を一層深めるようになり、顧客の会話や生活の中でブランドは重要な位置を占めるようになった。あるマーケティング専門家によると、「お客様どうしの会話の一部になるということは、従来型の広告の一方的な情報など問題にならないほど強力」なのだという。また、「人々は今、ブランドで経験したことを自らも発信し、ブランドのためになることも求めている。共同の創造を求めているのだ」との意見も聞かれる[10]。

新しい技術は顧客リレーションシップ構築のチャンスであると同時に、難題をももたらす。顧客はますます力を強め、支配権を手に入れる。かつてないほどのブランド情報を入手するだけでなく、自身の見解を他の顧客に伝え、共有するための基盤をいくつも持っている。マーケティングの世界は、顧客リレーションシップ・マネジメント（顧客との関係の管理）だけでなく、**顧客マネジド・リレーションシップ**（顧客が管理する関係）をも抱えることになった。

顧客の支配権が高まるということは、顧客リレーションシップの構築にあたって、もはや「プッシュ型マーケティング」に頼るわけにはいかないということである。マーケターは顧客と距離を置くのではなく、顧客を巻き込むようにして製品やメッセージを創造するという、「プル型マーケティング」を実践しなくてはならない。したがって多くのマーケターは今日、マスメディアを使ったマーケティングに、仲介業者を通さず顧客に直接製品を販売するダイレクト・マーケティングを組み込み、ブランドと顧客とのインタラクションを促している。

ソーシャル・メディアの効果的な使い方は、まだまだ研究途上である。課題となっているのは、魅力のある確かなブランド情報を携えつつ、いかにさりげなく顧客の社交的な会話に加わるかである。愉快な動画を投稿する、ソーシャルネットワーク上に自社のページを作成する、ブログを開設するといった単純なことだけでは不十分である。ソーシャルネットワーク・マーケティングは、消費

者のおしゃべりに直接的かつ本物の貢献をしてこそ、成功したといえるだろう。

顧客との対話の新しい形として台頭してきたのが、**消費者生成型マーケティング**である。消費者は自身および他者のブランド経験を形成する上で、ますます大きな役割を果たすようになってきている。ブログや動画共有サイトなど、企業の与かり知らぬところで消費者どうしがやり取りをしている場合もある。だが、最近増えてきているのは、製品やブランド・メッセージの形成にもっと積極的に関わってもらおうと、企業側から消費者を誘うケースである。

企業によっては、新製品のアイデアを消費者から募ろうとしている。最近ではコカ・コーラの「ビタミンウォーター」が、フェイスブックを使って新フレーバーを募集し、最優秀者のアイデアを製造、販売すると約束した。こうして誕生した新製品「コネクト」(ブラックチェリー&ライム味、ビタミン入り、カフェインがアクセント)は全米で大ヒットし、この過程でフェイスブックにおける「ビタミンウォーター」のファンは倍増し、100万人を超えた[11]。良品計画の「無印良品」でも、消費者の声を新製品開発に活かしている。フローリングモップケースやキャリーオンバッグの開発では、顧客へのアンケート実施からスタートし、アンケート結果を顧客と共有し、デザインのアイデアに投票してもらい開発内容を告知していった。企業側と顧客側とで何度も情報のキャッチボールを行い、製品が生み出されていくのである[12]。

広告作りに関わってもらおうと顧客を誘う企業もある。ペプシコ、マスターカード、ハインツなど、多くの企業が消費者生成型の広告をコンテストで募り、全米で放映している。しかし、こうした消費者生成型コンテンツの活用には時間もコストもかかる。ゴミの山に埋もれた微量の金など、なかなか見つかるものではない。ハインツがユーチューブでケチャップの自作CMを募った際には、8,000にものぼるエントリーに目を通した末、4,000本余りを公開した。アマチュアの広告の中にも、楽しませながら潜在的に訴える優れた作品がいくつかあった。それでも大半は平凡なもので、残りはまったくの駄作であった。消費者がケチャップを容器から一気飲みするようなCMやら、ハインツ製品で歯を磨き、髪を洗い、顔を洗うものもあった[13]。

パートナー・リレーションシップ・マネジメント

顧客価値の創造や、強固な顧客リレーションシップの構築は、独力では成しえない。さまざまなマーケティング・パートナーと緊密に協力し合わなくては

ならない。そこで問われるのが、顧客リレーションシップ・マネジメントとともに**パートナー・リレーションシップ・マネジメント**の適切さである。顧客により多くの価値をもたらすために社内外のパートナーと組むわけだが、その方法は今、大きく変わりつつある。

　従前よりマーケターは顧客を理解し、顧客ニーズを社内の他部門に示すという責務を負ってきた。だがマーケティングは、マーケティング部門、販売部門、顧客サポート部門だけのものではない。職能領域を問わず顧客と交わることが可能となっている今日、社内でどのような仕事をしていようと、マーケティングを理解し、顧客中心の姿勢を守らなくてはならない。ヒューレット・パッカードの共同創始者であるデイビッド・パッカードの名言にあるとおり、「マーケティングは非常に重要なので、マーケティング部門だけに任せてはおけない」のである[14]。

　社内だけでなく、供給業者やチャネル・パートナーさらには競合他社といった社外との関わり方にも変化が生じている。今日の企業の多くはネットワークで結ばれ、社外と相互依存的な関係を有している。卸売業者や小売業者など、企業と購買者とを結ぶ業者で構成されている集団をマーケティング・チャネルという。一方、原料から部品、最終消費者に届く最終製品までのより長いチャネルをサプライ・チェーンと呼ぶ。パソコンを例にとると、サプライ・チェーンには半導体などの部品の供給業者やパソコンの組立業者、卸売業者、小売業者、その他のパソコン販売者までが含まれる。

　顧客リレーションシップの構築における成功は、サプライ・チェーン全体がライバルのサプライ・チェーンを上回る働きを見せられるかどうかにかかっている。自分たちの運命を決めるのは自分たちの働きだけではないことに気付いた多くの企業が今日、サプライ・チェーンを適切に管理するサプライ・チェーン・マネジメントを強化している。こうした企業は供給業者をベンダー、卸売業者をカスタマーとしてのみ見るようなことはしない。顧客価値を提供していく上での、対等なパートナーだと考えている。例えば、トヨタは一方で慎重に選んだ供給業者と緊密に協力し合い品質改善に取り組み、もう一方で販売店と顧客満足や業務の効率化を進めている。

顧客からの価値の獲得

　図1.1（p.6）で示したマーケティングにおける最初の4つのステップは、優れた顧客価値を創造し、提供することによる顧客リレーションシップの構築を表している。最後のステップ5が示しているのは、その見返りとしての価値を現在および未来の売上、市場シェア、顧客ロイヤルティという形で獲得するということである。企業は優れた顧客価値を創造することで、満足を得た顧客を生み出す。そういった顧客は企業に対するロイヤルティを抱き、継続的に製品を購入してくれる。つまり、企業は長期間にわたってより大きな見返りを得られるというわけである。ここでは顧客価値の創造がもたらす成果（顧客ロイヤルティ）と顧客維持、顧客シェア、カスタマー・エクイティについて考察する。

顧客ロイヤルティと顧客維持

　優れた顧客リレーションシップ・マネジメントは顧客の喜びを創造する。喜んだ顧客はある種の忠誠心を抱き、企業および製品について他者に好意的な話をする。あまり満足していないか、そこそこ満足しているか、あるいは大満足かで、顧客のロイヤルティには違いが生じるのである。大満足の状態からほんのわずかでも取りこぼすと、ロイヤルティは大幅に下落する。そこで、顧客リレーションシップ・マネジメントでは、顧客満足を越えた顧客の喜びや驚きを創出することが目標となる。

　近年の景気低迷によって消費者は支出に厳しくなり、企業が顧客ロイヤルティを得るのは難しくなっている。最近のある調査によると、「経済が上向いてもブランドより価格で製品を選ぶか」という問いに、アメリカの消費者の55％がイエスと答えたという。また、不便でも安価な店を利用するようになったという回答も、3分の2近くあった。既存顧客は新規顧客獲得の5分の1のコストで維持することができる。したがって、企業はこれまでにも増して慎重に価値提案を形成し、収益性の高い顧客を優遇しなくてはならない[15]。

　1人の顧客を失うということは、売上を1つ失うというだけにとどまらない。お得意様として生涯にわたってその顧客から得られるはずだった一連の購買（生涯価値）を、すべて失うということである。**顧客の生涯価値**に関する興味深い例を見てみよう。

アメリカのコネチカットとニューヨークで4軒の高収益スーパーを営む経営者ステュー・レナーズによると、機嫌を損ねた顧客を見るたびに5万ドルが飛んでいくのが見えるそうだ。なぜだろうか。彼の顧客は平均で週に100ドル使い、年に50回来店し、さらにその地域に約10年居住し続けるという。つまり、この顧客が不幸な経験をして他のスーパーに鞍替えすれば、ステュー・レナーズ社の損失は平均で5万ドルになるという計算だ。失望した顧客がその不快な経験を他の顧客とも共有し、他の顧客までもが離反することになれば、損失はさらに大きくなる。そこで、顧客をつなぎとめるために、ステュー・レナーズ社が作り上げたのが、『ニューヨーク・タイムズ』紙のいうところの「スーパーマーケット界のディズニーランド」である。

店には着ぐるみのキャラクターがいて、定期的に催されるショー、動物とのふれあい広場、機械仕掛けの人形まである。1969年に小さな乳製品の店として創業して以来、ステュー・レナーズ社は、驚くべきスピードで成長した。本店の増築部分は29を数え、週に30万人以上が訪れている。ロイヤルティを抱いた顧客をこれほど多く持てたのは、顧客サービスへの情熱的な取り組みによるところが大きい。その姿勢を「ルール1：お客様はいつも正しい。ルール2：万が一お客様が間違っていたら、ルール1を読み返すこと」[16]と同社は謳っている。

顧客の生涯価値を査定しているのはステュー・レナーズ社だけではない。トヨタの高級自動車ブランド・レクサスの場合は、満足した忠実な顧客1人の価値を、生涯にわたる購買額からアメリカでは60万ドル以上と見積もっている。携帯電話なら、若いユーザーの生涯価値は2万6,000ドルである[17]。

顧客の生涯価値：ステュー・レナーズは顧客をつなぎとめるために「スーパーマーケット界のディズニーランド」を作り出した。その姿勢は「ルール1：お客様はいつも正しい。ルール2：万が一お客様が間違っていたら、ルール1を読み返すこと」にまとめられている。

顧客シェアの拡大とカスタマー・エクイティ

　顧客リレーションシップ・マネジメントが成功すれば、得意客をつなぎとめて生涯価値を獲得するだけでなく、**顧客シェア**、すなわち特定顧客の購買において、同一製品カテゴリーの中で自社製品が占める割合も拡大する。銀行は「財布の中のシェア」拡大をねらい、スーパーマーケットやレストランは「胃の中のシェア」を上げようとする。自動車メーカーなら「ガレージの中のシェア」、航空会社なら「旅行の中のシェア」という具合である。

　顧客シェアを拡大するためには、現在の顧客に提供している製品の種類を増やせばよい。あるいはクロスセル（関連製品販売）やアップセル（上位製品販売）のプログラムを作成し、既存顧客に売り込む製品やサービスを拡大すればよい。8,800万人もの顧客を抱えるアマゾン・ドットコムは顧客との結びつきにテコ入れをして、個々人におけるシェア拡大を進めている。ネット書店としてスタートした同社は、今では音楽から映像、ギフト、玩具、家電製品、オフィス用品、日曜大工用品、ガーデニング用品、衣料品、ファッション小物、ジュエリー、工具、さらには食品までも扱っている。しかも個々人の購買履歴と商品検索履歴、その他の各種データに基づいて、関心を引きそうな関連商品を推薦する。このお勧めシステムによる売上は、全体の30％にも及ぶという[18]。

　ここまで顧客の獲得だけでなく、維持や拡大も大切だということがわかっただろう。あるマーケティング・コンサルタントはこの点について、「あなたの企業が創造する価値は、顧客がもたらしてくれる価値——現在の価値と将来得ることになる価値——に他ならない。顧客が存在しなければビジネスも生まれないからだ」と表現している[19]。顧客リレーションシップ・マネジメントには、長期的な視点が必要なのである。

　顧客リレーションシップ・マネジメントの最終目標は、大きなカスタマー・エクイティを生み出すことである[20]。**カスタマー・エクイティ**とは、企業が抱える既存および潜在的な全顧客の生涯価値を総計したものである。したがってカスタマー・エクイティは、企業の顧客基盤がどれほどの将来価値を持っているかを測る尺度となる。当然のことながら、カスタマー・エクイティは高所得層のロイヤルティが増すほど上昇する。現在の売上高や市場シェア以上に、企業の業績を正しく表しているといえるかもしれない。売上や市場シェアが過去を反映するのに対して、カスタマー・エクイティは未来を示唆する。キャデラッ

クの例を見てみよう[21]。

　キャデラックは1970年代から1980年代にかけて、アメリカの自動車業界で極めてロイヤルティの高い顧客を抱えていた。自動車を買う人はみな世代を問わず、キャデラックはアメリカの贅沢品だと考えていた。高級車市場におけるシェアは、1971年にはなんと51％を記録した。市場シェアと販売台数を見る限り、このブランドの未来はバラ色だと思われた。だが、カスタマー・エクイティを測っていれば、荒涼たる未来が見えていたことだろう。キャデラックの顧客は年々高齢化し（平均年齢は60歳）、顧客の平均生涯価値が下落していた。顧客の多くにとって、そのキャデラックが最後の車だったのだ。つまり、市場シェアは順調でも、カスタマー・エクイティに問題があった。BMWと比較してみるとわかりやすい。より若々しく元気なイメージを持つBMWは、初期の市場シェア戦争には勝てなかったものの、若い顧客層のより高い生涯価値を勝ちとっていた。その結果、BMWは徐々にシェアとベネフィットを伸ばし、キャデラックは衰退へと向かっていったのである。マーケターは現在の売上と市場シェアばかりにとらわれていてはいけない、ということだ。勝負を決めるのは、顧客の生涯価値とエクイティなのである。

変わりゆくマーケティングの環境

　市場では日々劇的な変化が起きている。ここではマーケティングのあり方に変化をもたらし、マーケティングに挑戦状を送りつけてくる主なトレンドと要因について考察する。取り上げるのは、「不確かな経済環境」「デジタル時代の到来」「急速なグローバル化」「企業倫理や社会的責任に対する要求の高まり」「非営利マーケティングの拡大」の5つである。

不確かな経済環境

　2008年以降、アメリカや日本をはじめ世界中が恐るべき経済崩壊を経験した。各国の株式市場は急落し、何百兆円という市場価値が泡と消えた。そのあとに残ったのは、所得損失と深刻な信用危機、住宅評価額の下落、失業率の上昇などに見舞われ、資金も自信もなくし疲弊しきった消費者だった。

　この世界的な不況をきっかけに、多くの消費者が支出の優先順位を見直し、

購買を控えるようになった。特にアメリカでは10年間に及ぶ浪費の末、「節約が戻ってきた」のだとある専門家はいう。これは一時的な方向転換などではなく、消費者の新しい購買態度や支出行動として、この先何年も続くものと思われる。「世界不況から生まれた『新しい節約』は消費者の行動にしみ込みつつある。再形成された消費パターンは、景気が戻ってもそのままだろう」との分析もある[22]。

　比較的裕福な消費者ですら、この節約の流れに身を投じている。派手な浪費など、もはやファッショナブルでもなんでもない。結果として、高級ブランドまでもがお得感を強調するようになっている。新しい経済状況に適応しようとすると、懐の寂しい消費者に財布を開けさせるために、マーケティング予算を大幅にカットして価格を下げたくなる。コスト削減と選択的な値引きは、確かに景気の低迷期において重要な戦術となりうる。だが、賢いマーケターは、誤ったコスト削減がブランド・イメージと顧客リレーションシップを損ないかねないことを理解している。挑むべきは長期的なエクイティを高めつつ、ブランドの価値提案と今の時代とのバランスをとることである。

　混沌とした経済環境は脅威だが、同時にチャンスでもある。例えば、多くの消費者が外食を控えているという事実は、レストランにとって脅威であるが、ファストフード産業にとってはチャンスである。低価格を売り物とする「すき家」は急速に売上高を伸ばすことに成功した。同じように、家で食べることで節約しようという傾向は、食品メーカーの追い風にもなった。多くの食品メーカーは価格を下げるのではなく、外食との比較で自社商品の価値をアピールしている。

デジタル時代の到来

　近年のハイテクはデジタル時代を生み出した。コンピューター、コミュニケーション技術、情報技術、その他のデジタル技術が爆発的に進歩し、企業と消費者のコミュニケーションの在り方に大きな影響を与えた。今では世界のどこにいても、人間どうしのつながりも情報とのつながりも、かつてないほどに速くて深いものとなっている。昔なら何日も経ってから報道された世界の重大ニュースを、今では起こったその瞬間に知ることができる。遠く離れた人との連絡も、今では携帯電話や電子メール、ウェブカメラなどで即解決できる。

　ある家庭の朝を思い浮かべてみよう。さほど遠くない昔は、家族で一緒に食

卓につき、おしゃべりをしながら朝食をとっていた。夫は新聞を読み、中学生と高校生の子供が何かに気をとられるとすれば、それはテレビぐらいのものだった。今日、これは前世紀の話となっている。夫は6時に起き、仕事のメールとフェイスブック、それからツイッターをチェックする。2人の子供が朝一番に触れるのは携帯電話だ。それからフェイスブックにも目を通す。妻は、朝食がすむとすぐにノートパソコンを開く。子供たちは、寝るときも携帯電話を枕元に置いている。携帯電話のアラームが目覚まし時計のかわりになっている。両親は、ショートメッセージで息子たちに声をかける。「ショートメッセージを内線がわりに使っているんです。階段を上がっていってもいいけど、いつもちゃんと返信をしてくれます」と夫婦は語る。これがデジタル時代の朝なのである。

オンライン・マーケティングは、最も成長の著しいデジタル時代のマーケティング形態である。今日では、ウェブに重要な役割を与えていない企業を見つける方が難しい。新規顧客を引きつけ、既存顧客とのリレーションシップも強化しようと、オンライン化に乗り出した。インターネットを用いたオンラインによる取引は、対消費者（B to C）でも対企業（B to B）でも一般的なものとなっている。

急速なグローバル化

マーケターは自分たちを取り巻く世界とのつながりについても見詰め直している。世界はどんどん狭くなってきており、企業も今や顧客やマーケティング・パートナーと世界規模で結びつく時代である。今日ではほとんどすべての企業が、規模の大小を問わず、何らかの形で国際競争にさらされている。近所のフラワーショップはインドからバラを、マレーシアからキクを、そしてコロンビアからカーネーションを仕入れ、大手電機メーカーは日本国内の市場で韓国のライバルと競い合っている。駆け出しのネット販売業者が世界中からの注文を受けている一方で、日本の消費財メーカーは海外の新たな市場に新製品を投入している。

P&Gやサムスンといった企業は、日本市場において、たびたび日本企業をも上回る業績を上げてきた。同様に日本企業はさまざまな業種において真の国際化を進め、世界中で製品の製造や販売を行っている。伝統的な調味料であるしょうゆを生産するキッコーマンは、国内市場の伸び悩みを感じ、いち早くグローバル化を進めた。その結果、今日ではアメリカのウィスコンシン州をはじめ、

中国、シンガポール、オランダなどに生産拠点を有し、2011年3月時点で海外の売上高は45%、営業利益は62%を占めるまでになっている。アメリカ生まれのマクドナルドも、今や世界100カ国に3万2,000を超える店舗を構え、日に6,000万人の顧客に対応している。総収入の実に65%が、アメリカ国外からのものである。ナイキも180カ国以上で事業を展開し、アメリカ国外での売上が総売上の66%を占める[23]。

急速なグローバル化：アメリカ企業はさまざまな業種において真の事業国際化を進めてきた。その典型ともいえるアメリカ生まれのマクドナルドは、総売上の65%をアメリカ以外から得ている。

企業倫理や社会的責任に対する要求の高まり

マーケターは今、社会的価値や社会的責任、および我々を支えてくれている地球そのものとの関係についても見直している。世界中の消費者保護運動や環境保護運動が円熟期を迎え、持続可能なマーケティング活動が求められるようになった。ほぼすべてのビジネスにおいて、企業倫理や社会的責任に対する注目度が上がってきている。今日の企業に顧客が求めているのは、社会的そして環境的な責任を負った上での価値提供である。

社会的責任と環境保護に対する要求は、この先一層厳しいものとなってくるだろう。そのような動きに抵抗し、法に規制されたり消費者に強いられたりした場合にだけしぶしぶ動くような企業も中にはある。だが、先見の明のある企業は、自社を取り巻く世界に対する責任を進んで引き受ける。持続可能なマーケティングは、よい行いを通じて業績を上げるチャンスでもある。

当面のニーズに応えつつも、顧客と社会に長期にわたる最高レベルの利益をもたらし、かつ企業としても利益を得る方策を探し求めるのである。小売り大手のイオンは、「地域社会そして国際社会の一員として、イオンは社会貢献活動に取り組んでいます」と述べ、公共心と責任を担うことにより自らを際立たせ

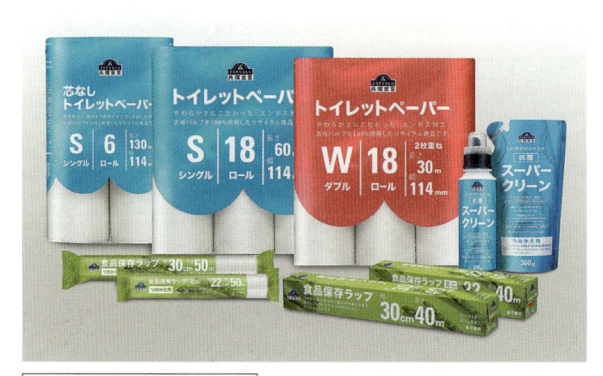

ている。こういった企業では、社会的責任と社会的行為が企業価値や企業活動に織り込まれている。例えば、リデュース、リユース、リサイクル、リターナブルの4Rをコンセプトとした「トップバリュ共環宣言」といったブランドのもとで環境配慮型の商品開発をすすめ、エコストア

企業倫理：イオンのプライベートブランド「トップバリュ共環宣言」は、リデュース、リユース、リサイクル、リターナブルの4Rをコンセプトにしたエコロジーブランド。消費者とともに環境保全に貢献したいという企業の願いが込められている。

と称する店舗でCO_2排出の削減に努めている。また、日本ユニセフと連携してアジア地域での学校建設を支援し、イオン社会福祉基金を設けて障がい者福祉の向上に努めている。

非営利マーケティングの拡大

　大学、病院、美術館、さらには教会など、多くの非営利組織が近年、重要な取り組みの1つとしてマーケティングを実施するようになっている。支援と会員を獲得する上で、非営利組織も厳しい競争に直面している。適切なマーケティングを行えば、会員も支援も得やすくなる[24]。日本臨床矯正歯科医会のマーケティング活動を見てみよう。同医会が実施した調査によると、歯の矯正では専門性の高い医療技術が求められているにもかかわらず、矯正歯科医の認定医制度は消費者にほとんど知られていなかった。矯正の単科専門開業医は矯正歯科治療のみを行い、虫歯治療を行わないという事実についても同じだった。

　そこで、日本臨床矯正歯科医会は、2011年度以降の広報活動の目的を「矯正歯科治療は専門性が高い」、「本医会会員は、国民が安心して受診できる矯正歯科治療の単科専門開業医である」ことを社会に周知することとし、マーケティング活動に乗り出した[25]。まず、医会の目的を最もよく理解し目的の実現に向けて最適と考えられるPR会社を選定した。そして、マスコミを用いた認知率引

き上げとともに、DVD、MOOK本、市民セミナー、矯正歯科治療中の人の笑顔の写真を集めたブレーススマイルコンテストなどを使ったPR活動を進めていった。さらに、広報活動の効果を上げるためには、まず会員一人ひとりが広報事業に対して理解を示し積極的にコミットしていくことが必要だとし、認識の改革にも努めた。これらのマーケティング活動の結果、日本臨床矯正歯科医会は消費者の理解を深め、会員や支援を得やすくなっている。

Discussion　ディスカッション

Question 1
私たちが学ぶマーケティングとは何だろう。マーケティングの本質について、セリングとの対比で整理してみよう。

Question 2
優れたリレーションシップ・マネジメントを実践していると思われる企業を身の回りで見つけてみよう。

Question 3
少子化やグローバル化など環境の変化によって、大学でもマーケティングと呼べる取り組みがなされている。実際に、どのような取り組みが行われているか調べてみよう。

Key Terms　重要語句

マーケティング（p.2）
ニーズ（p.7）
ウォンツ（p.7）
需要（p.7）
市場提供物（p.7）
マーケティング・マイオピア（p.8）
交換（p.8）
市場（p.9）
マーケティング・マネジメント（p.10）
生産志向（p.10）
製品志向（p.10）
販売志向（p.11）
マーケティング志向（p.11）

顧客主導型マーケティング（p.12）
顧客誘導型マーケティング（p.12）
ソサイエタル・マーケティング志向（p.12）
顧客リレーションシップ・マネジメント（p.14）
顧客の知覚価値（p.14）
顧客満足（p.14）
顧客マネジド・リレーションシップ（p.18）
消費者生成型マーケティング（p.19）
パートナー・リレーションシップ・マネジメント（p.20）
顧客の生涯価値（p.21）
顧客シェア（p.23）
カスタマー・エクイティ（p.23）

Chapter 2

企業とマーケティング戦略

　第1章では、顧客からの見返りとして利益を得ることを目的に、顧客のために価値を創造するというマーケティングのプロセスについて解説した。本章ではマーケティングのステップ2「顧客主導型マーケティング戦略の設計」とステップ3「マーケティング・プログラムの設計」について詳しく説明していこう。

　おのおののマーケティング・プログラムは、全社的な計画に従うものである。顧客主導のプログラムを作るには、組織レベルの戦略を顧客に合わせることから始めなくてはならない。したがって、この章では最初に、組織全体のマーケティング戦略の立て方について説明する。次に、その戦略を実行するために大切な社内外の連携について考察する。さらに、ターゲット市場の選定、製品のポジショニング、複数のマーケティング要素をどう組み合わせて目標を達成するか（マーケティング・ミックス）などについて詳しく見ていこう。そして最後は、マーケティング投資に対するリターン（マーケティングROI）の測定という重要なステップについて取り上げる。

OPENING STORY　　　　　　　　　　　　　　　　　オープニング・ストーリー

ナイキ
価値のあるブランド経験と
ブランド・コミュニティの創造

　まずは、ナイキの例を見てみよう。ナイキは数十年をかけて、「スウッシュ」を世界一有名なブランド・シンボルの1つに育て上げた。スポーツ用品をただ製造し、販売しているだけでは、このような目覚ましい成功はありえない。顧客に焦点を合わせたミッションと戦略のもと、顧客と一緒になって価値のある製品を作り、そして深みのあるブランド・コミュニティを育んできたからこその成功である。

　今から50年ほど前、公認会計士をしていた若かりしフィル・ナイトと大学陸上部のコーチだったビル・バウワーマンが、500ドルずつ投じて会社を設立した。これが、運動靴業界の新興企業、現ナイキの誕生である。当時は、ブルーリボンスポーツという社名だった。1970年、バウワーマンは朝食に出てきたワッフルメーカーを見て、ワッフル型のゴムソールをひらめいた。この新しいスニーカー「ワッフルトレーナー」はたちまち全米のベストセラーとなった。そして、1978年、ギリシャ神話に登場する勝利の女神「ニケ（Nike）」にちなみ、社名をナイキに変更する。1979年には、アメリカのランニングシューズ市場で50％のシェアを獲得するまでに成長した。

　1980年代に入って、ナイキはスポーツ界のマーケティングに革命を起こした。ブランド・イメージと市場シェアを確かなものとするために、競合他社を上回る大金を惜しげもなく注ぎ込み、著名人による推奨、派手な販促イベント、挑戦的な広告キャンペーン「JUST DO IT」などを展開した。また、優れたスポーツ用品の提供にとどまらず、ライバルたちが技術力をアピールしているときに、顧客リレーションシップの構築に取り組んだ。靴、衣料品、用具などという枠を超え、生き方そのもの、スポーツにかける情熱なども売り込んだのである。

　ところが、1990年代後半になるとナイキは失速した。新しさを求める購買者が競合他社ブランドに流れだし、「つまらない」ナイキの新製品は小売店の棚でほこりをかぶった。最大の障壁はナイキ自身の驚くべき成功だったのかもしれない。売上が100億ドルに近づくにつれてスウッシュはありふれた存在となり、クールさを失っていった。ナイキは顧客にとっての存在意義をもう一度よみがえらせる必要に迫られた。

　この逆境から這い上がるために、ナイキは原点に立ち戻った。新製品のイノベーションと、顧客リレーションシップ構築への集中である。新しく打ち出したミッションは、「世界中すべてのアスリート（＊体があれば誰もがみなアスリートである）にインスピ

OPENING STORY

レーションとイノベーションを提供する」こと。潤沢な資金を投入すれば、他社を大きく引き離すマーケティング投資も可能である。だが、このときナイキが取り組んだのは、従来とは異なる、より深くより誘引力の高い顧客リレーションシップ構築だった。メディア広告や著名人の言葉で「顧客に語りかける」だけではなく、最先端のマーケティング・ツールを使って顧客と交流し、ブランド経験と深みのあるブランド・コミュニティを築いたのである。今でもナイキは、独創的な広告に毎年数億ドルを投じている。ただし、テレビなどの従来型メディアにかける費用は年間広告予算5億9,300万ドルの3分の1にも満たず、10年前の55％から大きく引き下げられている。現在、コミュニティ志向型ソーシャルネットワークを利用して、顧客のコミュニティを作ろうとしている。企業とだけでなく、顧客どうしでもブランドについて語り合える場所である。広告、直営店「ナイキタウン」でのライブ・イベント、近隣のナイキ・ランニング・クラブ、いくつもある地域向けウェブサイトなど、きっかけは何であれ、ナイキとの間に親密なブランド経験を持つ顧客は増えつつある。

オレゴン州ポートランドにあるナイキの店舗では、週に2度、30人以上が集まって夜のジョギングへと繰り出す。終了後は店内で軽食をつまみながら、ランニング・クラブの懇親会が開かれる。各自の実績はナイキのスタッフが管理しており、ランニングの総距離が100マイルを超えると祝ってくれる。コア顧客と親密な関係を築くための典型的なイベントである。

ナイキはさらに、より多くのランナーと長期的で意義深い交流をしようと、ソーシャルネットワーク上にもイベントを拡大させた。「Nike＋」のウェブサイトでは、iPod対応のナイキシューズを持っていれば、距離、ペース、タイム、消費カロリーといったランニング実績を確認できる。データをアップロードして自分の走りを時系列で確認することはもちろん、他人と比較することもできる。

ブランドとのかかわりという点では、Nike＋はパーソナル・トレーナーやランニング仲間に次ぐ、大切な存在にもなりうる。同社のウェブサイトには「ナイキ・コーチ」というコーナーがあり、レースへの参加に向けたアドバイスやトレーニングメニューを提供している。イヤホンをして走れば、1,600メートルごとに親しげな声が走行距離を知らせ、終わり近くには残距離のカウントダウンが始まる。つらくなってきたときはボタンを押せば、あらかじめ選んでおいた「パワーソング」が流れ、がんばれと背中を押してくれる。帰宅後はランニング・データをアップロードして、Nike＋のグラフで走りの分析も可能だ。

このような努力の甲斐あって、ナイキと顧客の間には、また、顧客どうしの間にも、新たな一体感とコミュニティ感ができあがった。ナイキの製品はお金で買えるだけの存在を脱し、顧客の暮らしの一部に戻った。世界最大のスポーツウェア・メーカーは、

ふたたび業績を伸ばしはじめた。全世界での売上は、過去5年間で40％近い伸びを示し、アメリカにおけるランニングシューズ市場でのシェアも、一時は48％だったが61％に拡大した。

ナイキは先行き不透明な今日を、自社ブランドの強さを生かす「とてつもない機会」と

ナイキは顧客とともに、深みのあるブランド・コミュニティを作り出している。ニューヨークで行われた「Nike +」のランニングイベントには、多くのナイキ愛好者が参加した。

してとらえている。スポーツ競技同様、最も勝機が高いのは、最も強い上に最も入念な準備をしたアスリートである。深みのある顧客リレーションシップには、強力な競争優位をもたらす力がある。あるライターの言葉を借りるなら、「ナイキはブランドと経験との境界を曖昧にしようとしている」のである[1]。

ナイキのようにマーケティングに長けた組織は、顧客主導型マーケティングおよびプログラムを採用し、顧客価値と顧客リレーションシップの創造に努めている。これら一つひとつのプログラムは、企業全体の戦略プランに従うものである。つまり、顧客主導のプログラムを生み出すには、全社レベルの戦略を顧客に焦点を合わせるところから始めなくてはならない。

全社的なマーケティング戦略の策定

　全社レベルの戦略を策定する際には、まず企業全体としてのミッションを定義しなくてはならない（次頁の**図2.1**参照）。次に、そのミッションを達成するために目的と目標を設定する。続いて、自社にはどのような事業および製品ポートフォリオが最適か、おのおのにどの程度の力を入れるべきかについて、企業の本部が決定を下す。その上で、全社の目標を達成するための戦略を今度はマーケティングなどの部門ごとに策定する。こうして事業単位、製品、市場レベル

ごとのマーケティング**戦略計画**が完成する。

**【図2.1】
戦略計画策定のステップ**

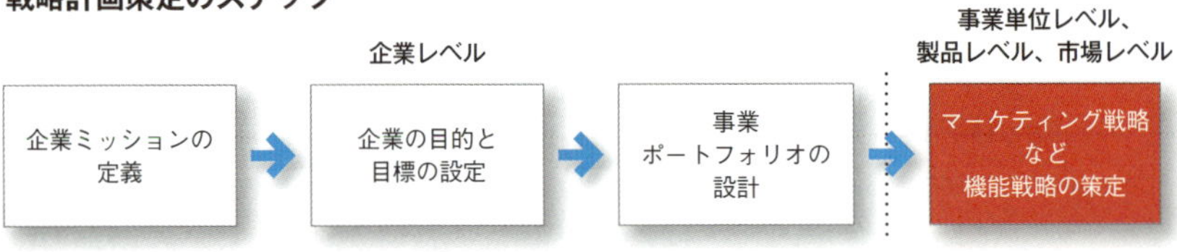

企業レベル　　　　　　　　　　　　　　　　　　事業単位レベル、
　　　　　　　　　　　　　　　　　　　　　　　製品レベル、市場レベル

企業ミッションの定義 → 企業の目的と目標の設定 → 事業ポートフォリオの設計 → マーケティング戦略など機能戦略の策定

市場志向型ミッションの明確化

　組織が存在するのは何かを達成するためであり、その目的は明文化されていなくてはならない。揺らぐことのないミッションの定義は、自らに対して次のように問いかけることから始まる。我々の事業は何か、顧客は誰なのか、顧客にとっての価値は何なのか、我々の事業はどうあるべきなのか。簡単そうに聞こえるが、これほど回答に窮する問いはない。成功を収めている企業は絶えずこれらを自らに問いかけ、考え抜いた上で適切な答えを導き出している。

　これらの問いに答えるものとして、多くの組織が正式なミッション・ステートメントを作成している。**ミッション・ステートメント**とは、自らを取り巻く環境の中で何を実現したいのか、組織としての目標を表明したものである。明確なミッション・ステートメントは、組織の構成員を導く「見えざる手」としての役割を果たす。

　ミッションを近視眼的にとらえ、製品や技術の観点から（「我々は時計を製造・販売する」「我々は住宅建築に携わる企業である」といった具合に）述べている企業も見受けられる。だが、ミッション・ステートメントは市場志向の形をとり、顧客の基本的ニーズを満たすという観点で定義されるべきである。製品や技術がいずれは陳腐化の道をたどるのに対して、基本的な市場ニーズは永続すると考えられるからだ。例えば、グーグルでは「グーグル独自の検索エンジンにより、世界中の情報を体系化し、アクセス可能で有益なものにすること」とミッションを規定している。**表2.1**は、製品志向型と市場志向型のミッションを対比したものである[2]。

【表2.1】 ミッションの対比（ここでの各社は、市場志向型を採用している）

企業	製品志向の定義	市場志向の定義
味の素	消費者向け食品を製造する。	私たちは地球的な視野にたち、"食"と"健康"そして、"いのち"のために働き、明日のよりよい生活に貢献します。
ニトリ	家具・家具用品を販売する。	ロマン：欧米並みの住まいの豊かさを、日本の、そして世界の人々に提供する。
レブロン	化粧品を製造する。	我々はライフスタイルと自己表現、成功と地位、思い出、希望、夢を販売する。
リッツ・カールトン・ホテル&リゾート	部屋を貸す。	我々はリッツ・カールトンならではの経験を創造する。それは感覚を刺激し、幸福感をしみ込ませ、ゲストが自分でも気づいていなかった願いや要求までも満たすものである。

　一般に、ミッションの中で売上や利益を上げるなどと述べるべきではない。利益というものは、顧客価値の創造に対する見返りにすぎない。ミッションの焦点は、顧客と企業が創造しようとしている顧客の経験に合わせるべきである。マクドナルドのミッションも「世界一すばらしい、最も儲かるファストフード店」ではなく、「お客様のお気に入りの食事の場とスタイルであり続けること」である。顧客に焦点を合わせたミッションを達成できれば、利益もついてくる。

企業の目的と目標の設定

　マネジメントの各段階で、企業ミッションは達成を支援するための詳細な企業目的や企業目標へと変換される。そして、マネジャーは目標達成の責任も負うことになる。消臭力、消臭ポット、脱臭炭など、消臭芳香剤を製造しているエステーを例に見てみよう。エステーは防虫剤のムシューダやネオパラエース、除湿剤のドライペット、家庭用手袋のファミリー、さらには使い捨てカイロのサーモケアにいたるまで、多様な製品を提供しているが、これらはすべて「世の中のより多くの生活者にエステーの製品を使用していただき、生活環境を豊かにすること！」という趣旨のメッセージのもとにまとまっている。

　このメッセージ、つまり会社のミッションを達成するために、「安全、安心、エコをキーワードにもう一度新しいお客様を創造する」という企業目的に具体化され、さらにこの企業目的を達成するために「付加価値の高い製品を開発する」という企業目標が設定される。マーケティングの戦略やプログラムは、こ

の企業目標を達成するものとして策定されなくてはならない。付加価値の高い製品開発という企業目標を達成するために、エステーは「絞り込みと集中」、「世にない商品の開発」、「スピード経営」を経営方針とし、マーケティング戦略の三本柱としている。さらに、それぞれの戦略をマーケティング・プログラムとしてより具体化する必要もある。例えば、ある製品に集中してプロモーションを展開するなら、その製品に特化した販売担当者や広報活動を増やす必要があるかもしれない。企業のミッションはこのように企業レベルの目的・目標を経て、事業部・機能レベルの戦略とプログラムにまで具体化され、実現されるのである。ミッションをうまく製品化したエステーの防虫剤「ムシューダ」や冷蔵庫用脱臭剤「脱臭炭」、除湿剤「ドライペット」などは、市場で圧倒的な強さを誇っている。

事業ポートフォリオの設計

経営陣が次に取り組むべき作業は、企業のミッション・ステートメントと目的・目標に従って、企業を構成する事業と製品のポートフォリオを設計することである。最良の**事業ポートフォリオ**とは、市場の機会に自らの強みや弱みをうまく適合させたものである。事業ポートフォリオは2段階で立案される。まず第1ステップとして現在の事業ポートフォリオを分析し、どの事業への投資を増やし、どれを減らし、どれを打ち切るかを決定する。そして第2ステップとして成長・縮小戦略を策定し、将来の事業ポートフォリオを形成する。

事業ポートフォリオの分析

戦略計画では事業**ポートフォリオ分析**を行い、自社の製品や事業を評価することが重要となる。より収益性の高い事業には経営資源を割り当て、弱い事業は縮小するか、あるいは撤退を考えなければならない。

そのためにはまず、自社を構成する**戦略事業単位**（strategic business unit：SBU）を見極めなくてはならない。SBUは企業の一部門であったり、部門内の一製品ラインであったり、ときには特定の製品やブランドであったりする。次に、各SBUの魅力を評価し、おのおのに対する注力の度合いを決定する。事業ポートフォリオの設計にあたっては、企業の理念に一致するSBUや競合他社を

圧倒的に上まわるSBUに対して、経営資源の追加投入や強化を検討するとよい。

戦略計画の目的は、自社の強みを最大限に生かし、魅力的な機会を巧みにとらえる方法を見つけることにある。標準的なポートフォリオ分析では、2つの重要な次元によってSBUを評価する。すなわち、SBUの属する市場または業界の魅力度と、その市場または業界におけるSBUの強さである。大手経営コンサルティング会社であるボストン・コンサルティング・グループが開発した手法が、最もよく知られている[3]。

今や古典となったボストン・コンサルティング・グループ（BCG）のアプローチを使えば、すべてのSBUを**図2.2**に示す**市場成長率－相対市場シェア・マトリクス**に従って分類することができる。縦軸の市場成長率は市場の魅力度を表し、横軸の相対市場シェアは当該市場での自社の強さを表す。市場成長率－相対市場シェア・マトリクスでは、SBUは4つのタイプに分類される。

【図2.2】
BCGによる市場成長率－相対市場シェア・マトリクス

1. スター：市場成長率が高く、相対市場シェアも高い事業または製品。急速な成長に多額の資金投入が必要となることが多い。やがては成長が鈍化し、金のなる木となる。
2. 金のなる木：市場成長率は低いが、相対市場シェアが高い事業または製品。すでに安定し成功を収めているSBUなので、さほど投資をしなくても市場シェアが維持できる。したがって多くのキャッシュを生み出し、一般費用や他のSBUへの投資をまかなう資金源とすることができる。

3．問題児：成長率の高い市場にあって、相対市場シェアが低い事業単位。シェア拡大はおろか、維持するにも多額の資金が必要である。どの問題児をスターに育て、どれを撤退させるかは慎重に判断しなければならない。
4．負け犬：市場成長率も相対市場シェアも低い事業や製品。当該事業や製品の維持に資金が必要となり、大きな収入源になることは望めない。

　市場成長率－相対市場シェア・マトリクス上にプロットされている10個の円は、企業が保有している10のSBUを表している。スターが2つ、金のなる木も2つ、問題児が3つ、負け犬が3つである。円の大きさはSBUの売上高に比例している。この企業は優良とまではいえないが、そこそこの状態である。有望な問題児に投資してスターへと育て上げる一方で、スターはこのままの状態を維持し、市場の成熟に伴って金のなる木へ変化させたい。幸運にも大きな金のなる木が2つあるので、ここから得られる資金で問題児、スター、負け犬を支えることができるだろう。負け犬と問題児については何らかの決断が必要である。
　SBUの分類が完了したら、次はそれぞれの将来的な役割を決めなければならない。各SBUに対してとるべき戦略としては、次の4つが考えられる。第1に、投資額を増やしシェアを拡大する。第2に、現在のシェアを維持できる程度の投資にとどめる。第3に、短期的な収穫によりキャッシュフローを得る。そして最後の第4が、売却や段階的縮小により撤退し、その資金を他に回すという戦略である。
　市場成長率－相対市場シェア・マトリクス内でのSBUの位置は、時間の経過とともに変化する。多くは問題児としてスタートし、成功すればスターへと移る。その後は市場成長率の鈍化に伴って金のなる木となり、ライフサイクルの最後には消え去るか、あるいは負け犬となる。企業は継続的に新製品や新事業を立ち上げ、そのうちのいくつかをスターに、さらには他のSBUの資金源となる金のなる木に育てていかなくてはならない。
　BCGのアプローチは戦略計画に革命をもたらした。しかしながら、このようなアプローチには、SBUの定義や市場シェアと市場成長率の測定が困難だという限界もある。したがって、一般的なマトリクスは捨てて、自社の特殊な状況に合わせた独自アプローチを選ぶ企業も多い。
　ウォルト・ディズニー社について考えてみよう。同社は1980年代半ばに、強力な権力を持つ戦略計画策定グループを立ち上げ、企業の方向性を決めた。そ

してそれから20年余りをかけて、メディアやエンターテインメント関連事業からなる巨大な集合体を作り上げた。リゾート、映画スタジオ（ウォルト・ディズニー・ピクチャーズ、ハリウッド・ピクチャーズなど）、メディア・ネットワーク（ABC、ディズニー・チャンネル、ヒストリー・チャンネル、その他数社）、消費財、さらにはクルーズ客船までも運営するという壮大さである。

このような変貌を遂げた会社のマネジメントは難しく、業績も安定しなくなった。そこで、業績を改善させるために中央集権的な戦略計画策定部隊を解体し、その機能を各部門のマネジャーに分散させた。その結果、ディズニーは世に君臨するメディア・コングロマリットとしての地位を取り戻したのである。「未曾有の不景気」である近年も、幅広い事業を堅実かつ戦略的に運営することにより、ライバル各社をしのぐ成果をあげている[4]。

事業ポートフォリオの管理：ディズニーと聞いてほとんどの人が思い浮かべるのは、テーマパークや健全なファミリー・エンターテインメントだが、同社はここ20年余りで、メディアやエンターテインメント関連事業などへの多角化を進めている。

成長のための戦略策定

事業ポートフォリオを設計するのは、現在の事業を評価するためだけでなく、将来的に検討が必要になる製品や事業を見つけるためでもある。より効果的な競争を展開し、利害関係者を満足させ、トップクラスの人材を引き寄せようとするならば、企業は成長しなくてはならない。ただし、成長そのものが目的とならないよう注意が必要である。企業の目的はあくまでも「収益性の高い成長」を実現することなのである。

収益性の高い成長を実現できるかどうかについては、主にマーケティングが責任を負う。マーケティングの力で市場機会を把握し、評価し、選択し、それを獲得するための戦略を確立しなくてはならない。成長機会の見極めに便利な

【図2.3】
製品／市場成長マトリクス

	既存製品	新製品
既存市場	市場浸透	製品開発
新市場	市場開拓	多角化

枠組みとして、**図2.3**の**製品／市場成長マトリクス**がある[5]。ここでは、警備保障会社であるALSOKの例で考えてみたい。ALSOKが警備保障業界に参入したのは1965年のことである。以来、警備保障という市場で、同社は急速な成長を遂げた。バブル経済の崩壊後も順調に売上高を伸ばし、2011年度には2,792億円までになっている。だが、一般的な企業と同様、ALSOKも継続的な成長を目指し、成長し続ける道を探らなければならない。

まず考えるべきことは、より深い**市場浸透**──製品を変更することなく売上を伸ばすこと──が可能かどうかである。サービス内容や価格などを調整してマーケティング・ミックスを改善すれば、成長を促すことができるかもしれない。現金護衛、常駐警備業務、要人の身辺警護などでスタートしたALSOKは、機械警備やロボット警備を併用するなどして取引先を拡大している。また、一般家庭向けのホームセキュリティを開始したり、愛知万国博覧会などのイベントで会場警備を担当したりと、積極的に成長への道に乗り出してきた。

第2に考えるべきことは、**市場開拓**──現在の製品に対して新しい市場を見つけ、開拓していくこと──の可能性である。ALSOKの場合は、デモグラフィック的（人口動態的）に新市場を検討することができる。例えば同社は近年、いずれは訪れる高齢化社会を踏まえて、高齢者世帯に力を入れはじめた。高齢者や高齢者と離れて暮らす家族を対象として、「シルバーパック」と「見守り情報配信サービス」の販売を開始した。また、地理的な新市場であるアジア諸国への進出は重要な選択肢となるだろう。市場開拓では、市場のセグメントを越えたり国境を越えたりすることが鍵となっている。

第3に考えるべきこととしては、**製品開発**──製品改良あるいは新製品を既存市場に提供すること──が挙げられる。2008年にはホームセキュリティの高機能版である「ホームセキュリティα」を発売するとともに、翌年カーセキュリティ「GUARD ONE」を発売している。

最後に、**多角化**——既存の製品や市場とは別のところで事業を開始したり、他社の事業を買収したりすること——の検討も可能である。2005年にはAED（自動体外式除細動器）を発売し、2010年には特定信書便事業「ALSOK電報」を始めている。多角化にあたっては、自社が有する経営資源の限界を踏まえるとともに、ブランド・イメージの範囲から逸脱しないなどの留意が必要である。

REAL MARKETING　　　　　　　　　　　　　　　　　リアル・マーケティング

マクドナルド
顧客に焦点を合わせた
ミッション

　今から半世紀以上も前、ミックスジュース・ミキサーのセールスマン、レイ・クロック（当時52歳）が、アメリカ人の食のあり方を変えるというミッションに向けて、その第一歩を踏み出した。1955年、リチャード＆モーリス・マクドナルドの所有する7軒のレストランを見つけたのである。マクドナルド兄弟の掲げる「ファストフード」というコンセプトを知ったクロックは、これだと確信した。アメリカでは、働きづめで時間がなくなる一方でも、家族は大切にしようとするライフスタイルが増えつつあった。そこで、クロックはこの小さなチェーン店を270万ドルで買い取った。そこから先は誰もが知るとおりである。

　クロックは当初からQSCV——quality（品質）、service（サービス）、cleanliness（清潔さ）、value（価値）——をモットーとして説き、これらの目標がそのまま、顧客に焦点を合わせたミッション・ステートメントの柱となった。この価値観を適用することにより、「質の高い食べ物を便利に手

「お客様のお気に入りの食事の場とスタイルであり続けること」という新しいミッションと「勝つためのプラン」のもと、マクドナルドは最高の店舗経験を創造するという基本に立ち返った。

頃な価格で提供する」というファストフードのコンセプトを完成させたのである。

　マクドナルドは瞬く間に成長し、世界最大のファストフード業者となった。このファストフード界の巨人は、世界中に構える3万2,000以上の店舗で日々6,000万人にサービスを提供し、全組織トータルで年間790億ドル以上を売り上げている。ゴールデン・アーチは世界で最も親しまれているロゴとなり、ロナルド・マクドナルドほど認知度の高いキャラクターは、世界広しといえどもミッキーマウスぐらいなものだ。ところが、1990年代になって事情が変わってきた。ミッションと顧客の両方が、同社からしだいに離れていった。アメリカの人々はもっとフレッシュで、もっとおいしい食べ物を、そして、もっと洗練された雰囲気を求めていた。さらに、より健康的な食べ物を選ぼうという流れもあった。消費者の健康志向が高まり、スターバックスでは5ドルもするラテが登場するという時代の流れの中で、マクドナルドは古くさく感じられたのだ。

　世界で最も多くの客を集めるチェーンだということに変わりはなかったが、かつてはまぶしいほどだったゴールデン・アーチは幾分輝きを失った。売上高の伸びが鈍り、2003年の市場シェアは1997年比で3％以上縮小。2002年の四半期決算は、創業以来初めての赤字だった。価値に対する顧客の期待が変わり、根本的な価値提案を見失ったのである。「一番大切なことを忘れかけていたんです。温かくて質の高い食べ物を、マクドナルドならではのスピードと手軽さにこだわって、大きな価値を持つものとして提供する、ということを」と語るのはCEOのジム・スキナーだ。企業自体もミッションも、変化への適応を必要としていた。

　苦境に立たされたマクドナルドは2003年初頭、再起をかける計画を発表した。今では「プラン・トゥ・ウィン（勝つためのプラン）」と呼ばれているものだ。その中心を成すミッション・ステートメントで、同社はあらためて顧客に焦点を合わせた。マクドナルドは「世界一すばらしいクイックサービスレストラン」から、「お客様のお気に入りの食事の場とスタイルであり続けること」へとミッションを変えた。「勝つためのプラン」にはマクドナルドが目指すものと、それを達成するための計画が明示されており、それらすべての中心に据えられたのが、希有な顧客経験のための5つの基本、人 (people)、製品 (products)、場所 (place)、価格 (price)、プロモーション (promotion) だった。5つのPなどというと誰でも思いつく用語のようだが、これがマクドナルドの方向性と優先順位を大きく変えたのだと役員たちは断言する。このミッションの変更により、企業と従業員の双方が、単に最も安く最も手軽なものを顧客に提供するのではなく、質、サービス、店舗経験に意識を向けるようになったのである。

　「勝つためのプラン」のもと、マクドナルドは顧客を大切にするというビジネスの基本に立ち返った。目標は「ただ大きくなるのではなく、もっとよくなる」ことである。

急速な拡大をやめ、浮いた資金をメニューやサービス、雰囲気の改善と既存直営店のマーケティングに回した。店舗の内装をよりシンプルかつ今日的なものに変え、観葉植物や無線インターネット接続サービス、ケーブルテレビのニュース番組を流す薄型テレビなども導入した。

　顧客価値に専心することを思い出したおかげで、マクドナルドは目覚ましい回復を遂げた。「勝つためのプラン」の発表から売上は50％以上伸び、利益にいたっては4倍にもなった。2008年、世界恐慌以来の最悪の時期に株式市場の時価は3分の2にまで下落したが、マクドナルドの株は6％近く値を上げた。この年、ダウ・ジョーンズ工業平均株価の中で値上がりしたのは2社だけ（もう1社はウォルマート）だった。

出典：引用は以下の情報に基づく。Andrew Martin, "At McDonald's, the Happiest Meal Is Hot Profits," *New York Times*, January 11, 2009; Jeremy Adamy, "McDonald's Seeks Ways to Keep Sizzling," *Wall Street Journal*, March 10, 2009, p. A1; およびJohn Cloud, "McDonald's Has a Chef?" *Time*, February 22, 2010, pp. 88-91. また、財務やその他の情報はwww.aboutmcdonalds.com/mcd/media_center.html/invest.htmlより、2010年10月現在。

社内外メンバーとの連携

　企業は戦略計画を立案し、今後従事していく事業とその目的を明確にする。次に行われるのは、事業ユニット単位でのより詳細なマーケティング計画の作成である。各事業ユニットにおける主要な機能部門（マーケティング、財務、経理、購買、企画、情報システム、人事など）は、戦略目的を達成するために協力し合わなければならない。

　企業戦略において、マーケティングは以下のような重要な役割を担う。まず第1に、戦略の指針としてのマーケティング理念を提示し、企業戦略の中心に、重要な顧客グループとの収益性の高い関係を据えるべきだと示す。第2に、魅力ある市場機会の発見を助けるとともに、その機会を活用する潜在能力があるかどうかを評価する。最後に、個々の事業ユニットに要求される戦略を設計する。

　マーケティングにおいて成功の鍵を握っているのは顧客価値である。しかしながら、マーケターの力だけで優れた顧客価値を生み出すことはできない。たしかにマーケティングは指導的な役割を果たすが、顧客を引きつけ、維持し、拡大する上では一部分にすぎないのである。したがって、マーケターは顧客リ

レーションシップ・マネジメントのみならず、パートナー・リレーションシップ・マネジメントも実行する必要がある。社内他部門と緊密な連携を図り、顧客に向けた効果的な内部価値連鎖を形成しなくてはならない。さらには、マーケティング目標を達成するための組織体制であるマーケティング・システムにおいて他社とも効果的な連携を組み、競合相手以上に優れた外部価値提供ネットワークを形成することも求められる。

他の社内メンバーとの連携

　社内の各部門は、企業の内部**価値連鎖（バリュー・チェーン）**を形づくるひとつひとつの輪としてとらえることができる[6]。つまり、製品の設計、生産、販売、配送、顧客サポートをしていくにあたって、企業内各部門がそれぞれ価値創造活動を担っているのである。企業の成功は各部門がいかに優れた仕事をするかだけでなく、さまざまな部門がいかにうまく連携して活動するかにも左右される。

　例えば、ウォルマートの目標は、顧客が欲しいものを可能な限りの低価格で提供することにより、顧客価値と顧客満足を作り出すことである。そのためには、顧客ニーズを把握し、それを満たす製品を他に負けない低価格で棚に並べる。広告コミュニケーションを展開し、顧客サービスを充実する。これらの活動を通じて、マーケターは顧客に価値を届けているわけである。

　だが、ここで欠かせないのが他部門の協力である。ウォルマートが優れた製品を低価格で提供できるのは、仕入れ先を開拓し、低価格で買い付ける購買部門の力があってこそだ。情報システム部門は、各店舗の売れ筋製品について、迅速かつ的確に情報提供しなくてはならない。現場の販売担当者にも、低コストで効果的な売り場管理が求められる。

　理想をいうならば、顧客価値を生み出すために、各部門は協調して業務を遂行すべきである。だが、部門間は摩擦や誤解に満ちているというのが現実だ。マーケティング部門は顧客の視点に立っているが、顧客満足の実現を追求することは、他部門にとっては逆に業務の妨げともなりかねない。マーケティング部門の活動で仕入原価が上がり、生産計画は混乱し、在庫が増え、予算に頭を抱えるということもあるだろう。マーケティング部門の取り組みに対して、他部門が抵抗を示すのには理由がある。だからこそ、企業全体が顧客のための価値創造にこだわるとともに、機能や部門を問わず、全員がマーケティングを実

行しているという意識を抱く必要がある。経理担当者であれ物流管理者であれ、あるいは人事課長であれ、マーケティングについて理解し、顧客価値創造における自分の役割を認識することが求められるのである。

社外メンバーとの連携

今日では多くの企業がサプライ・チェーン内の他メンバーである供給業者、流通業者、ひいては顧客にいたるまで「パートナー」を組み、**顧客価値提供ネットワーク**のパフォーマンス向上を図っている。例えば、世界最大の化粧品メーカーであるロレアルはポリマーから油脂、スプレー缶、パッケージ、生産設備、事務用品まで、あらゆるものを供給業者から仕入れており、供給業者の大規模ネットワークと緊密な関係を築くことが大切だと理解している[7]。

ロレアルはメイベリン、キールズ、ランコムなど25のブランドを抱えていて、供給業者のネットワークがうまく機能しなければ、企業としての成功もない。そこで同社は、供給業者を尊敬すべきパートナーとして扱っている。新規の供給業者は念入りに審査し、既存の供給業者についても定期的に業績を評価する。

だがその一方で、供給業者に歩み寄り、厳しい基準をクリアするための支援を行っている。供給業者に理不尽な要求をし、短期的な利益のために「絞り上げる」企業もあるが、ロレアルは供給業者との間に、相互の利益と成長の上に成り立つ長期的な関係を築いている。同社の供給業者向けサイトには、供給業者への対応にあたって大切にしているのは「事業、文化、成長、個々の社員に対する深い尊敬の念。成長と相互利益をもたらすべく、ともに努力をすること」とある。その結果、供給業者の75％以上と10年越しで取引しており、しかも数十年のつきあいとなる業者が大半である。

今日の市場における競争は、個々の企業の問題ではなく、競い合う企業がおのおの作り上げた価値提供ネットワークとしての問題になっている。

価値提供システム：ロレアルは供給業者との間に、相互の利益と成長の上に成り立つ長期的な関係を築いている。「我々が望んでいるのは業績面でも、尊敬される企業という意味でも、世界のトップとなることです。そして尊敬されるというのは、供給業者からも尊敬されるということなのです」

マーケティング戦略とマーケティング・ミックス

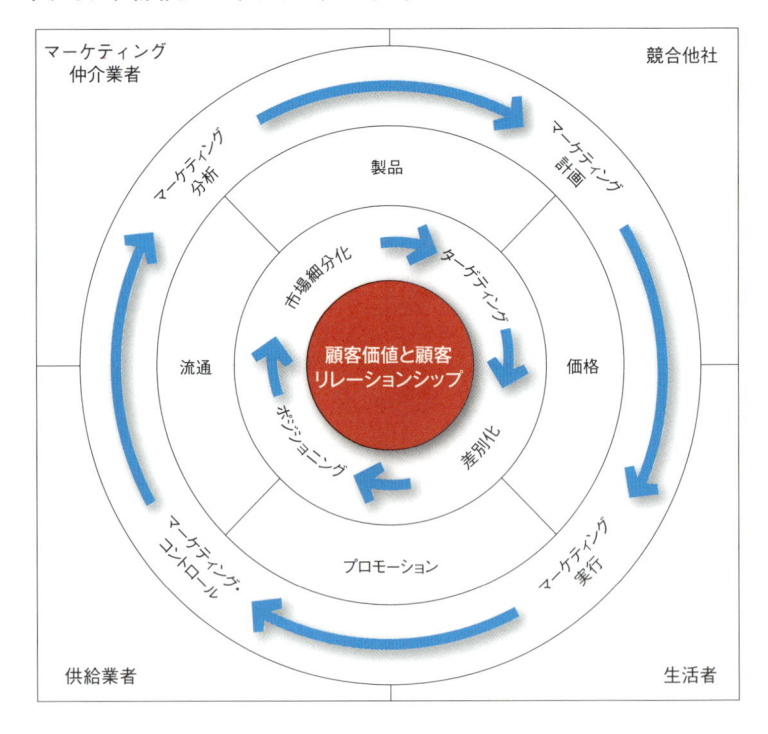

マーケティング戦略では、企業全体のミッションと目的が明確化される。**図2.4**は、顧客主導型マーケティング戦略をまとめたものである。

中心に据えられているのは顧客である。顧客のために価値を創造し、収益性の高い顧客リレーションシップを構築することが目標となる。次にくるのが**マーケティング戦略**であり、どの顧客を対象として（市場細分化とターゲティング）、どのようにするのか（差別化とポジショニング）を決定する。市場全体を把握した上で小さなセグメントに分割し、その中から最も有望なセグメントを選定して、そのセグメントで顧客対応と顧客満足に取り組むのである。

【図2.4】
マーケティング戦略とマーケティング・ミックス

```
マーケティング                           競合他社
仲介業者

         マーケティング        マーケティング
         分析        製品        計画

                 市場細分化  ターゲティング

      流通                              価格
              顧客価値と顧客
              リレーションシップ

                 ポジショニング  差別化

         マーケティング・         マーケティング
         コントロール プロモーション  実行

供給業者                              生活者
```

続いて、マーケティング戦略に従い、自社のコントロール下にある要素、すなわち製品、価格、流通、プロモーション（4つのP）を組み合わせて、目標を達成する仕組みを設計する（マーケティング・ミックス）。そして、最適なマーケティング戦略およびマーケティング・ミックスを見つけるために、企業はマーケティングの分析、計画、実行、コントロールを行う。

顧客主導型マーケティング戦略

競争の激しい今日の市場で成功を収めるには、顧客中心でなければならない。より優れた価値を提供することによって、競合他社から顧客を勝ちとり、つなぎとめ、育てなくてはならない。だが、顧客を満足させる前に必要となるのが、ニーズの把握である。したがって、堅実なマーケティングを行うには、慎重な顧客分析が求められる。

特定の市場において、すべての顧客に対応していては収益が上がらない。少なくとも、すべての顧客に同じように対応することはできない。顧客はあまりにも多様であり、そのニーズも一様ではないからだ。しかし、たいていの企業には、他社よりも優位に立てるセグメントが存在する。そこで必要となるのが、市場全体を分割し、自社にとって最も有望なセグメントを選定した上で、収益性を確保しつつそのセグメントに対応するための戦略を設計することである。これが市場細分化、ターゲティング、差別化、ポジショニングと呼ばれるプロセスである。

市場細分化

市場には多様な顧客、製品、そしてニーズがある。マーケターの仕事は、どのセグメントが自社に最高の機会を提供してくれるのか判定することだ。顧客を地理、デモグラフィックス、心理、行動といった要因に基づいてグループ分けすれば、それぞれに異なった対応をとることができる。市場を異なるニーズや個性、行動を持ち、別個の製品やマーケティング・プログラムを必要とする購買者グループに分割するこのプロセスを**市場細分化**と呼ぶ。

どのような市場も複数のセグメントに細分化できるが、どのように細分化しても等しく有用になるわけではない。例えば、コカ・コーラの飲用者を収入の高低で2分割したところで、どちらもマーケティング活動に同じ反応を示すのであれば、得るものはほとんどない。1つの**市場セグメント**は、与えられた一連

のマーケティング活動に対して、類似した反応を示す顧客集団でなければならない。自動車市場の場合、価格に関係なく快適な大型車を選ぶ顧客は、1つの市場セグメントを構成する。価格と維持費を気にする顧客もまた、別のセグメントを構成する。双方のセグメントで強く支持されるような車は、簡単には作れないだろう。

ターゲティングと差別化、ポジショニング

　市場セグメントが明確になれば、そのうちの1つ、もしくは複数のセグメントへの参入が可能になる。**ターゲティング**とは、各市場セグメントの魅力を評価し、参入対象とする1つ、もしくは複数のセグメントを選定することである。標的として選ぶべき対象は、収益を上げつつ最大の顧客価値を生み出し、それを長期にわたって持続できるセグメントである。

　資源に限りのある企業なら、特殊セグメント、すなわちニッチ市場のみを選定するかもしれない。このようなニッチャーは、大手競合他社が見過ごしているか、あるいは無視しているような顧客セグメントへの対応を専門とする。例えば、フェラーリの中でも特に機能性の高い車は、年間販売台数でいえば全米で1,500台にすぎない。フェラーリF430 F1スパイダー・コンバーチブルは22万9,500ドル、レーストラックでしか走ることのできないFXXスーパースポーツカーにいたっては200万ドル以上（全米で年に10台ほど売れている）である。多品種微量生産体制によるバネを製造している東海バネ工業もニッチャーであり、顧客の要求に応じて1個からの注文にも応じている。同社の平均受注ロット数は5個であり、バネの標準品を大量生産している同業他社とは全く異なる経営方針を打ち出している。約4,000社を超える顧客リストには三菱重工、日立製作所、IHI、東芝などの日本を代表する企業がならぶ。高い顧客満足を実現することで、同社は創業以来一度も赤字に陥ったことがない。

　一方、大企業であれば、幅広い品揃えで市場セグメント全体をカバーしてもよい。自動車であればトヨタ、バネならばアドバネクスのようなメーカーがこの方法をとっている。

　参入する市場セグメントを決定したら、次に、標的とするセグメントへの製品をいかに**差別化**するか、そのセグメントの中でどのようなポジションを占めようとするのかを決めなくてはならない。製品のポジションとは、競合他社製品との相対関係において、顧客のマインド内で当該製品が占める位置のことで

ある。ここで望まれるのは、製品にユニークなポジションを持たせることである。市場の他製品と完全に同一視されるようでは、顧客がそれを購入する理由がなくなってしまう。

ポジショニングとは、競合製品との相対関係において、標的とする顧客のマインド内で自社製品が明確、特殊かつ望ましい位置を占めるようにすることである。マーケターは自社製品と競合ブランドとの違いが際立ち、標的市場の中で最大の優位性を獲得できるようなポジションを考える。BMWの場合は「究極のドライビング・マシーン（The ultimate driving machine）」、フォード・エスケープは「うんと楽しく。うんと低燃費（So much fun. So little fuel.）」、レクサスは「完璧さの追求（The pursuit of perfection）」であり、このような一見単純な声明が、製品のマーケティング戦略におけるバックボーンを形成している。

自社製品のポジショニングにあたって、企業はまず、ポジションを構築する上で有利となる顧客価値を明確にしなければならない。競合他社より低い価格を設定したり、高価格を正当化するだけのベネフィットを提示したりすれば、顧客価値は大きくなる。そして、実際にその価値を提供しなくてはならない。このように、効果的なポジショニングは差別化から始まるのである。望ましいポジションを選定したのちに、そのポジションを標的顧客に適切に伝えるべく、企業のマーケティング・プログラム全体でポジショニング戦略を支えるのである。

マーケティング・ミックス

全社的なマーケティング戦略が決定したら、いよいよマーケティング・ミックスの詳細な計画である。**マーケティング・ミックス**は現代のマーケティングにおける主要概念の1つであり、ターゲット市場から望ましい反応を引き出すことを目的として組み立てる戦術的なマーケティング・ツールの集合体を指す。マーケティング・ミックスには、製品の需要を喚起するためにできるすべてのことが含まれる。それらは大きく4種類の変数、すなわち4つのPに分類できる。図2.5に示したものが、それぞれのPに属するマーケティング・ツールである。

●製品(Product)とは、企業がターゲット市場に提供する製品とサービスの組み合わせである。例えば、トヨタの場合、セダンからSUV、スポーツタイプ、ハイブリッド車、軽自動車までさまざまなタイプの乗用車を提供している。そのいずれも信頼性が高く、各車種にはいくつかのオプションが用意されている。

●価格(Price)とは、製品を獲得するために顧客が支払わなくてはならない代金の総額である。トヨタのディーラーは1台について請求する総額を見積もり、小売価格として設定している。だが、ディーラーがそのままの額を要求することはほとんどない。個々の顧客と交渉し、値引や下取、支払条件を提示する。こうして競合他社製品や経済状況に応じた価格調整を行い、購買者がその車の価値として知覚している範囲価格に持っていくのである。

●流通(Place)とは、標的顧客まで製品を届けるために企業が行う活動である。トヨタはさまざまな車を扱うディーラーをパートナーとして多数抱えている。ディーラーはトヨタからの手厚い支援を受けると同時に、トヨタ車の在庫を持ち、潜在購買者に対するデモンストレーションから価格交渉、一連の取引完了(クロージング)、アフターサービスまでを行う。

●プロモーション(Promotion)とは、自社製品のメリットを標的消費者に伝え、買いたいと思わせる活動である。トヨタは日本国内の広告宣伝費に毎年1,000億円程度を費やし、自社と自社製品について消費者に伝えている[8]。ディーラーの販売員は潜在購買者を見出し、その見込客にはトヨタが最適だと説得する。また、ディーラーは購買を刺激するために、各種のサービスや低金利融資といったプロモーションを提示する。

マーケティング・ミックス:環境にやさしいエコカーの先駆け的存在であるプリウス(左)から、レジャーにも活躍するLAV4(右)まで、トヨタは幅広いラインナップで製造している。

図2.5からわかるように、マーケティング・ミックスに欠けているように思われるマーケティング活動も、大半は4つのPのいずれかに属している。論者によっては網羅性を重視し、6Pや36Pを唱えている。

　だが一方で、もっと本質的な懸念も存在する。4つのPは販売側の視点に立っており、顧客の視点ではないというものである。顧客価値と顧客リレーションシップの時代でもあり、顧客の視点に立って4Pを4Cに置き換える方が望ましいかもしれない[9]。

【図2.5】
マーケティング・ミックスにおける4つのP

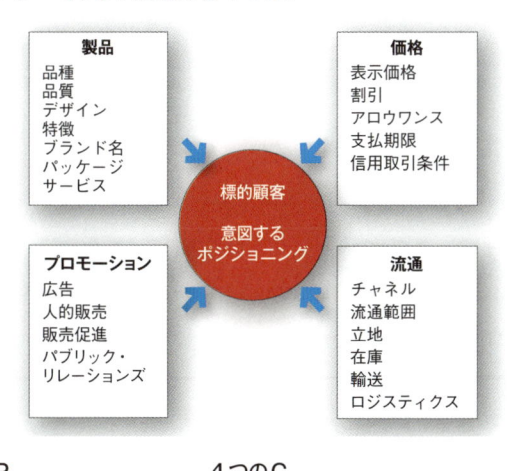

製品	価格
品種 品質 デザイン 特徴 ブランド名 パッケージ サービス	表示価格 割引 アロウワンス 支払期限 信用取引条件

標的顧客
意図するポジショニング

プロモーション	流通
広告 人的販売 販売促進 パブリック・リレーションズ	チャネル 流通範囲 立地 在庫 輸送 ロジスティクス

4つのP	4つのC
製品（Product）	顧客ソリューション（Customer solution）
価格（Price）	顧客コスト（Customer cost）
流通（Place）	利便性（Convenience）
プロモーション（Promotion）	コミュニケーション（Communication）

　ここに示されているとおり、マーケターが製品を売るという視点であるのに対して、顧客は価値や問題解決策を購入するという視点に立っている。また、顧客の関心は価格だけでなく、製品の獲得から利用、処分までのトータル・コストに置かれている。さらに、製品やサービスをできるだけ便利に手に入れることを望み、双方向のコミュニケーションを希望している。マーケターはまず4Cについて十分に検討し、それを基盤として4Pを構築するとよいだろう。

マーケティング活動のマネジメント

　企業はマーケティングのプロセスにおいて、マネジメントにも留意しなくてはならない。それには、(**図2.6**に示した) 4つのマーケティング・マネジメント機能、すなわち分析、計画、実行、コントロールが含まれる。企業はまず、マーケティング分析を行い、その他のマーケティング活動に必要な情報と評価を入手する。そして全社的な戦略計画を立て、それを部門、製品、ブランドおのおののマーケティング計画やその他の計画へと落とし込む。次に、その計画を実行に移す。コントロールでは、マーケティング活動の成果を測定・評価し、必要に応じて修正措置をとる。そして必要に応じて、再び分析が実施されるのである。

マーケティング分析

　マーケティング・マネジメントは、企業の置かれている状況を徹底的に分析することから始まる。そこでマーケターは**SWOT (スウォット) 分析**を駆使し、企業の強み (Strength)、弱み (Weakness)、機会 (Opportunity)、脅威 (Threat)

【図2.6】
マーケティング・マネジメント：分析、計画、実行、コントロール

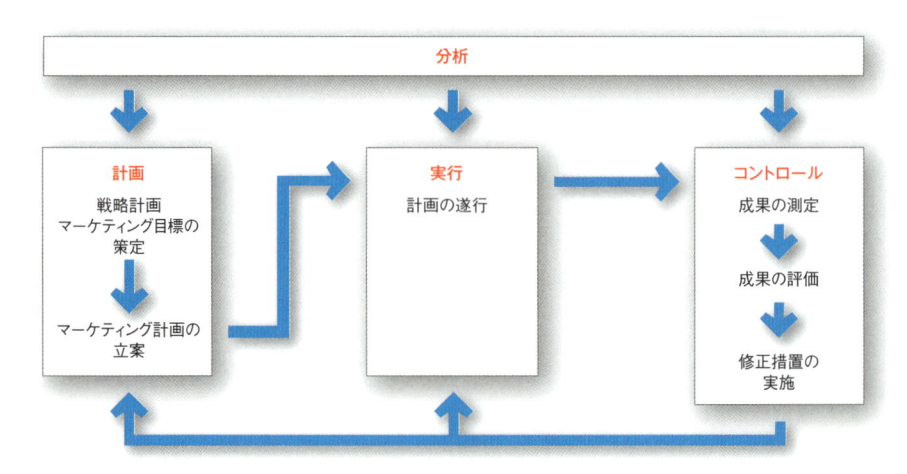

の全体的な評価を行う（**図2.7**参照）。強みとは、顧客対応と目的達成に役立ちそうな内部ケイパビリティ（組織的能力）や資源である。弱みには、業績を妨げうる内部制約や経験の浅さなどが含まれる。機会とは、自社にとって有利になりそうな、外部環境における好ましい要因やトレンドを指す。そして、脅威とは、逆風となりうる外部要因やトレンドのことである。

【図2.7】
SWOT分析：
強み（S）、弱み（W）、機会（O）、脅威（T）

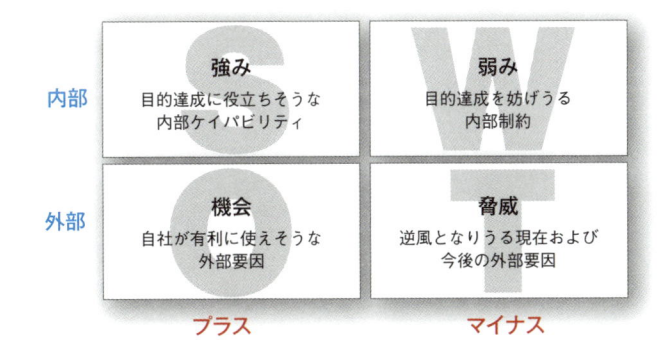

	プラス	マイナス
内部	**強み** 目的達成に役立ちそうな 内部ケイパビリティ	**弱み** 目的達成を妨げうる 内部制約
外部	**機会** 自社が有利に使えそうな 外部要因	**脅威** 逆風となりうる現在および 今後の外部要因

　企業はマーケティング環境を分析することにより、魅力的な機会を見つけると同時に、環境上の脅威を見極めなくてはならない。また、進行中および今後想定されるマーケティング活動とあわせて、強みと弱みについても分析し、最もうまくいく機会はどれか見定めるべきである。最終的な目標は、企業の強みと与えられた環境内の魅力的な機会をマッチングさせるとともに、弱みを解決もしくは克服し、脅威の最小化を図ることである。マーケティング分析の結果は、残る3つのマーケティング・マネジメント機能に対するインプットとなる。

マーケティング計画

　企業は全社的な戦略を考慮しながら、事業単位のマーケティング戦略を決める。したがって、おのおのの事業、製品、ブランドに詳細な**マーケティング計画**が必要となる。それがどのような形で表されるのか考えてみよう。

表2.2は、製品やブランドの典型的なマーケティング計画として、その主要項目を示したものである。マーケティング計画の頭には、目標と提言を簡潔にまとめたエグゼクティブ・サマリーがある。そして、本文ではまず、マーケティングの現状と潜在的な脅威と機会について提示される。次に、ブランドとして

【表2.2】 マーケティング計画書

項目	内容
エグゼクティブ・サマリー	経営幹部が計画の要点を素早く把握できるよう、主要目標と提言を簡潔に述べる。エグゼクティブ・サマリーのあとに内容の一覧が続く。
マーケティングの現状	ターゲット市場とその中でのブランドのポジションについて、市場、製品の実績、競合状況、流通などの情報を盛り込みながらまとめる。本項目には以下の内容が含まれる。 ・市場：市場と主要なセグメントを明確にした上で、購買に影響を与えるであろう顧客ニーズおよびマーケティング環境要因を洗い直す。 ・製品：製品ライン中の主要製品について、販売状況、価格、利益を概説する。 ・競合：主要な競合他社を見極め、製品の質、価格、流通、プロモーションに関する各社の市場ポジションと戦略を評価する。 ・流通：主要な流通チャネルにおける最近の売上傾向や、その他の進展についての評価を概説する。
脅威と機会の分析	企業や戦略に影響を与えうる重要な動きをプラスとマイナスの両面で評価する。
目標と課題	計画期間中に達成すべきマーケティング目標を提示し、達成可否の鍵となる課題を検討する。例えば、市場シェアの15％拡大を狙う場合、どのようにすれば達成できるかについて考察する。
マーケティング戦略	どのようなマーケティングによって顧客価値と顧客リレーションシップを作り出そうとしているのか、その全体のロジックを概説した上で、ターゲット市場、ポジショニング、マーケティング・コストについて詳述する。ここではまた、マーケティング・ミックスの各要素について戦略を詳述し、それぞれが脅威、機会、先述の重要課題にどのように対応するのかを説明する。
行動プログラム	マーケティング戦略を特定の行動プログラムに転換する方法について、以下の問いへの答えとして記述する。何をするのか。いつ行うのか。誰が行うのか。どれぐらいのコストがかかるのか。
予算	行動プログラムを支えるためのマーケティング予算について、原則として予定損益計算書の形で詳述する。予測収入（予測販売数と平均単価）と、生産・流通・マーケティングに関わる予測コストが示され、その差が予定利益となる。この予算が資材調達、生産計画、人員計画、マーケティング活動のベースとなる。
コントロール	進捗状況をモニタリングし、実行結果を見直したり、目標を達成していない製品を発見したりするためのコントロール方法について示す。マーケティング投資に対するリターンについても記述する。

の主な目標と、それを達成するためのマーケティング戦略が詳述される。

マーケティング戦略とは、ターゲット市場、ポジショニング、マーケティング・ミックス、マーケティング・コストに関する具体的な戦略であり、ターゲット顧客から見返りとしての利益を獲得するために、いかにして価値を創造するかをまとめたものである。ここでは前述の脅威と機会、および重要課題に対して、それぞれの戦略によってどのように対応していくかが説明される。さらに、マーケティング戦略を実行するための行動プログラム、それを支えるマーケティング予算と、詳細の説明が続く。最終項目のコントロールでは、進捗状況の把握、マーケティング投資に対するリターン測定、修正措置の実施について記述される。

優れた戦略が策定できたとしても、それはマーケティングの成功に向けた第一歩にすぎない。すばらしいマーケティング戦略も、適切に実行できなければ宝の持ち腐れになる。**マーケティング実行**とは、戦略的マーケティング目的を達成するために、マーケティング計画をマーケティング活動へと転換するプロセスである。マーケティング計画が「何を」と「なぜ」を扱うのに対して、実行は「誰が」、「どこで」、「いつ」、「どのように」を扱う。

「物事を適切に行うこと」(実行)は「何を行うのが適切か」(戦略)と同等に、もしくはそれ以上に重要であると多くの経営者が考えており、実際、成功にはどちらも不可欠である。

マーケティング計画の実行中は予想外のことが多発するので、継続的な**マーケティング・コントロール**が求められる。つまり、マーケティング戦略および計画の成果を評価し、目標が確実に達成されるように修正措置を講じるのである。マーケティング・コントロールには4つのステップがある。まず、明確なマーケティング目標を確認する。その次に、市場におけるパフォーマンスを測定し、続いて、予測していた成果と実際との間に差が生じた原因を追究する。そして最後に、目標と実績とのギャップを埋めるための修正措置を実施する。このとき、活動プログラムの変更や、場合によっては目標の変更が必要となるかもしれない。

マーケティング・コントロールとともに、2つのコントロールも必要である。「オペレーティング・コントロール」では、現在の成果を年間計画に照らしてチェックし、必要に応じて修正措置をとる。年間計画として設定した販売目標や利益目標が、確実に達成されるようにするためである。さまざまな製品や領域、

市場、チャネルの収益性を確定する業務もここに含まれる。また、「戦略コントロール」では、企業の基本戦略と機会が合致しているかどうかを確認する。マーケティング戦略にしてもマーケティング・プログラムにしても、たちまち時代遅れになるため、市場に対するアプローチ全体を定期的に見直す必要がある。

マーケティング組織

　マーケティング戦略およびマーケティング計画の実行に向けて、企業はマーケティング組織を設計しなくてはならない。小さな会社なら、調査、販売、広告、顧客サービス、その他のマーケティング業務をすべて1人で行うこともあるだろう。だが、企業の規模が拡大するとマーケティング部門が誕生し、組織としてマーケティング活動の計画と実行を担うようになる。大企業のマーケティング部門ともなると、多くのスペシャリストを抱えている。製品企画担当のマネジャー、販売担当のマネジャー、市場調査担当者、広告クリエイターなどである。

　そのような巨大マーケティング組織を率いる役職として、最高マーケティング責任者（CMO）を置く企業も多くなっている。企業のマーケティング活動全体を統括するCMOという役職ができたことにより、マーケティングの責任者は最高執行責任者（COO）や最高財務責任者（CFO）などのCのつくエグゼクティブと肩を並べられるようになった[10]。

　現代のマーケティング部門の組織形態には、いくつかのパターンがある。最も一般的なのは職能別組織である。この組織では、販売担当マネジャー、広告担当マネジャー、市場調査担当マネジャー、製品開発担当マネジャーといった職能ごとのスペシャリストが、おのおの異なるマーケティング活動を指揮する。全国、あるいは全世界で販売を展開する企業は、往々にして地域別組織という形態を採用している。販売担当者やマーケターは、特定の国や地域に割り当てられる。この場合、販売担当者はその地に腰を落ち着け、顧客となじみになり、移動に関わるコストと時間を最低限に抑えて働くことができる。

　多種多様な製品やブランドを扱う企業は、製品別マネジメント組織をとることが多い。この方法であれば、ある製品やブランドに特化した戦略およびマーケティング・プログラムを最初から最後まで1人の責任者の手で策定できる。

　ニーズも好みも異なる多様な市場および顧客を相手に、製品ラインを販売する企業には、市場別あるいは顧客別マネジメント組織が最適である。特定の市

場や顧客に対するマーケティング戦略および計画の策定に関して、担当マネジャーが責任を負う。また、企業の多くは、大手顧客とのリレーションシップ・マネジメントを担う特別組織を設けている。花王やパナソニックでは、大規模なチームや部門を編成し、イオン、イトーヨーカ堂、ヨドバシカメラといった大手顧客の対応にあたらせている。さらに多様な製品を生産し、地理的にも顧客的にも多様な市場に投入している大企業であれば、職能別、地域別、製品別、市場別組織の組み合わせを採用することもある。

マーケティング投資に対するリターンの評価

　マーケティング部門のマネジャーは、マーケティング予算の有効活用に責任を持たなければならない。過去には支出に対する金銭的なリターンなど考えず、大規模かつ贅沢なマーケティング・プログラムに対して、自由に資金を費やすこともあった。マーケティングが生み出すのは創造的な無形資産であり、生産性やリターンの測定には向かないと信じられていたからだ。だが経済に閉塞感が増した今日、すべてが変化した。

　何年もの間、マーケターは、予算会議で過去の出費をいかに有効に使ったか、どのような成果が出たのかについて、必ずしも明確に説明できなかった。派手なテレビCMのために、大きなイベントのために、メッセージを発信してブランドを確立するためにと、予算を要求するばかりだった。だが、制約なく予算を上積みできるような日々は過ぎ去り、今は新しいスローガンが掲げられている。測定と説明責任である。ある専門家の言葉を借りるなら、「マーケターは何年もの間、極めて無責任だった。今は影響力の真価が問われている」のである。

　近年の研究によると、財務状況が厳しくなってからは、マーケティング投資に対するリターンが大きな問題となっている。「使用経費の目的を明確にすることがいよいよ重要になってきた」というマーケターの声もある。また別のマーケターは、あらゆるブランドやマーケティング・プログラムについて、「この戦略と戦術の組み合わせは正しいのか。シェア、収入、利益目標という点で、はたして投資は最大のリターンをもたらすのか」と自問自答することの必要性を語っている[11]。それに応じて、マーケティングROIの測定方法も改善が進んでいる。**マーケティング投資に対するリターン（マーケティングROI）**とは、マー

ケティング投資から得た純収益を、マーケティング投資コストで除したものである。この指標を用いれば、マーケティング活動への投資から生み出された利益効率を測ることができる。

ただし、マーケティングROIの算出は容易ではない。財務上のROIであれば、RもIも一様に金額で表される。だが、マーケティングROIに関しては、今のところまだ確たる定義が存在していない。「装置を1つ購入するというならわかる。購入がもたらした生産性の向上値が想像できるからだ。だが、マーケティングの場合は広告の力で得た利益を算出することになり、このリターンを金額で表すのは簡単ではない」[12]。

ある調査によると、近年では企業の3分の2がマーケティングROIに取り組んでいるが、順調に算出・発表できたのは、そのうちの22％にとどまるという。また、最高財務責任者を対象とした調査では、93％が自社のマーケティングROI測定能力に不満を抱いていた。測定にあたっての基準の明確化と、その基準に照らした確かなデータの入手が大きな課題である[13]。

【図2.8】
マーケティング投資に対するリターン

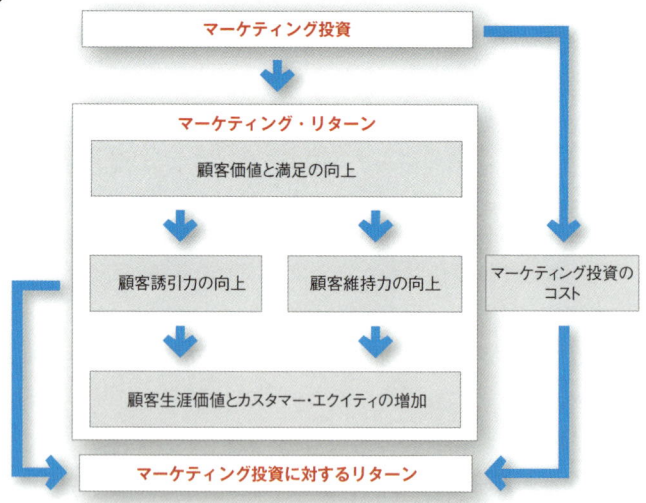

```
マーケティング投資
   ↓
マーケティング・リターン
   顧客価値と満足の向上
      ↓         ↓
  顧客誘引力の向上  顧客維持力の向上     マーケティング投資の
      ↓         ↓                コスト
   顧客生涯価値とカスタマー・エクイティの増加
   ↓
マーケティング投資に対するリターン
```

出典：Roland T. Rust, Katherine N. Lemon, and Valerie A. Zeithaml, "Return on Marketing: Using Consumer Equity to Focus Marketing Strategy," *Journal of Marketing*, January 2004, p. 112.

ブランド認知度、売上高、市場シェアなど、マーケティング成果の一般的な指標を使っても、マーケティングROIを評価することができる。そのような指標をまとめて、マーケティング・ダッシュボードを作っている企業も多い。マーケティング成果を示す一連の指標をディスプレイにとりまとめ、戦略的マーケティングの成果をモニタリングできるようにしたものである。自動車のダッシュボードが運転手に車のパフォーマンスを詳しく知らせてくれるように、マーケティング・ダッシュボードはマーケターにマーケティング戦略の評価と修正に必要な具体的数値を示してくれる。

最近では一般的な業績指標にとどまらず、顧客獲得率、顧客維持率、顧客生涯価値、カスタマー・エクイティなど、マーケティングの影響を示す顧客中心型の指標を取り入れることが増えている。これらを使えば、現在のマーケティング成果のみならず、より強固になった顧客リレーションシップがもたらす未来の成果も把握できる。図2.8で示したように、マーケティング費用を投資だと考えれば、顧客リレーションシップの収益性向上はリターンである[14]。マーケティングへの投資は顧客価値と顧客満足を高め、それが今度は顧客誘引力と顧客維持力を強化する。さらにこれが個々の顧客の生涯価値と、企業全体のカスタマー・エクイティの増大につながる。つまり、マーケティング投資コストに対して、カスタマー・エクイティがどれだけ増えたかを見れば、マーケティング投資に対するリターンも浮かび上がってくる。

Discussion　ディスカッション

Question 1
1つの企業を取り上げ、BCGの枠組みを用いて事業ポートフォリオ（もしくは製品ポートフォリオ）を描いてみよう。

Question 2
近年にヒットした製品やサービスを1つ取り上げ、ターゲットや4つのPについて調べてみよう。

Question 3
自分が所属する組織（学部や事業部）について、SWOT分析を実施し、更なる飛躍をするためのマーケティング計画を作成してみよう。

Key Terms 重要語句

- 戦略計画（p.34）
- ミッション・ステートメント（p.34）
- 事業ポートフォリオ（p.36）
- ポートフォリオ分析（p.36）
- 戦略事業単位（SBU）（p.36）
- 市場成長率－相対市場シェア・マトリクス（p.37）
- 製品／市場成長マトリクス（p.40）
- 市場浸透（p.40）
- 市場開拓（p.40）
- 製品開発（p.40）
- 多角化（p.41）
- 価値連鎖（バリュー・チェーン）（p.44）
- 顧客価値提供ネットワーク（p.45）
- マーケティング戦略（p.46）
- 市場細分化（p.47）
- 市場セグメント（p.47）
- ターゲティング（p.48）
- 差別化（p.48）
- ポジショニング（p.49）
- マーケティング・ミックス（p.49）
- SWOT分析（p.52）
- マーケティング実行（p.55）
- マーケティング・コントロール（p.55）
- マーケティング投資に対するリターン（マーケティングROI）（p.57）

Chapter 3

競争優位の創造

　優れた顧客リレーションシップを構築するにあたって、顧客を理解することは重要な第一歩である。しかし、それだけでは十分とはいえない。競争優位を得るためには、同じ顧客をねらう競合他社を上回る価値を届けられるようマーケティングを設計しなければならない。

　本章では、まず競合他社を明確にし、競合他社の分析に目を向ける。続いて、競合他社に対する自社のポジションを規定し、特定の市場において競争優位を得るための競争的マーケティング戦略について確認する。

　それでは、韓国の自動車メーカー、ヒュンダイの事例から見ていこう。2008年、グレート・リセッションと呼ばれる大不況が自動車業界を襲ったとき、ほとんどの自動車メーカーはマーケティング予算を削減してこの嵐に耐えた。だが、ヒュンダイは正反対の行動に出た。ライバル各社がマーケティング支出を切り詰める中で、逆に増加させたのである。そして同社は、変わりゆく経済状況と市場に合致する優れた価値提案を試みた。

OPENING STORY

ヒュンダイ
競合他社が減速しているときに
アクセルを踏む

2009年2月、銀行の経営破綻後、景気刺激策も決まらず、アメリカにおける失業問題はますます深刻化していた。バド・ライトやコカ・コーラなどの広告主の大半は現実逃避のスタンスをとり、ハッピーで楽しい広告を流していた。しかし、1社だけは違った。車が颯爽と走り抜けるシーンで、ほとんどの人が話題にしたくないと思っている事実をナレーターの声が語った。「今、ローンかリースで車を買い、来年になって失業したとしても、ヒュンダイなら信用評価に傷をつけることなく返品していただけます」。

この大胆な広告とともに、ヒュンダイは消費者心理に重くのしかかる景気後退に正面から立ち向かった。マーケティング費を削っていた多くのライバルとは対照的に、この韓国の自動車メーカーはマーケティングを加速させ、アカデミー賞授賞式の放映時には、なんとヒュンダイ・アシュアランス・プログラムの広告を9回も流した。

経済状況の悪化をものともせず、顧客重視のマーケティング戦略を推し進めたことで、ヒュンダイはすばらしい結果を得た。ヒュンダイ・アシュアランス・プログラムが借金に慎重になっていた顧客の心をつかみ、2009年1、2月の売上を前年比59％増と急上昇させたのである。また、ニールセンによる調査においても、回答者の43％が広告を見たことでヒュンダイの印象がよくなったと答えた。ヒュンダイ・アシュアランス・プログラムにより、「ヒュンダイは人々の置かれた状況を気にかけている、親身になってくれていると受け止められた」のだと、あるアナリストは指摘する。

1986年、当時ほぼ無名だったヒュンダイは、5,000ドルという超低価格の小型車「エ

「ヒュンダイは本物だ」とあるアナリストはいう。「競合他社に嫌われ、顧客には愛されているのだから」

クセル」でアメリカ市場に参入した。当初、多少の成功を収めたものの、やがてデザインと品質という問題にぶつかり失速した。時代遅れのデザイン、パワー不足のエンジン、お粗末な技術は深夜のお笑い番組のネタにもなった。「宇宙飛行士をぎょっとさせたいなら、スペースシャトルの制御盤にヒュンダイのロゴを貼ればいい」などのジョークが生まれた。

しかし、ヒュンダイはひるむことなく、新モデルを投入し、マーケティングへの投資を強化した。1998年後半に業界初となる10年10万マイル駆動系保証を導入し、2007年までには品質、評判とも大幅な改善にこぎつけた。そして2008年、ベストセラーである中型車「ソナタ」を進化させ、ヒュンダイ史上最高額モデルの高級中型セダン「ジェネシス」を発売するにいたった。

ヒュンダイの最高マーケティング責任者であるジョエル・イーワニックは、フォーカス・グループの中で「なぜ今すぐ車を買わないのですか。車が欲しいとおっしゃっているのに、買おうとしていないではないですか」と質問し続けた。何回か問いかけるうちに、ようやく人々は口を開くようになった。イーワニックはのちに次のように語っている。「誰もが見て見ぬふりをしていたのは、仕事を失うかもしれないという恐怖心でした」。

顧客の気持ちを理解したヒュンダイは迅速に行動した。わずか37日間でヒュンダイ・アシュアランス・プログラムを作り上げ、テレビ広告も完成させた。2009年スーパーボウル中継時のスポット広告を2枠購入した上に、ゲーム直前番組のスポンサーも務め、続くアカデミー賞授賞式にはスポット広告9連発を用意した。こうした大胆なマーケティング活動と顧客重視型の価値提案により、顧客のヒュンダイに対する心象は大きく変わった。実際に車を返却した人は100人程度だったが、ヒュンダイ・アシュアランス・プログラムは注目度と好感度を大幅に上昇させた。

いまだに経済状況の改善の動きは鈍いが、ヒュンダイには減速する様子がまったく見られない。2010年に発表した新プレミアム高級車「エクウス」（6万ドル前後）は、2万ドル以上も上をいく最高級車市場のベンツ、BMW、アウディに対抗するために作られた。さらに、「ソナタ・ハイブリッド」と「ソナタ・ターボ」も発売した。経済状況がどうであれ、ヒュンダイはマーケティングへの投資をやめることはない。

顧客も、ヒュンダイに関して新しいメッセージを受け取っている。「5年前のヒュンダイは低価格ながらも品質はそこそこで、10万マイルの駆動系保証がついた車として知られていた」と、ある業界観測筋は指摘する。「それが今ではスマート、フレッシュ、ハイテクといった、ソフトでポジティブなイメージで表されるようになっている」。ヒュンダイというブランドを認知し、購入したいと考えているアメリカ人消費者は、2年前の40％から60％に飛躍した。アキュラ、BMWをはじめ、ときにはベンツまでも

がヒュンダイ・ジェネシスやエクウスの下取り車として持ち込まれると、ヒュンダイのディーラーは驚きを隠せない。

　精力的なマーケティング活動、改善された品質、積極的な戦略のおかげで、ヒュンダイは今や世界屈指の急成長を誇る自動車メーカーである。世界市場では2009年にフォードを抜いて第4位となっている。しかも、マーケティング＆コンサルタント会社のJ.D.パワーによる自動車品質調査では、レクサス（トヨタが展開する高級ブランド）やホンダに次いで第7位となり、トヨタを大きく上回った。これらに加え、非常に信頼の高い調査会社ブランド・キーズの顧客ロイヤルティ評価では、長年先頭を走っていたトヨタとホンダを抜き去り第1位に輝いている。ヒュンダイは顧客、変化を続ける経済状況、競争の激しい市場に対して、適切な競争的マーケティング戦略を展開している。「ヒュンダイは本物だ」とあるアナリストは結論づけている。「競合他社に嫌われ、顧客には愛されているのだから」[1]。

競合他社分析

　効果的なマーケティング戦略の策定にあたっては、競合他社の実態について把握する必要がある。マーケティング戦略、製品、価格、流通チャネル、プロモーションに関して、常にライバルと自社を比較しなければならない。そうすることによって、優位に立てるであろう分野、不利だと思われる分野を見つけることができる。**競合他社分析**ではまず競合他社を特定し、それぞれを評価した上で、攻撃すべき競合他社と回避すべき競合他社を選別する。

競合他社の特定

　一般的に、競合他社の特定は簡単な作業だと見なされがちである。狭義の競合他社とは、類似した製品やサービスを同じ顧客に対して、似たような価格で提供している企業のことである。つまり、ユニクロにとってGAPは競合他社だが、高島屋や三越は競合他社ではない。また、帝国ホテルはホテルオークラを競合相手と考えるだろうが、アパホテルや東急インなどのビジネスホテルをライバルとは考えない。

　しかし、実際の競合他社はもっと広い範囲に及ぶことが多く、同じ分類の製

競合他社の特定：ユニクロにとっては、高島屋や三越のような総合百貨店は直接的な競合他社ではない。GAPを筆頭にH&MやZARAといった、共通の顧客を抱えグローバル展開する衣料量販店が競合他社にあたる。

品やサービスを提供する全企業と定義することもできるだろう。そういう意味では、帝国ホテルはすべてのホテルと競合していると考えなければならない。さらに広い意味では、消費者の支出をめぐって競合する全企業が競合他社である。クルーズや避暑地の別荘から海外旅行まで、旅行およびレジャー関連のあらゆる企業が帝国ホテルの競合他社ということになる。

　ここで注意すべきなのが「近視眼的競争」である。企業は現在の競合他社ではなく、潜在的競合他社によって「大打撃を受ける」可能性が大きいからだ。例えば、161年の歴史を誇ったウェスタンユニオンの電報事業に終止符を打ったのは、直接の競合他社ではなく、携帯電話とインターネットだった。巨大ミュージックストアのアメリカのタワーレコードが経営破綻したのは、他の従来型ミュージックストアではなく、ベスト・バイやウォルマート、そしてiTunesをはじめとするデジタル・ダウンロードサービスなど、新たな競合他社からの攻撃によるものである。

　競合他社を最も狭く捉えると、ブランド・レベルとなる。コカ・コーラに対するペプシコーラを思い浮かべてもらえばよいだろう。競合他社を特定するにあたって、石油業界、製薬業界、飲料メーカー業界といった具合に業界という切り口を用いることもできる。業界内で効果的に戦いたいなら、その業界の競争パターンを理解しなければならない。業界という切り口から見ると、日本コカ・コーラにとっての競合他社はサントリーフーズやキリンビバレッジといった清涼飲料企業である。

　一方、市場という切り口で捉える方法もある。この場合、同じ顧客ニーズを満たそうとしている企業や、同じ顧客グループと関係を構築しようとしている企業が競合他社になる。清涼飲料を市場という切り口から見ると、顧客が真に

求めているのは「渇きをいやすもの」であり、このニーズはコーヒーショップなどによって満たすこともできる。同様に、はちみつや自然食品を販売する山田養蜂場の「みつばちクレヨン」の場合は、他のクレヨンメーカーやお絵かき用品のメーカーを競合他社と定義することもできるが、市場という切り口で考えると、子供向けの娯楽用品や教育用品のメーカーすべてが競合に含まれるだろう。

競合他社の評価

　競合他社はそれぞれの目的を掲げている。市場シェアの拡大、技術面でのリーダーシップ、サービス面でのリーダーシップなど、競合他社はどの目的を相対的に重視しているのだろうか。設定している目的を知ることによって、競合他社が現状に満足しているか、さまざまな競争的行動にどう反応するかなどが明らかになる。また、さまざまなセグメントに対する競合他社の目的を監視することも大切である。競合他社による新たなセグメントの発見に気づけば、そこからチャンスを手にできるかもしれない。自社が対象としているセグメントへの新規参入計画が判明したなら、それは事前警告となり、前もって備えることもできるだろう。

　戦略が互いに類似すればするほど、両社間の競合は激しくなる。ほとんどの業界では、遂行する戦略によって競合各社をグループ分けできる。ある業界において、よく似た戦略をとっている一群の企業を**戦略グループ**と呼ぶ。菓子業界を例にとれば、ロッテ、森永製菓、江崎グリコは同じ戦略グループに属しており、チョコレート、ガム、キャンディ、ビスケット、アイスなど、消費者向けのお菓子をフルラインで製造している。一方、コンビニエンスストアを中心に小さなチョコレートだけを販売しているチロルチョコ、百貨店を中心に販売しているメリーチョコレートは別の戦略グループに属する。これらの企業は限られた種類のチョコレート菓子を限定した流通チャネルで販売している。

　企業は業界内のあらゆる方向に目を向けて、戦略グループを識別する必要がある。競合各社がどのようにして顧客に価値を伝えているのかを理解しなければならないし、また、それぞれの製品の品質と特徴、顧客サービス、価格政策、流通範囲、広告および販売促進プログラムも知っておく必要がある。

　競合他社に何ができるのか。この問いに答えるためには、各社の強みと弱みを慎重に評価しなければならない。企業は通常、二次データ、個人的な経験、

クチコミなどから、競合他社の強みや弱みに関する情報を得る。また、顧客、供給業者、ディーラーに対して、一次的なマーケティング・リサーチを実施することもできる。競合他社、または他業種のリーディング・カンパニーの優れた取り組みである**ベストプラクティス**を継続的に分析する**ベンチマーキング**によって、ベストな活動を見極め、品質やパフォーマンスの改善策を見つけ出そうとすることもある。

　次に企業は、競合他社が何をするかを把握したいと考える。競合他社の目的や戦略、強みや弱みを知ることは、競合他社がとる可能性のある行動を知ることに役立つ。また、値引きやプロモーションの増強、新製品の発売といった自社の行動に対して、競合他社が示しそうな反応もみえてくる。さらに、競合他社はそれぞれ事業運営上の確たる哲学、企業文化、経営理念を持っている。相手の行動や反応を予測したいのであれば、その競合他社の精神的な側面まで理解しなければならない。例えば、P&Gは競合他社に洗剤市場への参入を容易に許さない。P&Gに立ち向かえば猛烈な反撃にあうことを知っているので、多くの企業はP&Gとの直接対決を避けようとしている。

攻撃もしくは回避すべき競合他社の選別

　さまざまな競合他社のうち、1社にのみ焦点を合わせる場合がある。企業の大半は弱い企業との競争を好む。経営資源も時間もあまり必要としないからだ。だが、その過程から得られるものは、ほとんど何もない。一方、自社の能力を向上させるためには強い相手と競合すべきだという意見もある。スポーツの世界や囲碁などのゲームの世界でも、一般的に好敵手がいるほど、お互いに競い合い、結果としてよりすばらしい成果を残しているようである。

　競合他社の強みと弱みを評価する有益なツールに**顧客価値分析**がある。顧客価値分析のポイントは、標的顧客が価値を感じるベネフィットを明らかにし、各社の提供物の相対的価値を見定めることである。顧客価値分析を行うにあたって、企業はまず、顧客が価値を認める主要属性と顧客にとっての重要度を見極める。次に、それらの属性における自社と競合他社のパフォーマンスを評価する。

　競合他社に対して**競争優位**を得る鍵は、自社の提供物と競合他社の提供物を顧客セグメントごとに検討することである。顧客ニーズに自社だけが応えられるセグメントを見つけたいと企業は考えている。顧客にとって重要な属性にお

いて自社の提供物が競合他社より優れており、大きな価値を提供すれば、高い価格を設定して高い利益を得ることも、同じ価格で市場シェアを拡大させることもできる。逆に、重要な属性において競合他社よりもパフォーマンスが劣っているなら、それらの属性を強化するための投資を行うか、競合他社をリードするような別の属性を見つけなければならない。

　大半の企業は遠くの競合他社ではなく、自社によく似た企業と競う。したがって、ナイキはティンバーランドよりもアディダスと競合するし、セブン-イレブンはイオンやカインズよりもファミリーマートと競合する。同時に、企業は身近な競合他社の「全滅」は避けたいと考える。例えば1970年代後半、ボシュロムは他のソフトコンタクトレンズ・メーカーに対抗して大成功を収めた。だが、そのことにより、弱い競合他社はジョンソン・エンド・ジョンソン（J&J）といった大手企業への身売りを余儀なくされ、ボシュロムは巨大企業との競合で手痛い目にあうことになった。J&Jが買収したのは、年間売上2,000万ドルほどのニッチャー、ビスタコンである。規模は小さいが動きの素早いビスタコンは、J&Jの潤沢な資金に支えられ、アキュビューという画期的な使い捨てレンズを開発した。J&Jは現在、アメリカのコンタクトレンズ市場を支配しており、一方、ボシュロムは第3位にとどまっている。身近なライバルを痛めつけたことで、より手ごわい競合他社を作ってしまったわけだ[2]。

　企業が競合他社の恩恵にあずかることも少なくない。競合他社の存在により、戦略上のベネフィットが生まれたりする。市場や製品の開発コストを分担したり、新技術の合法化に協力したりすることがある。競合他社の存在によって総需要が増加する場合もある。例えば、スターバックスの店舗に隣接した喫茶店は、商売を続けることが難しいと思うかもしれないが、実際にはそうではない[3]。東京都新宿区の高田馬場駅前の通りにスターバックスが開店したときも、周囲に立地していた喫茶店の客数はむしろ増加したという。

　競合他社すべてが益になるわけではない。多くの場合、1つの業界内にはよい競合他社と悪い競合他社が存在する。よい競合他社は業界のルールにのっとって活動し、悪い競合他社は反対にルールを破る。悪い競合他社は、シェアを値引きという金の力で買い、新しいルールでビジネスを行う。従来の音楽業界におけるiTunes Storeや書籍業界におけるアマゾン・ドットコムのような存在は、既存企業にとっては悪い競争相手といえるだろう。

　競合他社と真っ向から対決するのではなく、競合相手のいない市場で手つか

ずのポジションを探す企業も多い。直接的な競合他社のいない製品やサービスを作り出そうというのである。いわゆる**ブルー・オーシャン戦略**の目標は、競争を無意味なものにすることである[4]。明日のリーディング・カンパニーは競合他社と血に染まった「レッド・オーシャン」で戦うのではなく、競合のない市場「ブルー・オーシャン」を作り出すことによって成功を収めているのである。ブルー・オーシャン戦略を示している企業の一例が、サーカスを高度なモダン・エンターテインメントへと作り変えたシルク・ドゥ・ソレイユである。サーカス業界が衰退の一途をたどる中、シルク・ドゥ・ソレイユはコストが高くつくものや、動物を使ったショーなどを削り、劇場経験に焦点を合わせた。

競争戦略

　競合他社の評価が終われば、次は、競争優位を得るための競争的マーケティング戦略の設計である。どのようなマーケティング戦略をとればよいのだろうか。企業にとって、あるいは各部門や製品にとって、最善の戦略とはどのようなものだろうか。

マーケティング戦略への３つのアプローチ

　いかなる企業にもあてはまる最善の戦略など存在しない。各企業は業界内でのポジショニング、目的、経営資源などに基づいて、最も有力な戦略を定める必要がある。同一企業内にあってさえ、製品ごとに違う戦略が求められる場合もある。花王は、消費財市場を対象としたビューティケア事業における「ビオレ」「アジエンス」、ヒューマンヘルスケア事業における「ヘルシア」「メリーズ」、ファブリック＆ホームケア事業における「アタック」「トイレクイックル」といった有力ブランドと、生産財市場を対象としたケミカル事業における「界面活性剤」「コンクリート用高性能減水剤」「インクジェットプリンターインク用色剤」などにおいて、異なる戦略を用いている。

　戦略の設計プロセスも企業によって異なる。大企業の多くは正式な競争的マーケティング戦略を策定し、それを忠実に実行する。一方、それほど正式でも整然としたものでもない戦略をとる企業もある。実際のところ、マーケティングの戦略と実行は多くの場合、起業家マーケティング、定式的マーケティング、

社内起業家マーケティングという3段階のアプローチを経る。

個人が自身の才覚を信じて起業した企業の大半は、最初に**起業家マーケティング**の段階を経験する。起業家の頭にアイデアが浮かべばそれが新製品になり、製品の名前やキャッチフレーズは起業家が自分で作り上げる。成功を収めた小規模企業は、**定式的マーケティング**の段階へと移行する。マーケティング戦略を策定し、それに沿って活動するのである。成長した企業は、製品開発、PR、流通戦略に関して、より正式な取り組みを行うようになる。顧客に到達するための活動においても、情報満載のウェブサイト、フェイスブック、製品の最新情報やクーポン、イベント紹介などを掲載する。

大企業の多くは定式的マーケティングにとらわれている。市場シェアの数字に夢中になり、市場調査の結果に目を通し、戦略を調整しようとする。創設当時の独創性や熱意を失っている場合もあるため、当初の成功をもたらした起業家精神と行動を社内に確立し直す必要がある。イニシアチブや「社内起業家精神」を局所レベルで奨励し、マーケティング戦略の刷新を試みるとよいだろう。いわば、**社内起業家マーケティング**の段階である。ブランド・マネジャーや製品マネジャーはオフィスから出て、顧客の声を聞き、顧客の生活に価値を付加する新たな独創的方法を考案しなければならない。

基本的な競争戦略

30年前、マイケル・ポーターは企業がとりうる基本的な競争戦略を提案した[5]。第1は**コスト・リーダーシップ戦略**であり、製造および流通のコストを最小化しようと努力する。コストを下げることにより競合他社よりも低い価格設定が可能となり、市場シェアの拡大につながる。世界的な半導体企業であるテキサス・インスツルメンツや流通大手のウォルマートが、この戦略の先駆的企業である。

次に**差別化戦略**である。高度に差別化した製品ラインやマーケティング・プログラムを生み出すことに注力して、業界の優れたリーダーとしてのイメージを確立する。ほとんどの顧客は価格が高すぎない限り、差別化されたブランドの方を好む。IBMは情報技術サービス業界において、コマツは建設重機業界において、それぞれ差別化戦略を採用している。

第3は**集中戦略**である。市場全体を追求するのではなく、少数の市場セグメントに努力を集中させる戦略である。例えば、自動車のドアミラーなどで用い

られる小型モーターを生産するマブチモーター、外径22ミリメートル以下の小型ベアリングで圧倒的な強さを誇るミネベア、自転車のギアやブレーキで有名なシマノなどがある。

　上記の戦略のいずれか1つを実践する企業は好業績を収める可能性が高く、最もうまく実行できた企業は大きな収益を上げることになる。しかし、明確な戦略を実践しない中途半端な企業には最悪の結果が待っている。ホリデイ・インやアメリカの百貨店シアーズは、低コストを強調するわけでもなく他と差別化できる価値があったわけでもない。さらに、特定の市場セグメントに集中したわけでもなかったため、苦境に陥ったことがある。中途半端な企業は、あらゆる戦略を進めようとして、結局、十分な結果を残せずに終わってしまうのである。

　マイケル・トレーシーとフレッド・ウィアセーマという2人のマーケティング・コンサルタントは、より顧客中心のマーケティング戦略を提示している[6]。彼らによれば、企業は優れた価値を顧客に提供することによって、リーダーとしての地位を獲得できるという。優れた顧客価値を提供するためには、3つの価値基準のいずれかを戦略として追求すればよい。

　1つ目は**オペレーショナル・エクセレンス**（業務上の卓越性）であり、価格と利便性で業界をリードする。コストを削減し、無駄のない効率的な価値提供システムを生み出し、信頼性のある製品やサービスを安くて手軽に求める顧客を対象とする。例としては、ウォルマートやサウスウエスト航空などが挙げられる。2つ目は**カスタマー・インティマシー**（顧客との親密さ）であり、市場を正確に細分化し、標的顧客のニーズを的確に満たす製品やサービスを提供する。顧客との密接なリレーションシップや顧客に関する詳細な情報を通じて、顧客独特のニーズを満たすことに専念する。カスタマー・インティマシー企業は、要望を完璧に満たす製品やサービスであれば、プレミアム価格をもいとわない顧客を対象としている。百貨店のノードストローム、レクサス、そしてリッツ・カールトンなどが挙げられる。3つ目は**製品リーダーシップ**であり、最先端の製品やサービスを次々と生み出し、優れた顧客価値を提供する。製品リーダーは新しい考えに対して前向きであり、新たな解決策を徹底的に追求して新製品を早く市場に導入しようとする。アップルやノキアがその例である。

　複数の価値基準を同時に追求し、成功している企業もある。フェデックスは、オペレーショナル・エクセレンスとカスタマー・インティマシーの双方をうま

く実現させている。リーディング・カンパニーは1つの価値基準に集中して優れた結果を出しつつ、残る2つにおいても業界水準に達している。リッツ・カールトンは効率化と最新技術の活用を追求しているが、この高級ホテルを真に他とは異なる特別なものにしているのは、カスタマー・インティマシーである。

競争地位による4つの戦略

市場ではさまざまな企業が競争している。大企業もあれば小さな企業もある。老舗企業もあれば、設立されたばかりの新興企業もある。市場シェアの急速な拡大に奮闘する企業もあれば、長期的な利益の獲得に努める企業もある。そして、ターゲット市場における競争上のポジションもそれぞれ異なっている。

ここでは、リーダー、チャレンジャー、フォロワー、ニッチャーという競争上の地位に基づいて企業の競争戦略を検討してみよう。例えば、市場の40％は最大市場シェアを誇る企業、**マーケット・リーダー**が握っている。市場シェアを拡大しようと激しく戦う2番手企業、**マーケット・チャレンジャー**が30％を、そして2番手以下であるが、波風を立てることなく現在のシェアを守ろうとする多くの**マーケット・フォロワー**が20％を握る。残りの10％は、業界の他企業が追求しない小さなセグメントに注力する数社の**マーケット・ニッチャー**の手中にある。

表3.1 は、マーケット・リーダー、マーケット・チャレンジャー、マーケット・フォロワー、マーケット・ニッチャーが利用できる具体的なマーケティング戦略を示している[7]。ただし、この分類は多くの場合、企業全体についてではなく、特定業界においてのみ適用される。日立、ソニー、資生堂といった大企業は、ある市場ではリーダーであり、別の市場ではチャレンジャーであるかもしれない。大企業は競合状況に応じて、事業単位あるいは製品単位で異なる戦略を用いなければならない。

【表3.1】リーダー、チャレンジャー、フォロワー、ニッチャーの戦略

マーケット・リーダーの戦略	マーケット・チャレンジャーの戦略	マーケット・フォロワーの戦略	マーケット・ニッチャーの戦略
総需要の拡大 市場シェアの防衛 市場シェアの拡大	徹底した正面攻撃 側面攻撃	すぐあとを追走 もしくは距離を置いて追走	顧客、市場、品質価格、サービス面によるニッチ志向

マーケット・リーダーの戦略

　ほとんどの業界にマーケット・リーダーが存在する。マーケット・リーダーは最大の市場シェアを占め、一般的には価格変更や新製品導入において他の企業をリードする。称賛や尊敬の的となっていることが多い。最もよく知られたマーケット・リーダーとしては、トヨタ（自動車）、キッコーマン（醤油）、資生堂（化粧品）、YKK（ファスナー）、そしてグーグル（インターネット検索サービス）などが挙げられる。

　マーケット・リーダーの地位を維持することは楽ではない。リーダーは常に警戒を怠ってはならない。マーケット・リーダーも市場の状況を見誤れば、2位や3位に転落する。また、イノベーションの誕生により、大打撃を受けることもある。アップルのiPod開発により、ソニーの携帯型オーディオ機器ウォークマンはリーダーの座を奪われた。尊大になったり自己満足に陥ったりして、競合状況の判断を誤ることもある。小売業の大手であるダイエーはリーダーの地位をイオンに許してしまった。

　ナンバー・ワンであり続けるためには、次に示す3つの行動のいずれかを実行するとよい。第1に、総需要の拡大方法を見つけ出すこと。第2に、優れた攻撃および防御によって、現在の市場シェアを守ること。第3に、市場規模が一定の場合でも、一層のシェア拡大に努めること、である。

　総需要の規模が拡大するときに最も恩恵を受けるのはリーダー企業である。例えば、日本人がもっとハンバーガーを消費するようになれば、最大の恩恵を受けるのはマクドナルドである。なぜなら、同社のハンバーガー市場におけるシェアは、ロッテリア、バーガーキング、モスバーガーを圧倒的に上回っているからである。手軽な外食ならハンバーガーこそが最善の選択だと消費者を説得できたなら、マクドナルドは競合他社のどこよりも得をすることになる。

　マーケット・リーダーは新たなユーザーや用途を見出したり、使用量を増加させたりすることにより、市場規模を拡大することができる。例えば、味の素のクノールカップスープは、2010年から2011年にかけて「つけパンVSひたパン」キャンペーンを実施した。朝食時におけるパンの出現率は70％であるのに対して、スープの出現率はわずかに10％程度であった。そこで、朝食でパンを食する消費者をターゲットとすることで前年比20％以上もの売上げ増に成功した。市場の拡大は、製品の新用途を発見して広めることでも可能である。例え

ば、任天堂は同社の人気製品である携帯型ゲーム機「ニンテンドーDS」の用途を学習の場にまで広げている[8]。任天堂は遊びのためだけのゲーム開発にとどまることなく、携帯型ゲーム機DSを学校へ持ち込んだ。マーケット・リーダーである任天堂のゲーム機にとっては、学校での利用が市場の実質的な拡大になるのである。

新用途の創造：ゲーム機のリーダー企業である任天堂は、同社の人気製品である携帯型ゲーム機「ニンテンドーDS」の用途を学習の場にまで広げている。

　マーケット・リーダーは、製品の使用頻度や1回あたりの使用量が増えるように仕向けて、消費量の増加を図ることもできる。例えば、ミツカンは新しい調理法を提案した広告を打って、ポン酢をはじめとするミツカン製品をもっと利用するよう促している。また、同社のウェブサイトでは、新製品情報に加えて、お勧めメニューやレシピなどの情報を発信している。

　リーダー企業は市場規模の拡大を図る一方で、競合他社の攻撃から現在の地位を守る必要もある。攻撃は最大の防御であるとよくいわれるが、最善の対応は絶えざるイノベーションである。リーダー企業は現状に甘んじることなく、新製品開発、顧客サービス、流通の効率化、コスト削減などにおいて業界をリードし、競争力と顧客価値を増大し続けなければならない。衣料用洗剤のリーダーである花王では、1987年にバイオ技術に基づき従来の容量を4分の1にした「アタック」を導入して以来、2001年に高速溶解性を備えた「アタックマイクロ粒子」、2009年にすすぎ1回を可能とした「アタックNeo」などを発売している。小さなものまで含めると、アタックの改良は20回以上にも及ぶ。こうして花王は競合他社を振り切ってきた。

　マーケット・リーダーは市場シェアの拡大によって成長することもできる。多くの市場では、市場シェアをわずかでも拡大させれば売上は大幅に伸びる。

例えば、日本のビール市場の場合、業界規模は約2兆9,000億円なので、市場シェアを1%拡大させれば売上は290億円増加するし、清涼飲料市場の場合は1%拡大で455億円も増加する[9]。

　市場シェアの拡大に伴って、利益が増加することも調査から明らかである。**PIMS**と呼ばれる研究プロジェクトの分析結果によると、市場シェアが10ポイント上昇すると、税引き前のROIにおいて5ポイント上昇する[10]。そうした結果に基づき、多くの企業が収益性向上のために市場シェアの拡大を追求している。例えばGEは、各市場で第1位、悪くても第2位を目指し、それ以外なら撤退すると宣言した。よく知られている「ナンバー1、ナンバー2」戦略である。実際、トップの地位を獲得できなかったことを理由に、コンピューター、エアコン、小型家電、テレビの各事業を手放している。

マーケット・チャレンジャーの戦略

　業界の市場シェアで第2位や第3位、あるいはそれ以下にも、有力企業が見受けられる場合がある。自動車業界における日産、トイレタリー業界におけるライオン、印刷業界における凸版印刷などがその例だ。こうした企業には、2通りの競争戦略がある。マーケット・リーダーや他の競合に対して積極的に攻撃をしかけ、シェアの拡大を図る「マーケット・チャレンジャー」か、もしくは競合他社と協調し、波風を立てないようにする「マーケット・フォロワー」かである。

　マーケット・チャレンジャーはまず、攻撃する企業を見極め、自社の戦略目的を明確にしなければならない。マーケット・リーダーへの攻撃は、ハイリスクだが大きなリターンの見込める戦略である。その目的は市場のリーダーシップを奪うことかもしれないし、あるいは単により大きな市場シェアを確保することかもしれない。

　マーケット・リーダーは最も有利な立場にあるように思えるかもしれないが、チャレンジャーには往々にして、いわゆる「後発の利」がある。チャレンジャーはマーケット・リーダーが成功した理由を研究し、それを応用することができる。ヤマト運輸は宅急便で宅配ビジネスを作り出し、マーケット・リーダーになった。佐川急便はそのヤマト運輸の成功を研究し、1989年に宅配便・佐川急便（現・飛脚宅配便）で本格的に宅配ビジネスに乗り出した。佐川急便は配送個数の多い通信販売会社を送り主として開拓したり、CO_2排出量が少なくしか

も黒煙を出さない天然ガストラックを採用しクリーンなイメージを構築したりするなど、マーケット・リーダーとの差別化を試みている。

　マーケット・チャレンジャーはまた、マーケット・リーダーとの対決を避け、地元や地方にある自社より小さい企業を攻撃することもできる。そうした規模の小さい企業は資金不足のため、顧客ニーズを十分に満たしていない可能性があるからだ。ここでも重要なポイントは、攻撃する相手を慎重に選び、明確かつ達成可能な目的を持つことである。

　選択した競合他社に最適な攻撃をしかけ、戦略目的を達成するにはどうすればよいだろうか。1つには、競合他社に対して製品、価格、流通などの面で、「正面攻撃」をしかけるという方法がある。この場合、攻撃するのは競合他社の弱みではなく強みである。勝敗は、どちらの強みと耐久力が勝っているかで決まる。しかし、マーケット・チャレンジャーに競合他社ほどの財源がなければ、正面攻撃は無謀である。多くの新規参入企業が正面攻撃を避けるのは、競合他社が広告の猛攻や価格戦争などで阻止することを知っているからである。

　正面から攻撃するのではなく、競合他社の弱みや競合他社がカバーしていない市場の隙間をねらって、「側面攻撃」をしかけるという方法もある。さらに、リーダーが対応できなかった戦術や採用していない戦術を用いて、足掛かりを作ることも可能である。ここで、ヨーロッパのマーケット・チャレンジャー2社を例に、それぞれが採用したまったく異なる戦略について見てみよう。1990年代後半、ヴァージン・ドリンクスとレッドブルは、マーケット・リーダーであるコカ・コーラとペプシコが待ち受けるアメリカの清涼飲料市場に立ち向かった[11]。

　ヴァージン・ドリンクスは独自のコーラを導入し、マーケット・リーダーに正面攻撃を挑んだ。派手に広告を打ち、マーケット・リーダーのブランドばかりが並ぶ小売店の陳列棚に割り込もうとした。ヴァージンのCEOリチャード・ブランソンはヴァージン・コーラの発売にあたって、ニューヨークのタイムズスクエアに戦車に乗って現れ、ライバル社のコーラの缶でできた壁を突き破ってみせることまでした。巨大ライバルに対しての宣戦布告である。ところが、アメリカにおけるコカ・コーラとペプシコの棚スペースはびくともせず、打ち破ることは不可能だった。ヴァージン・ドリンクスは現在も市場に出回っているが、アメリカのコーラ市場でのシェアが1%を超えたことは一度もない。

　一方、レッドブルはマーケット・リーダーに対して側面攻撃という手法をとっ

た。アメリカの清涼飲料市場にニッチ製品として、コークやペプシのおよそ2倍もの価格で炭酸エネルギー飲料を導入したのである。レッドブルは当初、マーケット・リーダーの支配を受けていない場所で販売を始めた。つまり、バーやナイトクラブなど、若者がひと晩中踊り明かすためにカフェイン入り飲料を求める場所である。レッドブルはこうしてファンを手に入れると、今度はマージンの高さをバネに通常の店舗へと突き進み、今では冷蔵陳列棚にコークやペプシと並んで置かれている。アメリカ市場での競争が急速に激化する中、レッドブルはエネルギー飲料市場で約3分の1のシェア獲得に成功した。

マーケット・フォロワーの戦略

　後続企業のすべてがマーケット・リーダーに挑戦したいと考えているわけではない。また、他社からの攻撃を軽視するリーダーはいない。マーケット・チャレンジャーの強みが低価格、改善されたサービス、付加価値製品といったものであるなら、マーケット・リーダーはすぐさま自社のそれらを改善し、攻撃を無効にできるだろう。顧客をめぐる総力戦ともなれば、おそらくマーケット・リーダーの方が持久力に勝るはずである。そこで、多くの企業がマーケット・リーダーに挑戦するよりも、「マーケット・フォロワー」という追随する道を選ぶ。

　マーケット・フォロワーはさまざまな面で利益を得ることができる。マーケット・リーダーは多くの場合、新製品の開発、市場の開拓、流通の拡大、市場への情報提供などに多額の費用が必要となる。一方、マーケット・フォロワーはマーケット・リーダーの経験から学び、通常はるかに少ない投資によって、リーダーの製品やプログラムを模倣したり改善したりすることができる。

　フォローするというのは、単純に受身になるということではないし、完全に模倣するということでもない。マーケット・フォロワーは既存顧客を維持しつつ、ある程度の新規顧客を獲得する術を知らなければならない。マーケット・リーダーに追随し、報復を招かない程度の距離を置くという絶妙なバランスを見つける必要がある。また、マーケット・チャレンジャーの主要な攻撃目標になることも多いため、製造コストと価格を低く抑え、製品品質やサービスを高水準に維持しなければならない。

マーケット・ニッチャーの戦略

　ほとんどすべての業界にマーケット・ニッチャーが存在していて、小さなサブセグメントを標的としている。マーケット・ニッチャーには、経営資源の限られた小規模企業が多いが、大企業内の特定事業部もニッチ戦略を推進することがある。たとえ総市場の中でのシェアが低くても、ニッチ戦略によって高い利益を収めることは可能である。

　なぜマーケット・ニッチャーは高い利益を上げられるのだろうか。その主な理由としては、マーケット・ニッチャーは標的とする顧客グループを熟知するようになるので、顧客ニーズを適切に満たせるということが挙げられる。そうなると、付加価値と引き換えに、コストをかなり上回るマークアップ（利幅）を要求できる。マス・マーケターが大量販売を誇るのに対し、マーケット・ニッチャーは高マージンを誇るのである。

　ニッチャーは確実に利益が得られるニッチを見出そうとする。理想的なニッチとは、利益を得るのに十分な大きさがあり、潜在的な成長が見込めるものである。また、自社が効果的に対応できるものでなくてはならない。そして、おそらく最も重要なのは、競合他社がほとんど関心を持っていないことである。ニッチが成長して魅力的な市場になるまでに技術と顧客の信頼とを確立すれば、競合他社から身を守ることができる。マウスやインターフェース装置メーカーのロジテック（日本での社名はロジクール）も、規模的にはマイクロソフトの一端ほどしかない。しかし、見事なニッチ戦略によりパソコン用マウス市場ではマイクロソフトを抑え、堂々の支配を見せている。

　もう1つの例が、ペット保険のベテリナリー・ペット・インシュアランス（VPI）である。まだ規模は小さいものの急成長しつつあるこの保険に、大手保険会社はほとんど注意を払っていなかった。今やペット関連のビジネスは、アメリカでも日本でも一大産業である。日本でペットとして飼育されている犬は約11,500万匹、猫は9,700万匹といわれており、ペットフードだけでも4,542億円にのぼる[12]。ペットは多くの飼い主にとって非常に重要な存在であり、わが子のようになっている。ペットの医療費は高額になりやすい。診断が遅れれば、犬の単なる耳の感染症でも1,000ドルもの治療費を請求されかねない。10日間の透析治療で1万2,000ドル、がん治療なら4万ドルにもなる。これらすべてが、ペット保険という市場の潜在性を意味していた。VPIは主に犬と猫をカバーし

ているが、他にも鳥、うさぎ、ねずみ、モルモット、ヘビ、イグアナなども対象としている。VPIは順調に成長し、今ではアメリカのペット保険契約の60％以上を占めるほどになり、46万匹以上のペットの保険を引き受けている。この市場にはまだ成長の余地がある。というのも、ペットに保険をかけている飼い主は3％に過ぎないからだ[13]。

顧客志向と競争志向のバランス

　マーケット・リーダー、マーケット・チャレンジャー、マーケット・フォロワー、マーケット・ニッチャーのいずれにしろ、企業は競合他社を厳しく監視し、最も効果的なマーケティング戦略を見出す必要がある。そして、激しく変化する競争環境に絶えず戦略を適応させていかなければならない。となると、次のような疑問が生じてくる。競合他社の監視に時間とエネルギーを使いすぎると、顧客志向が犠牲になるのではないだろうか。その答えはイエスである。競合他社を中心に考えるあまり、顧客リレーションシップの維持がおろそかになるかもしれない。

　競争志向の企業は、競合他社の動向や市場シェアの追跡に大半の時間を費やし、競合他社を攻撃するための戦略を見つけようとする。このアプローチには、プラスの面もあればマイナスの面もある。プラスの面としては、競争意識が強くなるため自社の弱みに気をつけ、競合他社の弱みを探るようになる。一方のマイナスの面は過剰反応である。顧客リレーションシップを築くための戦略を実行に移すべきところで、競合他社の動きに基づいて動いてしまう。その結果、顧客価値を高める革新的な方策を追求することなく、業界の慣行どおり、もしくはその延長だけに終わる場合がある。

　対照的に、**顧客志向の企業**は顧客育成に焦点をあてて戦略を策定する。新たな機会を見極め、意味のある長期戦略を設定しやすい。徐々に変化する顧客ニーズを注視することで、自社が対象とすべき最重要顧客グループと最重要顧客ニーズを決定できる。そして、標的顧客に優れた価値を伝達することに自社の資源を集結できるのである。

　実際には、今日の企業は顧客と競合他社の双方を注視する**市場志向の企業**でなければならない。競合他社にのみ注意を向けて、顧客を軽視するようなこと

【図3.1】
企業の方向性の展開

	顧客中心 いいえ	顧客中心 はい
競合他社中心 いいえ	製品志向	顧客志向
競合他社中心 はい	競争志向	市場志向

があってはならない。もちろん、顧客だけに注目すればよいというわけでもない。

図3.1は、企業がとることのできる4つの志向を表している。第1段階の企業は製品志向であり、顧客にも競合他社にもほとんど注意を払わない。次に、顧客志向となり顧客に関心を持つようになり、第3段階では競合他社に注意を向けはじめ競争志向となる。しかし、今日では第4の市場志向の企業として、顧客と競合他社の双方にバランスよく注意を払うことが求められている。単に競合他社を観察し、現在の事業のやり方で打ち負かそうとするのではなく、顧客を観察し、競合他社以上の価値提供を通じて顧客リレーションシップを構築しなければならない。

Discussion ディスカッション

Question 1
自分たちの組織（学部や事業部）にとってのベンチマーク対象を定め、実際にどのようなことが学べるかまとめてみよう。

Question 2
わが国におけるマーケット・チャレンジャー企業を取り上げ、その企業がマーケット・リーダー企業に対してどのような戦略を展開しているか整理してみよう。

Question 3
長期的に見ると、競争志向と顧客志向のバランスをとることが望ましいのはなぜか考えてみよう。

Key Terms 重要語句

競合他社分析（p.65）
戦略グループ（p.67）
ベストプラクティス（p.68）
ベンチマーキング（p.68）
顧客価値分析（p.68）
競争優位（p.68）
ブルー・オーシャン戦略（p.70）
起業家マーケティング（p.71）
定式的マーケティング（p.71）
社内企業家マーケティング（p.71）
コスト・リーダーシップ戦略（p.71）
差別化戦略（p.71）

集中戦略（p.71）
オペレーショナル・エクセレンス（p.72）
カスタマー・インティマシー（p.72）
製品リーダーシップ（p.72）
マーケット・リーダー（p.73）
マーケット・チャレンジャー（p.73）
マーケット・フォロワー（p.73）
マーケット・ニッチャー（p.73）
PIMS（p.76）
競争志向の企業（p.80）
顧客志向の企業（p.80）
市場志向の企業（p.80）

Part 2

[第2部]
顧客価値の発見と理解

Chapter 4

マーケティングの基本枠組み

　本章では、どの顧客を対象としてどのようにアプローチするのかというマーケティングの基本枠組みについて考えていこう。具体的には、市場全体を何らかの変数で細分化し（市場細分化）、対象とすべきセグメントを決め（ターゲティング）、自社製品を他社製品と差別化し、さらに競合製品との相対関係において、顧客のマインド内で自社製品が望ましい位置を占めるようにする（ポジショニング）という顧客主導型マーケティング戦略である。

　まずは、全米最大の家電量販店であるベスト・バイの事例を見てみよう。同社は、すべての顧客を常に満足させることは不可能だと心得ている。そこで、市場を慎重に細分化し、上得意客への対応強化に力を注いでいるのである。

OPENING STORY　　　　　　　　　　　　　　　　　オープニング・ストーリー

ベスト・バイ
天使を抱き、
悪魔を見捨てる戦略

　1966年の創業当時、ベスト・バイはミネソタ州で家庭用と自動車用のステレオを扱う小さなチェーン店だった。そこから一気に花開き、今では年商450億ドル、アメリカ国内の1,023店舗に加え、世界中に2,835店舗を持つメガ量販店となっている。巨大な倉庫風の店舗に幅広い品を揃え、一般家電から家庭用品、オフィス用品、ソフトウェア、CDやDVDまで、すべてディスカウント価格で扱っている。

　10年ほど前、家電製品というこの領域には新規参入業者が群がっていた。世界最大の小売業者であり、今や家電の売上でも第2位につけているウォルマートもその中にいた。また、オンライン直販により急成長したコンピューター・メーカーのデルや、ネットの巨人アマゾン・ドットコムもいた。このような競争市場で際立つために、ベスト・バイは独自性を主張しなくてはならなかった。答えは顧客第一主義であった。この戦略の出発点となったのは、コンサルタントであり、コロンビア大学ビジネススクール名誉教授でもあるラリー・セルデンの行った調査である。セルデンは、自社を見る際に必要なのは顧客のポートフォリオであり、製品ラインではないことを示した。

　調査によると、顧客には天使と悪魔の2種類がいる。天使は収益性が高く、悪魔は得られるもの以上の対応コストがかかる。悪魔につきあっていると、往々にして天使から得た利益まで持っていかれてしまうとセルデンは主張した。

　ベスト・バイはこの理論にならい、顧客の購買習慣を分析する部隊を立ち上げた。すると、天使と悪魔が見つかった。

ベスト・バイでいう顧客第一主義とは、顧客の声に耳を傾けて、夢見たとおりにテクノロジーを使えるよう手助けをすることだ。

OPENING STORY

　顧客の20％にあたる天使が、利益の大部分をもたらしていた。天使は値下げや割引を待つことなく高精細テレビ、ポータブル家電、新発売のDVDなどに、次々と飛びついてくる。対照的に悪魔の方は「安売りに飢えた購買者集団であり、ベスト・バイから少しでも安く買うことに余念がない。目玉商品を入手し、イーベイで売り払って利益を得る。ネットで探してきた底値を叩きつけ、最低価格保証を守れと要求する」。ベスト・バイの経営幹部によれば、年間利用客5億人のうち悪魔は1億人にものぼるという。

　細分化を通じて得られた発見に基づき、ベスト・バイは天使を抱き、悪魔を見捨てる作業に着手した。天使を呼び寄せるために在庫を増やし、より優れたサービスを提供するようにした。高価値顧客には店舗でも自宅でも1対1のサポートを提供する「ギーク・スクワッド（技術オタク部隊）」を発足させた。また、リワード・ゾーンというロイヤルティ・プログラムを創設し、獲得ポイントを次回購入時の割引に利用できるようにした。悪魔を落胆させる手段としては、マーケティング・リストから削除し、引きつける原因となっていた各種販売促進活動を縮小、15％の返品手数料も導入した。さらに、顧客第一主義アプローチの一環として、顧客データベースを綿密にチェックし、製品やサービスの構成がコア顧客セグメントに合致するよう、各店舗の改造にもとりかかった。

　CEOを務めていたブラッド・アンダーソンによると、顧客第一主義というのは、「お客様の声に耳を傾けて、当社で購入するものを自宅のどこに配置するのか、どのように使って生活を豊かにするのかを知ろうとすることであり、製品の売れ行きを心配することではない」。ベスト・バイが望んでいるのは、顧客それぞれのニーズに焦点を合わせること、そして、「信頼の置けるアドバイザーとなって、夢見たとおりにテクノロジーを使えるようお客様を手助けすること」である。「そこから計り知れないほどの成長機会が拓ける」のである[1]。

顧客主導型マーケティング戦略の設計

　市場内のすべての購買者に訴えかけることはできない。少なくともすべての購買者に同じ方法で訴えかけることは不可能であると、今日の企業は心得ている。購買者の数はあまりにも多く、また分散しており、ニーズも購買習慣もさまざまであるからだ。企業側としても多様な市場セグメントに対応するだけの

体力はない。企業に求められるのは、ベスト・バイのように自社に最もふさわしく、かつ最も収益の上がる対象を市場から見つけ出すことである。

そこで、多くの企業がマス・マーケティングを離れ、ターゲット・マーケティングへと移行している。市場セグメントを明確にし、その中から1つ、もしくは複数のセグメントを選定して、それぞれに照準を合わせた製品やマーケティング・プログラムを開発するのである。やみくもにマーケティング活動を展開する（「ショットガン」式アプローチ）のではなく、自社が創造する価値に関心を抱いてくれる購買者をねらい撃ちにする（「ライフル」式アプローチ）というわけである。

図4.1に示したのは、顧客主導型マーケティング戦略を設計するための4つのステップである。最初の2ステップでは、対象とする顧客を選定する。**市場細分化**とは、市場をニーズや特徴、顧客の行動などに基づいて分割することである。細分化されたグループには、それぞれ別個のマーケティング戦略やマーケティング・ミックスが必要となる。**ターゲティング**とは、各市場セグメントの魅力を評価し、参入すべきセグメントを選定することである。

【図4.1】
顧客主導型マーケティング戦略の設計

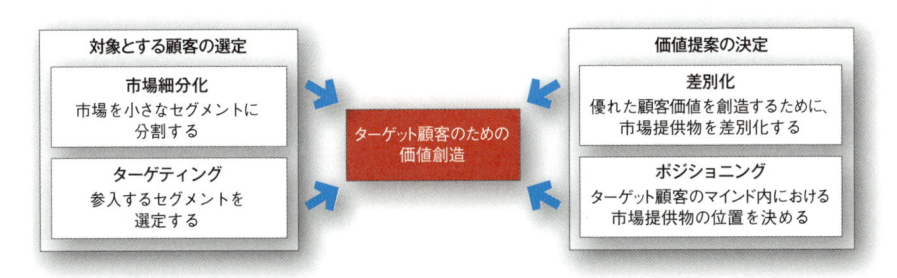

対象とする顧客の選定	価値提案の決定
市場細分化 市場を小さなセグメントに分割する	**差別化** 優れた顧客価値を創造するために、市場提供物を差別化する
ターゲティング 参入するセグメントを選定する	**ポジショニング** ターゲット顧客のマインド内における市場提供物の位置を決める

中央：ターゲット顧客のための価値創造

残る2ステップでは価値提案について決定する。つまり、ターゲット顧客のための価値をいかにして創造するかということだ。差別化とは、優れた顧客価値を創造するために、市場提供物を文字どおり差別化することである。また、**ポジショニング**とは、競合製品との相対関係において、自社の市場提供物が顧客にユニークでかつ望ましく見えるよう調整することである。

市場細分化

　どのような市場であれ、購買者のニーズ、財力、購買習慣などは一様ではない。市場細分化を行えば、巨大市場も小さなセグメントに分割されるため、それぞれのニーズに合った製品やサービスを、より効率的かつ効果的に届けられる。市場細分化の重要なテーマとして、消費者市場の細分化、ビジネス市場の細分化、そして効果的な細分化とは何か、について確認しよう。

消費者市場の細分化

　市場を分割する変数は1つではない。マーケターはさまざまな変数を単独で試したり、組み合わせたりして、市場構造を最もよく識別できる方法を見つけなければならない。**表4.1**に挙げたのは、消費者市場の細分化に用いられる代表的な変数である。以下、地理的変数、デモグラフィック（人口動態的）変数、サイコグラフィック（心理的特性）変数、行動変数について取り上げてみよう。

　地理的細分化では、市場を国、地域、県、市、さらには町といった地理的単位に分割する。分割された各エリアのニーズには、差異がなければならない。今日では多くの企業が地域や都市、場合によっては地区の単位まで細分化し、製品、販促、営業活動などを個々のエリアに合わせている。例えば、日本の各地に出店しているセブン-イレブンは、主力商品の1つとなっている「おでん」において、関東エリアと近畿エリアでダシを変えており、具材もエリアによって特徴を打ち出している。

　デモグラフィックスによる細分化では、市場を年齢、性別、世帯規模、家族のライフサイクル、所得、職業、教育などに基づいて分割する。消費者市場を細分化するにあたって、最もよく使われている変数である。その理由の1つは、顧客のニーズや使用割合が、多くの場合、デモグラフィック変数と極めて密接に連動しているからである。また、他の変数に比べて測定しやすいという理由もある。

　例えば、ディズニー・クルーズ・ラインが最優先に考えているのは、年齢を問わず子供のいる家族である。クルーズの目的地にしても船上のアクティビティにしても、ライフステージを考え子供とその親を念頭に設計されている。船には訓練を受けたカウンセラーを置き、幼い子供たちに体験活動への参加を促し

【表4.1】消費者市場の主な細分化変数

地理的変数

世界の地域	アジア、北米、南米、ヨーロッパ、中東
日本の地域	日本海沿岸部、太平洋沿岸部、山間部、西日本、東日本
地方	北海道、東北、関東、中部、近畿、中国、四国、九州
都市の人口規模	5,000人未満、5,000～2万人未満、2万～5万人未満、5万～10万人未満、10万～25万人未満、25万～50万人未満、50万～100万人未満、100万～400万人未満、400万以上
人口密度	都市部、郊外、準郊外、地方

デモグラフィック変数

年齢	6歳未満、6～11歳、12～19歳、20～34歳、35～49歳、50～64歳、65歳以上
性別	男性、女性
世帯規模	1人、2人、3～4人、5人以上
家族のライフサイクル	独身者、既婚者で子供なし、既婚者で子供あり、一人親家庭、未婚カップル、年配の既婚者で18歳未満の子供なし、年配の独身者、その他
世帯所得	200万円未満、200万～300万円未満、300万～500万円未満、500万～1,000万円未満、1,000万～2,000万円未満、2,000万円以上
職業	管理的職業従事者、専門的・技術的職業従事者、事務従事者、販売従事者、サービス職業従事者、保安職業従事者、農林漁業従事者、生産工程従事者、輸送・機械運転従事者、建設・採掘従事者、運搬・清掃・包装等従事者、分類不能の職業
最終学歴	中学、高校、短大、大学、大学院

サイコグラフィック変数

社会階層	下、中の下、中の中、中の上、上
ライフスタイル	革新創造派、伝統尊重派、社会達成派、自己顕示派（※Japan-VALS™による分類）
パーソナリティ	神経質、社交的、権威主義的、野心的

行動変数

使用場面	日常的に利用する、特別な時に利用する、休日に利用する、特定の季節に利用する
追求するベネフィット	品質、サービス、経済性、利便性、迅速性
利用経験	非ユーザー、元ユーザー、潜在的ユーザー、初回ユーザー、レギュラー・ユーザー
利用水準	ライト・ユーザー、ミドル・ユーザー、ヘビー・ユーザー
ロイヤルティの状態	なし、中程度、強い、絶対的
購買準備段階	認知せず、認知あり、情報あり、関心あり、購入希望あり、購入意図あり

性別セグメントによる細分化：江崎グリコのGABAは、普段チョコレートをあまり摂しない成人男性を含む働く男女にリラックス効果をアピール、新市場を開拓した。

ている。また、年長の子供たちにはティーン専用スペースを、両親を含む大人には家族だけの時間や自分だけの時間を用意している。同社の広告やウェブサイトを見れば、必ず家族の笑顔がある。これとは対照的なのが、豪華で小規模な船で世界の大河をめぐるバイキング・リバー・クルーズであり、同社はより高い年齢層のカップルや独身者をターゲットにしている。バイキングの広告にもウェブサイトにも、子供の姿は見られない。

性別による細分化は衣料、化粧品、トイレタリー、雑誌などで古くから用いられてきた。さまざまなファッション雑誌が販売されているが、男性向けと女性向けにターゲットは明確に区別されている。また、シャンプーのブランドも、一部の例外を除き、男性向けと女性向けに分けられている。

チョコレートからオートバイにいたるまで、無視されてきた性別セグメントでは新しい機会が見込まれている。例えば、20歳を超えた男性は、これまでチョコレートをあまり消費していなかった。そこで江崎グリコでは、ストレスを感じている30代と40代の男性を狙い、ストレス低減効果を訴えた「GABA」ブランドで新市場の開拓を試みた。ハーレーダビッドソンでは従来、35歳から55歳の男性市場を標的として製品を設計していた。だが、オートバイ業界にとって女性が今や最も成長著しいセグメントであり、ハーレーダビッドソンはオートバイに乗る女性を増やすための取り組みを強化している[2]。ただし、固定観念上の女性ではない。「挑戦と冒険を楽しむ、強くて独立した女性」に訴えかけているのだと、同社の女性対応担当マネジャーは語る。

自動車、衣料品、クレジットカード、旅行といった製品やサービスを扱うマーケターは、所得による細分化を長く実践してきた。贅沢品や便利なサービスで富裕層をねらう企業は多い。例えば、クレジットカードのVisaでは、クラシックカード、ゴールドカードに加えて、プラチナカードを富裕層向けに提供し、市場に対してきめ細かいサービスを提供している。

サイコグラフィックスによる細分化では、市場を社会階層、ライフスタイル、パーソナリティなどに基づいて分割する。同一のデモグラフィック集団に属し

ていても、サイコグラフィックスの観点からは、まったく異なる特性を示すことがある。

　購入する製品はその人のライフスタイルを表している。そこで、多くのマーケターが消費者の細分化にライフスタイルを用い、ライフスタイルへのアピールを基礎としたマーケティング戦略を考えている。例えば、ハーレーダビッドソンは、単に大型バイクを販売しているのだとは考えていない。アクセサリー・パーツやファッションを提供して、自分好みのハーレーに仕上げられるようにしている。もちろん、ロゴの入った衣料や小物も扱っている。大型バイクに乗る消費者であっても、ハーレーダビッドソンは明らかに他社とは異なる顧客層を対象としているのである。ハーレーダビッドソンジャパンの元社長奥井俊史氏は、「ハーレーを売ることは文化を売ることです」と述べている。

　パーソナリティによって市場を細分化する一例が、冒険好きを標的とする船旅会社である。ロイヤル・カリビアンはロッククライミングやアイススケートなど、何百というアクティビティを提示することにより、元気な夫婦や家族を引きつけている。対照的なのが、リージェント・セブンシーズ・クルーズ・ラインであり、標的はより穏やかで知性派の冒険家、優雅で異国情緒溢れる森に行きたいと思っているような熟年夫婦である。

　行動による細分化では、消費者の行動、つまりオケージョン（使用場面）や使用状況やロイヤルティ（忠誠）などに基づいて市場を分割する。市場セグメントの構築には、行動変数を出発点とするのが最善策だと信じるマーケターは多い。

　オケージョンによる細分化を用いれば、製品の利用シーンを確立しやすい。例えば、オレンジジュースを朝に飲むという消費者は多いが、冷たくて健康的な飲料として他の時間帯にも利用してもらおうと、オレンジの生産者はプロモーションを実施している。逆にコカ・コーラの「お

顧客のロイヤルティ：アップルには狂信的なまでのロイヤルティを示すユーザー「狂信的Macファン」がいる。彼らを調査することで、アップルはターゲットをより細かく定め、マーケットが求めるものを生み出すことができる。

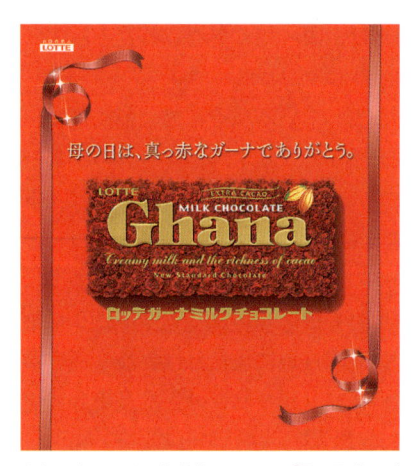

オケージョンによる細分化：ロッテの『母の日ガーナ』キャンペーンは2001年にスタート。「母の日は真っ赤なガーナでありがとう！」をキーワードに、テレビCMなどを通してキャンペーンを盛り上げている。

はよう」キャンペーンは、目覚めの1杯として清涼飲料を勧め、ダイエットコークの消費量増加をねらっている。

母の日には、子から母親に赤いカーネーションやカードが送られていた。しかしロッテでは、赤いカーネーションとガーナミルクチョコレートの赤いパッケージの共通性から、母の日のプレゼントとしてガーナミルクチョコレートを提案し、売上高を大きく伸ばすことに成功した。今も多くのマーケターがさまざまなオケージョンのために、特別な提供物を準備している。入試シーズンにあわせて、「きっと勝つ」という音に結び付けて実施されたキットカットのキャンペーンもオケージョンを利用したマーケティングといえるだろう。

製品に求めるベネフィット（便益）に応じて購買者をグループ分けすることもできる。**ベネフィットによる細分化**にあたっては、その種の製品に求められている主なベネフィットはどのようなものか、そのベネフィットを求めているのはどのような人々か、そのベネフィットを提供できるのはどのブランドかを明らかにする必要がある。

練り歯磨きは、消費者が練り歯磨きに求めるベネフィットに応じて細分化されている。例えば、ライオンのホワイト＆ホワイトは白くて健康な歯を求める人々に、クリニカは虫歯に負けない強くてきれいな歯を求める人々に、エチケットは口臭原因を除去して爽快感を求める人々に、それぞれ向けられている。このように、求めるベネフィットは各セグメントによって異なるため、セグメントのベネフィット選好に合わせたアピールを実施することが求められる。

ビジネス市場の細分化

消費者市場もビジネス市場も、細分化に用いる変数の多くは共通している。ビジネス市場のマーケターは、地理的変数、デモグラフィック変数（産業や企業の規模）、求めるベネフィット、ユーザーの状態、利用水準、ロイヤルティの

状態などを使って細分化に取り組むことができる。ただし、顧客のオペレーティング特性や購買基準といった変数が追加されることもある。

排気ガスのエネルギーを用いてエンジンの出力を引き上げる装置であるターボチャージャーの市場は、日本のIHIと三菱重工のほかに、アメリカのハネウェルとボルグワーナーの4社によって9割以上が占められている。この市場では、ターボを採用する自動車メーカー別という細分化の他に、ターボが搭載されるエンジンのタイプによっても細分化できる。例えば、ディーゼルエンジン用かガソリンエンジン用、排気量の大きさなどである。リーダー企業であるIHIは、特に2,000ccの中型ガソリンエンジンの領域において強みを有している。

標的とする産業や顧客規模によっては、価格なのか納品の迅速さなのかといった購買基準に基づく細分化も可能である。また、消費者市場と同様、ビジネス市場においても、購買行動やベネフィットに基づく細分化が最適だと考えるマーケターは多い。

効果的な市場細分化の要件

市場細分化の方法がいくつもあるのは明らかだが、そのすべてが効果的だとは限らない。例えば、食卓塩の購入者を男性と女性に分けることも可能だが、もちろん性別は塩の購買に影響しない。さらにいえば、人々が同じ量の塩を毎月購入し、どの塩も同じだと思っており、そして、同じ金額を喜んで払うのなら、食卓塩の市場を細分化しても何の意味もない。市場細分化が有効であるためには、以下の要件を満たす必要がある。

第1に、セグメントの規模、購買力、特性が測定できるという**測定可能性**である。細分化変数の中には、測定の難しいものがある。例えば、この数年、「新型うつ病」と呼ばれる現代型のうつの患者が急増しているようであるが、そうした患者に対する正確なデータはなく、全体像も正しく把握されていない。「新型うつ病」の人々に向けられた製品やサービスがあっても不思議ではないが、セグメントの規模や購買力も不明確であり、現時点ではそうした製品はほとんど見当たらない。

次に、セグメントに効果的に近づき、製品・サービスを提供できるという**接近可能性**である。仮に、ある香水メーカーが、自社ブランドのヘビー・ユーザーは夜遅くまで出歩く、とても社交的な独身女性であると発見したとしよう。このグループがどこに住み、どこで買物をし、どんなメディアに触れているか特定で

きなければ、彼女らと接触を図るのは難しい。

　製品やサービスを提供するのに十分な規模、もしくは収益性を有するセグメントである**利益確保可能性**も重要だ。特別なマーケティング・プログラムを組んでも、採算の合うような規模の同質集団でなくてはならない。例えば、自動車メーカーで考えてみると、身長190センチ以上の人に向けられた特別車を開発しても利益を得られないだろう。

　差別化可能性も忘れてはならない。概念的に区別可能であり、さまざまなマーケティング・ミックスの要素やプログラムに対して、異なる反応を示すセグメントであることを意味している。清涼飲料のマーケティング活動に対する反応が男女同じであれば、性別で分けたところで異なるセグメントとはならない。

　最後に、セグメントを引きつけて、製品・サービスを提供するための効果的なプログラムが設計できる**実行可能性**がなければならない。小さな航空会社が市場を7つに細分化しても、スタッフの数が足りなければ、各セグメントに対して個別のマーケティング・プログラムを展開することはできない。

ターゲティング

　市場細分化によってセグメントが明らかになったら、次に、セグメントを評価し、どのセグメントに進出すべきかを決定しなければならない。

市場セグメントの評価

　多様な市場セグメントを評価するうえで、着目すべき点は3つある。「セグメントの規模と成長性」、「競合他社の数など、セグメントの構造」、そして「自社の目的と経営資源」である。企業はまず、さまざまなセグメントについて、現在の売上高、成長率、期待される収益について分析しなくてはならない。自社にとって適切な規模と成長性を備えた、興味深いセグメントが見つかることだろう。

　競合他社の数や市場への参入しやすさといった、セグメントの構造に関しても分析が必要である[3]。例えば、手ごわい競合他社がすでに多く参入していれば、そのセグメントの魅力は小さい。潜在的な代替製品が多数ある場合も、セグメントから得られる利益に制限がかかる。相対的な購買力もまた、セグメントの魅力に影響する。販売者に対して強い交渉力を持つ購買者は、値下げを強

要し、より多くのサービスを求め、他社と競争させようとする。さらに、価格をコントロールしたり、受注した製品やサービスの質や量をコントロールできる強力な供給業者が存在するセグメントも魅力的ではない。

魅力的なセグメントであっても、自社の長期的な目的と噛み合わず、放棄する場合がある。あるいは、その魅力的なセグメントで成功したくとも、必要なスキルや経営資源を持ち合わせていないかもしれない。例えば、自動車市場における経済性セグメントは規模が大きく、成長もしている。だが、企業目的と経営資源を考えれば、高級車メーカーであるロールス・ロイスやジャガーがこのセグメントに参入するというのは、ほとんど意味をなさない。優れた顧客価値を創造し、競合他社より優位に立つことのできるセグメントに絞って、企業は参入すべきである。

市場セグメントの選定

セグメントを評価したら、次は、どのセグメントを標的にすべきかを決めなくてはならない。企業がターゲットと定めたニーズや特性をもつ購買者がいるところが**ターゲット市場**となる。市場のターゲティングには、さまざまなレベルがある。**図4.2**に示したように、極めて広く（無差別型マーケティング）、あるいは極めて狭く（マイクロ・マーケティング）、もしくはその中間で（差別型マーケティングや集中型マーケティング）設定することができる。

無差別型マーケティング（あるいは**マス・マーケティング**）とは、市場セグメント間の違いを無視し、単一の製品やサービスで市場全体に対応しようとする考え方である。この戦略においては、顧客のニーズにどのような相違があるかではなく、何が共通しているかに主眼が置かれる。製品やマーケティング・プログラムは、最大多数の購買者に訴えかけるように設計される。無差別型マーケティングを実施しているのは、コカ・コーラなど一部の企業である。

【図4.2】
市場ターゲティング戦略

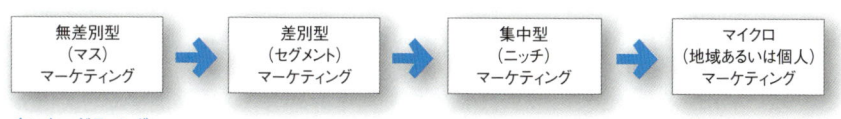

無差別型（マス）マーケティング → 差別型（セグメント）マーケティング → 集中型（ニッチ）マーケティング → マイクロ（地域あるいは個人）マーケティング

広いターゲティング　　　　　　　　　　　　　　　　　　　狭いターゲティング

現在、多くのマーケターがこの戦略に強い疑問を抱いている。すべての消費者を十分に満足させる製品やブランドを開発しようとすると、さまざまな困難に直面するからである。その上、たいていの場合、特定のセグメントやニッチを集中的にねらっている企業と競い合うことになる。

差別型マーケティング（あるいは**セグメント・マーケティング**）では、複数の市場セグメントを標的として、それぞれに対して別個の提供物を設計する。花王は、アジエンス、エッセンシャル、セグレタなど複数のシャンプーを展開し、それぞれが独自のセグメントを標的としている。服飾メーカーのワールドも、多くのブランドを展開することで、差別型マーケティングを進めている。

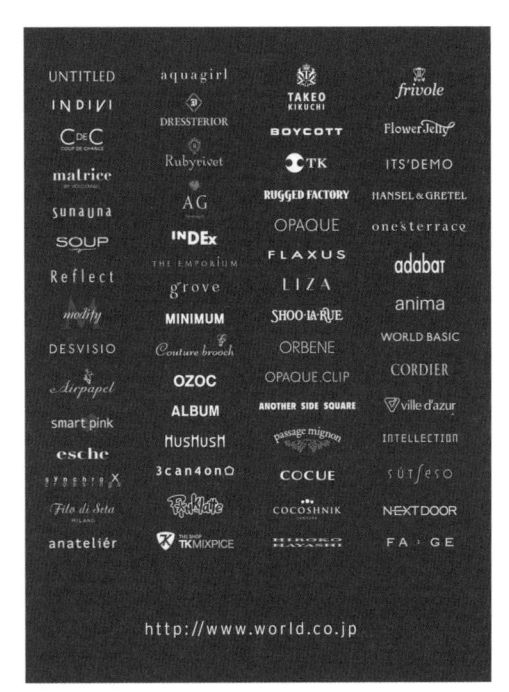

差別型マーケティング：服飾メーカーのワールドグループは、オリジナルブランドを多数展開する。婦人服だけでも十数種に及ぶこまやかな戦略は、あらゆる年代のさまざまなセグメントの顧客を惹きつけている。

セグメントに合わせた製品やマーケティングを提供することによって、企業は売上の増加や、各市場セグメント内での強いポジションを求めている。複数のセグメントで強いポジションを獲得すれば、全セグメントに対する無差別型マーケティング以上の総売上を生み出すことができる。

だが、差別型マーケティングは業務コストがかさむ。10の異なる製品を10単位開発し製造することは、単一の製品を100単位開発し製造するより明らかにコスト高になる。加えて、各セグメントに対応するマーケティング計画をそれぞれ開発すると、市場調査、売上分析、チャネル管理なども余分に必要となる。また、各市場セグメントに向けて別々の広告キャンペーンを展開すると、販売促進費が増加する。したがって、差別型マーケティング戦略についての意思決

定にあたっては、売上高の増加とコストの増加を天秤にかけなければならない。

集中型マーケティング（あるいは**ニッチ・マーケティング**）戦略では、大きな市場の中で小さなシェアを追うのではなく、小さなセグメントすなわちニッチ市場の中で、大きなシェアを追う。例えば、1953年に日本初のセルフサービスのスーパーマーケットとしてスタートした紀ノ國屋は、世界の食文化を積極的に取り入れるなどして、他の大手スーパーマーケットとは異なる路線を進んできた。この小さな高級小売店は、大手がうまく対応できていない富裕層を対象に、品揃えの工夫によって成果をあげてきた。

　企業は集中型マーケティングを通じて、ニッチにおける顧客ニーズの深い知識と、特別な評判を得ることができ、それが強い市場ポジションにつながる。慎重に定義したニッチのニーズに合わせて、製品、価格、プログラムを微調整すれば、効果的かつ効率的な販売が可能になる。セグメントにはそれなりの規模があるため、一般に競合企業が群がるが、小さなニッチに関心を持つ企業は少なく、競合しても数社どまりである。小さな会社でも限られた経営資源を結集すれば、大企業が軽視したり見過ごしたりしているニッチに参入できる。自社より規模が大きく、資源も豊富な企業に対抗するための足掛かりとしてニッチ市場に入り、そこから幅を広げて成長する企業も多い。例えば、サウスウエスト航空は、テキサス州内限定のサービスをカットした航空会社としてスタートしたが、アメリカで大手の部類に入るまでになっている。今日では、インターネット上に低コストで出店できるようになり、小さな企業がネットに進出し、ニッチへの対応で富を築くこともある。

　集中型マーケティングは、非常に高い収益を期待できる。だが同時に、リスクも高い。1つ、2つだけのニッチに頼っていては、そのセグメントが立ちゆかなくなったときに大打撃を受ける。あるいは、自社より規模の大きい企業が、豊富な経営資源を携えて同じ市場に参入してくるかもしれない。こうした理由から、多くの企業はいくつかのニッチへの分散を選択している。

　マイクロ・マーケティングでは、特定の個人や地域の好みに合わせて、製品やマーケティング・プログラムを調整する。マイクロ・マーケティングには、地域マーケティングと個人マーケティングとがある。

　地域マーケティングでは、市や近隣地区、ときには特定の場所の顧客グループに合わせて、ブランドやプロモーションを調整する。ローソンの場合は、地元の買物客に合わせて店舗ごとの工夫を施している。新店舗の設計にあたって

は、近隣の特性を考慮する。オフィス街近くの店舗なら、忙しいビジネスマン向けに弁当コーナーを充実させるといった具合である。

コミュニケーション技術の進歩により、地域マーケティングにも新たなハイテク・バージョンが現れてきている。例えば、常に人々のポケットの中にあり、現在位置に関する信号を発信し続けている携帯電話は、小売店にとって可能性溢れる魅力的な存在といえる。スターバックスの近くを通る人にクーポンを送るなど、所有者の現在位置に合わせて広告を配信できるのである。

究極のマイクロ・マーケティングは、製品やマーケティングを顧客個々のニーズに合わせる**個人マーケティング**（ワン・トゥ・ワン・マーケティング）である。

マス・マーケティングの広がりにより、消費者はこれまで何世紀にもわたって、個別にサービスを受けてきたのだという事実を忘れかけている。呉服屋はあつらえの着物を仕立て、工務店は個別に住宅を建て、家具職人は注文に応じて家具を作っていた。そして、新たな技術が登場した今日、多くの企業がこのような個人マーケティングに立ち返れるようになった。精密なデータベース、ロボット生産、フレキシブル生産、携帯電話やインターネットなどの双方向コミュニケーションが結びつき、**マス・カスタマイゼーション**が進んでいる。マス・カスタマイゼーションとは、生産や販売におけるマスの効果を活かしながら、個々のニーズに合わせて製品やサービスを提供するという仕組みである。

コンピューターのデルは、カスタム仕様のコンピューターを製造し、ホッケー用スティックのメーカーであるブランチズ・ホッケーは、スティックの長さ、ブレードの形状、ブレードのカーブなど、20以上もあるオプションから好きなものを選ぶと、5日以内に自分専用のスティックを作ってくれる。

人的交流を排除する大量生産と異なり、個人マーケティングは顧客との関係をかつてないほど大切にしている。大量生産が20世紀におけるマーケティングの原理であったように、双方向マーケティングは21世紀のマーケティング原理となりつつある。世の中は大きく変化し、顧客が個人として扱われていた古き良き時代から、誰も相手の名前を知らないマス・マーケティングを経て、再びもとの場所に戻ってきたように思われる。

差別化とポジショニング

　ターゲットとなる市場セグメントを決めたならば、次は、差別化とポジショニングである。ポジショニングとは、競合製品と比較して、当該製品が相対的にどのような位置にあるかとともに、顧客のマインド内でどのような位置を占めるかを明確にすることである。自動車業界の場合、日産のマーチとホンダのフィットは大衆車、レクサスとメルセデス・ベンツとBMWは高級車、ポルシェは高性能車にポジショニングされる。また、低燃費のハイブリッド車であるトヨタのプリウスやアクアは、エネルギー問題に対する解決策であるエコカーとしてポジショニングされている。

　顧客の周りには製品情報が氾濫しているが、買物のたびに製品を評価し直すのは骨が折れるので、顧客は製品やサービスを頭のなかであらかじめ「ポジショニング」している。競合製品と比較したときの当該製品から受ける知覚、印象、感覚などを認識しておくのである。企業のマーケターにしてみれば、もちろんこの**製品ポジショニング**を成り行き任せにしたくはない。そこで、企業はターゲット市場において、自社製品が最大の優位性を獲得できるポジションを決め、そのポジションを実現するためのマーケティング・ミックスを策定するのである。

ポジショニング・マップ

　差別化やポジショニングを立案するときは、自社製品が競合製品に対してどのように知覚されているのかを知るために、知覚ポジショニング・マップを作成することが多い。**図4.3**は、アメリカにおける高級SUV（スポーツ用多目的車）市場のポジショニング・マップである[4]。マップ内の円の位置は、価格と志向性（高級車か高性能車か）という二次元で示したブランドのポジションである。また、円の大きさはブランドの相対的な市場シェアを表している。

　キャデラックのエスカレードは手頃な価格のSUVであり、高級さと性能とのバランスがよいと見なされている。エスカレードは都市用高級車としてポジショニングされているため、ここでいう「性能」はパワーと安全性のことだろう。一方、ランドローバーのレンジローバーやトヨタのランドクルーザーは、オフロード系が若干加わった高級車である。

　差別化とポジショニングには3つのステップがある。まず、差別化可能な違

【図 4.3】
ポジショニング・マップ：高級SUV

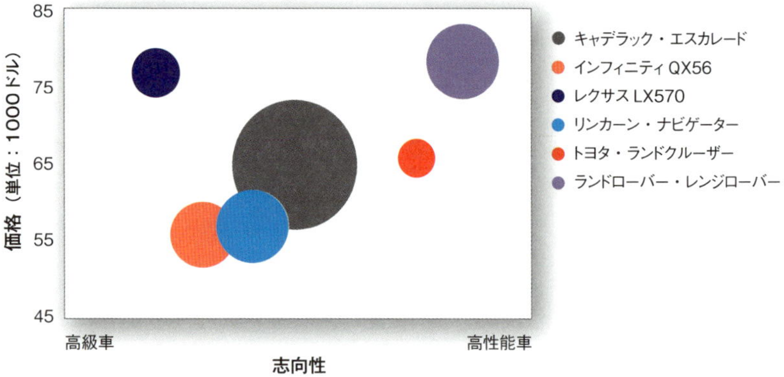
85
75
65
55
45
価格（単位：1000ドル）
高級車
高性能車
志向性
キャデラック・エスカレード
インフィニティ QX56
レクサス LX570
リンカーン・ナビゲーター
トヨタ・ランドクルーザー
ランドローバー・レンジローバー

出典：WardsAuto.com および Edmunds.com における 2010 年 3 月現在のデータに基づく。

いを明確にし、次に、その中から適切な違いを選びだす。最後に、全体的なポジショニングを選択する。その上で、選んだポジションを市場に効果的に伝えることが求められる。

差別化とポジショニングによる競争優位

ターゲット顧客との間に収益性の高い関係を構築するためには、競合他社以上に顧客ニーズを理解し、より大きな顧客価値を提供する必要がある。優れた顧客価値の提供につながる差別化とポジショニングがうまくできれば、それだけ強い**競争優位**を獲得することができる。

だが、確たるポジショニングというものは、空約束(から)では構築できない。自社のポジショニングを知らせるスローガンやキャッチフレーズを、ただ叫んでいるだけでは不十分である。何よりもまず、そのスローガンを実践しなければならない。

数年前、事務用品の小売業者であるステープルズは難しい時代を迎えていた。店舗に対する顧客の不満と賛辞が8対1と、とんでもない状態だったのだ。何週間ものヒアリング調査によって、顧客はもっと簡単に買物をしたいと思っている、という答えを導き出した。この単純な発見が、今ではアメリカでおなじみの「ステープルズ：簡単でした」を中心とするマーケティング・キャンペーンである。まず、同社は1年以上を費やして、店舗の改装、在庫の合理化、従

業員の再教育、さらには顧客とのコミュニケーションの簡素化を行った。そして、顧客体験の全要素をきちんと整備した上で、初めて新しいポジショニングを消費者に伝えはじめた。新たなポジショニングのキャンペーンは大成功を遂げ、ステープルズは事務用品の小売分野で圧勝を収めた。間違いなく、賢明なマーケティングのおかげである[5]。

　競合品との差別化のポイントを見つけるには、自社製品やサービスに対する顧客の経験を十分に検討しなければならない。機敏な企業は、顧客とのすべてのコンタクト・ポイントで差別化のための方法を見つけることができる。

　まず、企業は製品の特徴や性能、形状、デザインで差別化できる。アップルのパソコンは見るだけでそれとわかるデザインを有しているし、ボーズのスピーカーは印象的なデザインとサウンド特性でポジショニングされている。物質的な製品だけでなく、製品に付随するサービスでも差別化は可能である。具体的には、サービスの迅速さ、便利さ、慎重さ、顧客への気遣いなどである。航空業界の顧客満足度が下落し続けていたころ、シンガポール航空を際立たせていたのは、客室乗務員の並外れた気遣いと品位だった。「誰もが我々に高い期待を寄せています」と同社は語る。「（だから）フライトのどんな小さなことであっても、その都度しっかりと対処し、シンガポール航空ならではの体験をお届けするようにしているのです」[6]。

　チャネル（流通経路）による差別化を実践する企業は、チャネルの範囲、専門技術・専門知識、パフォーマンスのそれぞれを適切に設計することにより競争優位を獲得している。アマゾン・ドットコムやライフネット生命保険を際立たせているのは、企業と顧客が直接接触するダイレクト・チャネルが有効に機能している点である。さらに、スタッフの差別化によっても競争優位を獲得できる。ディズニーではテーマパークのスタッフ教育を徹底し、ホテルのフロント係からモノレールの運転手、乗務員、清掃係にいたるまで、それぞれが十分な力量を持ち、礼儀正しく、フレンドリーであるように留意している。

　市場提供物が類似していても、購買者はイメージの差別化により、違いを知覚するかもしれない。企業イメージやブランド・イメージは、製品固有のベネフィットとポジショニングを伝えている。強力で固有なイメージの構築には大変な努力が必要であり、広告を使って一夜にして作れるようなものではない。リッツ・カールトンが品質を大切にするのなら、同社の言動のすべてでそのイメージを支えなければならない。

マクドナルドのゴールデン・アーチやアップルのリンゴマークなどのように、シンボルには、企業やブランドに対する強力な認知とイメージの差別化をもたらす力がある。また、著名人を起用してのブランド構築もよいだろう。ナイキでいえばマイケル・ジョーダンやコービー・ブライアントを使ったバスケットシューズやウェアがその例である。企業によってはコカ・コーラ（赤）、IBM（青）のように色で差別化しているところもある。

USPと競争優位の選定

　ある製品に、競争優位をもたらす要因が複数見つかったとしよう。次の課題は、そのなかでどの要因と結びつけてポジショニングするかである。

　特定のターゲット市場には1つのベネフィットをプロモーションすべきだ、と考えているマーケターは多い。例えば、伝説の広告マンであるロッサー・リーブスは、企業はブランドそれぞれにUSP（unique selling proposition、ユニークな販売命題）を1つ作り、そこにこだわり続けるべきだと説いた。各ブランドが1つずつ属性を選び、その属性に関しては「ナンバー・ワン」であると売り込むのである。今日のような広告過多の社会では、購買者はナンバー・ワンのブランドしか記憶しないからである。

　一方で、複数の差別化要因でポジショニングするべきだと考えるマーケターもいる。2社以上が同じ属性でナンバー・ワンだと主張する場合などは、この考え方が必要になるだろう。今日では、マス・マーケットがいくつもの小規模セグメントに細分化されているため、より多くのセグメントに訴えかけようと、企業もブランドもポジショニングの拡大を試みている。例えば、洗濯用品は洗剤、柔軟剤、静電気防止剤が個別に提供されていることがほとんどだが、ヘンケルのピューレックスというブランドは、その3つのベネフィットを一つに集約して発売した。「ピューレックス・コンプリート・3イン1・ランドリー・シート」という製品である。広告には「すっきり、やわらか、静電気知らず。惜しいのは折り畳めないこと」とある。多くの購買者がこのような複数のベネフィットを求めていることは明らかだが、問題は単一のブランドでそれらすべてを実現可能だと、顧客が信じてくれるかどうかだ。

　ブランドの持つすべての違いに意味がある、もしくは価値があるとは限らない。つまり、すべての違いが優れた差別化要因になるとは限らないのである。風邪薬にとって、有効性の持続という基準は重要であるが、色が豊富であると

いう基準は重要ではない。また、12時間の持続を訴えても、24時間も持続するような競合製品があれば優越性で劣ってしまうだろう。一般に、次の基準を満たす場合、その差別化要因は確立するだけの価値があると考えられる。

- 重要性：標的購買者にとって重要で、高価値のベネフィットをもたらす。
- 独自性：競合ブランドにはない、もしくは自社が特殊な形で提供できる。
- 優越性：顧客に同じベネフィットをもたらす他ブランドより優れている。
- 伝達性：購買者に見える形で伝えることができる。
- 防御性：競合ブランドから簡単に模倣されにくい。
- 支払可能性：購買者にとって対価の支払いが可能である。
- 収益性：自社の収益を確保できる。

ブランドの価値提案

ブランドのポジショニングは、総称して「ブランドの**価値提案**」と呼ばれる。競合製品と差別化し、消費者に提供を約束するベネフィットすべてのことであり、「なぜこのブランドを買わねばならないのか」という顧客の質問に対する答えでもある。

図4.4は、製品のポジショニングにあたって考えられる価値提案を示している。縦軸はベネフィットの数であり、横軸は価格水準である。図中の緑色をした5つのセルは成功する価値提案、すなわち競合他社に対して競争優位が得ら

【図4.4】
考えられる価値提案

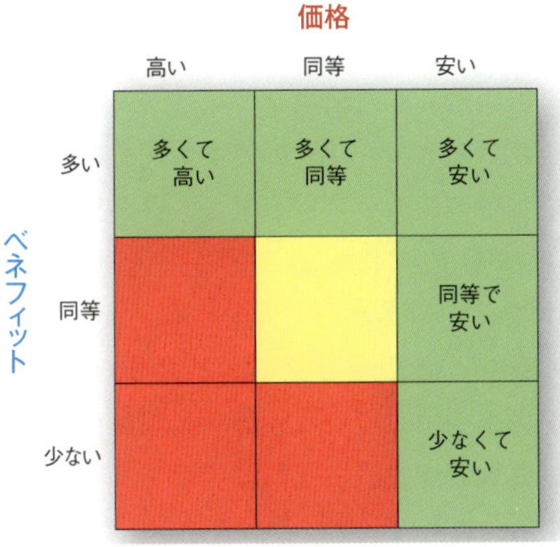

ベネフィット \ 価格	高い	同等	安い
多い	多くて高い	多くて同等	多くて安い
同等			同等で安い
少ない			少なくて安い

れる差別化とポジショニングを表している。逆に赤いセルは失敗する価値提案である。また、黄色いセルは両者の境界である。それでは、自社製品のポジショニングを成功に導く5つの価値提案、「多くて高い」、「多くて同等」、「多くて安い」、「同等で安い」、「少なくて安い」について考えていこう。

　「多くて高い」ポジショニングとは、最高級の製品やサービスを提供し、高いコストをまかなうために高い価格を設定することを意味する。フォーシーズンズのホテル、ロレックスの時計、メルセデスの自動車などは、どれも優れた品質、職人技、サービス、耐久性、スタイルなどを誇り、それに見合った価格を設定している。あるカテゴリーに、そこではほとんど見られない高価格で競合企業が参入してくれば、消費者は驚きとともに喜びを感じる。コモディティ化（一般商品化）していたコーヒーというカテゴリーに、スターバックスは極めて高価なブランドとして参入した。アップルもiPhone導入時には、従来の携帯電話より高い機能とデザインを特徴としつつ、それに見合った値段としてかなりの高価格を設定した。「多くて高い」ブランドでは注意も必要だ。同じ質で割安だと主張する模倣者を招きやすいからである。ミスタードーナツからマクドナルドまでが参入したことで、今ではスターバックスも「グルメ」コーヒー競争に直面している。また、好況時によく売れる贅沢品は、購買者が支出に慎重になる景気後退期には危機にさらされることがある。

　トヨタはメルセデスやBMWに対抗して、「同等で安い」という価値提案でレクサスを導入した。リリースの第1文は「7万2,000ドルの車から3万6,000ドルの車に乗り換えることがランクアップだなんて、歴史上初めてのことかもしれません」というものだった。同社は自動車雑誌に絶賛レビューを掲載したり、レクサスとメルセデスの比較ビデオテープを広く配布したりと、レクサスの高品質ぶりの伝達に努めた。また、レクサスとメルセデスのディーラーの顧客対応を比較し、レクサスのディーラーの方が販売やサービスに秀でている調査結果を公表した。多くのメルセデス保有者がレクサスに乗り換え、レクサスの再購買率は60％、業界平均の2倍となった。

　「同等で安い」は強力な価値提案となりうる。というのも、人はみなお買い得感を好むからである。ビッグ・エーやマツモトキヨシのような低価格の店舗は、このポジショニングを利用している。異なる製品や優れた製品を提供しようとは考えていない。百貨店や専門店と同じブランドを、優れた購買力や低コスト運営により大幅な割引価格で提供するのである。その他、マーケット・リーダー

から顧客を引き離そうと、模倣品を低価格で展開する企業もある。例えばアメリカの半導体製造会社AMDでは、市場を先導しているインテルのマイクロプロセッサー・チップの廉価版を製造している。

どのような市場にも、ベネフィットが少なくて、価格も安いという製品がある。購入するものすべてについて「最高のもの」を必要とする人、求める人、買うことのできる人はほとんどいない。次善の策で手を打つか、あるいは低価格と引き換えに何かをあきらめる。例えば、ホテルを探しているビジネス・パーソンの多くは、プールやラウンジ利用などの代価は支払いたくないと思っている。スーパーホテルやアパホテルといったホテルチェーンは、サービスの多くを削除することで低価格を実現している。

「少なくて安い」ポジショニングでは、性能や質の低いものに対する消費者の要求に低価格で応える。例えば、しまむらなどの小売店では、安い素材を上手く使い、激安価格の衣料品を提供している。日本初の格安航空会社として注目されたピーチも、少ないベネフィットを安値で提供するポジショニングを実践しており、快適性のためのサービスはほとんど省略されている。例えば、食事や座席指定は有料で、手荷物を預けるのにも追加料金を払わなくてはならない。それなのになぜ、ピーチには多くのファンがいるのだろうか。おそらく最大の理由は、乗客と荷物を時間どおりに目的地まで運ぶという基本に忠実だからだろう。しかも、その基本に加えて低価格でもある。

成功する価値提案といえばもちろん、「多くて安い」を提供することだろう。多くの企業がこれを実践しようとしていて、短期的に見れば、そのような高みに到達した企業も実際に存在する。例えば、アメリカの住宅建材小売業者ホーム・デポが初めて登場したと

「少なくて安い」ポジショニング：格安航空会社ピーチは、少ないベネフィットを安値で提供するポジショニングを確立した。快適性のためのサービスはないか、あっても有料だ。顧客にとっては、ちゃんと目的地まで運んでくれれば問題はない。

き、地元の金物屋やホームセンターの中にあって、同社はほぼ間違いなく最高の製品選択とサービス、最低の価格を実現していた。

しかし、二兎を追うようなポジショニングの維持は、時を経るほどにその困難さがわかってくる。より多くのベネフィットを提供すると、通常はコストも多くかかり、約束した安い価格での提供が難しくなるからである。双方を追い求めた結果、もっと焦点を絞った企業に負けてしまうこともある。ホーム・デポはホームセンター、ロウズの断固たる抗戦に対して、優れたサービスか低価格のどちらを前面に出して競うのか決めなければならない状況にある。

もちろん、「多くて同等」という価値提案も可能である。価格を据え置きにして、競合相手よりもベネフィットを追加していけばいい。値引きはしたくないが競争優位を実現する時に検討されやすい考え方である。

ポジショニングの維持と変更

会社やブランドのポジショニングは、**ポジショニング・ステートメント**として要約しておくべきである。「(標的とするセグメントとニーズ) にとって、我々の (ブランド名) は (差別化ポイント) という (製品カテゴリー) である」という形式で記述するとよいだろう[7]。例えば、「常に輪の中にいることが求められる、忙しく動き回っているプロフェッショナルにとって、ブラックベリーは外出中であっても簡単に、信頼できる方法であなたとデータ、人、情報・知識の供給源とをつなぐ、ワイヤレス接続のソリューションである」といった具合だ。

ポジショニング・ステートメントでは、その製品が属するカテゴリー (ワイヤレス接続のソリューション) を明示し、さらに、カテゴリー内での差別化ポイント (簡単に、信頼できる方法であなたとデータ、人、情報・知識の供給源とをつなぐ) が示される。特定のカテゴリー内にブランドを位置づけることで、カテゴリー内の他ブランドとの類似ポイントを示唆するが、ブランドの持つ優位性は差別化ポイントにある。

ポジションの確立や変更には長期間を必要とする。その一方で、何年もかけて築いたポジションを一瞬で失ってしまうこともある。狙ったポジションを確立したならば、パフォーマンスとコミュニケーションに一貫性を持たせ、そのポジションを慎重に維持しなくてはならない。また、顧客のニーズや競合他社の戦略の変化に適応できるよう、場合によってはポジションの変更が必要とな

る。ただし、顧客を混乱させるような、突然の変更は避けるべきである。移り変わるマーケティング環境に合わせて、製品ポジションを徐々に変化させることが望ましいだろう。

REAL MARKETING　　　　　　　　　　　　　　　　　　リアル・マーケティング

ダンキンドーナツ
「ごく普通の人」のためのポジショニング

数年前、ダンキンドーナツはアリゾナ州、イリノイ州、ノースカロライナ州の顧客に週100ドルを支払い、スターバックスでコーヒーを購入してもらった。そして同時に、スターバックスの顧客にも対価を支払い、逆のことを依頼した。両グループへのヒアリング結果から、片方のコーヒーショップを愛用している人は、もう一方を毛嫌いしていることがわかった。ダンキンドーナツ・ファンからするとスターバックスは気取った流行りものであり、スターバックス・ファンからするとダンキンドーナツは地味でオリジナリティがない。

ダンキンドーナツには、全米一の大手コーヒー・チェーンであるスターバックスと肩を並べ、コーヒー最強企業になろうという野心的な計画がある。だが、このリサーチにより、単純な事実が判明した。ダンキンドーナツはスターバックスではない、ということだ。成功するためには、どのような顧客を対象に、どのようなポジショニングと価値提案をするのかについて、明確なビジョンを持たなければならない。スターバックスには、知識人にとっての家でもオフィスでもない「第3の場所」という明確なポジショニングがある。座り心地のよいソファ、ジャンルにとらわれない音楽、ワイヤレスのインターネット接続環境、洒落た内装などが特徴である。一方、ダンキンドーナツは断固として「ごく普通の人のコーヒーショップ」といったポジショニングをとっている。

差別化とポジショニング：スターバックスには、「第3の場所」という明確なポジショニングがある。一方、ダンキンドーナツは「ごく普通の人」といったポジショニングにこだわっている。

REAL MARKETING

　ダンキンドーナツのロイヤル・カスタマーたちは店舗の改善を望んでいるが、スターバックスの雰囲気にはうろたえ、そっぽを向いてしまう。ノートパソコン軍団のせいで席がなかなか見つからないと不満を述べ、コーヒーの大中小を表すスターバックス用語「トール」「グランデ」「ベンティ」を嫌い、コーヒー1杯にあれほどの金額を支払うなど理解不能だと思っている。スターバックスの顧客も、同じようにダンキンの店舗では不安になっていた。自分たちが特別ではないことに耐えられないからだ。

　このような対立は、顧客の違いを考えれば驚くにあたらない。ダンキンドーナツの顧客は主として中間所得層であり、デモグラフィックス上の年齢、人種、所得は問わない。一方、スターバックスの顧客は、より高所得の専門職層である。この2つのグループを隔てているのは所得というより、むしろ理想である。「ダンキンドーナツ族」が群衆の一部でありたいと思っているのに対して、「スターバックス族」は一個人として際立っていたいと思っている。スターバックスとダンキンドーナツが並んで立地していても、明らかに違うタイプの顧客を獲得できるのである。

　成功するためには、どのような顧客を対象に、どのようなポジショニングと価値提案をするのかについて、明確なビジョンを持たなければならない。ダンキンドーナツは断固として「ごく普通の人のためのコーヒーショップ」といったポジショニングをとり続け、このポジショニングは厳しい経済状況に強いことにも気づいた。

　ダンキンドーナツの戦略は、今のところは順調である。アメリカの顧客ロイヤルティに関する調査のコーヒーショップ部門では、ダンキンドーナツは2位のスターバックスを抑えて4年連続1位を獲得している。同調査では、味、質、顧客サービスに関して、「顧客の期待に常に応えている、もしくは期待を上回る企業」の第1位にもなっている。

出典：以下からの引用、抜粋、情報に基づく。"Dunkin' Donuts New Advertising Offers a Rallying Cry for 2009: 'You Kin' Do It'," *PR Newswire*, January 5, 2009 ; Janet Adamy, "Battle Brewing: Dunkin' Donuts Tries to Go Upscale, But Not Too Far," *Wall Street Journal*, April 8, 2006, p. A1 ; Emily Bryson York, "Dunkin' Looks to New Executives to Keep Up Buzz," *Advertising Age*, November 2, 2009, p. 6 ; Eric Zeitoun, "Yes You 'Kin': New Dunkin' Spots Prove That Coffee Is the Great Enabler," *Adweek*, February 23, 2009, p. 11 ; および "Dunkin' Donuts One in Customer Loyalty for Fourth Straight Year," February 16, 2010, http://news.dunkindonuts.com/article_display.cfm?article_id=1082 ; Thomas Grillo, "At 60, It's Still Time to Make the Donuts," *Boston Herald*, February 19, 2010, www.bostonherald.com ; www.starbucks.com および www.dunkindonuts.com、2010年10月現在。

Discussion　　　　　　　　　　　　　　　　　　　　　　ディスカッション

Question 1

自動車産業と化粧品産業を取り上げ、それぞれの業界ではどのような変数で市場細分化が行われているかについて整理してみよう。

Question 2

集中型（ニッチ）マーケティングを実施している企業について、幾つかの実例を挙げて調べてみよう。

Question 3

成功している製品やサービスには、どのような差別化要因があるのだろうか。そして、そうした要因が、重要性、独自性、優越性、伝達性などを満たしているかについて検討してみよう。

Key Terms　　　　　　　　　　　　　　　　　　　　　　重要語句

市場細分化（p.87）
ターゲティング（p.87）
ポジショニング（p.87）
地理的細分化（p.88）
デモグラフィックスによる細分化（p.88）
サイコグラフィックスによる細分化（p.90）
行動による細分化（p.91）
オケージョンによる細分化（p.91）
ベネフィットによる細分化（p.92）
測定可能性（p.93）
接近可能性（p.93）
利益確保可能性（p.94）
差別化可能性（p.94）

実行可能性（p.94）
ターゲット市場（p.95）
無差別型（マス）マーケティング（p.95）
差別型（セグメント）マーケティング（p.96）
集中型（ニッチ）マーケティング（p.97）
マイクロ・マーケティング（p.97）
地域マーケティング（p.97）
個人マーケティング（p.98）
マス・カスタマイゼーション（p.98）
製品ポジショニング（p.99）
競争優位（p.100）
価値提案（p.103）
ポジショニング・ステートメント（p.106）

Chapter 5

マーケティング情報と
カスタマー・インサイト

　本章では、いかにして市場の潜在的なニーズを掘り起こしていくかについて考えていこう。企業は顧客、競合他社、製品といった重要な情報を、どのように抽出し管理しているのだろうか。今日の市場で成功を収めるためには、山のようなマーケティング情報を鮮度の高いカスタマー・インサイトへと変える術を知り、より大きな価値を顧客にもたらす一助として活用しなくてはならない。

　まずは、優れたマーケティング・リサーチとカスタマー・インサイトを実現している例として、P&Gを見てみよう。P&Gといえば、世界最大の企業の1つであり、マーケティングに長けていることで有名だ。ファブリーズ、パンパース、プリングルズ、パンテーンなど、数多くの消費財ブランドを市場に送り出し、日本ではSK-Ⅱなどの製品でも知られている。

　同社の目標は、「世界の消費者の生活を向上させる」製品を提供することである。その言葉どおり、P&Gが生み出す製品は消費者の抱える問題を解決することで、消費者が求める価値を生み出している。だが、顧客との間に強固な絆を構築したいなら、顧客自身を理解しなければならない。そこで欠かせないのがマーケティング・リサーチである。

OPENING STORY   オープニング・ストーリー

P&G
深いカスタマー・インサイトが顧客との絆を生む

「顧客価値を創造する」。「顧客との間に強固な絆を構築する」。なんとも高尚な目標に思えるかもしれない。衣料用洗剤、シャンプー、歯磨き、紙おむつといった日用品を扱うP&Gのような企業にとっては、なおさらそうだろう。だが実際、P&Gは顧客と衣料用洗剤を強い絆で結びつけることに成功している。その実現につながっているのが、顧客をきちんと知ろうとする姿勢である。

　60年以上も前、従来の石鹸洗剤に代わる初の合成洗剤として、P&Gの「タイド」がアメリカ市場に登場した。タイドで洗えば、衣類の汚れは実によく落ちる。マーケターは、機能的に卓越した洗剤としてタイドを位置づけ、洗濯前後を比較する強烈な宣伝を打ってきた。しかし、消費者にとってのタイドはジーンズの汚れを落とすだけの存在ではなかった。

　数年前、タイドのマーケティングチームは、女性が洗濯に対してどのような気持ちを抱いているのか詳しく調べた。調査は、意見を聞いてみたい特定の顧客を集めた通常のインタビュー（フォーカス・グループ）やマーケティング・リサーチにはとどまらなかった。マーケティング担当役員や長年同社の宣伝を引き受けてきた広告会社サーチ・アンド・サーチが加わって、より深いレベルまで調査が行われた。担当者たちは、2週間にわたって消費者に密着し、ミズーリ州カンザスシティとノースカロライナ州シャーロットに住む女性たちの仕事、買物、家事を追った。さらに、自分にとって大切なものについて話し合うディスカッションにも同席した。

　あるマーケティング担当役員は、「か

タイドのマーケティングチームは徹底的な消費者調査を行い、いくつかの重要なインサイトを引き出した。ごく最近のタイドの広告キャンペーンでは、タイドの強力な洗浄力を、スタイルや自己主張といった強い感情に結びつけている。

なり深く、個人的なレベルにまで話はおよびました。彼女たちにとって洗濯とは何かを知りたかったからです」と語っている。サーチ・アンド・サーチのストラテジストも、次のように続けた。「この調査が非常に意義深かったのは、消費者と洗濯方法について話をしたわけではないという点です。彼女たちの人生について、何を求めているのか、女性としてどう感じているのか、そんなことを話し合いました。その結果、これまでは触れたこともなかった深い思いを知りえたのです」。

この調査によって、タイドの担当者たちは注目すべき消費者のインサイトを得た。女性の衣服に対する思いは、かなり特別だとわかったのだ。例えば、「大柄で離婚経験のある女性は、『絶対はずさない（一番セクシーな）服』を着たら、ボーイフレンドが思わず口笛を吹いたの、と嬉しそうに語った」という。P&Gの報告書には、次のような記述がある。「女性が衣服やファブリック（布製品）を大切にするのは、さまざまな感情や思い出が詰まっているからである。ジーンズからシーツまで、女性はファブリックの力を借りて個性を表現し、女性としてのさまざまな面を見せている」。

タイドのマーケティングチームは、自分たちが生み出す製品が女性の洗濯の悩みを解決する以上の存在になると確信した。何といっても、タイドは女性の人生に影響を与えるファブリックを変えることができる。そこで、P&Gとサーチ・アンド・サーチは「ファブリックのことならタイドにおまかせ」というテーマを設定し、のちに栄えある賞に輝く広告キャンペーンを展開した。味気ないデモンストレーションや使用前後の比較ばかりだった従来の広告とは違い、新しい広告キャンペーンは視覚的イメージに富み、消費者の感情に訴えるものであった。

あるテレビCMでは、妊娠中の女性がシャツにアイスクリームを落としてしまう。他にはもう着るものがない。だが、漂白剤入りタイドのおかげで汚れは落ち、「どんなに食べたいものがあっても、あなたの洋服は大丈夫」と続く。また、最近の広告キャンペーンでは「スタイルはオプション、でも清潔さはゆずれない」と謳い、タイドの強力な洗浄力をスタイルや自己主張と結びつけている。ここで最初の質問に戻ろう。顧客と衣料用洗剤の間に、強い絆など築けるのだろうか。答えは、可能どころではなく、必要不可欠である。そして、強い絆を構築するには、顧客との関係の本質を理解し、顧客にとっての真の価値を創造することに努めなければならない。製品やマーケティング・プログラムだけでなく、顧客ニーズやブランド経験にも着目したマーケティング調査が求められる。

タイドほど見事に顧客リレーションシップを築いたブランドはない。このP&Gの旗艦ブランドは、驚くべきことに、競争が激しくブランドが乱立する衣料用洗剤市場において40%超のシェアを誇っている。しかも、なおシェアを伸ばしており、「ファブリックのことならタイドにおまかせ」キャンペーンを開始した翌年にも、7ポイント

オープニング・ストーリー

の伸びを示したのだった[1]。

タイドの事例が示すように、優れた製品もマーケティングの計画も、優れた顧客情報から始まる。競合他社や小売業者など、市場におけるさまざまな関係者や要因についても同様に、大量の情報が必要である。だが、マーケターに求められているのは単なる情報収集ではない。情報を利用して、顧客やマーケットの深層心理や潜在的ニーズを知ることなのである。

マーケティング情報とカスタマー・インサイト

顧客価値を創造して顧客と強い関係を築くためには、まず、顧客が何を求めているのかを探る必要がある。企業は顧客の潜在的なニーズを洞察することにより、他社に対する競争優位を作り出す。そこで必要になるのが、良質のマーケティング情報である[2]。

大成功を収めたアップルのiPodの例を見てみよう。世界初ではないが、デジタル・ミュージックプレーヤーというものを正しく位置づけたのは、アップルのiPodだ。同社の調査によって、世間がデジタル・ミュージックプレーヤーをどのように使いたいと思っているかが明らかになった。人々は音楽を丸ごと持ち歩きたいと考える一方で、プレーヤー自体はあまり目立たないものを望んでいたのである。このインサイトにより、2つの重要なデザイン目標が決まった。大きさはトランプの箱くらい、収録曲数は1,000曲。ここにアップルのデザイン力を加えることにより、爆発的ヒット商品が誕生した。アップルのiPodとiPod touchシリーズ

カスタマー・インサイト：重要なカスタマー・インサイトにアップルのデザイン力を加えて使いやすさの魔法をかければ、iPodという爆発的ヒット商品の誕生だ。市場シェアは75％を超え、さらにiPhone、iPadといった新たなヒット商品も生み出した。

は、市場シェア75%を超えている。さらに同社はiPhone、iPadといった新たなヒット商品も生み出した。

　顧客価値と顧客リレーションシップを築く上で重要であるにもかかわらず、カスタマー・インサイトとマーケット・インサイトの実施は非常に難しい。顧客ニーズや購入動機は往々にしてつかみどころがなく、何が欲しいのか、なぜ買うのか、顧客自身ですらきちんと言葉にできないのが普通である。マーケターは良質なカスタマー・インサイトのために、幅広い情報源からのマーケティング情報を効果的に把握しなければならない。

カスタマー・インサイトの実施

　ほんのひと昔前まで、消費者が企業と連絡をとりたければ手紙を書く以外なかった。のちになってコールセンターが登場し、続いて電子メール、携帯メール、間接的にはなるがブログ、フェイスブック、ツイッターなどが現れた。いずれもが「ボトムアップ型の情報」という大きなうねりの形成に一役買っており、個人間あるいは対組織の情報交換を促している。組織はこうした自発的な情報を活用することによって、これまで以上に内容のあるカスタマー・インサイトをタイムリーかつ低コストで入手できるようになっている[3]。

　情報過多ともいえる時代であるにもかかわらず、マーケターはしばしば適切な情報がないと不満を漏らす。求めているのは量ではなく質なのだ。もちろん、すでに持っている情報をうまく活用することも必要である。マーケティング・リサーチやマーケティング情報は活用されてこそのものであり、その真価は情報がもたらす顧客についての深い洞察、つまり**カスタマー・インサイト**にある。こうした考えのもと、多くの企業がマーケティング・リサーチや情報収集の再構築にかかっている。カスタマー・インサイト担当副社長を任命したり、各部門の代表を集めた「カスタマー・インサイト・チーム」を編成したりする企業も現れている。

　カスタマー・インサイト・チームは従来の市場調査だけでなく、消費者と一緒に過ごして様子を観察したり、オンライン上で交わされる自社や自社製品についての会話をモニタリングしたりと、多岐にわたる方法で顧客や市場に関する情報を収集する。そして、情報を活用して重要なカスタマー・インサイトを抽出し、そこから顧客のために、さらに大きな価値を作り出す。

　このように、企業は効果的なマーケティング情報システムを構築し、マネ

ジャーに適切な情報を適切な形で適切なときに提供することにより、顧客価値を創造して強力な顧客リレーションシップを構築しなくてはならない。**マーケティング情報システム（Marketing Information System；MIS）** とは、マーケティング意思決定者に必要な情報を収集し、顧客と市場の潜在的な欲求を浮き彫りにしていく仕組みのことである。

図5.1に示すように、MISは情報のユーザーに始まり、情報のユーザーに終わる。情報のユーザーとはつまり、マーケティング・マネジャー、内部および外部のパートナー、その他マーケティング情報を必要とする人々である。まず、情報のユーザーとのやりとりから情報ニーズを評価する。次に、マーケティング環境を踏まえつつ、社内データベースや日々蓄積されるデータの利用はもちろん、マーケティングに役立つ情報を抽出するマーケティング・インテリジェンス活動やマーケティング・リサーチなどを通じて必要な情報を得る。最後に、情報を分析・利用して、カスタマー・インサイトの獲得や顧客リレーションシップのマネジメントを促す。

【図5.1】 マーケティング情報システム（MIS）

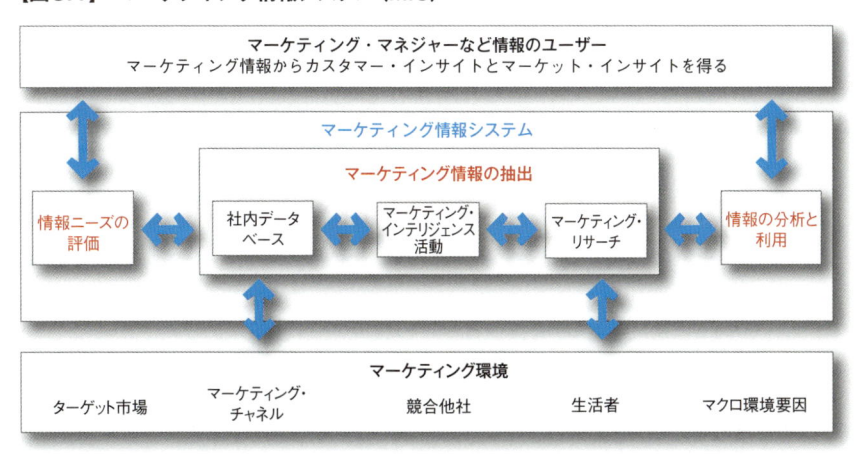

マーケティング・マネジャーなど情報のユーザー
マーケティング情報からカスタマー・インサイトとマーケット・インサイトを得る

マーケティング情報システム

マーケティング情報の抽出

情報ニーズの評価 ｜ 社内データベース ｜ マーケティング・インテリジェンス活動 ｜ マーケティング・リサーチ ｜ 情報の分析と利用

マーケティング環境
ターゲット市場　マーケティング・チャネル　競合他社　生活者　マクロ環境要因

マーケティング情報に関するニーズの評価

　マーケティング情報システム（MIS）は主として、マーケティング部門をはじめとする各部門のマネジャーに向けられている。しかし、供給業者や再販業者といった外部パートナーに情報を提供することもある。例えば、北海道の生

活協同組合コープさっぽろでは、取引先メーカーに、年間わずかな会費を支払うだけで、コープさっぽろのPOSデータ（売上データ）を入手できるようにしている。メーカーはデータを分析することにより、どの店で、どのようなブランドが、どれくらい売れているのかを正確に把握できる。

優れたMISは、「ユーザーが手に入れたいと考える情報」、「本当に必要とする情報」、「実際に提供できる情報」のバランスがとれている。情報収集の際には、まずマネジャーにインタビューをしてどのような情報を求めているかを探り出す。本当に必要かどうかよく考えもせず、情報なら何でも欲しいというマネジャーもいるだろう。情報は多すぎると少なすぎるのと同じぐらい有害であることを理解しておく必要がある。

知らなければならないことを見落とす、あるいはあってしかるべき情報を求めないマネジャーもいる。例えば、ブログやソーシャルネットワーク上で自社ブランドに関する議論が沸き起こっているなら、それが好意的なものであれ好ましくないものであれ、マネジャーは知っておかなければならない。ところが、このようなものの存在を知らなければ、当然求めようともしない。

情報の入手、分析、集積、提供に要するコストは、瞬く間にかさんでいく。さらなる情報から得られるインサイトの価値が、その情報を提供するために費やされるコストに見合うものなのか見極めなければならないが、情報の価値もコストも往々にして査定が難しい。

マーケティング情報の抽出

マーケターは必要とする情報を社内データや社外データから入手することができる。

社内データ

多くの企業が社内に巨大な**データベース**を構築し、顧客と市場に関する情報を蓄積している。マーケティング・マネジャーはいつでもデータベース内の情報にアクセスし、それらを用いてマーケティングの機会や問題の見極め、計画の立案、実績の評価などを行うことができる。あるアナリストにいわせれば、「社内データには、莫大な資産がほとんど手つかずのまま眠っている」。企業は、

「情報のポテンシャルに気づかないまま、既存の顧客ベースという金脈の上に座っている」ようなものだ[4]。

データベース内には、実にさまざまな情報が集まっている。マーケティング部門は顧客のデモグラフィックス（人口動態的特性）情報、サイコグラフィックス（心理学的属性）情報、購買行動情報などを持っているし、顧客サービス部門は顧客満足度やアフターサービスに関する情報を記録している。経理部門は売上高、コスト、キャッシュフローなどの詳細情報を保管している。製造部門からは生産スケジュール、出荷、在庫についての報告が得られる。営業部門は再販業者の反応や競合他社の動向を提供してくれる。これらの情報を利用することで、強力なカスタマー・インサイトと競争優位が得られるのである。

一般的に社内データベースは他の情報源よりも迅速かつ安価に利用できるが、問題点もある。社内の情報は別の目的で集められていることが多いため、マーケティングの意思決定に用いるには不適切であったり、ときには誤っていたりする。また、データはすぐに古くなり、最新の状態を維持するには大変な労力が必要である。

社外データ

マーケティング・マネジャーは**社外データ**に目を向けて、有益な情報を入手することもできる。顧客を取り巻く環境、競合他社の動向と評価、機会と脅威に関する情報があれば、より優れた戦略的意思決定を導くことができる。

多くの企業が市場や競合他社の動向を探るのに忙しい今日、社外データの収集はますます盛んになっている。インターネット上のうわさ話を監視する、顧客を直接観察する、自社の社員に質問する、他社製品の性能を知るためにインターネットで調べる、見本市に参加するなど、その手法は実に幅広い。

自社ブランドについて顧客がどのようなことを語り、どのようなイメージを抱いているかといった情報は、カスタマー・インサイトの一助となる。製品を使用した感想を述べる場に社員を潜り込ませ、顧客と交流させる企業は多い。また、モニタリング・サービスを使って、消費者のオンライン上のチャットを定期的に確認している企業もある。

企業にとっては、競合他社の動向をしっかり監視することも必要である。競合他社の動向や戦略を早期につかみ、新製品の発売、市場の変化、競争上の潜在的な強みと弱みなどを察知しなければならない。競合他社に関する情報の多

くは、供給業者、再販業者、主要顧客から得られる。競合他社の動きを観察したり、公式発表を監視したりすることでも、優れた情報を得ることができる。もちろん、競合他社の年次報告書、刊行物、見本市での展示、プレスリリース、広告、ホームページ、インターネット検索などで明らかになる場合も多い。

マーケティング・リサーチ

　社内外のデータに加えて、特定の意思決定に必要な顧客インサイトを得るために、本格的な調査を行わなくてはならないことも多い。例えば、サントリーはテレビで流すCMについて、何をアピールするのが最も効果的か知りたいと考えている。グーグルはサイトのデザインについて、ユーザーの感想を知りたいと考えている。サムスンは次世代モデルの超薄型テレビについて、どのような人々が買うのかを知りたいと考えている。このような場合、既存のデータでは必要な詳細情報を提供することができない。そこで必要となるのがマーケティング・リサーチである。

　マーケティング・リサーチとは、組織が直面する特定のマーケティング状況に関するデータを、体系的に設計、収集、分析、報告することである。マーケティング・リサーチは幅広い状況で用いられる。顧客の購買動機、購買行動、満足度についてのインサイトを得たり、市場潜在力や市場シェアを見積もったり、価格、製品、流通、プロモーションの各活動の効果を測定したりすることができる。

　大企業の中には社内に調査部門を持ち、マーケティング・マネジャーと共同で調査プロジェクトに取り組んでいるところがある。P&GやGEといった巨大企業は、この方式でマーケティング・リサーチを行っている。さらに、他の小規模企業と同様、外部の専門家に依頼し、特定の問題についてコンサルティングやリサーチをしてもらうことも少なくない。ときには単に外部の調査会社からデータを購入し、意思決定に役立てることもある。

　マーケティング・リサーチのプロセスは、問題点と調査目的の明確化、調査計画の策定、調査計画の実行、調査結果の解釈と報告、という4つのステップから成る（**図5.2**参照）。

【図5.2】
マーケティング・リサーチの手順

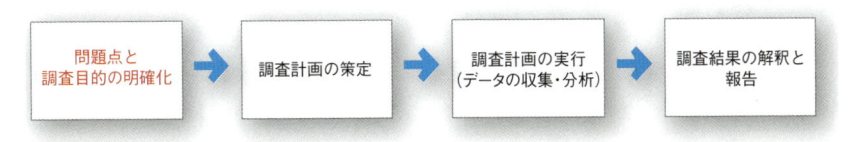

問題点と調査目的の明確化 → 調査計画の策定 → 調査計画の実行（データの収集・分析） → 調査結果の解釈と報告

問題点の明確化とリサーチのタイプ

　マーケティング・マネジャーとリサーチャーは緊密に連携をとり、問題点を明らかにするとともに調査目的を共有しなければならない。情報を必要としている意思決定について最もよくわかっているのは、マーケティング・マネジャーである。一方、リサーチャーはマーケティング・リサーチと情報入手方法についての専門家である。問題点と調査目的の明確化というステップは、リサーチ・プロセスの中でも困難を極める。問題が存在することはわかっていても、その原因までは特定しにくいからである。

　マーケティング・リサーチには、大きく分けて3つのタイプがある。「**探索型リサーチ**」の目的は、問題点の明確化と仮説の提案に有用な予備的情報を集めることである。「**記述型リサーチ**」の目的は、ある製品の市場潜在力や、その製品を購入する消費者のデモグラフィックスや製品に対する態度など、実態を記述することである。「**因果型リサーチ**」の目的は、原因と結果についての仮説を検証することである。例えば、ある遊園地で入場料を10％下げた場合、その値引き分を相殺するだけの入場者数の増加が見込めるかどうか、といったようなケースを指す。マネジャーは探索型リサーチから出発し、続いて記述型リサーチ、因果型リサーチへと進むことが多い。

調査計画の策定

　調査すべき問題点が明確になると、次は必要な情報を正確に見極め、その情報を効率的に集めるための計画の策定である。調査計画では既存データの情報源を確認するとともに、新たな情報を収集するための調査手段、接触方法、サンプル抽出法などを詳しく説明する。

　レッドブルがビタミン強化飲料の新フレーバーについて、発売前に消費者の反応を調査したいと考えているとしよう。レッドブルは現在、世界のエナジー

ドドリンク市場で圧倒的優位を占めている。そして、エナジードドリンクというニッチ・マーケットからの飛躍を求めて、アメリカなどでは天然原料をコンセプトにしたレッドブル・コーラを市場導入した。この新しいラインナップはカラフルなパッケージで知られるグラソーのビタミンウォーターに似ているものの、レッドブルのポジショニングを一層力強く支えてくれるかもしれない。この場合のリサーチは、次のような情報を求めるものとなるだろう。

調査計画の策定：すでに成功を収めているエナジードドリンクとコーラに加え、新たなラインナップの導入を決定しようとするならば、レッドブルは多数の詳細情報を得るためにマーケティング・リサーチを行う必要がある。

● 既存レッドブル顧客のデモグラフィックス、経済状態、ライフスタイル的特性：現在の顧客は新製品飲料も消費するだろうか。新製品は彼らのライフスタイルに合うだろうか。あるいは、新たな消費者セグメントをターゲットにする必要があるだろうか。
● 新製品飲料利用者の特性と利用パターン：何を求め、何を期待しているのだろうか。どこで購入し、いつ、どのように利用するのだろうか。どのブランドおよび価格帯に人気があるのだろうか（競争の激しい飲料市場において、レッドブルの新製品には適正なポジショニングが必要である）。
● 新製品ラインに対する小売店の反応：取り扱い、支持が得られるだろうか。どこに陳列されるのだろうか。
● 新製品と既存レッドブル製品の販売予測：新製品飲料は新たな販売を生むだろうか。それとも、既存製品の売上を奪うだけだろうか。またはレッドブル全体の収益向上に貢献するだろうか。

　レッドブルが新製品の導入可否、および導入方法を決定するには、これら以外にもさまざまな種類の情報が必要となる。マーケティング・マネジャーの情報ニーズに応えるために必要な情報は、二次データであることもあれば一次データであることもある。**二次データ**とはすでに別の目的で収集され、どこかに存

在する情報であり、**一次データ**とは新たに収集される情報である。

二次データの収集

　リサーチャーは通常、二次データの収集から始める。社内データベースからとりかかるのがよいだろう。しかしながら、ビジネス・データや政府系データなど、外部の情報源を利用することも可能である（**表5.1** 参照）。

【表5.1】　外部の情報源

主なビジネス・データ
ザ・ニールセン・カンパニー（http://jp.nielsen.com/） 売上高、市場シェア、小売価格についてのPOSスキャナー・データ、家計購買データ、テレビ視聴者データを提供している。
J.D.パワー・アンド・アソシエイツ（http://www.jdpower.co.jp/） 各種製品やサービスの品質、顧客満足度、購買者行動に関する独自の消費者調査情報を提供している。
ブルームバーグ（http://www.bloomberg.co.jp/） 全世界のニュース、各地の市場情報などを提供している。
ビデオリサーチ（http://www.videor.co.jp/） テレビの視聴率をはじめとする、さまざまなメディアの最新動向をまとめている。

主な政府系データ
経済産業省（http://www.meti.go.jp/） 商業統計では、日本企業の活動情報を提供している。
総務省統計局（http://www.stat.go.jp/） 日本の人口に関する統計と傾向の詳細を提供するほか、国勢調査や家計調査も見ることができる。経済センサスでは日本企業を対象とした統計情報を提供している。
経済産業省特許庁（http://www.jpo.go.jp/indexj.htm） 申請済み商標、特許の検索が可能である。

　二次データは外部業者から購入できる。例えば、ニールセンは世界27カ国、26万世帯以上で構成する調査パネルを利用して、試し買いやリピート購入、ブランド・ロイヤルティ、購買者のデモグラフィックスなどを測定し、ショッパー・インサイト・データ（消費者の購入動向データ）として販売している。ビデオリサーチは、テレビが普及し始めた1962年より視聴率調査を実施し、データを提供している。データの利用者は、さまざまなテレビ番組やCMが、各地区でどれくらい見られているのかについて把握することができる。こういった

業者は、マーケティングにおける情報ニーズに合った高品質のデータを提供している[5]。

二次データはまた、**商用オンライン・データベース**や政府系機関、報道機関のウェブサイトを利用して自分で探すこともできる。インターネット検索エンジンは、関連する二次情報源を探すのにおおいに役立つが、非効率でいらいらさせられることも多い。例えば、レッドブルのマーケターがグーグルで「enhanced water products」(機能性飲料)と入力すると、何十万件とヒットしてしまう。とはいえ、優れた検索サイトなら、マーケティング調査の第一歩に値するだろう。

二次データは通常、一次データより迅速かつ安価に入手できる。また、直接入手が困難、入手コストが多大などの理由で企業独自では収集不可能なデータも、二次データの情報源から得られる場合がある。例えば、レッドブルのマーケターが継続的に小売店を調査し、競合ブランドのシェアや小売価格、陳列状況などを調べていてはコストがかかりすぎる。しかし、二次データのサービスを利用すれば、アメリカ国内3万4,000件に及ぶ小売店からのPOSスキャナー・データをベースとした情報を手に入れることができる[6]。

しかしながら、二次データにも問題はある。必要な情報が存在しない可能性があるからだ。必要とするデータすべてを二次情報源から入手できることはめったにない。レッドブルであれば、新しい機能性飲料に対する消費者の反応を知りたくても、市場未導入なのだから既存情報など存在しない。また、仮に情報が見つかったとしても、古かったり正確性に欠けていたりして役に立たないこともある。

リサーチによる一次データ収集

二次データは問題点の明確化などに役立つが、多くの場合、企業は一次データも収集しなければならない。二次データの質を慎重に評価するのと同様に、リサーチャーは一次データの収集において十分に注意する必要がある。収集する情報が適切か、正確か、最新か、公正かの確認が求められる。**表5.2**に示すように、一次データの収集計画を策定するには、調査手法、コンタクト方法、サンプリング計画、調査手段などを決定しなければならない。

【表5.2】 一次データの収集計画

調査手法	コンタクト方法	サンプリング計画	調査手段
観察調査	郵送	サンプリング単位	質問票
サーベイ調査	電話	サンプル・サイズ	機械装置
実験調査	対面	サンプリング手順	
	オンライン		

　一次データを収集する調査手法には、観察調査、サーベイ調査、実験調査などがある。それぞれについて順に確認していこう。

　観察調査とは、人々、行動、状況を観察して一次データを収集する手法である。大手ホームセンターのカインズであれば、新規出店の場所を評価するにあたって、交通量、近隣の環境、競合店の所在地などを調査するだろう。顧客の行動を観察することにより、ただ質問するだけでは得られないカスタマー・インサイトを探り出すことも多い。例えば、玩具メーカーのフィッシャープライスは実験室を設け、新しい玩具に対する幼児の反応を観察している。日光のふりそそぐ玩具の城「プレイ・ラボ」では、子供たちがフィッシャープライスの試作品で遊んでいる。そして、何が子供たちを夢中にさせるのかを探ろうと、同社のデザイナーたちがその様子を注視しているのだ。

　マーケターは顧客の行動を見るだけでなく、その声にも耳を傾けている。前述したように、ブログ、ソーシャルネットワーク、ウェブサイトなどで交わされる顧客の会話は、今では定期的にチェックされている。自然発生的な生の声からは、正式な調査では得られないヒントが見つかるものである。

　観察調査により、人々が提供したがらない、あるいはしたくてもできない情報の入手が可能となるが、その反面、気持ち、態度、動機などは明らかにならない。長期間にわたる行動や、めったにとらない行動なども観察が難しい。しかも、観察したことの解釈は困難を極める。こうした限界があるため、観察調査は他の調査手法と組み合わせて使うことが多い。

　シャンプーや洗剤で有名な花王をはじめ幅広い企業は**エスノグラフィー調査**を実施している。調査員を消費者のもとに送り込み、「ふだんの生活」の中で観察と交流を行うというものだ。訓練を受けた調査担当者や専門家などが調査員を務める。今では多くの企業が物理的に消費者の生活に入り込むエスノグラフィーだけでなく、ネット上のふだんの様子を観察する「ウェブノグラフィー」調査を行っている。オンライン上の交流を観察することにより、オンライン、

オフライン双方での購買動機や購買行動に関する有益なインサイトを得ることができる[7]。

質問に答えてもらう**サーベイ調査**は一次データ収集に最も広く用いられる手法であり、記述的情報を収集するのに最適である。人々の知識、態度、好み、購買行動などは、直接聞けばわかる場合が多い。サーベイ調査の利点はその柔軟性にあり、購買や消費の場面に合わせた多種多様な情報を得ることができる。調査の大半は、電話、郵送、ウェブで実施可能である。

ただし、サーベイ調査にも問題点はある。自分の行動やその理由を聞かれても、記憶になかったり考えたこともなかったりすると答えられない。また、見ず知らずの調査員が相手だったり、あまりに個人的なことだと感じたりすると、非協力的になるだろう。わからないのに、知ったかぶりをして答えることもある。調査員に協力しようと、期待どおりの答えを口にする人もいるだろう。

観察調査は探索型リサーチに、サーベイ調査は記述型リサーチに最適であるのに対して、**実験調査**は因果関係にある情報の収集に最も適している。実験調査では、目的に合致したグループを複数選び出してそれぞれに異なる操作を行い、変数をコントロールした上で、各グループの反応の違いをチェックする。例えば、マクドナルドが新しいサンドイッチをメニューに加えようとするなら、異なる2種類の価格が売上へ与える影響を調べることができる。新しいサンドイッチを2つの町で、異なる価格で販売すればよい。人口や広さが同程度であり、所得水準や年齢層も類似していて、サンドイッチ販売に関する他のマーケティング活動が同じであれば、売上高の違いは価格の差に起因していると考えられる。

コンタクト方法

情報は、郵送、電話、対面、オンラインなどで収集することができる。**表5.3**が示すように、これらのコンタクト方法には、それぞれ長所と短所がある。

郵送調査は、回答者1人あたりのコストを抑えながら大量の情報を収集することができる。知らないインタビュアーによる面接や電話調査に比べて、個人的な質問にも正直な回答が得られる傾向にある。また、インタビュアーによる回答のバイアスもない。

しかし、郵送調査には柔軟性に欠ける面がある。全員が同じ質問に対して、決められた順序で回答しなければならない。調査を終えるまでに時間がかかる

し、回答率（質問票に回答して返送する人数）もかなり低い。また、誰が回答するかを調査主体がコントロールすることも難しい。送付先リストが優れていたとしても、送付先の誰が回答するかまではコントロールできないからである。こうした短所のため、多くのマーケターが、より迅速、柔軟かつ安価なメールやネットでの調査へとシフトしている。

電話調査は情報を最も迅速に収集できる手法であり、柔軟性においても郵送調査をはるかにしのぐ。質問が難しければ内容を補足できるし、一部の質問をとばしたり、別の質問に変えたりすることもできる。回答率はおおむね郵送調査より高いが、電話インタビューの回答者1人あたりのコストは郵送調査よりも高くつく。また、個人的な質問に答えたがらない回答者もいるだろう。インタビュアーによって回答にバイアスがかかる傾向も見られる。話し方や尋ね方、その他の癖が回答に影響を与えてしまうことがある。

対面調査には、個別インタビューとグループ・インタビューの2種類がある。個別インタビューは、回答者の自宅や職場、路上などで行われる。柔軟性に富み、訓練を受けたインタビュアーの巧みなリードにより、難しい質問をかみ砕いて説明したり、状況に応じて深く掘り下げたりもできる。実物の製品や広告、パッケージを見せて、回答者の反応や行動を観察することも可能である。ただし、電話インタビューの2～3倍のコストがかかる。

【表5.3】 コンタクト方法の長所と短所

	郵送	電話	対面	オンライン
柔軟性	×	○	◎	○
収集可能なデータの量	○	△	◎	○
インタビュアーによる影響のコントロール	◎	△	×	△
調査サンプルに対するコントロール	△	◎	○	◎
データ収集の速度	×	◎	○	◎
回答率	×	×	○	○
コスト	○	△	×	◎

出典：Donald S. Tull and Del I. Hawkins, *Marketing Research: Measurement and Method*, 7th ed. (New York: Macmillan Publishing Company, 1993) より一部変更。

グループ・インタビューとは、5～8人を集め、訓練を受けたインタビュアーのもとで製品やサービス、組織について話をしてもらうものである。参加者に

は通常、謝礼が支払われる。インタビュアーは気楽に自由な意見を交わせる雰囲気を心がけ、参加者の本音や本心を引き出すことに努める。インタビュアーはまた、議論のフォーカス（焦点）が外れないよう気を配る。**フォーカス・グループ・インタビュー**とも呼ばれるゆえんである。

リサーチャーやマーケターは、マジックミラー越しにフォーカス・グループの議論を観察し、後日の検討のためにメモやビデオを残す。今日ではテレビ会議やインターネットの技術を利用して、遠隔地のフォーカス・グループをライブで結ぶことも可能になった。カメラと双方向音声システムを用いることで、遠く離れた役員室にいるマーケティング担当役員もリモコン1つでカメラを操作し、ズームアップしたり左右に振ったりと、フォーカス・グループの様子を見聞きできる。

幾つかの長所を有するものの、フォーカス・グループには多くの時間とコストを必要とする。たいていは少人数での調査になるため、調査結果から一般論を導き出すことは難しい。また、自分の気持ち、行動、意図などについて、消費者が人前で正直に話すとは限らないのも事実である。

いくつかの企業では「イマージョン・グループ」と呼ばれる小さなグループを作り、インタビュアー不在のうちとけた雰囲気の中で、製品設計者との直接交流を図っている。また、フォーカス・グループの実施環境を変えようという動きもある。リラックスした消費者から本音に近い意見を引き出すために、より快適で、調査対象製品との関連が高い状況を整えるのである。例えば、女性が足のむだ毛をどのように処理するのか詳しく理解するために、シック・カナダと広告会社F.E.M.は、気軽な女子会を模した「スロー・シップ（Slow Sip）」というセッションを考案した。

スロー・シップ・セッションの参加者は地元のカフェに集められ、コーヒーや紅茶を飲み、菓子をつまんだ。進行に決まりのないうちとけた雰囲気に助けられて、むだ毛処理や保湿にまつわる個人的な話を打ち明ける。堅苦しいセッションでは、少々抵抗のある話題である。このスロー・シップ・セッションは、数々の新しいカスタマー・インサイトをもたらした。例えば、「シック クアトロ4®フォーウーマン」の「4枚刃テクノロジー」というメッセージは、技術色が強すぎるということがわかった。女性はかみそりの技術に興味はなく、きちんと剃れるかどうかを重視している。そこでシック・カナダでは、クアトロを剃り味滑らかで、しかも除毛効果が長続きするシェーバーというポジショニン

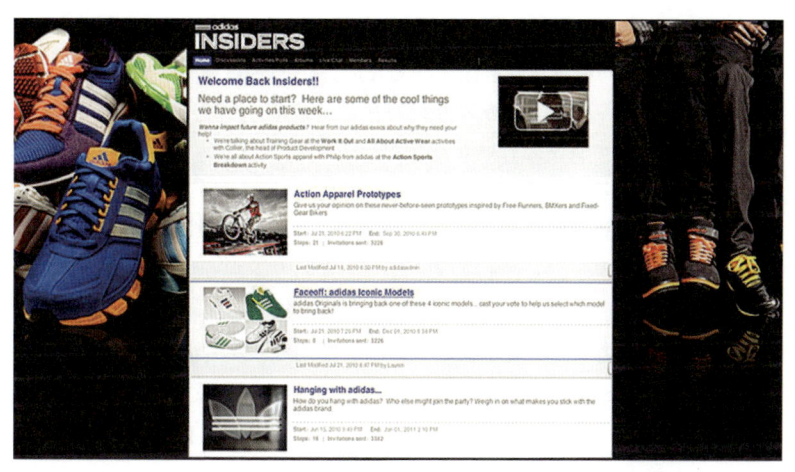

オンライン・マーケティング・リサーチ：「アディダス・インサイダーズ」のような顧客向けオンライン・ソーシャルネットワーク（英語サイトのみ）は、顧客の意見やインサイトを収集するのに役立つ。アディダスのインサイダーたちは驚くほど協力的で、むしろ積極的に関与したがるほどである。

グに修正した。参加者はおおいにセッションを楽しみ、その結果、この集まりを続けるという話も副産物として生まれた。彼女たちは同社にとって、マーケターのご意見番兼シック製品の「ブランド大使」ともいうべき存在になった[8]。

インターネットの成長は、マーケティング・リサーチの手法にも劇的な変化をもたらした。一次データの収集にあたり、ますます多くのリサーチャーがインターネット・サーベイ、オンライン・パネル、ウェブ実験、オンライン・フォーカス・グループといった**オンライン・マーケティング・リサーチ**を利用するようになっている。ある予測によると、2009年のオンライン・リサーチ費は全米で44億5,000万ドルに達し、年率15～20％の伸びを示している[9]。

従来型調査方法の回答率低下とコスト上昇が進むにつれて、オンラインの価値は急速に高まり、郵送や電話に代わる主流データ収集法となりつつある。実際、日本の各府省でもオンライン化が進み、2010年現在のオンライン調査導入率は約49％となっている[10]。従来の電話、郵送、対面による調査と比べて、オンラインによる調査には利点がいくつかある。最も明らかな利点はスピードとコストである。オンラインで実施することにより、電子メールやウェブサイトを使って迅速かつ簡単に、何千もの回答者に対する調査ができるようになった。回答はほぼ即時に回収でき、また、回答者自身の手でデータ入力済みであることから、回収と同時にデータの統計、検討、共有が可能となる。

インターネットによる定量的調査やデータ収集に飛びついたマーケティング・リサーチャーは、問題点などを深く探るために工夫を凝らしたオンライン・デプス・インタビュー、フォーカス・グループ、ブログ、ソーシャル・サイトなど、定性的なウェブ調査にも乗りだしている。インターネットを利用すれば、定性的なカスタマー・インサイトも迅速かつ低コストで得ることができる。ウェブを利用した定性的調査の代表が**オンライン・フォーカス・グループ**である。オンライン・フォーカス・グループには、通常のフォーカス・グループを超える利点が複数ある。参加者はノートパソコンとネット接続機能さえあれば、どこからでもアクセスできる。インターネットは国内、国外のさまざまな場所から人を集めるのに適している。また、リサーチャーもオンライン・フォーカス・グループをどこからでも開催、モニタリングできるので、交通費や滞在費、施設費をカットできる。

急激な伸びを見せているオンライン・マーケティング・リサーチだが、もちろん欠点はある。大きな問題の1つが、オンライン・サンプルを確認できないことである。回答者と対面していないため、相手が本当は何者なのかを知ることが難しい。サンプルや背景に関するこうした問題を解決するために、受信者となる人が事前に送信者に対してメール送信についての同意を与えるオプトイン方式のコミュニティや、回答者パネルを用いる会社も多い。

サンプリング計画

マーケティング・リサーチャーは通常、母集団と呼ばれる調査対象全体の中から選んだ小規模なサンプルを対象に調査をして、母集団についての結論を導き出す。**サンプル**は母集団の代表として選ばれるセグメントである。理想的なサンプルは、母集団の思考や行動を正確に推測できるような縮図となっている。

サンプリング計画にあたっては、次の3点を決定する必要がある。第1に、調査対象は誰か（サンプリング単位）。その答えは必ずしも明確ではない。例えば、自動車を購入する家族の意思決定プロセスを調査する場合、夫か妻か、それ以外の家族か、ディーラーのセールスマンか、それともその全員を調査対象にするべきだろうか。第2に、何人を対象にするか（サンプル・サイズ）。サンプル・サイズが大きいほど信頼できる結果が得られるが、大規模なサンプルはコストがかさむので、むやみに大きなサイズである必要はない。

第3は、回答者の抽出方法をどうするか（サンプリング手順）である。**表5.4**

【表5.4】 サンプリングの種類

確率的サンプリング

単純無作為抽出法	母集団の全構成員から、ある一定の確率で無作為にサンプルを選択する。
層化抽出法	母集団を重複しないグループ（年齢別など）に分け、各グループより無作為にサンプルを抽出する。
二段階無作為抽出法	母集団を重複しないグループ（地域別など）に分け、無作為にいくつかのグループを選び、それぞれのグループから無作為にサンプルを抽出する。

非確率的サンプリング

便宜的抽出法	リサーチャーが最も情報を入手しやすい対象者を選出する。
判断的抽出法	リサーチャーが正確な情報を得るために最適だと判断した対象者を選出する。

に示したように、サンプリングにはさまざまな方法がある。確率的サンプリングを使えば、母集団の全構成員がある一定の確率で調査対象に選ばれるし、サンプリング誤差に対する信頼限界を割り出すこともできる。だが、確率的サンプリングでは費用も時間もかかりすぎるという場合には、サンプリング誤差は算出できないものの、非確率的サンプリングが用いられる。

調査手段

　マーケティング・リサーチを実施するにあたり、リサーチャーには調査手段として2つの主な選択肢がある。質問票と機械装置である。

　質問票は今のところ最も一般的な手段であり、対面、電話、メール、オンラインのいずれでも用いられている。柔軟性に富み、さまざまな質問の形式が考えられる。選択回答式の質問では、あらかじめ想定された回答がすべて提示されており、回答者はその中から選択する。5段階のスケール式などもこれにあたる。自由回答式の質問では、回答者に自分自身の言葉で回答してもらう。航空会社のユーザー調査なら、単純に「日本航空（JAL）についてどう思いますか」と聞くといった具合である。あるいは、「航空会社を選ぶとき最も重視するのは──」という文を完成してもらう形でもよい。このような自由回答式の質問は回答が制限されないため、選択回答式に比べてより多くの情報を得ることができる。

　リサーチャーは質問に用いる用語や質問の順序にも、気を配らなければなら

ない。シンプルで直接的、かつ偏りのない用語選びが求められ、質問は論理的な順序で並べる必要がある。最初の質問でできるだけ関心を引き、難しい質問や個人的な質問は最後に回すなど、回答者が身構えないよう注意すべきである。

質問票が最も一般的な調査手段であることは確かだが、**機械装置**を用いて消費者行動をモニタリングすることもある。例えば、アメリカのニールセン・メディア・リサーチは、対象家庭のテレビ、ケーブルテレビのチューナー、衛星放送の受信機などにピープルメーターという装置を取りつけ、誰がどの番組を見たか記録している。また、小売店はレジのPOSスキャナーを利用して、買物の内容をデータとして記録している。

他に、対象者の身体的反応を測定する機械装置もある。例えば、消費者の目の動きを把握する仕組みとして開発されたのが、アイトラッキングと呼ばれる視線解析システムである。視線の動きを追跡することによって、ある対象物への消費者の注目傾向や関心状況を把握できる。チラシやポスターをパソコン上に提示して、被験者にその前に座ってもらい、普段と同じように画面を見てもらう。すると、液晶ディスプレイと一体化したアイトラッカーと呼ばれる機械が赤外線で眼球の動きをキャッチし、どのポイントを、どのような順番で、どれくらいの間、見ていたのかを測定する。

脳の動きから消費者を知ろうとする「ニューロ（神経）マーケティング」の動きもある。MRIやEEG（エレクトロエンセファログラム）を使えば、自社のブランドとマーケティングの何が消費者を刺激し、何が刺激しないかに関するインサイトを血流と脳波から得ることができる。「企業は常に顧客のマインドをねらってきましたが、頭の方が効果的かもしれない」と、あるニューロマーケターは示唆する。

ペプシコのフリトレー事業部はニューロマーケティングを用いて、コマーシャル、製品設計、パッケージなどのテストを実施している。最近のEEGテストでは、ポテトチップスの写真がついた光沢のあるパッケージより、ジャガイモなどのヘルシー食材を使ったつや消しパッケージを見たときの方が、消費者は「カロリーの高いポテトチップスを食べてしまった」という類の罪悪感をもちにくいことがわかった。いうまでもなく、フリトレーは光沢のあるパッケージをすぐに廃止した。

調査計画の実行、結果の解釈と報告

　続いてリサーチャーは、マーケティング・リサーチ計画の実行に入る。情報を収集し、処理し、分析する段階である。情報収集は企業のマーケティング・リサーチ担当者、もしくは外部の業者が行う。計画が正しく実行されるよう、リサーチャーは注意深く見守らなければならない。また、回答者とのやりとりや参加者の回答の質に気を配ることに加え、インタビュアーが間違ったり、問いを省いたりといった問題を未然に防ぐことも必要だ。

　さらに、リサーチャーは収集したデータを処理、分析して、重要な情報やインサイトを引き出さなければならない。データの精度や完成度をチェックして分析用にコード化し、結果を表にまとめたり、コンピューターで統計処理したりする。

　調査結果を解釈したリサーチャーは、結論を導き出して経営陣に報告する。ただし、数字を並べたて、高度な統計手法でマネジャーをうんざりさせないよう注意が必要である。経営上の意思決定の一助となるような、重要な所見とインサイトを示さなければならない。

　そうはいっても、調査結果の解釈をリサーチャー任せにするべきではない。リサーチャーは調査計画の策定や統計処理には長けているが、問題点や差し迫った意思決定をよく理解しているのはマーケティング・マネジャーである。マネジャーがリサーチャーによる誤った解釈を鵜呑みにしていては、せっかくの優れた調査も台無しである。一方、マネジャー自身も偏った見方をする場合がある。期待する結果しか受け入れず、予想外の結果や望まない結果を否定するかもしれない。調査結果はたいていの場合、何通りもの解釈が可能だが、リサーチャーとマネジャーが十分議論することで、最適な解釈を導き出すことができる。

REAL MARKETING

エスノグラフィー調査
消費者の実態を知る

　1人の若い女性がバーに現れ、バーテンダーにこう告げた。「ダイエットコークを1つ。それから、あそこの角でミラー・ライトを飲んでいる男性陣がよく見える席を」。この話には、残念ながらオチはない。女性の名はエマ・ギルディング。広告会社オグルヴィ・アンド・メイザーのエスノグラファーである。彼女の仕事は国内のバーをめぐり、友人とビールを飲みかわしている男たちを観察することである。嘘ではない。正真正銘、立派なマーケティング・リサーチであり、これぞまさにエスノグラフィー調査なのだ。

　ビデオカメラが回る中、ギルディングは男たちの位置関係を記録した。会話に聞き耳を立て、話し手が変わっていく様子を観察した。一方オフィスでは、文化人類学者や心理学者が70時間にも及ぶビデオに見いっていた。そこに映し出されているのは、サンディエゴからフィラデルフィアまでのバー5カ所での、よく似た夜の情景である。重要なインサイトが見つかった。ミラー・ライトはグループ客に好まれ、一方、競合相手であるバド・ライトは個人客に好まれる傾向にある。ここから誕生したのが、ミラー・ライトを飲んだ男性が奇妙な体験をするという愉快なCMシリーズだった。盲目のストリート・ミュージシャンのギターケースから金を盗んだ男性が地下鉄の中でつかまったり、あるいは、砂漠の真ん中でとんでもない運転手のトラックをヒッチハイクしてしまったりする。そして、男性がビール片手にこの話を友人に披露している様子を、カメラが映し出すという具合だ。ミラー・ライトの広告は、このような視聴者の心をつかむ映像によって大評判となった。

　エスノグラファーが求めているのは「消費者の実態」である。顧客は調査やインタビューで、好みや行動をはっきり述べるが、実際はまるで異なる。エスノグラフィー調査を通じて顧客の世界を旅すれば、顧客が主張していることではなく、実際にどうなのかをつかむ手がかりが得られる。「いってみれば、健康の大切さを熱心に説く心臓病患者が、こっそりミートボールサンドとクリームスープを食べているところをつかまえるようなもの」だと、あるエスノグラファーは説明する。「トーストにジャムは塗らないと力説した糖尿病患者が、ソーセージと卵に山ほど塩をふっているところ」でもよい。顧客の世界に入ることで、自社製品について何を考えどう思っているかを詳しく観察することができる。

　エスノグラフィー調査により、従来のフォーカス・グループやサーベイ調査では見つからなかった、人々の詳細な内面が浮かび上がる場合が多い。ときに、顧客自身も

思いもしなかった問題点を明らかにする。配管設備メーカーのモーエンは、シャワーを使う消費者の様子をビデオに撮ることで、本人はまったく気づいていなかった安全性に関わる問題を見つけ出した。例えば、女性は足のむだ毛を処理するときにシャワーの温度調節部に寄りかかり、誤って熱いお湯を出してしまうことがある。このような事実は、単なる質問調査からは発見することはできなかっただろう。また、泡状の石鹸を開発したある日本のメーカーは、子供たちが手を洗うときに、製品パッケージの押す部分を手ではなく腕で押しているところを発見し、押す部分の面積を広くした。液体洗剤の液だれを洗濯物で拭いていることが明らかになり、液だれを防ぐパッケージが開発されたこともある。

顧客の経験を自ら経験することも、強力なインサイトを得る手段となる。そこで、巨大消費財メーカーであるキンバリークラークは、小売チェーンの役員に対して、文字どおり顧客の立場になってみるというプログラムを課している。ぼやけて見える眼鏡をかけ、靴の中にポップコーンになる前の乾燥とうもろこしの粒を入れ、さらに分厚いゴム手袋をはめて、自店で買物をするのだ。高齢化が進むなか、身体的ハンディキャップの把握を目的として設計されたプログラムである。

ぼやけて見える眼鏡は、高齢者特有の白内障や緑内障を再現している。靴の中のとうもろこしは痛む関節を引きずって歩く足、分厚い手袋は関節炎のためうまく動かない手である。経験した参加者は、高齢者にやさしい店作りのアイデアを次々に語りだす。パッケージやチラシの文字をもっと大きくしよう、目にやさしい色にしよう、照明を変えよう、水や洗剤などの重い商品はそばにボタンを設置して、すぐに助けを呼べるようにしよう、といった具合だ。

出典：以下の情報より翻案。Linda Tischiler, "Every Move You Make", *Fast Company*, April 2004, pp.73-75；およびEllen Byron, "Seeing Store Shelves Through Senior Eyes," *Wall Street Journal*, September 14, 2009, p.B1.

マーケティング情報の分析と利用

社内データや社外データから収集した情報は、さらなる分析を要するのが通例である。マネジャーがこの情報を使い、優れたマーケティング意思決定につながる顧客のインサイトを得ようとする場合、多少の手助けが必要となる。例えば、データの相互関係をより詳しく理解したいと考えるなら、統計分析が必

要だろう。また、マーケターの意思決定を支えるために、情報分析の一環として解析モデルを適用することもある。

処理、分析の完了した情報は、意思決定の必要なときに必要な形で利用できるようにしておかなければならない。マーケティング情報の分析と利用について詳しく見ていこう。

顧客リレーションシップ・マネジメント

顧客の個人情報は、どのように分析し、利用したらよいだろうか。賢明な企業はあらゆるタッチポイント――購買時、セールス・フォースによる接触時、サービスやサポートセンターへの連絡時、ウェブサイト閲覧時、満足度調査アンケートへの回答時、クレジットなどの支払い時など、顧客が企業と接触するすべての機会――で顧客情報をつかんでいる。

しかしながら、そうした情報は組織中に散らばっているのが常である。社内の各部署に、別々のデータベースや記録として埋没しているのだ。この問題を解決しようと、多くの企業が**顧客リレーションシップ・マネジメント (Customer Relationship Magagement ; CRM)** を立ち上げて、個々の顧客に関する詳細情報を管理するとともに、顧客ロイヤルティを最大化すべく、タッチポイントを入念に管理している。CRMが初めて表舞台に姿を現したのは、2000年初頭のことだった。多くの企業が野心的なCRMプログラムを導入したのだが、そのほとんどは期待外れ、もしくは失敗に終わった。だが、最近ではより慎重に物事を進めるようになり、実効性のあるCRMシステムを運用している。2009年にはオラクル、マイクロソフト、セールスフォース・ドットコム、SASなどへ全世界で前年比14.2％増となる、合計78億ドルがCRMに投じられた。アメリカでのCRMへの投資額は、2012年までに133億ドルに達すると推定されている[11]。

CRMは高度なソフトウェアと分析ツールで構成されており、さまざまな情報源からの顧客情報を統合して詳細に分析し、その結果を用いて顧客との間により強固な関係を構築することを目的としている。販売、サービス、マーケティングなど各担当の持つ顧客情報をすべてCRMで統合すれば、顧客との関係を360度の視点で扱うことが可能となる。

アメリカの食品小売チェーンのクローガーは、イギリスを本拠地とする小売業者テスコと共同所有するデータマイニング会社ダンハンビーとともに、お得意様カードから得たデータを分析している。ここから得られたカスタマー・イ

ンサイトは、クーポンの発行、店舗の立地、在庫など、あらゆることに活用される[12]。たとえば、クローガーは特定の顧客のポストに宛てて、いつも買うアイテムばかりの「自分専用クーポン」を2〜3週間ごとに送っている。顧客はクーポンの山をあさることなく、お得な買物ができるというわけだ。クーポンの利用率は1〜3％にすぎないというアメリカで、クローガーのクーポンは約半数が利用されている。

マーケティング情報の利用

　マーケティング情報は、カスタマー・インサイトの獲得やマーケティング意思決定のために用いられてこそ価値がある。したがって、マーケティング情報システムに求められるのは、マネジャーたちがいつでも必要なときに情報を利用できることであり、定期的な業績レポートや調査報告書などの提供を意味する。だが、特別な状況下や即決を要するときなど、定番以外の情報が必要になることもある。

　例えば、大口顧客とのトラブル対応にあたるセールス・マネジャーは、過去1年の売上や収益をまとめた情報を要望するだろう。あるいは、売れ筋商品の在庫を切らしたチェーン小売業の店長なら、他店舗の在庫状況を知りたいと思うかもしれない。このように、情報をデータベース化し、タイムリーかつ使いやすい形で提供しなければならない。

　このプロセスを簡易化するために、多くの企業がイントラネット（企業内ネットワーク）や社内CRMシステムを利用している。社内情報システムがあれば、調査データ、顧客関連情報、レポート類、従業員やその他の利害関係者の基本情報など、さまざまな情報に簡単にアクセスできる。顧客が求めるバネを1個からでも生産している東海バネ工業は、顧客への応対中の従業員に対して、CRMシステムからリアルタイムで顧客情報を提供している。リピート客から電話が入ると、システムがただちに購入履歴などを呼び出し、たとえ数年に1回程度の注文であったとしても、購入頻度の高い顧客と変わらない応対を実現している。「3年前にご注文いただいたときと同じ仕様で宜しいですか」。同社の注文対応者は、電話先の相手を待たせることなく対応できる。

マーケティング情報と倫理

　マーケティング・リサーチは通常、調査を行う企業と消費者の双方に利益をもたらす。マーケティング・リサーチを通じて得た消費者ニーズに関するインサイトが、より満足度の高い製品やサービスとして結実し、顧客との関係をより強固なものとする。しかし、誤ったマーケティング・リサーチは消費者を傷つけたり、困らせたりする。倫理上で大きな問題となるのは消費者のプライバシー侵害である。

　多くの消費者はマーケティング・リサーチに肯定的であり、役に立つものだと考えている。人によっては、インタビューで自分の意見を述べることに喜びを感じたりもする。だがその一方で、マーケティング・リサーチに強い怒りや不信感を抱く人々がいるのも事実である。こうした人々は邪魔されることを嫌い、個人情報満載の巨大データベースを作るつもりだろうと怪しんでいる。また、高度なテクニックで深層心理を探られるのではないか、買物をしているところの情報を使い購買行動を操るつもりなのではないか、と恐れもしている。

　マーケティング・リサーチとプライバシーの問題に明快な答えはない。例えば、マーケターがウェブ上のクリックを追跡し、閲覧履歴やソーシャルネットワーク上の行動をもとに、その個人に的を絞った広告を展開することは善か、はたまた悪か。同様に、より優れた製品を作るためだといって、ユーチューブ、フェイスブック、ツイッター、その他ソーシャルネットワーク上で交わされる会話をモニタリングする企業に対して、我々は拍手を送るべきなのだろうか、憤るべきなのだろうか。

　また、「調査」と称して何かを売りつけられそうになったことがあり、その経験に引きずられる消費者もいる。あるいは、合法的なマーケティング・リサーチ活動にもかかわらず、セールスだと思い込み、話を聞きもしないで「ノー」と拒絶する人もいる。郵便にしろ電話にしろウェブ上の調査にしろ、長すぎるものや、あまりに個人的な内容のもの、忙しいときに手を煩わされるものは疎んじられるので、十分な注意が必要である。

Discussion

Question 1
マーケティングに関する新聞や雑誌の記事を読み、どのようなリサーチが行われているか調べてみよう。

Question 2
5〜6名に分かれて、スマートフォンの将来もしくは留学先をテーマとしてグループ・インタビューを実施し、明らかになったことをまとめてみよう。

Question 3
自分が所属する組織（学部や事業部）の課題を考え、その課題解決に向けての情報を入手するためのリサーチ・デザインを考えてみよう。

Key Terms 重要語句

カスタマー・インサイト（p.114）
マーケティング情報システム（MIS）(p.114)
データベース（p.116）
社外データ（p.117）
マーケティング・リサーチ（p.118）
探索型リサーチ（p.119）
記述型リサーチ（p.119）
因果型リサーチ（p.119）
二次データ（p.120）
一次データ（p.120）
商用オンライン・データベース（p.122）
観察調査（p.123）
エスノグラフィー調査（p.123）
サーベイ調査（p.124）
実験調査（p.124）
フォーカス・グループ・インタビュー(p.126)
オンライン・マーケティング・リサーチ（p.127）
オンライン・フォーカス・グループ（p.128）
サンプル（p.128）
質問票（p.129）
機械装置（p.130）
顧客リレーションシップ・マネジメント（CRM）(p.134)

Chapter 6

消費者の購買行動

　マーケティングの狙いは顧客の考えや行動に影響を与えることにある。購買行動の「いつ」、「何を」、「どのようにして」に影響を与えるためには、まず「なぜ」を理解しなければならない。したがって、本章では、消費者の購買行動に結びつく要因や、そのメカニズムについて見ていきたい。

　消費者の購買行動の重要性を理解するために、まずはアップルを例にとって考えてみよう。アップルのユーザーは、なぜこれほどまでに熱狂的なロイヤルティ（忠誠）を示すのだろうか。いったい何が彼らにMac、iPod、iPhone、iPadを購入させるのだろうか。独特の性能やデザインも、その一因だろう。しかし、アップル製品を買う顧客の深層にあるのは、ブランドそのものを自己表現やライフスタイルの一部と見なす心理である。アップルのロイヤル・カスタマーにとって、アップル製品は分身ともいえる存在なのだ。

OPENING STORY

オープニング・ストーリー

アップル
すべてにクールなスタイルを貫く

アップルには、マックヘッズ（MacHeads）やマコライト（Macolyte）などと呼ばれる極度に熱狂的な愛好家がいる。「あいつはマコライトだ。間違ってもそばでマイクロソフトなどと口走るな」というように使い、アップルの顧客であれば、誰もが多少はマコライト的要素を持っている。孫正義によってレオナルド・ダ・ビンチにもたとえられるアップル創設者の故スティーブ・ジョブズは、テクノロジー界のウォルト・ディズニーだ。Macファンの前でひと言アップルと口にすれば、そのすばらしさを夢中になって褒め讃えだすことだろう。マックヘッズの中には、アップルのロゴのタトゥを入れる者さえいる。

　MacやiPhoneは「単なる箱に入った機械」ではなく、「同じ信仰を持つ仲間たちとのコミュニティを手にいれること」を意味する。アップルは、MacやiPhoneが単なる電子機器ではなく、製品購入者自身と彼らのライフスタイルを象徴するものだということをわかっている。そして、顧客の心の奥底にあるニーズや購買の動機をつかみ、作るもの売るものすべてに生かしている。アップルはクールそのものだ。アップルの手にかかれば、どんな製品カテゴリーにも新しい命が吹き込まれ、その力が狂信的ともいえるファンを作り出す。流れるように美しいノートパソコンから、さらに美しいiPhoneまで、アップルの製品には想像力に富んだ美しさがある。「アップルはマーケティングとクリエイティブの天才的能力に加え、消費者の空想の世界に入り込み、何が彼らを夢中にさせるのかを理解するという稀有な能力を見せた」、とあるアナリストは語る。

　顧客を理解し、顧客の「アップル体験」を深めようという思いは、アップルのすることなすことすべてに表れて

アップルは顧客の心の奥底にあるニーズをつかみ、それを作るもの、売るものすべてに生かしている。アップルの手にかかれば、どんな製品カテゴリーにも新しい命が吹き込まれ、その力が狂信的ともいえるファンを作り出す。

OPENING STORY

いる。例えば、マンハッタンのミッドタウンにある小売業界の隠れた聖地、すなわちアップルストアは、午前2時でもまるで真昼のようである。ベビーカーを押した人からスーツケースを持った旅行者までが、iPodのプレイリストをタップしたり、Macでネットサーフィンをしたり、iPhoneをタッチしたりしている。販売スタッフはひと晩中、途切れることのない列を前にレジカウンターで大忙しだ。

同社の店舗の多くは、明るい照明と明るい音響によって、店というよりはイベントに来ているかのような賑わいを作り出している。もちろんアップルストアも、たくさん買ってくれることを望んでいる。だが同時に、店内で何時間も過ごし、ずらりと用意されたパソコンやiPod、iPhoneの機能をフルに体験してほしいとも考えている。アップルストアはただ訪れるだけでなく、アップルを体験する場なのである。

顧客とそのニーズを深く理解することで、アップルブランドは熱狂的信者という中核セグメントを作り上げた。2010年の米国顧客満足度指数は市場トップの86ポイント。同業界の他社を大きく上回っている。別の調査でも、アップルの再購買意図は他のどのパソコンブランドよりも強い。アップルのパソコンを使っている家庭の81％が、ふたたびアップルを購入する予定だと答えている。

消費者行動のモデル

購買行動は決して単純なものではないが、それを理解することはマーケティング・マネジメントには欠かせない業務である。**消費者購買行動**とは、製品やサービスを再販売ではなく個人消費を目的に購入する個人や世帯（最終消費者）の購買行動を指す。そして、最終消費者全体が作り出す市場を**消費者市場**と呼ぶ。アメリカの消費者市場は3億800万人以上の消費者から成り、年10兆ドル以上の製品やサービスを消費する世界一魅力的な市場の1つである。日本の消費者市場も1億3,000万人の消費者により、年間2兆8,390億ドルが費やされる巨大市場である。急成長しつつある中国の消費者市場は13億3,000万人を抱え、年間消費は1兆6,133億ドルと推定されている[1]。

消費者は日々幾度となく購買決定を行っており、その購買決定こそがマーケターの活動の焦点である。企業は消費者の購買決定について綿密な調査を行い、消費者が何を、いつ、どこで、いくらで、なぜ購入するのかという疑問に対する解答を見いだそうとしている。消費者が実際に購入したものを調べれば、何を、

いつ、どこで、いくらで購入したのかを知ることはできる。だが、消費者行動の「なぜ」を探ることは容易ではなく、答えは消費者のマインドの奥底にしまい込まれている。

　何が自分の購買行動に影響を与えているのか、消費者自身も正確にはわかっていないことが多い。「人間の頭は直線的には動かない」と、あるマーケティング専門家はいう。人間の頭を記憶装置のついたコンピューターだとする考え方がある。しかし、ブランドやロゴ、見覚えのあるパッケージなどが名前のついたフォルダーに収納されていて、巧妙な広告を見ればすぐに取り出せるようになっているなど、ありえない話だ。むしろ、人間の頭はぐるぐる渦巻いている。そして、混乱した大量のニューロン（神経細胞）が跳ねたりぶつかったりしながら、世界中の一人ひとりの脳内で間断なく新しい概念、思考、つながりなどを生み出しているのである[2]。

　マーケターが最も知りたいのは、「企業が行う多様なマーケティング活動に対して、消費者がどのような反応を示すか」である。出発点として、図6.1に示した「購買行動の刺激―反応モデル」から始めよう。この図は、製品特性やプロモーションなどの刺激が購買者の「ブラックボックス」に入り、何らかの反応を引き起こす様子を表している。マーケターに求められるのは、このブラックボックスの解明である。

　購買行動に結びつく刺激には、製品（Product）、価格（Price）、流通（Place）、プロモーション（Promotion）という4つのPが関係している。その他の刺激として、経済的刺激、技術的刺激、政治的刺激、文化的刺激も挙げられる。こうした刺激が購買者のブラックボックスを反応させ、ブランドや企業との関係を定めたり、何をいつ、どこで、どのくらいの頻度で購入するかという購買行動を引き起こしたりする。

　マーケターは消費者のブラックボックスの中で、刺激がどのようにして反応に

【図6.1】
購買行動の刺激-反応モデル

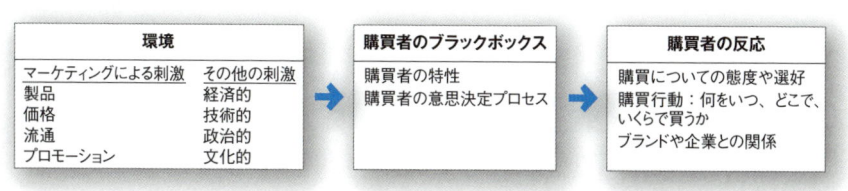

環境		購買者のブラックボックス	購買者の反応
マーケティングによる刺激	その他の刺激	購買者の特性	購買についての態度や選好
製品	経済的	購買者の意思決定プロセス	購買行動：何をいつ、どこで、いくらで買うか
価格	技術的		
流通	政治的		ブランドや企業との関係
プロモーション	文化的		

変わるのかを知りたいと考える。ブラックボックスの中は2つに分かれている。1つめが購買者の特性であり、刺激の受け取り方、反応の仕方に影響を与える。2つめが購買者の意思決定プロセスであり、これがそのまま購買行動を左右する。以下では、購買行動に影響を与える購買者の特性について確認し、その後、購買決定プロセスについて論じていこう。

消費者行動に影響を与える特性

　消費者の購買行動は**図6.2**に示すように、文化的要因、社会的要因、個人的要因、心理的要因の影響を受ける。こうした要因のコントロールはほぼ不可能だが、それでも考慮しなくてはならない。

【図6.2】
購買行動に影響を与える要因

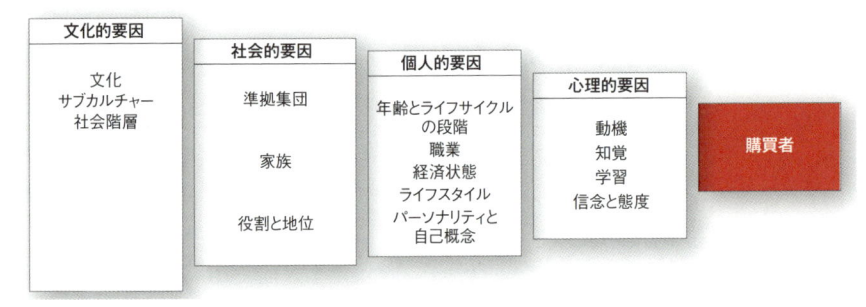

文化的要因	社会的要因	個人的要因	心理的要因	
文化 サブカルチャー 社会階層	準拠集団 家族 役割と地位	年齢とライフサイクルの段階 職業 経済状態 ライフスタイル パーソナリティと自己概念	動機 知覚 学習 信念と態度	購買者

文化的要因

　文化的要因は、消費者の購買行動に広く深く影響を与える。マーケターは購買者の文化や社会階層がどう働くかを理解する必要がある。

　文化は、人間の欲求や行動を決定する最も根本的な要素である。人間の行動の多くは、学習によって身につく。子供は社会の中で成長するにつれ、家族をはじめとする重要な集団から、基本的価値観、選好、行動などを学ぶ。どのような集団や社会にも文化は存在するが、文化が購買行動に与える影響は国によって大きく異なることがある。その違いに適応できなければ、非効率的なマーケティングになるか、大きな過ちを犯すことになる。

人々が求める新製品のヒントを得ようと、マーケターは常に文化的変化をとらえる努力をしている。例えば、健康への関心の高まりという文化的変化は、健康関連サービス、運動用具やウェア、オーガニックフード、多種多様なダイエット商品といった一大産業を生み出した。また、より実用的な志向へのシフトは、ユニクロやニトリが提供する低価格のカジュアルウェアや家具などへの需要を高めている。

どの文化にも、**サブカルチャー**が含まれている。サブカルチャーとは、共通の生活体験や生活状況に基づく価値体系を共有する集団のことであり、宗教、人種、居住地域などである。サブカルチャーの多くが重要な市場セグメントを形成しているため、マーケターはそのニーズに合わせた製品やマーケティング・プログラムを練り上げる。日本における東日本の文化と西日本の文化は、サブカルチャーの1つだといえる。

アメリカにおけるサブカルチャーの代表となっているアジア系アメリカ人は、デモグラフィック的（人口動態的）にアメリカで最も裕福なセグメントである。その数は今や1,500万人近くにのぼり、年間購買力は、7,500億ドルに達すると予測されている。ヒスパニック系に次いで急速な人口増加が見られるサブセグメントであり、アジア系アメリカ人には多様なグループがある。最大は中国系アメリカ人のグループであり、フィリピン系、インド系、ベトナム系、韓国系、日系と続く。アジア系消費者はおそらく、テクノロジーに最も強いセグメントだろう。90％以上が日常的にインターネットを使用しており、オンラインバンキングのようなインターネット技術も難なく使いこなす[3]。

文化的要因として忘れてならないのが、ほとんどすべての社会に存在する社会階層である。**社会階層**とは、ほぼ永続する秩序立った区分のことであり、各階層の構成員は同じような価値観、関心、行動を有する。社会階層は、例えば所得という1つの要因で決まるわけではなく、職業、所得、教育、富といった、さまざまな変数の組み合わせによって決まる。ほとんどの国民が中流意識を有する日本では、一握りの富裕層を除けば、社会階層を意識することはあまりない。しかし、階層ごとに異なる役割があてがわれ、社会的地位は一生変えられない国やエリアもある。

マーケターが社会階層に関心を持つのは、同一社会階層に属する人々が同じような購買行動をとる傾向にあるからだ。洋服、インテリア、レジャー、乗用車といった分野では、製品やブランドの選好に社会階層による相違が見られる。

社会的要因

　消費者行動は、小集団、家族、社会的役割、地位といった社会的要因にも影響を受ける。

　人間の行動は、さまざまな小集団の影響を受けている。態度や行動の形成にあたって、直接的にあるいは間接的に比較対象や参考とする集団のことを**準拠集団**と呼ぶ。そのなかで、所属し直接の影響を受けるような集団のことをメンバーシップ・グループともいう。また、人は往々にして、自分が所属していない準拠集団の影響を受ける。野球好きの少年に、いつか憧れのダルビッシュ投手と肩を並べて活躍したいと願うプロ野球チームがあるように、個人が所属したいと願う願望集団もその1つである。

　マーケターはターゲット市場の準拠集団を見極めようとする。準拠集団は個人に新しい行動やライフスタイルを提示し、態度や自己概念に影響を与え、さらに製品やブランドの選択に影響を及ぼすからである。集団の持つ影響力の大きさは製品やブランドによって異なるが、尊敬する人が所有していたり高く評価していたりする製品やサービスは容易に受け入れられる傾向がある。

世代による準拠集団：「大人の休日倶楽部」は、JR東日本が50代以上向けに展開する会員制のプログラムだ。有料にもかかわらず熟年世代から高い人気を獲得し、会員数は160万人を突破した。（2013年5月現在）

　クチコミは消費者の購買行動を大きく左右する。信頼できる友人や知人などが発した意見やお勧めは、広告や販売員といった企業側からの声よりも信用されやすい。たいていのクチコミは自然発生的に生まれる。消費者は使ってみたブランドや好きなブランドについて、必ず何がしか語りはじめる。マーケターはこうした話を成り行きに任せず、自社ブランドに対する肯定的な会話を作り出すチャンスととらえるべきである。

　集団の影響力が強く作用するブランドの場合は、いかにして**オピニオン・リーダー**に働きかけるかを検討しなければならない。オピニオン・リーダーとは、特別な技術、知識、個性などにより、準拠

集団内の他者に対して影響力を持つ人々のことである。有力者もしくは先駆者と呼ばれることもある。こうした有力者の声であれば、消費者も耳を傾ける。マーケターは自社ブランドのオピニオン・リーダーを特定した上で、彼らに向けたマーケティング活動に努めるのである。

バズ・マーケティングとは、既存のオピニオン・リーダーや、ときには自ら作り出したオピニオン・リーダーに依頼し、「ブランド大使」として自社製品に関する話を広めてもらうことをいう。今では多くの企業がブランド大使プログラムを策定し、影響力のある一般人にブランドの伝道師を任せている。先ごろの調査では、こうしたプログラムを利用すれば、クチコミによるマーケティング活動の効果を50％アップすることも可能だとわかった[4]。

ここ数年で、社会的な交流に新しい形態が加わった。オンライン・ソーシャルネットワークである。**オンライン・ソーシャルネットワーク**とは、人々が交流し、意見や情報を交換するオンライン上のコミュニティのことである。ソーシャルネットワーキング・メディアには、ブログ、メッセージボード、交流サイト（フェイスブックやツイッター）、バーチャルワールド（セカンドライフ）など、さまざまなものが存在する。この新たな消費者間（C to C）、あるいは企業・消費者間（B to C）の対話には、見逃すことのできない大きな含蓄がある。

マーケターは自社製品の販売促進や、顧客とのより親密な関係構築に、これらの新しいソーシャルネットワークや「ネット上のクチコミ」の力を借りようとしている。広告という一方通行のメッセージを増やすのではなく、インターネットやソーシャルネットワークを利用して消費者と交流し、消費者の会話や生活の一部に入り込もうというわけである。

例えば、モスバーガーからTSUTAYA、H.I.S.にいたるまで、あらゆるブランドがツイッターでつぶやいている。また、VISAはオリンピック開催時に「ゴー・ワールド」というマイクロサイトを開設し、選手のビデオ映像や写真、パソコン用簡易アプリを提供した。グローバル市場に向けてカスタマイズしているので、イギリス版と日本版では選手の顔ぶれは違う[5]。

家族は社会で最も重要な購買組織であり、これまでに徹底的に調査されてきた。さまざまな製品やサービスの購入に際して、夫、妻、子供がどのような役割を果たし、どのような影響を与えるのか、マーケターの関心は高い。

夫婦の購買活動への関与は、製品カテゴリーや購買プロセスの段階によって大きく異なる。また、消費者のライフスタイルが変わると、購買における役割も変

化する。アメリカではこれまで、家族の食料品、日用品、衣料品の購入を妻が引き受けてきた。だが、女性の70％が家の外で仕事を持ち、夫が家族のための買物に進んで出かけるようになると、状況は変わってくる。最近の研究によると、男性の65％が食料品の買い出しを定期的に行っており、週に最低1度は家族のために食事の支度をするという。一方で女性は今や新車購入の65％、住宅購入の91％、旅行の92％に影響を及ぼしている。すべて合わせると、女性は家族に関わる購買の85％近くを決定し、世帯支出全体の約73％をコントロールしていることになる。あるアナリストのいうとおり、「今日の女性は、家庭の最高執行責任者（COO）」なのだ[6]。こうした状況は、女性の社会進出が進む日本でも見られる。

個人的要因

購買決定は個人の特性からも影響を受ける。すなわち、購買者の年齢とライフサイクルの段階、職業、経済状態、ライフスタイル、パーソナリティなどである。

人が購入する製品やサービスの好みは一生の間に変化する。食べ物、衣服、家具、娯楽などの好みは年齢と強く関係しているようである。また、購買行動は家族のライフサイクル、つまり、家族が時とともに成熟していく段階によっても形成される。ライフサイクルの段階（ライフステージ）はたいてい、デモグラフィックスや生活を大きく変える出来事（結婚、子供の誕生、住宅購入、子供の大学進学、収入の変化、引越し、退職など）と結びついている。そこでマーケターは、ライフサイクルの段階という観点からターゲット市場を定義し、各段階に合ったマーケティング計画を策定するのである。

職業も、製品やサービスの購入に影響を与える。労働者は丈夫な作業着を、幹部社員はビジネススーツを買う。自社の製品やサービスに関心を寄せるのはどの職業集団であるか、企業のマーケターは見極めに懸命である。企業によっては、特定の職業集団が求める製品に特化する場合もある。例えば、ホームセンター「カインズ」などを抱えるベイシアグループのワークマンは、主として土木、建築関係の職人を対象とした作業服や作業用品の小売店である。店内には、作業服の他に、軍手やヘルメット、安全靴、工具類などが並んでいる。

個人の経済状態は店や製品の選択を左右するため、マーケターは個人所得、預貯金、利率などの動向も注視しなくてはならない。昨今の景気後退を受けて、多くの企業が自社製品のデザイン、ポジショニング、価格の修正に取り組んでいる。例えば、「お値段以上（お、ねだん以上。）」の広告で知られる家具・インテリア

販売のニトリでは、「不況はチャンス」と言い切る似鳥昭雄社長の下、2008年以降値下げを重ねてきた。2008年5月には268品目を値下げし、同年8月には372品目を、さらに11月には360品目と合計1,000品目で値下げに踏み切った。2009年2月にはさらに300品目を値下げしている。旧価格と比較すると、平均20％もの大幅な値引きである。しかし、商品価格を下げることで消費者の心をつかみ、売上高はむしろ順調に伸びている。ニトリは景気後退に対処するには「安さ」だと考え、まさに「損して得とれ」を実行した。価格の引き下げによって、大きな得を得たのである[7]。

　同一のサブカルチャーや職業集団に属していても、ライフスタイルはまったく異なる場合がある。**ライフスタイル**とは、サイコグラフィックスとして表れる個人の生活様式のことであり、消費者の主要なAIO次元——仕事・買物・スポーツ・社会的イベントなどの活動（Activities）、食べ物・ファッション・家族・娯楽などへの関心（Interests）、自分自身・社会問題・ビジネス・製品に関する意見（Opinions）——を測ることによって浮かび上がってくる。ライフスタイルには、個人の社会階層やパーソナリティ以上の何かがあり、その人の行動様式や世界との関わり方の全体像を浮き彫りにする。消費者はただ製品を買っているのではなく、製品が象徴する価値やライフスタイルを買っているのである。例えば、ハーレーダビッドソンはただオートバイを販売しているのではなく、ライフスタイルを販売している[8]。そのため、同社では、オートバイだけではなく、オートバイのパーツはもちろん、ファッションや小物に至るまで、さまざまなハーレーグッズを用意し、オーナーたちの心を捕らえている。

　人それぞれのパーソナリティも購買行動に影響を与える。**パーソナリティ**とは、個人または集団を他から際立たせる心理

ライフスタイル：ハーレーダビッドソンはただバイクを販売しているのではなく、独立心、つまり「我が道を行く」ライフスタイルを販売している。

学的特徴であり、自信、優越感、社交性、自主性、保身的、攻撃的というような特性で示される。ある種の製品やブランドの選択を分析する際に、パーソナリティは有効である。というのも、ブランドにもパーソナリティがあり、消費者は自分のパーソナリティに合うブランドを選ぼうとするからである。**ブランド・パーソナリティ**とは、ブランドに結びついていると思われる特性であり、それを人の特性で表現したものである。ブランド・パーソナリティを示す特性として、ブランド研究で有名なジェニファー・アーカーは誠実（現実的、正直、健康的、陽気）、興奮（大胆、精力的、想像力、最先端）、能力（信頼、知的、優秀）、洗練（上流階級、魅力的）、無骨（アウトドア志向、タフ）の5つを明らかにした[9]。

有名ブランドの大半は、特定の特性と強く結びついている。例えばジープなら「無骨」、アップルなら「興奮」、ダヴは「誠実」という具合だ。したがって、これらのブランドは、同じパーソナリティ特性の高い人々を引きつける傾向にある。

心理的要因

購買決定は、動機、知覚、学習、信念、態度という5つの主要な心理的要因にも影響を受ける。

人には飢え、渇き、不快感といった緊張状態から生じる生理的ニーズもあれば、認められたい、評価されたい、どこかに属したいといった心理的ニーズもある。ニーズが一定のレベルに達すると動機になる。**動機**とは、充足行動を引き起こさせるほど強いニーズのことである。人間の動機については、心理学者がこれまでにいくつかの理論を提唱してきた。中でもよく知られているのが、ジークムント・フロイトの理論とアブラハム・マズローの理論だが、消費者分析とマーケティングにおいて、両者はそれぞれまったく別の意味を持つ。

フロイトによると、自分に行動を促す本当の心理的要因について、人はほとんど無自覚だという。成長に伴い多くの衝動が抑圧されるようになるが、排除されたり完全にコントロールできるようにはならず、夢に出てきたり、言葉のはしばしに表れたり、あるいは妄想的行動や精神障害となって現れたりする。

フロイトの理論から示唆されるのは、購買決定は本人ですら完全には理解できない潜在意識下の動機に影響されている、ということである。つまり、熟年に差しかかった男性は、オープンカーを購入するにあたって、風が気持ちよいのだというかもしれない。だが、もっと深いところでは、自分の成功を他者に印象付けようとしているのかもしれない。さらに深層心理では、気ままな若いころの気分

に戻りたいと思っているのかもしれないのだ。

　消費者の潜在意識下にある隠れた動機を探る定性的調査の一つとしてモチベーション・リサーチがある。消費者は往々にして自分の行動の理由を知らないし、説明もできない。そこで、さまざまなテクニックを駆使し、ブランドや購買状況に対する隠された感情や態度などを明らかにするのである。ある広告会社は、定期的にセラピーのような1対1のインタビューを実施することにより、消費者の心の動きを知ろうとしている。また、別の会社は消費者に自分の好きなブランドを動物や車にたとえてもらうことで、ブランドの評判を査定している。

　一方、アブラハム・マズローは、人が特定時点で特定ニーズに突き動かされる理由を探ろうとした。ある人は個人の安全のために、またある人は他者から評価されるために、多大な時間や労力を費やすのはなぜだろうか。マズローによるとそれは、人間のニーズに階層があるからだ。図6.3のように、人間のニーズは最も重要なものを底辺に、最も重要度の低いものを頂点にした階層構造になっている[10]。下層から順に生理的ニーズ、安全のニーズ、社会的ニーズ、評価のニーズ、自己実現のニーズである。

　人は最も重要なニーズから先に満たそうとする。満たされたニーズはもはや動機ではなくなり、次に重要なニーズを満たすことに気持ちが向く。例えば、飢えている人（生理的ニーズ）は、他人にどう見られたいか（社会的ニーズあるいは

【図6.3】
マズローのニーズ階層

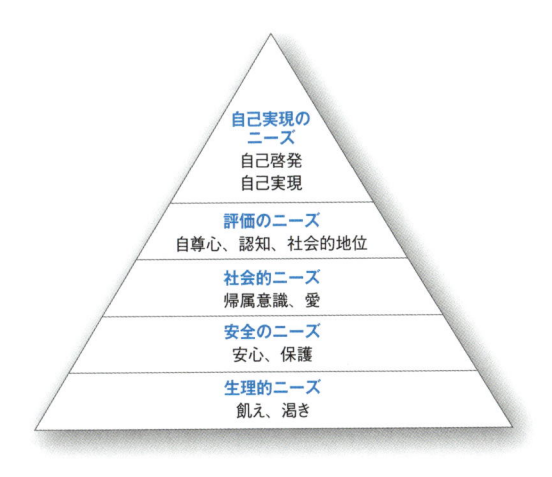

自己実現のニーズ
自己啓発
自己実現

評価のニーズ
自尊心、認知、社会的地位

社会的ニーズ
帰属意識、愛

安全のニーズ
安心、保護

生理的ニーズ
飢え、渇き

評価のニーズ)、自分の吸っている空気はきれいかどうか(安全のニーズ)など気にかけない。重要なニーズが満たされれば、次に重要なニーズが浮かび上がってくるのである。

　動機を持った人は行動を起こそうとする。実際にどのような行動をとるかは、状況をどのように知覚するかによって決まる。人は視覚、聴覚、嗅覚、触覚、味覚という五感で集めた情報から学ぶが、その情報を受け取り、整理し、解釈する方法は人それぞれである。**知覚**とは、情報を選別、整理、解釈し、そこから意味のある世界観を形成するプロセスのことである。

　同じ刺激でも人によって受け止め方が異なるのは、知覚には選択的注意、選択的歪曲、選択的記憶という3つのプロセスがあるからだ。人は日々、膨大な量の刺激にさらされている。例えば、1日に目にする広告は3,000～5,000にも及ぶという。それらすべてに注意を払うことなど、到底できない。選択的注意とは、さらされている情報の大半をふるい落とす傾向のことであり、マーケターには消費者の注意を引く努力が求められる[11]。

　たとえ消費者が刺激に注意を向けたとしても、送り手の意図したとおりに受け取るとは限らない。人は新しい情報を既存の見方でとらえようとする。選択的歪曲とは、先入観に合うように情報を解釈する傾向のことをいう。また、人は学んだことの多くを忘れてしまうが、自分の態度や信念を裏づける情報については記憶しやすい。選択的記憶とは、自分の好きなブランドのよいところを覚えている傾向をいう。マーケターは選択的注意、選択的歪曲、選択的記憶を念頭において、メッセージが正しく伝わるよう努力しなければならない。

　人は行動することによって学習する。**学習**とは、経験によって個人の行動が変化することである。学習理論の研究者によると、人間の行動の多くは学習によって身についたものだという。学習は、動因、刺激、手がかり、反応、強化といった要因の相互作用によって生じる。

　動因とは、行動を促す強い内的刺激のことをいう。動因が特定の刺激対象に向けられると動機になる。例えば、自己実現の欲求という動因が、カメラの購入動機になることがある。カメラを購入するという考えに対してどう反応するかは、周囲の手がかりの影響を受ける。手がかりとは、いつ、どこで、どのように反応するかを決める小さな刺激のことである。店先でいくつかのカメラブランドを目にしたり、特別価格でセール中だと知ったり、友人とカメラについて話をしたりすれば、こうした手がかりに影響されて、カメラに対してどのよ

うに反応するかが決まる。

　仮にニコンのカメラを購入したとしよう。買ってよかったと思えた場合はカメラを使う機会が増え、カメラに対する反応も強化される。次回にカメラを買うとき、あるいは双眼鏡などの類似製品を買うときも、きっとニコンの製品を購入するだろう。製品を強力な動因と結びつけ、手がかりを与え、反応をプラス方向に強化することで、製品に対する需要を作り出すことができる。このような意味において、学習理論はマーケターにとって大いに役に立つ理論となっている。

　人は行動や学習を通じて信念や態度を身につける。そして、信念や態度は購買行動に影響を与える。**信念**とは、人があるものに対して抱いている記述的な思考のことをいう。信念は実際の知識、意見、確信などに基づくものであり、感情的な意味合いが含まれているとは限らない。マーケターが特定の製品やサービスに対して形成された信念に関心を有するのは、信念が製品やブランドのイメージを作り上げ、それが購買行動に影響を与えるからである。誤った信念が購買を妨げていれば、マーケターはそれを修正するキャンペーンを検討しなければならない。

　宗教、政治、衣服、音楽、食物など、人はほぼすべてのものに対して何らかの態度を抱いている。**態度**とは、人が物事や考えに対して比較的持続して抱いている肯定的もしくは否定的な評価や感情のことである。物事に対する好き嫌いや、物事との距離感といった精神的な枠組みは、態度によって定まる。カメラの購入者が「最高のものを買いたい」「日本の製品が世界一だ」といった態度を有していれば、この購入者の態度にぴったり合うのはニコンということになる。

　態度を変えさせることは難しい。人の態度はあるパターンに収まっているため、どれかを変えると他の多くも合わせなければならず、大変な作業になる。したがって、通常は態度を変えさせようとするよりも、既存の態度に合う製品を作るべきである。例えば、2003年に売り出された花王の「ヘルシア緑茶」は、緑茶という単なる清涼飲料ではない。茶カテキンが通常の緑茶飲料と比べて3〜4倍含まれており、1日1本を継続飲用することで、脂肪を消費しやすくする効果がある。今日の健康を維持したいという態度に合わせることによって、ヘルシア緑茶は健康緑茶というカテゴリーのリーダーとなっている。

ウェブ上のクチコミ
ネットの社会的影響力を利用する

人は誰でも、自分を幸せにしてくれるものの話をしたがる。お気に入りの製品やブランドも例外ではない。例えば、新しく買ったソニーのGPS搭載デジタルカメラが気に入って、誰かにその良さを伝えたいとする。以前ならこのようなとき、相手はせいぜい友人か家族だった。だが、オンライン技術の発達した現在では、誰でもウェブ上で何千、いや何百万もの消費者と自分の経験を共有できる。

そこで、マーケターはネット上で自社ブランドについて語り合い、ブランドとの交流も図ってもらおうと躍起になっている。ネット上のブランド大使を任命してみたり、ネット界の実力者やソーシャルネットワークの協力をあおいでみたり、はたまた会話を引き出すイベントや動画を考案したりと、ウェブはブランドに関する会話やブランドとの関わりを作り出すための試みでいっぱいだ。

例えば、ネット上にブランド大使を持つというアイデアがある。コカ・コーラは、「エクスペディション206」というキャンペーンをスタートさせた。ネット投票で選ばれた3人のハピネス大使が、コカ・コーラを販売している206カ国に365日間の遠征をするというものだ。ハピネス大使の使命は「人々をハッピーにさせるもの」について世界各地で取材し、その経験をブログ、ツイート、動画、写真といった形でフェイスブック、ツイッター、ユーチューブなどにアップし、他の消費者と共有することである。この旅の様子を追うファンは「バーチャル旅行代理店」となり、ハピネス大使の次の行き先や、そこで何をすればよいかなどを提案する。大使たちの遠征はネット上でバズ（評判）を巻き起こした。すべてはマーケティング・キャンペーン「オープン・ハピネス」に幅を持たせ、直近の売上ではなく、ブランドに関する会話を作り出そうとしたコカ・コーラの思惑どおりだった。同社のソーシャルメディア・マーケターは次のように語っている。「何が何でもコカ・コーラ・ブランドを、というわけではありません。コカ・コーラが象徴する、喜びや楽しさにまつわる話をしてもらいたいのです」。

ブランド大使以外にも、企業が活用できるウェブ上のソーシャルパワーがある。ネット上で影響を与える側となった人たち、すなわち独立系ブロガーである。ブログの世界、いわゆるブロゴスフィアは近年、大変な勢いで広がっている。日本ではインターネット・ユーザーの58％がホームページやブログを読んでいる[12]。ブログで収入を得ている人は世界中で増えアメリカのブロガーの90％が好きなブランド、嫌いなブランドについて書いているとの調査結果もある。

リアル・マーケティング

このようなことから、多くの企業が影響力のあるブロガーとの関わりを望んでいる。例えば、パナソニックは技術専門の人気ブロガー5人を起用して、コンシューマー・エレクトロニクス・ショーの印象をパナソニック製品の感想とともにブログに投稿し、ツイッターでつぶやき、ユーチューブに動画をアップすることで、広く読者と共有してもらった。旅費や同イベント関連の費用はパナソニック持ちで、デジタルビデオカメラも貸与したものの、投稿内容にはいっさい口出しをしなかった。ブロガーたちはパナソニックがスポンサーである事実を、包み隠さずに暴露した。それでもパナソニックは、この試みからインターネットの評判をうまく味方につけることができた。「（ブロガーは）渡された機械が気に入れば、一般消費者と同様、おおいにそのことを語ってくれます」とパナソニックの広報担当は語る。

ネットの影響力の利用：影響力を持つブロガーといかに良好な関係を築くか。パナソニックはエレクトロニクス・ショーのリポートを人気ブロガーに託し、投稿はネットの評判を味方につけた。

　重要なのは、読者との間に強いネットワークを持ち、発言に信頼感があり、しかも自社ブランドにふさわしいブロガーを見つけることである。P&G、ジョンソン・エンド・ジョンソン、ウォルマートなども、影響力のある「ママブロガー」と密接に協力し合っている。登山好きがザ・ノース・フェイスのために、バイク愛好家がハーレーダビッドソンのために、そしてチョコレート好きがピエール・マルコリーニのために書いているブログと、人々はどこかで出会うかもしれない。

　ウェブ上の話題をさらいたいときやソーシャルメディアに取り上げられたいとき、一番手っ取り早いのは、うわさになるようなことをするといい。つまり、ネット上の人々を実際に巻き込むのである。ペプシのマウンテンデューは、新製品の開発にあたって「デュモクラシー（DEWmocrary）」キャンペーンを展開し、熱心な顧客に新フレーバーの選択やネーミングから、缶のデザイン、TV広告の検討と決定、果ては広告会社やメディアの選択にまで参加してもらった。特設サイトだけでなく、フェイスブックやツイッターといった公共ネットワークですべてを公開したところ、デュモクラシー

REAL MARKETING

はつきあい上手な若者どうしが、あるいは若者と企業が、同ブランドについて語り合う格好の場となった。

出典：Elizabeth A. Sullivan, "Blog Savvy," *Marketing News*, November 15, 2009, p.8；Mark Penn, "America's Newest Profession: Bloggers for Hire," *Wall Street Journal*, April 21, 2009, www.wsj.com；Emily Fredrix, "Coca-Cola Sends 3 Bloggers Around the World," *Forbes*, October 21, 2009, www.forbes.com より閲覧；Ellen McGirt, "My Social: Ashton Kutcher Plans to Be the Next New-Media Mogul," *Fast Company*, December 1, 2009, www.fastcompany.com より閲覧；Lisa Lacy, "Nielsen: Social Ad Spending Up Sharply," September 25, 2009, www.clickz.com/3635095/print；Josh Warner, "The Ten Most Viral Videos of 2009," December 7, 2009, www.mashable.com より 2009 年 12 月 7 日閲覧；Natalie Zmuda, "Why Mountain Dew Let Skater Dudes Take Control of Its Marketing," *Advertising Age*, February 22, 2010, p. 30；Laurie Sullivan, "Mountain Dew Fans Cross-sourced Ad Media Buys," *MediaPostNews*, May 24, 2010, www.mediapost.com より閲覧；www.expedition206.com/206_ambassadors.aspx およびwww.youtube.com/watch?v=MhAmMosaG7Y、2010 年 3 月現在。

購買行動のタイプ

歯磨き粉、iPhone、金融サービス、カーテンなど、製品によって購買行動は大きく異なる。購買に関する決定が複雑になればなるほど、さまざまな情報を収集するようになり、より多くの検討がなされるようになる。**図 6.4** は、消費者の購買への関与水準とブランド間の知覚差異をもとに、購買行動を分類したものである。

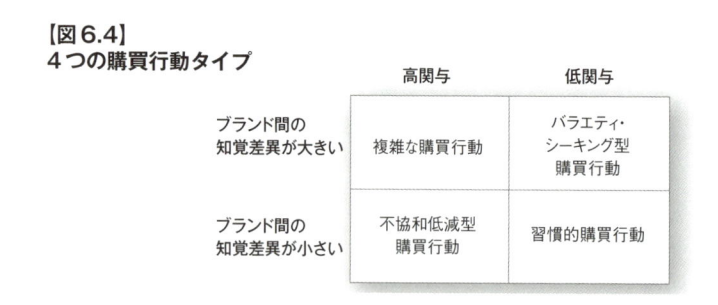

【図6.4】
4つの購買行動タイプ

	高関与	低関与
ブランド間の知覚差異が大きい	複雑な購買行動	バラエティ・シーキング型購買行動
ブランド間の知覚差異が小さい	不協和低減型購買行動	習慣的購買行動

消費者の購買関与水準が高く、しかもブランド間の知覚差異が大きいとき、**複雑な購買行動**がとられる。消費者が関与を高めるのは、当該製品が高価であり、購入にリスクを伴い、購入頻度が低く、そして、消費者にとって明確な自己表現となるような場合である。例えば、パソコンを買う場合、「3.2GHz イン

テルCore i7プロセッサー」「8GBデュアルチャネルDDR2 SDRAMメモリー」などと聞いても、多くの消費者にとってはほとんど理解不能かもしれない。

　このとき消費者は、学習プロセスを経ることで、まず製品についての信念を抱き、それから態度を形成し、十分に検討をした上で購入ブランドを選択する。したがって、高関与製品を扱うマーケターは、消費者がどのように情報を収集し評価するか、関与水準の高いときの行動を理解しなければならない。また、製品属性について学べるよう、消費者を支援することが求められる。長文の印刷媒体を利用して長所を説明するなど、ブランドの特徴を訴求することも必要である。さらに、店舗の販売員や購買者の知人を動機づけ、最終的なブランド選択に影響を与えるよう仕向けなければならない。

　不協和低減型購買行動が見られるのは、高価でめったに買うことがなく、購入にリスクを伴う製品であるが、ブランド間に知覚差異がほとんどない場合である。例えば、カーペットを購入しようとする消費者は、製品が高価であり、しかもはっきりとした自己表現になることから、購買への関与水準は高い。だが、一定の価格帯ならば、ブランド間の明白な違いを見出しにくいかもしれない。このような場合、ブランド間の知覚差異が低いため、店舗において製品を検討はするが、購入の決定は比較的短時間である。購入後に気に入らない点が見つかったり、買わなかったブランドについてよい話を聞いたりすると、消費者は購入後に不協和（購入後の不快感）を経験することになる。こうした不協和に対処するため、マーケターは販売後のコミュニケーションを通じて、消費者が自分のブランド選択に満足できるよう支援しなければならない。

　習慣的購買行動は、消費者の購買関与水準が低く、ブランド間の知覚差異もほとんどない場合に見られる。食卓塩がよい例である。このような製品カテゴリーの購買では、消費者はただ店に行き、何らかのブランドに手を伸ばすだけである。同じブランドを買い続けているとしても、それはブランド・ロイヤルティによるものではなく、単なる習慣によるものである。

　このようなときの購買行動は、「信念─態度─行動」という通常のプロセスをたどらない。ブランドに関する情報収集、特徴の評価、比較検討もなされない。消費者はただ、テレビや雑誌の情報を受動的に受け入れるだけである。何度も同じ広告を見ると、ブランドへの親近感が生まれる。ブランドに対して強固な態度が形成されるわけではなく、単なる親しみから選ぶようになる。また、関与水準が低いため、購入後に自分の選択を評価することもない。習慣的購買行

動では受動的学習を通じてブランドに対する信念を形成し、態度を形成することなく購買行動を起こすのである。

低関与製品においては、消費者がブランドにこだわらないため、購買決定は価格や販売促進活動によって左右されやすい。そのため市場シェアの高いブランドでは、製品カテゴリーに対する関与水準を高める方策を検討すべきである。

関与水準は低いが、ブランド間の知覚差異が高い場合に、**バラエティ・シーキング型購買行動**が見られる。このようなとき、消費者の多くは次々とブランドを変える。例えば、ドレッシングの購入において、消費者は何らかの信念は有しているものの、たいして評価することもなくブランドを選び、食べながら評価をする。しかし、次にドレッシングを買うときには、飽きたから、あるいは単に別のものを試してみたいからといった理由で、異なるブランドを選ぶかもしれない。ブランドを変えるのは不満からというよりも、バラエティを求めてのことである。

このような製品カテゴリーでは、リーダー・ブランドとそれにチャレンジするブランドとでマーケティング戦略が異なる。リーダー・ブランドは習慣的な購入を促そうと、陳列棚を独占し、在庫切れに気をつけ、忘れられないように頻繁に広告を打つべきである。一方、チャレンジャー・ブランドは低価格、特別割引、クーポンや無料サンプル、新しいブランドを試す必要性を訴える広告などを利用して、バラエティ・シーキングを促すことになる。

購買者の意思決定プロセス

購買に影響を与える諸要因を検討したところで、ここからは消費者がどのようにして購買決定を行うのかについて見ていこう。**図6.5**に示すように、購買者の意思決定プロセスは、ニーズの認識、情報探索、代替品の評価、購買決定、購買後の行動という5つの段階から成る。実は購買プロセスは実際の購買よりもかなり前から始まっており、購買後も続いている。よって、マーケターは購買決定のみに注意するのではなく、購買プロセス全体に目を配らなければならない。

【図6.5】
購買者の意思決定プロセス

ニーズの認識 → 情報探索 → 代替品の評価 → 購買決定 → 購買後の行動

図6.5を見ると、消費者は何を買うにも5つのステージすべてを通過しているように思える。しかし、日常的な購買ではある段階をとばしたり、プロセスを逆に進んだりする。例えば、いつも同じブランドのシャンプーを購入している女性は、ニーズの認識後すぐに購買決定に移り、情報探索と代替品の評価は省略しているはずである。

ニーズの認識と情報探索

購買行動は**ニーズの認識**、すなわち消費者が問題やニーズを認識したときから始まる。飢えや渇きといった人間として誰もが持つものが内側からの刺激になってニーズを引き起こす。ニーズはまた、外からの刺激によっても湧き上がる。例えば、広告や友人との会話から新車やパソコンの購入を思い立つことがある。

この段階でマーケターに求められるのは、消費者をリサーチして、どのようなニーズや問題が生じるのか、何がきっかけなのか、どのようにして特定ブランドに関心が向くのかを明らかにすることである。

製品に関心を持った消費者は、多くの場合、情報を探索する。ニーズを充足してくれる製品が身近にあれば、消費者はそれを購入するだろう。動因がそれほど強いわけではなく、製品も身近にないような場合には、消費者はニーズを記憶しておくか、ニーズに関連した**情報探索**を行う。例えば、新車購入が必要だと判断すれば、少なくとも車の広告や友人の車、車に関する話題などに注意を払うようになる。積極的にウェブで検索したり、友人にコメントを求めたりと、熱心に情報収集に努める人もいる。

消費者は、さまざまな情報源から情報を入手することができる。個人的情報源（家族、友人、隣人、知人）、商業的情報源（広告、販売員、ウェブサイト、パッケージ、店頭ディスプレイ）、公共的情報源（マスメディア、製品を評価する消費者団体、ネット検索）、経験的情報源（製品の操作、使用）などである。

これら情報源の相対的な影響力は、製品や購買者によって異なる。

消費者は製品についての情報の大半を商業的情報源から入手する。つまり、マーケターがコントロールしている情報源である。しかし一般に、最も効力が高いのは個人的情報源である。商業的情報源が購買者に対して「情報」を提供するのに対し、個人的情報源は製品の「妥当性」や「評価」を知らせてくれる。最近の研究によると、購買時にクチコミの影響を最も強く受けるのは、エレクトロニクス製品（43.7％）とアパレル（33.6％）だという。あるマーケターも、「広告キャンペーンより、隣人から聞いた『これ、いいわよ』の方が圧倒的に効果的だ」と述べている。また、別の研究によると、消費者がブログや評価サイトなどのユーザー発信型情報源から受ける影響は、テレビ広告といった従来型マーケティング手法の3倍を超えるという[13]。

代替品の評価と購買決定

消費者はいくつものブランドの中から、どのようにして1つのブランドを選択するのだろうか。ブランド選択にいたる**代替品の評価**についても、マーケターは理解しておかなければならない。残念ながら消費者は、どのような購買状況でも単純な1つの評価プロセスですませているわけではなく、複数の評価プロセスを利用している。

各ブランドに対する態度は、いくつかの評価手順を経て決定される。代替品をどのようにして評価するかは、消費者によっても、購買状況によっても異なる。ある場合には、入念に計算して論理的に評価を下すかもしれない。だが、同じ消費者でもほとんど、あるいはまったく評価を行わず、直感で衝動的に製品を購入することもある。

消費者は評価の段階でブランドを格付けし、購買の意思を固める。消費者の**購買決定**といえば、通常は最も好ましいブランドの購入を意味するが、購買意思と購買決定との間には、2つの要因が介在することがある。

1つめの要因は、「他者の態度」である。身近な誰かが安いエコカーを買うべきだと思っていれば、高額な車を購入する可能性は小さくなるだろう。2つめの要因は、「想定外の状況」である。消費者は予想される収入、価格、製品ベネフィット（便益）といった要因に基づいて購買意思を固める。しかしながら、想定外の出来事が発生し、購買意思が変わる場合がある。景気が急激に悪化したり、競合車が価格を下げたり、あるいは、購入したいと思っている車に友人

がネガティブなコメントをするかもしれない。このように、選好はもとより購買意思でさえも、実際の購買決定に必ず結びつくとは限らないのである。

購買後の行動

　消費者は製品の購入後、満足、または不満を覚えて**購買後の行動**に移る。消費者が購入した製品に満足するか、あるいは不満を覚えるかは、何によって決まるのだろうか。その答えは、消費者の期待と製品の知覚パフォーマンスとの関係にある。製品が期待にそぐわなければ失望し、期待どおりであれば満足し、期待以上なら大いに喜ぶだろう。期待とパフォーマンスの落差が大きいと、消費者の不満も大きくなる。顧客満足を得るには、自社ブランドが実際にできることだけを約束するべきである。

　重要な購買において、消費者は**認知的不協和**、すなわち購買後の葛藤から生じる不快感を覚えやすい。購買をすると、選択したブランドのベネフィットに満足し、購入しなかったブランドの欠点を回避できたことを喜ぶが、購買に妥協はつきものである。選択したブランドの欠点と、購入しなかったブランドのベネフィットのことを考えると、落ち着かない気持ちになる。つまり、消費者はどの購買でも、多少は購買後の不協和を感じているのである[14]。

　なぜ顧客満足が大切なのかというと、それは収益性の高い顧客リレーションシップを構築するための鍵となるからである。つまり、顧客満足は消費者との関係の維持および拡大、顧客の生涯価値の増加へとつながる。満足した顧客はリピートし、よい評判を伝え、競合ブランドの製品や広告にはあまり関心を示さず、当該企業の他製品も購入するようになる。そこで、多くのマーケターは消費者の期待に応えるだけでなく、顧客を喜ばせることを目標に据えているのである。

　一方、満足しなかった消費者は異なる反応を示す。悪いクチコミは往々にして、よいクチコミより早く広く伝わるものである。悪いクチコミが広がると、企業と製品に対する消費者の態度は急速に悪化する。ただし、不満を持った顧客が自発的に申し出るのを、ただ待っていてはいけない。落胆した顧客が問題を伝えてくることは、ほとんどないからだ。このため、企業は定期的に顧客満足度を測定すべきであり、顧客が不満を伝えやすいように、苦情を吸い上げる仕組みを作らなければならない。

新製品に対する購買者の意思決定プロセス

　消費者はどのように新製品を購入するのだろうか。**新製品**とは、潜在顧客に新しいものと知覚される製品のことをいう。新製品といっても、発売後しばらく経過していることもあるが、ここでは消費者が新製品の存在を初めて知り、採用するかどうかを決めるプロセスに注目する。そこで、**採用プロセス**を、「あるイノベーションについて初めて知ったときから、最終的にそれを採用するまでに個人がたどる心理的プロセス」と定義しよう。採用とは、製品のレギュラー・ユーザーになるという意思決定のことである[15]。

採用プロセスの段階

　新製品を採用するにあたって、消費者は次の5つの段階を経る。新製品を扱うマーケターは、消費者がこれらの段階をスムーズに通過できるよう手助けしなければならない。

認知：新製品の存在を知る段階。それに関する情報は持っていない。
関心：新製品に関する情報を求める段階。
評価：新製品を試す価値があるかどうか検討する段階。
試用：新製品を少しだけ試す段階。そして価値を吟味する。
採用：新製品を本格的かつ定期的に使用する段階。

　例えば、昨今の景気後退を受けて、ヒュンダイは新車の評価から前向きな購買意思決定までを支援するユニークな手法を開発した。潜在顧客の多くが新車購入に関心はあるものの、購買プロセスの評価段階で足踏みをしていることにヒュンダイは気づいた。車の購入後に失業すれば、車を失い信用度なども下がってしまうと消費者は恐れていたのである。ヒュンダイはこの懸念を払拭すべく、アメリカ市場でヒュンダイ・アシュアランス・プログラムを導入した。リースやローンで新車を購入した人に対して、1年以内に職や収入を失った場合には無料で、しかも信用評価を傷つけることなく返品を受けることにした。このプログラムに加え、エンジントラブルなどに対する10年保証と24時間体制のロードサービス5年分を無料提供したことが、将来の経済状況に不安を持つ顧客の購買決定を後押しした。キャンペーン開始翌月、ヒュンダイ・ソナタの売上は85％の伸びを示し、同ブランドの市場シェアはその翌年まで業界トップのペースで

伸び続けた。同社では2010年モデルについても引き続きこのプログラムを適用し、ほどなく他社も独自のアシュアランス・プランで追随することとなった[16]。

革新性における個人差

　新製品を試してみようとする意欲には個人差がある。どの製品分野にも先駆的消費者や初期採用者がいる一方で、新製品をもっと遅い段階で採用する人もいる。**図6.6**は、採用者の分類を示している。曲線が表すように、新製品を採用する人はゆっくりと現れ、徐々に増加していく。その後、新規採用者の数はピークに達し、減少傾向に転じて、最後にはわずかな未採用者が残る。新製品を最初に採用する2.5%をイノベーター、次の13.5%を初期採用者と呼ぶ。そのあとに、前期追随者、後期追随者、遅滞者が続く。

　5つの採用者グループは、それぞれ異なる価値観を有している。イノベーターは冒険好きで、多少のリスクがあってもイノベーションを試そうとする。初期採用者は尊敬を得られるかどうかを行動の基準とし、コミュニティにおけるオピニオン・リーダーとしてイノベーションを早期に、ただし用心深く採用する。前期追随者は慎重で、リーダーではないが平均的な人よりは早くイノベーションを採用する。後期追随者は懐疑的で、大多数がイノベーションを採用してか

【図6.6】
イノベーションの採用者の分類

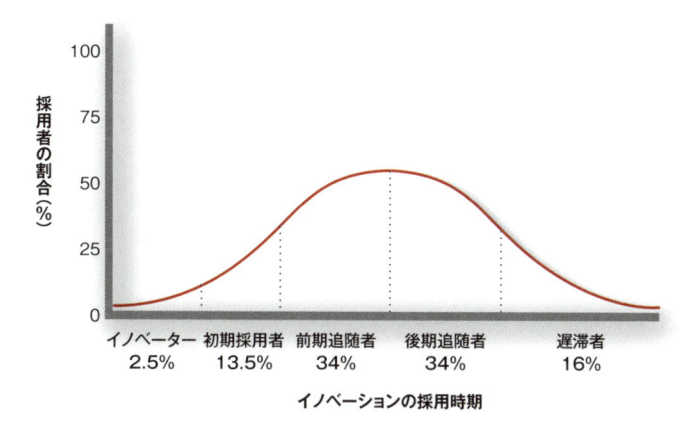

イノベーター	初期採用者	前期追随者	後期追随者	遅滞者
2.5%	13.5%	34%	34%	16%

縦軸：採用者の割合（％）　横軸：イノベーションの採用時期

出典：http://en.wikipedia.org/wiki/Everett_Rogers, October 2010；およびEverett M. Rogers, *Diffusion of Innovations*, 5th ed. (New York: Simon & Shuster, 2003), p.281（邦訳：『イノベーションの普及』、エベレット・ロジャーズ著、三藤利雄訳、翔泳社、2007年）の図に基づく。

らでないと手を出さない。最後の遅滞者は伝統を重んじ、変化に対して疑い深く、当該イノベーションが完全に定着してからようやく採用する。

製品特性と普及速度

　製品の特性は普及速度に影響を与える。製品の中には、たちまち流行するものがある。iPodやiPhoneがその代表であり、販売開始と同時に驚くべきスピードで店の棚から消えていく。一方、受け入れられるまでに長くかかるものもある。日本で初めてマッサージチェアが発表されたのは第二次世界大戦直後だったが、世帯普及率は2010年になってもわずか15％にとどまっている。
　新製品の普及速度に大きな影響力を与える製品特性は、主に5つある。マッサージチェアを例に、5つの製品特性と普及速度との関係を見てみよう。まずは「相対的優位性」である。これは既存製品に対するイノベーションの優位性の度合いであり、座っているだけで機械が自動でマッサージしてくれるという点で、従来の肩たたき器などとは違って明らかに優れた特性を有している。2つ目は、潜在顧客の価値観や生活様式などに対するイノベーションの「適合性」である。日本の狭い住環境では、マッサージチェアをゆったりと置くだけのスペースはなかなかない。適合性から見れば、日本でのマッサージチェアの普及速度は遅くならざるを得ない。もっとも、パナソニックのように、マッサージソファと称してリビングに置いても違和感のない製品を開発する企業もある。
　3つ目は、イノベーションを理解し使用する際の「複雑性」である。マッサージチェアは座ってスイッチを入れるだけなので、複雑ではない。したがって、他の複雑なイノベーションよりは普及速度の上昇は速いと言える。4つ目は、部分的にイノベーションを試用できる度合い「分割可能性」である。マッサージチェアは単体としての価格は決して安くなく、しかも腰や肩用などのように、特定部分だけを切り離して購入することはできない。当然、普及速度を遅くする要因となっている。　最後は、「伝達可能性」である。イノベーションの使用結果が他者にも見える、もしくは他者に説明できる度合いであり、マッサージチェアの場合、肩こりが治った使用者は喜んでその効果を他者に広めるので、普及を速めてくれるだろう。
　普及速度に影響を与えるその他の特性としては、「イニシャルコスト（初期費用）」、「ランニングコスト（維持経費）」、「サンクコスト（埋没コスト）」、「リスク」、「社会的承認」などがある。新製品を扱うマーケターはこうした要因をしっ

かりと調査した上で、製品およびマーケティング・プログラムを開発しなければならない。

Discussion ディスカッション

Question 1

さまざまな製品やサービスにおいて、自分がどのようなタイプの購買行動をとっているかについて整理してみよう。

Question 2

近年の新製品を取り上げ、その普及速度を製品特性と結びつけて整理してみよう。

Question 3

自分が製品やサービスを購入するとき、どのような文化的要因や社会的要因の影響を受けているかについて検討してみよう。

Key Terms 重要語句

消費者購買行動（p.140）
消費者市場（p.140）
文化（p.142）
サブカルチャー（P.143）
社会階層（p.143）
準拠集団（p.144）
クチコミ（p.144）
オピニオン・リーダー（p.144）
オンライン・ソーシャルネットワーク（p.145）
ライフスタイル（p.147）
パーソナリティ（p.147）
ブランド・パーソナリティ（p.148）
動機（p.148）
知覚（p.150）
学習（p.150）

信念（p.151）
態度（p.151）
複雑な購買行動（p.154）
不協和低減型購買行動（p.155）
習慣的購買行動（p.155）
バラエティ・シーキング型購買行動（p.156）
ニーズの認識（p.157）
情報探索（p.157）
代替品の評価（p.158）
購買決定（p.158）
購買後の行動（p.159）
認知的不協和（p.159）
新製品（p.160）
採用プロセス（p.160）

Part 3

[第3部] 顧客価値の創造と提供

Chapter 7

製品、サービス、ブランド

　本章以降では、マーケティング・ミックスついて詳しく論じていこう。マーケティング・ミックスとは、第4章で学んだマーケティング戦略を実行に移し、顧客にとって価値ある製品やサービスを提供するための枠組みである。

　本章ならびに第8章では、製品やブランドの開発およびマネジメントについて学ぶこととする。

　まずは、ブランドの興味深い事例を紹介したい。マーケティングとはつまるところ、顧客とブランドを深いレベルで結びつけることである。では人気ブランドと聞いて、最初にどのブランドを思い浮かべるだろう。ミツカン、キッコーマン、三越といった旧来のブランドだろうか。あるいは、楽天やユニクロのような今日的なブランドかもしれない。日本の若者たちに旅行分野ではどうかと尋ねたならば、多くの人はH.I.S.を挙げるだろうし、アメリカ人にスポーツ・エンターテインメント分野ではと尋ねたらESPNと答えるはずである。

第7章 製品、サービス、ブランド　167

OPENING STORY　　　　　　　　　　　　　　　　　　オープニング・ストーリー

ESPNブランド
どんなスポーツでも、今すぐどうぞ

　ESPNはケーブルテレビであり、雑誌であり、ウェブサイトである。ESPNを「ブランド」としてとらえる人は少ないだろう。しかし実際、ESPNはケーブルテレビや出版といったサービスの枠をはるかに超えて、顧客の生活の重要な一部となっている。1979年、起業家ビル・ラスムッセンは24時間のスポーツ番組、ESPN（Entertainment and Sports Programming Network）を設立した。その2年後に郵便仕分け室の職を得たジョージ・ボーデンハイマーが、現在は社長として数十億ドル規模のスポーツ帝国を統括している。

　ESPNは今日、コカ・コーラ、ナイキ、グーグルなどとともに、象徴的なメガブランドとして崇拝されている。誰もがESPNとの間に何らかの接点を持っている。『スポーツ・センター』という番組に夢中で、あらゆるスポーツの情報を日々チェックする人がいる。あるいは、3月には決まってNCAA（全米大学体育協会）男子バスケットボール・トーナメントの結果予想に投票する人もいる。試合の途中経過が気になり、職場や車の中でESPNラジオに耳を傾けている人もいるだろう。どんなスポーツであろうと、そこには常にESPNの姿があるのだ。ESPNブランドがどれほど多種多様な事業の集合体なのかは、テレビの例を取り上げただけでも明らかだ。

　ケーブルテレビの草分けであり、アメリカの980万世帯にサービスを提供している他に、今ではESPN2、ESPNクラシック、ESPNニュース、ESPNU、ESPNデポルテス（スペイン語放送）、ESPNインターナショナル（全大陸の200カ国でサービスを提供している46の国際放送）という6つのネットワークを抱えている。同社はまた、アメリカの放送局ABCのためにABC版ESPNとも呼ばれる番組をプロデュースするとともに、NBAファイナル、NASCAR、大学アメフト、大学バスケ、サッカーのワールドカップ、インディ500、リトルリーグ世界選手権な

ESPNはケーブルテレビや出版というような、単なるメディアではない。消費者にとってのESPNはスポーツ・エンターテインメントと同義であり、スポーツに関わる自分の記憶や現実、期待と切っても切れない存在なのだ。

OPENING STORY

ど、多くの試合を中継している。

　さらに、ラジオ、デジタル、出版に加えて、エックスゲームズ、冬季エックスゲームズ、ESPNアウトドアーズなど、イベントも運営している。CD、DVD、ゲームソフト、ゴルフ教室と、一般消費者向けのESPNブランド製品やサービスもある。空港や機内、フィットネスクラブ、ガソリンスタンドなどでも、ESPNを目にすることがある。「これでもう給油中も退屈することはありません。ガソリンスタンドを利用することに、ESPNは新しい意味を生んだのです」と社長のボーデンハイマーは語る。

　世界中のスポーツファンが、ESPNをこよなく愛している。マーケターにしてみれば、ESPNは顧客に接触を図る絶好の手段である。「視聴者のデモグラフィックス（人口動態的特性）が魅力的である」「創造的なマーケティングやプロモーションが可能である」「肯定的なブランド・イメージと魅力的な番組環境を有している」などの評価を得て、ESPNは6年連続で「広告主の選ぶ魅力的な媒体」第1位に輝いている。

　このように、どのようなスポーツであれ、どこで行われている試合であれ、ESPNブランドは際立った存在感を示している。世界中のファンにとって、ESPNとスポーツ・エンターテインメントは同義なのだ。暮らしとスポーツに関わることならば、24時間、年中無休でESPNの出番である。ESPNという社名は、「Every Sport Possible-Now（どんなスポーツでも、今すぐどうぞ）」に変更すべきかもしれない[1]。

　ESPNの事例からわかるとおり、顧客リレーションシップを創造するために、企業は顧客との結びつきを生む製品やブランドを築き上げ、マネジメントしなければならない。本章はその第1歩として、製品とは何かという問いかけから始めよう。この問いに答えた上で、消費者市場、ビジネス市場それぞれにおける製品の分類を確認したい。次に個々の製品、製品ライン、そして製品ラインとアイテムの組み合わせである製品ミックスについて考察する。さらに、製品の特殊な形態であるサービスについて、その特徴を検討し、最後に、いかにしてブランドを構築するかという重要な問題に目を向けよう。

製品とは何か

　製品を定義すれば、「顧客のニーズを満たすすべてのものであり、市場に提供されることで注目、取得、利用あるいは消費される」となる。車、パソコン、携帯電話などのような有形のものに限らず、広義の「製品」には、サービス、イベント、人材、場所、組織、アイデア、あるいはこれらを混ぜ合わせたもの

も含まれる。したがって、アップルのiPhoneも美容室のヘアカットも同じ製品なのである。

サービスは製品の一形態であり、販売目的で提供される活動、ベネフィット（便益）、満足など、本質的に無形で、所有されることのないものをいう。サービスの例としては、銀行、ホテル、航空、小売、住宅リフォームなどがある。サービスについては、本章の後半で詳細に見ていこう。

製品、サービス、経験

製品は市場提供物の重要な要素である。マーケティング・ミックスの策定は、ターゲット顧客に価値をもたらす提供物を作ることからスタートするからである。この提供物を基盤として、収益性の高い顧客リレーションシップの構築が取り組まれる。市場提供物には多くの場合、有形財とサービスの両方が混在している。だが、中には石鹸、歯磨き粉、食卓塩など、純粋な有形財だけという極端な例もある。その対極が純粋なサービスだ。医師による診察、コンサルティングなどがこの例である。そして、この両極の中間形態として、有形財とサービスのさまざまな組み合わせが考えられる。

製品とサービスのコモディティ化が進む今日、多くの企業が顧客に新たな価値を創造しようと試みている。提供物を競合製品と差別化するために、ただ製品を製造したりサービスを提供したりするのではなく、顧客が製品やサービスを使うときの経験をマネジメントしているのである。

ディズニーは長年にわたり、映画やテーマパークを通じて夢と記憶を作り出してきた。ナイキも「問題は靴ではなく、その靴がどこに連れていってくれるかだ」と広告して久しい。今ではあらゆる企業が経験を創造しようと、財やサービスの見直しにかかっている。例えば、アメリカのイタリア料理チェーン、オリーブ・ガーデンは、単に料理を提供しているのではない。同社が売っているのは顧客にとっての完璧な「食事経験」である[2]。

10年ほど前、オリーブ・ガーデンのメニューは新鮮味を失い、売上も減少傾向にあった。調査を実施したところ、「家族とのつながりや一緒にいるときの心地よさを求めている人が多い」ことがわかった。そこで、オリーブ・ガーデンは「ここにいるときは、あなたも家族」というキャッチフレーズのもと、顧客がお店で感じる経験を見直した。キャッチフレーズそのままの食事経験を届けようと、あらゆるものをイタリア家庭の理想的な食卓に結びつけていった。イ

タリアの農家をイメージしたレストランを新たに設計し、フィレンツェのトラットリアと呼ばれる大衆レストランを真似て、大きな家族用ダイニングテーブルをしつらえた。さらにはイタリアのパートナーの協力を得て、11世紀から続く歴史ある村にトスカーナ料理学校まで設立した。

これまでに何百というシェフやスタッフがトスカーナ料理学校を利用してイタリアに赴き、顧客にイタリア本場の経験を感じてもらうためのヒントを得ている。オリーブオイルはどのように搾られるのか、ボロネーゼの重層的な味はどのように生み出されるのかなど、地元の専門家にすべてを見せてもらう。帰国後はこの経験を生かし、カジュアルレストランには珍しい本場のゲスト経験を提供した。「お客様は体と心、両方の滋養を求めて来店されます。体は食べ物、心は退店時の気持ちのことです」とスタッフは語る。オリーブ・ガーデンはこの両方を届けることで、チェーン・レストランとして大きな成功を遂げたのである。

このように、顧客の経験に重きを置く企業は、顧客が単なる製品やサービス以上のものを購入しているのだと気づいている。顧客は、提供物が自分にしてくれるだろうことを買っている。あるマーケターによると、「ブランド、製品、サービスは単なるモノではない。ブランドと接する人間が、そのモノに意味や価値を加えていくのだ」という。「顧客の経験をうまくマネジメントすることが究極の目標である」とする声もある[3]。

製品とサービスのレベル

製品やサービスは、少なくとも3つのレベルで考えなくてはならない（**図7.1**参照）。第1のレベルは、製品やサービスの中核となる**顧客価値**である。製品を設計する際は、まずこの部分、すなわち顧客が求めるベネフィットやサービスを明確に定めなければならない。口紅を買う女性は、唇に塗る色を買っているだけではない。レブロンの創始者であるチャールズ・レブソンは、早くからこのことを見抜き、「我々は工場で化粧品を作り、店では夢を売っている」と語った。スマートフォンの購入者にしても、単に携帯電話、電子メール端末、あるいは電子手帳を買っているわけではない。人や情報源とのつながりを買っているのである。

第2のレベルでは、中核となる顧客価値が**実態製品**へと転換されるが、そのためには製品やサービスの特徴、デザイン、品質水準などの検討が必要となる。

【図7.1】
3つの製品レベル

拡張製品／実態製品／中核となる顧客価値

配達や信用取引、ブランド名、品質水準、製品サポート、パッケージング、保証、デザイン、特徴、アフターサービス

　スマートフォンはネーム、形状、特徴といった属性を組み合わせて、「つながり」という中核となる顧客価値を人々に届けている。

　最後に第3のレベルとして、企業は付加的なサービスやベネフィットを提供することにより、中核となる顧客価値と実態製品の外側に、**拡張製品**を構築しなくてはならない。スマートフォンは単なるコミュニケーション端末ではなく、移動中でもいつでも人とつながれるという便利さを提供している。したがって、アップルはiPhoneの購買者のために、周辺機器、保証、必要な場合の修理サービス、問題や疑問が生じたときのためのフリーダイヤルやウェブサイトなどを用意している。つまり人々から見た製品とは、自らのニーズを充足してくれる「ベネフィットの束」な

顧客価値、実態製品、拡張製品：スマートフォンの購買者は、単に携帯電話や電子メール端末、あるいは電子手帳を買っているわけではない。人や情報源とのつながりを買っているのである。

のである。

製品とサービスの分類

製品とサービスは、それを利用する顧客のタイプによって、消費財と生産財の2つに大きく分類できる。

消費財とは、最終消費において個人的に消費するための製品やサービスのことである。購買方法により、さらに、最寄品、買回品、専門品、非探索品に分けられ、それぞれ販売方法も異なる（**表7.1**参照）。

最寄品とは、日常的に高頻度、かつ最小限の比較検討と購買努力で購入される消費財のことであり、衣料用洗剤、清涼飲料、雑誌、ファストフードなどがこれにあたる。一般的に低価格で、必要になったときにいつでも消費者が購入できるように流通させなければならない。**買回品**は購買頻度の低い消費財であり、消費者は品質や価格、スタイルを慎重に比較する。購入するとなったら、情報収集と比較検討に多くの時間と労力を割く。衣料品、家電製品、温泉旅館などがその例である。**専門品**とは、独特の個性もしくはブランド・アイデンティ

【表7.1】 消費財のマーケティングにおける考慮事項

マーケティングにおける考慮事項	消費財の種類			
	最寄品	買回品	専門品	非探索品
顧客の購買行動	購買頻度は高い。計画、比較、購買に費やす努力は小さい。顧客の関与水準は低い。	購買頻度は低い。計画、購買に費やす努力は大きい。ブランドを価格、品質、スタイルなどで比較する。	ブランド選好とロイヤルティ（忠誠）が強い。特別な購買努力を払う。ブランドの比較はあまりしない。価格感受性が低い。	製品の認知度や知識は低い（認知していても関心はゼロ、もしくはマイナス）。
価格	低価格	高めの価格	高価格	さまざま
流通	幅広い流通、便利な場所	選択的流通、販路は限られている	商圏ごとに1～数店舗の排他的流通	さまざま
プロモーション	生産者によるマス・プロモーション	生産者と再販業者による広告と人的販売	生産者と再販業者による標的を絞ったプロモーション	生産者と再販業者による積極的な広告と人的販売
例	歯磨き粉、雑誌、衣料用洗剤	大型家電、テレビ、家具、衣料品	ロレックスの時計やラリックの高級クリスタル製品のような贅沢品	生命保険、赤十字への献血

ティを持ち、購買者が特別な努力を払ってでも購入しようとする消費財である。高級車、特殊な写真機材、オートクチュールの服、弁護士のサービスなどがこれに該当する。

非探索品とは消費者が知らない、もしくは通常なら購入しようと思わない消費財である。画期的な新製品のほとんどが、広告を通じて消費者に認知されるまでは非探索品である。知られてはいるが求められてはいないものの例としては、生命保険、生前手配の葬儀サービス、赤十字への献血などがある。非探索品はその本質から、広告や人的販売といった多くのマーケティング努力を必要とする。

生産財は、生産者が製品やサービスを生産するために購入する製品のことである。消費財と生産財との違いは、当該製品を購入する目的にある。そのため、同一製品であっても消費財にも生産財にもなりうる。家で使うために購入された芝刈り機は消費財であるが、同じ芝刈り機でも、ある団体によって景観を整備する事業のために購入されれば、その芝刈り機は生産財となる。

生産財は、材料・部品、資本財、備品・サービスという3つのグループに分類できる。材料・部品はさらに、原材料と加工材料・部品とに分けられる。原材料には農畜産物（小麦、家畜、果実、野菜など）と天然資源（魚、木材、原油、鉄鉱石など）がある。加工材料には鉄、糸、セメントなど、部品には小型モーター、ベアリング、鋳物などがある。これらの生産財では、価格とサービスが主な考慮事項であり、ブランディングや広告はほとんど重視されない傾向にある。

資本財とは購買者の生産や運用を助ける生産財であり、装置と付帯設備とに分けられる。装置には建物（工場、事務所など）のような大規模な購入品と、固定設備（発電機、大型コンピューター、エレベーターなど）がある。付帯設備には移動可能な工場設備や工具類（手工具、リフトつきトラックなど）と事務設備（パソコン、机など）がある。

生産財における最後のグループは、備品・サービスである。備品には産業用備品（潤滑油、石炭、紙など）と修理・メインテナンス用品（ペンキ、釘、ほうきなど）がある。備品は一般的に最小限の努力で購入されるため、消費財でいうところの最寄品にあたる。対事業所サービスには、メインテナンス・修理サービス（窓拭き、パソコン修理など）とビジネス・アドバイザリー・サービス（経営コンサルティングなど）がある。

製品の概念は広がっており、今では製品やサービスに加えて、組織、人材、場所、アイデアなどの市場提供物も製品に含まれる。

　組織に多く見られるのは、その組織自体を「販売」する活動である。組織マーケティングと呼ばれ、組織に対するターゲット顧客の態度変容や行動を生み出し、維持するための活動である。営利組織と非営利組織の双方が組織マーケティングを実践している。企業は自らを売り込み、イメージアップを図ることを目的として、広報活動や企業イメージ広告を展開しており、同様に、教会、大学、慈善団体、博物館といった非営利組織も、資金集めやメンバーあるいは後援者の勧誘のために自組織のマーケティングを行っている。例えば、2012年に設立された日本マーケティング学会は、アカデミックとビジネスとの接点を重視し、新しい学会のあり方を提案している。学会のロゴやシンボルマークを規定し、ホームページを充実させ、さまざまな交流の場を設けることにより、我が国のマーケティング水準向上を目指している。

　人材もまた製品としてとらえることができる。人材マーケティングとは、特定の人材に対する態度変容や行動を生み出し、維持するための活動である。会社社長も芸能人も、さらには医者、弁護士、政治家といった専門家も、人材マーケティングによって世評を築いている。

　マーケティングを巧みに活用すれば、人の名前を強力なブランドに変えることもできる。テレビ司会者として有名なみのもんた、カリスマ主婦の栗原はるみ、カリスマモデルの蛯原友里といった名前は、今ではある種のブランドにもなっている。

　場所マーケティングとは、特定の場所に対する人々の好意的な態度や行動を形成し、維持するための活動である。市、地域、さらには国までもが観光客、住民、事業所、工場を呼ぼうと競い合っている。熊本県阿蘇郡の黒川

人材マーケティング：主婦などから圧倒的な人気を誇る料理家・栗原はるみは、生活雑貨ブランド「share with Kurihara harumi」をプロデュース。食器やキッチン用品を販売し、ファン層を拡大することに成功した。

温泉は、歓楽的な要素や派手な看板をなくし、町並みを統一するなどして、温泉街全体のイメージアップに成功した。また瀬戸内海に浮かぶ香川県の直島は、美術館をいくつか建てるとともに、島内に現代アート作品を配置するなどして、現代アートの島として認識されるようになった[4]。

アイデアもまた、マーケティングの対象である。この分野は**ソーシャル・マーケティング**とも呼ばれており、喫煙、薬物乱用、肥満などを減らすための公衆衛生キャンペーンが含まれる。自然保護、大気汚染防止、資源保全などを促す環境キャンペーンや、家族計画、人権といった課題に向き合うものもある。

製品とサービスについての意思決定

市場にどのような製品やサービスを提供するかは、個々の製品、製品ライン、製品ミックスという3つのレベルで考えることができる。

個々の製品

図7.2には、個々の製品の開発およびマーケティングにおける重要な意思決定事項が示されている。具体的には、製品属性、ブランディング、パッケージング、ラベリング、製品サポート・サービスである。

【図7.2】
個々の製品についての意思決定事項

製品属性 → ブランディング → パッケージング → ラベリング → 製品サポート・サービス

製品やサービスの開発にあたっては、顧客に提供するベネフィットを明確にしなくてはならない。ベネフィットは品質、特徴、スタイル、デザインといった**製品属性**を通じて伝達され、届けられる。

品質は製品やサービスの性能に直接影響するので、顧客価値や顧客満足と密接に結びつく。顧客を中心に考える企業の多くは、顧客価値と顧客満足の観点から品質を定義している。電子機器、電力、通信、交通、医療などを手がけるドイツのシーメンスは、「品質とは顧客が我々のもとに戻ってくること、そして

製品が我々のもとに戻ってこないこと」だと定義づけている[5]。

　製品の品質には水準と一貫性という2つの側面がある。製品の開発においては、最初に品質水準を決定しなくてはならない。ここでいう品質とは、製品としての機能を果たす能力、すなわち性能品質のことである。例えば、ロールス・ロイスの性能品質はシボレーよりも高い。乗り心地がよく、贅沢さがあり、長持ちする。だが、性能品質を限界まで追求する企業は稀である。ロールス・ロイスの乗用車に代表される高い性能は高価格となり、購入できる顧客もわずかだからだ。企業はむしろ、ターゲット顧客のニーズや競合製品の品質に合わせて品質水準を設定する。

　高品質という言葉は品質水準以外にも、品質の一貫性を表すことがある。この場合の品質とは、欠陥が存在せず一貫してねらった性能水準を届ける能力、すなわち適合品質である。この意味においては、シボレーもロールス・ロイスと同じように高品質だといえる。ロールス・ロイスほどの性能ではないが、顧客が対価を支払い期待した品質は、シボレーによって一貫して届けられているからである。

　提供する製品には、さまざまな特徴を持たせることができる。出発点は、余分なもののいっさいない基本モデルである。これに、自社製品と他社製品を差別化する特徴を付加していけば、高レベルのモデルができあがる。大型オートバイで有名なハーレーダビッドソンでは、大排気量エンジンや外観、独自のエンジン音などを自社製品ならではの特徴としている。

　顧客価値を高めるものとして、製品のスタイルとデザインも挙げられる。スタイルは単に製品の外見のことであり、人目を引くものもあれば、平凡なものもある。あっといわせるようなスタイルは注目を集め、心地よい美を生み出すが、必ずしも製品の性能を高めはしない。一方、デザインはスタイルよりも大きな概念である。デザインは表面的なスタイルと異なり、製品の核心そのものに迫るものである。優れたデザインは製品の外見だけでなく、実用性にも寄与する。

　ブランドとは、製品やサービスの製造者や販売者を特定するためのネーム、シンボル、デザインなどを組み合わせたものである。消費者はブランドを製品の重要な一部と見なしているため、マーケターはブランディングによって製品に価値を付加することができる。ブランドには製品の物理的属性を超えた意味がある。コカ・コーラの例で考えてみよう[6]。

コカ・コーラとペプシの味を比較した興味深い実験がある。脳波測定装置をつないだ67人の被験者に双方の試飲をさせてみた。ロゴ・マークがない場合、好みの判断は半々だった。ところが、ブランドを提示し識別できるようになると、コカ・コーラを選んだ人が75％、ペプシを選んだ人は25％となった。コカ・コーラだとわかって飲んだ場合、脳内で最も活発に動いていたのは認知制御や記憶をつかさどる部分、つまり文化概念が貯蔵される部分だった。ペプシではコカ・コーラのときほどの活性化は見られなかった。なぜだろうか。コカ・コーラには昔からのブランド連想——100年近く変わらないボトルの形と筆記体のロゴ、白クマ、サンタクロースといった象徴的な存在、コカ・コーラで祝った誕生会の思い出など——があるからだと思われる。一方、ペプシには一部の有名人や「ペプシ・ジェネレーション（ペプシ世代）」というキャッチフレーズとの連想はあっても、コカ・コーラのように強力かつ感情的な連想はない。消費者の選好は味覚だけに基づくものではないのである。

　ブランドの力があまりにも大きいので、今日ではブランド名のないものは存在しないといっても過言ではない。塩もティッシュペーパーもブランド名付きの容器に入り、カーナビやタイヤなどの自動車部品にも、自動車メーカーとは別のブランド名が付いている。とちおとめ（イチゴ）、関アジ（アジ）、小岩井（牛乳）などのように、農産物や水産物にもブランドを付与することができる。

　ブランドは多くの点で買い手を助けてくれる。ブランド名を見ることにより、買い手は自分に適した製品を特定でき、毎回同一ブランドを購入することで、いつもと変わらない特徴や品質を入手できる。ブランディングのメリットは販売者側にもある。ブランド名によって製品の持つ品質を伝え、競合他社製品との明確な差別化を実現できる。さらに、ブランディングは市場細分化にも役立つ。例えば、トヨタ自動車の場合、レクサス、カムリ、カローラ、プリウスなどという多数のブランドを有し、各市場セグメントに対して選択肢を提供している。ブランディングについては、本章の後半で詳細に見ていくこととしたい。

　パッケージングとは、製品の容器や包装をデザインし、製造することである。従来、パッケージの主要機能は製品を保ち、守ることだった。しかし、小売店の棚の競争が激化している近年では、マーケティング・ツールとしても重要視されている。パッケージには消費者の注意を引くことから製品説明、販売まで、多くの役割が託されている。

　優れたパッケージにはブランドを即座に認知させる力がある。例えば、アメ

革新的なパッケージ：しょうゆは空気に触れると酸化し味や香りが失われる。ヤマサ醤油は「鮮度の一滴」で、開封後もしょうゆが空気に触れない新しいパッケージを採用し、業界に革命を起こした。

リカの平均的なスーパーマーケットは4万7,000アイテムを扱っている。ウォルマートの大型店ともなれば、平均で14万2,000アイテムにも及ぶ。買物客は通常、1分間に300点強の商品の前を通り過ぎるが、購入する商品の40〜70％についてはその場で購入を決定している。このように厳しい競争の中で、パッケージは買い手に影響を与える最後の、そして最大のチャンスだといえよう。マーケティングでは4つのPが知られているが、パッケージングもPで始まる単語であるため、マーケティングにおける5つ目のPと呼ぶ人もいる[7]。

　革新的なパッケージには、競合他社に対する優位性をもたらすとともに、売上を増加させる力がある。些細に思えるパッケージの改良が大きな違いに結びつくのだ。ヤマサ醤油の「鮮度の一滴」では、開封後もしょうゆが空気に触れない新しいパッケージを採用し、しょうゆの鮮度維持とともに競合品との差別化に成功した。

　近年では、安全性もパッケージングの大きなテーマになっている。子供の誤飲を防ぐための簡単には開かない「チャイルドプルーフ」なパッケージが、広く使われるようになった。また、製品への毒物混入を防ぐため、医薬品と食品の多くのメーカーが不正開封防止パッケージを採用している。さらに、深刻化する環境問題への配慮も忘れてはならない。日本コカ・コーラの「い・ろ・は・す」のように、パッケージのペット樹脂使用量を従来に比べて約40％も削減するなど、すでに多くの企業が「エコ」を実践している。

　なお、マーケティングではパッケージングの一部であるラベリングにフォーカスすることもある。ラベルは多種多様であり、製品に付いている簡単な荷札のようなものから、凝った図柄のものまで存在する。ラベルには複数の機能があり、最低限のものとしては、製品やブランドの識別機能がある。そして、誰が生産したか、どこで生産したか、いつ生産したか、内容物は何か、どう使えば安全かなど、製品についての情報を説明する機能がある。

　企業の提供物は一般的に、何らかのサポート・サービスを伴う。市場提供物

全体から見て脇役であることも、主役となっていることもある。サービス自体が製品となっているケースについては後述するとして、ここでは製品を補うサービスについて取り上げよう。

サポート・サービスは、顧客がブランドを通して感じる経験の大切な一部である。例えば、アメリカ有数の高級百貨店ノードストロームは、購入後も顧客を喜ばせ続けることが、永続する顧客リレーションシップ構築の鍵となることを心得ている。モットーは販売前、販売時、販売後のいずれでも、「何をおいても顧客を大切にする」ことである[8]。

ノードストロームのエピソードの一つに、タイヤの払い戻しに応じたという話がある。同社ではタイヤは扱っていないにもかかわらず、疑義を差し挟まず返品に応じるポリシーを誇りとしているからだ。実際のところ、払い戻したタイヤは買収した店舗で過去に販売した商品であった。ノードストロームの店員が顧客を呼び止め、その履いている靴は当店で買い求めたものかと尋ねたという話もある。そうだと答えると、それほど摩耗が早いのは問題だからと、即座に交換したという。さらには、ノードストロームの上得意客だった妻が死去し、1,000ドルの請求書を残された男性に対しては、その請求をご破算にしたばかりか、葬儀に花を送っている。サービスに関するこのようなエピソードが、顧客を繰り返しノードストロームに連れ戻すのである。

製品ライン

個々の製品だけでなく、製品ラインで戦略を練ることも必要である。**製品ライン**とは、「類似した機能を持つ」、「同じ顧客グループに販売される」、「同種の販路で扱われる」、「同一価格帯に属している」、などの点で密接な関わりを持つ製品の集まりである。例えば、ナイキはシューズやウェアを複数ライン製造しているし、マリオット・インターナショナルにもホテルのラインが複数ある。製品ラ

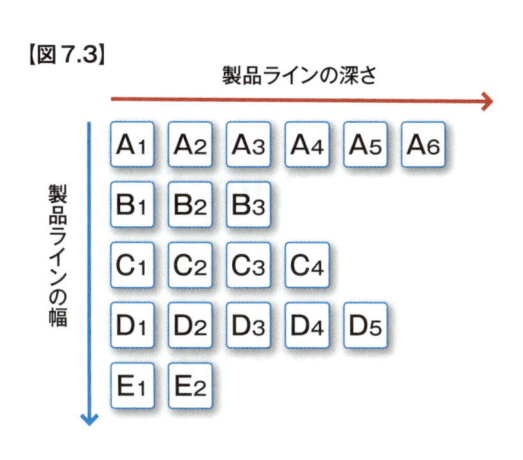

【図7.3】

製品ラインの深さ →

製品ラインの幅 ↓

A1	A2	A3	A4	A5	A6
B1	B2	B3
C1	C2	C3	C4
D1	D2	D3	D4	D5
E1	E2

インの概念は相対的なものであるので、ある企業にとっては複数のラインに及ぶ製品が、別の企業にとっては製品ラインの一部にすぎない場合もある。ジーンズメーカーと総合アパレルメーカーを比較するとわかりやすいだろう。

製品ラインをとらえるうえで重要な要素は、「製品ラインの深さ」と「製品ラインの幅」である（前頁の**図7.3**）。前者は製品ライン内のアイテム数であり、後者は企業が扱うラインの数である。**アイテム**とは、製品のバリエーションであり、製品におけるブランド、味、色、サイズ、価格などの違いを意味している。同じカップ麺でも、日清は複数のブランドを用い、さまざまな味の商品を販売している。アイテムを追加することで利益が増加するようであれば現在のラインは浅すぎ、逆に、アイテム削減で利益増となるようであればラインが深すぎるということになる。

製品ラインの幅については、一般に業界の大手企業ほどラインの数が増え、幅は広くなる。大手の自動車メーカーであれば、軽自動車から、一般大衆車、スポーツカー、そして大型高級車まで扱っており、フルライン企業と呼ばれる。現在の幅を超えて製品ラインを広げるときには、ライン・ストレッチングが行われる。高価格市場に位置する企業なら、ラインを下方へ広げることができる。下方ストレッチングで穴をふさぐことにより、競合他社の侵入を食い止められる。スイスの企業スウォッチ・グループ（SMH）は、低価格帯の時計であるスウォッチを導入し、低価格市場が後発時計メーカーに侵食されることを防いだ。

製品ラインは上方に広げることもできる。上方ストレッチングにより、既存製品に高級感を与えようとするケースである。あるいは、高価格市場の成長速度や利益に魅力を感じたという場合もあるだろう。例えば、日本の自動車メーカー各社は高価格市場向けの乗用車を投入した。ホンダはアキュラを、トヨタはレクサスを、そして日産はインフィニティを発売した。

製品ラインのストレッチング：マリオットのホテルは、フルラインを揃え、各ブランドがそれぞれ異なるターゲット市場に対応している。

中価格市場に位置する企業は、上下双方向にラインを広げることができる。マリオットはホテルでこれを実践した。通常のマリオット・ホテルに加えて、市場の上下両端にも対応する8つの新しいブランドを投入したのである。例えば、ルネッサンスホテル＆リゾートはトップ・エグゼクティブを魅了するため、フェアフィールド・イン・バイ・マリオットは予算の限られた休暇や出張向け、コートヤード・バイ・マリオットは出張の多いビジネスマン用のホテルである[9]。

製品ミックス

複数の製品ラインを持つ組織は、製品ミックスという視点で自社の取り扱い製品を検討する必要がある。**製品ミックス**（あるいは**製品ポートフォリオ**）とは、ある売り手が販売するすべての製品ラインとアイテムである。消臭力などのブランドで有名なエステーの場合であれば、製品ミックスは消臭・芳香剤、タンク洗浄剤、脱臭剤、防虫剤、除湿剤、ホームケア（おそうじ用クリーナー）、カイロ、家庭用手袋など9つの製品ラインで構成されている。そして各製品ラインには複数のサブラインが存在する。防虫剤のラインであれば、従来からの「ネオパラ」、匂いのない「ムシューダ」、香りを伴った「かおりムシューダ」といった具合だ。

企業の製品ミックスは、「一貫性」と「長さ」で検討しなければならない。一貫性とは、最終用途、製造条件、流通チャネルなどの点で、各製品ラインがどれほど密接に関わり合っているかを示すものである。エステーの製品ラインは消費財である点、同一流通チャネルに乗る点、そして同社の「空気をかえよう」というスローガンを実現するという点で一貫性が認められる。製品ミックスの長さとは、製品ラインの中で扱っているアイテムの総数である。エステーのラインとサブラインにはおのおの多数の個別アイテムがあり、防虫剤だけでも25アイテム、エステーの製品ミックス全体では300アイテムにも及ぶ。

サービス・マーケティング

サービスは近年にいたって劇的な成長を遂げ、日本では国内総生産（GDP）の74％近くを占めるまでになっている。世界経済に目を向けると、サービスは急激な成長を見せており、世界総生産の64％を生み出している[10]。

サービス産業は多種多様である。国や公共団体は、裁判所、病院、警察、消防、小学校や中学校などでサービスを提供している。民間の非営利組織は、美術館、大学、病院などでサービスを提供している。企業が提供するサービスも多く、航空会社、銀行、ホテル、保険会社、コンサルティング会社、法律事務所、娯楽施設、通信事業者などがサービスを提供している。

サービスにおける4つの特性

マーケティングではサービスの特性として、無形性、不可分性、変動性、消滅性の4つを考慮しなくてはならない（**図7.4**参照）。

サービスの無形性とは、サービスは購入前に見ることも味わうことも、触れることも匂いをかぐこともできない、という意味である。例えば、美容整形を受けるとき、施術前に実際の結果を見ることはできない。航空機に搭乗するときに確認できるのは、チケットと目的地まで安全に自分と荷物が運ばれるという約束だけである。買い手は不確実性を減らそうと、サービスの質を示す「シグナル」を探し、目に見えるものを頼りに品質についての判断を下すのである。したがって、何らかの方法でサービスを有形化し、品質についての正しいシグナルを届けることがサービス・マーケターの仕事となる。これはエビデンス・マネジメントと呼ばれる。保険に加入したことを示すプラスチックのカードは、エビデンスの例である。

有形財は生産され、在庫されたのちに販売され、さらにそののちに消費される。一方、サービスはまず販売され、それから生産と消費が同時に行われる。

【図7.4】
サービスの4つの特性

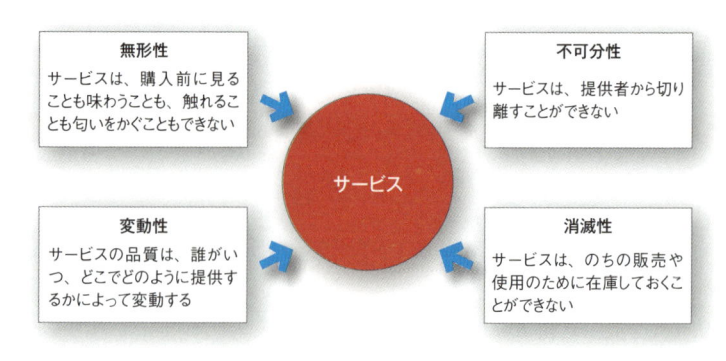

- **無形性**: サービスは、購入前に見ることも味わうことも、触れることも匂いをかぐこともできない
- **不可分性**: サービスは、提供者から切り離すことができない
- **変動性**: サービスの品質は、誰がいつ、どこでどのように提供するかによって変動する
- **消滅性**: サービスは、のちの販売や使用のために在庫しておくことができない

サービスの不可分性とは、提供者が人であれ機械であれ、サービスは提供者から切り離すことができないことを意味する。人がサービスを提供するなら、その提供者もサービスの一部である。ヘアカットや歯の治療などを思い起こしてみよう。サービスが生産される場に顧客も居合わせるため、提供者と顧客とのインタラクションがサービス・マーケティングにおける重要な鍵となる。

　サービスの変動性とは、サービスは有形財のように品質が一様ではないということである。サービスの品質は、誰がいつ、どこでどのように提供するかに依存する。例えば、ホテルの中にはリッツ・カールトンのように、他より優れたサービスを提供すると評判のところがあるが、このリッツ・カールトンでさえ、あるフロント係は明るく手際がよいのに、別のスタッフはそれほど優れていないかもしれない。また、同一従業員が提供するサービスですら、その時々の気分で対応にむらが生じるかもしれない。

　サービスの消滅性とは、サービスはのちの販売や使用のためにストックすることはできないという意味である。航空機のあるフライト日における座席は、その日に空席であったならば、後日、その席を利用したり回復したりすることはできない。サービスの消滅性は需要が安定していれば問題にならないが、需要に変動がある場合、企業はそれに合わせて戦略を設計しなければならない。ホテルやリゾート施設は閑散期に低料金を設定し需要を引き上げようとするし、レストランはピーク時に対応するためパート従業員を雇い入れたりしている。

サービス企業のマーケティング戦略

　優れたサービス企業はマーケティングを活用し、ターゲット市場における自社のポジショニングを強化している。東京ディズニーランドでは顧客に夢や希望を与える接客を常に心がけ、明治安田生命では顧客の声を吸い上げて顧客中心の経営を推し進め、シンガポール航空ではキャビンアテンダントによる顧客との接点を重視している。これらのサービス企業は従来のマーケティング・ミックス活動を展開しているが、サービスは有形の製品とは異なるため、他のアプローチも必要となることが多い。

　サービス業においては、顧客と現場の従業員とがインタラクション（相互作用）を通じてサービスを作り出す。インタラクションが効果的になされるかどうかは、従業員のスキルと、その従業員を支援するプロセスに左右される。成功するサービス企業は顧客と従業員の双方に目を向けて、**サービス・プロフィッ**

【図7.5】
サービス・プロフィット・チェーンの図

優れた従業員と作業環境 → 満足し、生産性の高い従業員 → サービス価値のアップ → 顧客満足とロイヤルティのアップ → 利益と成長

ト・チェーンと呼ばれる5つの輪の連鎖を重視している[11]（**図7.5**参照）。

- 優れた従業員と作業環境の良さ：優秀な従業員の選抜と教育、質の高い作業環境、顧客対応を行う従業員への強力な支援。
- 満足しており生産性も高い従業員：満足度が高く、ロイヤルティがあり、熱心に働く従業員。
- より大きなサービス価値：効果と効率の増した顧客価値の創造。
- 満足しておりロイヤルティも高い顧客：ロイヤルティを維持し、リピート購入し、他の顧客にクチコミをしてくれる満足度の高い顧客。
- 健全な利益と成長：サービス企業の優れた業績。

　サービスにおける利益と成長を促進するには、顧客対応を担う従業員を大切にすることから始めなくてはならない。フォーシーズンズ・ホテル・アンド・リゾートは際立った顧客サービスが伝説的なホテル・チェーンだが、従業員のやる気と満足度に関しても伝説的である。
　サービス・マーケティングには、企業が顧客に向けて行うエクスターナル・マーケティング以上のものが求められる。**図7.6**は、サービス・マーケティングにおけるインターナル・マーケティングとインタラクティブ・マーケティングの必要性を示している。**インターナル・マーケティング**とは、組織メンバーが一丸となって顧客満足を提供するよう、企業が従業員を導かなければならないという考え方である。インターナル・マーケティングはエクスターナル・マーケティングよりも優先されるべきものである。フォーシーズンズ・ホテル・アンド・リゾートの場合をみても、すべての出発点は適切な人材を採用し、たぐいまれな顧客サービスへの方向づけと動機づけを慎重に行うことである。
　サービスを提供する売り手とそれを受ける買い手とのインタラクションの質についての検討が、**インタラクティブ・マーケティング**である。製品マーケティ

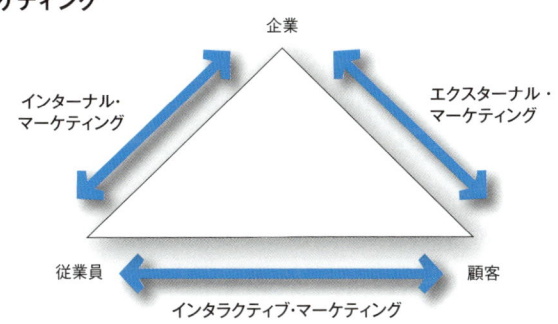

**【図7.6】
サービス業における
3種類のマーケティング**

```
              企業
         ↗         ↖
  インターナル・      エクスターナル・
  マーケティング      マーケティング
    ↙                     ↘
  従業員 ←――――――――――→ 顧客
         インタラクティブ・マーケティング
```

ングでは製品の入手方法に品質が左右されることはあまりないが、サービス・マーケティングにおいてはサービス品質が提供者と提供方法の双方に大きく依存する。したがって、サービスのマーケターにはインタラクティブ・マーケティングのスキルが必須である。フォーシーズンズが「もてなす情熱」を内に持った人材のみを採用し、顧客ニーズを満たすインタラクションのノウハウを入念に教え込んでいるのも、こういった背景がある。

サービスの提供者と受け手の問題は、**真実の瞬間**という捉え方で論じられることもある。これは、スカンジナビア航空を立て直したヤン・カールソンの言葉であり、消費者の満足度はキャビンアテンダントによる短時間の接客の積み重ねに左右されるという。スカンジナビア航空の旅客は、1回のフライトでほぼ5回の従業員に接し、1回当たりの応接時間は平均15秒である。この積み重ねが真実の瞬間なのである[12]。

サービス・マーケティングのマネジメント

価格に対する人々の意識が高まっており、顧客は往々にしてサービスよりも価格に目が行きがちだ。このような状況のなか、サービス・マーケティングで優位に立つには、企業は提供するサービスそのものと提供方法、イメージを他社と差別化する必要がある。

提供サービスには、他社のものと明確に区別できる特徴を持たせるとよいだろう。待ち時間なしのセルフ・チェックイン、ロビーの一角に設けられたビジネスセンターや銀行サービス、客室の高速インターネット接続環境などを提供

するホテルなどが、その例である。軽井沢プリンスホテルでは2005年、プリンス森のドッグヴィレッジと称する愛犬と宿泊できるサービスをスタートさせ、ペット愛好家たちから強い支持を受けている。

　企業はまた、能力が高い従業員に接客を担当させる、サービスを提供する物理的環境を整備する、優れた提供プロセスを設計するなどにより、サービスの提供方法を差別化することができる。前述のフォーシーズンズ・ホテル・アンド・リゾートをはじめシンガポール航空など、ホスピタリティ精神豊富な人材の採用を目指している企業は多い。

　最後に、シンボルやキャラクターを通じてブランド・イメージの差別化を図ることも可能である。アフラックは広告用のシンボルとしてアヒルを採用している。後発企業として日本の生命保険市場に参入してきたアフラックであるが、このアヒルのおかげで人々の記憶にとどまり、親しみやすい企業になっている。昭和シェル石油の貝、マクドナルドのゴールデン・アーチ、ケンタッキー・フライド・チキンのカーネル・サンダースなども有名である。

　製品の製造業者であれば、すべてが完璧になるまで機械やインプットを調整することもできるが、サービスの品質はその時々の従業員と顧客とのインタラクションで左右される。一流企業でさえ、時には提供が遅れたり、対応が不適切だったりする。そこで浮かび上がってくる課題が**サービス・リカバリー**である。うまくサービス・リカバリーができれば、怒らせた相手もロイヤル・カスタマーに変わる。優れたリカバリーにより、顧客の購買やロイヤルティをかちえることもある。次の例を見てみよう[13]。

　アメリカのミズーリ州セントルイスからサウスウエスト航空で帰宅しようとしていたボブ・エミグは悪夢に遭遇した。搭乗機がゲートを離れたあとになって、機体の除氷が必要だとアナウンスがあったのだ。2時間半後、ようやく準備が整い離陸というときに、今度は連邦航空局の定めた時間制限により、パイロットの変更が必要になった。新しいパイロットが到着したころには、また除氷。当初の予定から遅れること5時間、エミグの乗った飛行機はようやく離陸した。最悪の顧客サービスといえる。しかし、パイロットは待ち時間に通路を行き来し、質問に答えたり最新情報を伝えたりした。客室乗務員もエミグの言葉を借りれば「心から気にかけてくれている様子で」、乗り換え情報を提供し続けた。さらに、帰宅後2〜3日ほどしたころにサウスウエスト航空から謝罪の手紙が届き、そこには往復分の無料航空券引換証が2枚同封されていた。

これはサウスウエスト航空にとって、ごく標準的なサービス・リカバリー手順である。サウスウエスト航空は、フライトが大きく混乱した際には、前線の全スタッフが適切な情報を提供できる体制を整えていた。さらに、トラブルに巻き込まれたり荷物に問題があったりと、空の旅が台無しになった顧客に対して、たとえサウスウエスト航空にはどうしようもないことであったとしても、手紙を送り、多くの場合は航空券引換証も同封する。このような心のこもったリカバリーの結果、エミグのように散々な目にあった顧客も怒りを解き、より深いロイヤルティを抱くようになるのである。

REAL MARKETING リアル・マーケティング

ザ・フォーシーズンズ
顧客を大切にする従業員こそ大切

フォーシーズンズ・ホテルでは、すべてのゲストが重要人物であると位置づけ、ゲストとの心の触れ合いを大切にしたサービスを提供している。フォーシーズンズのミッションは、最高水準のホスピタリティでゲストの旅の経験を完成させることである。「最高品質の優雅な環境から、一人ひとりのための思いやりに満ちた24時間サービスまで、フォーシーズンズは最高を知りつくしている人のための、真のセカンドハウス」なのだと同社は語っている。その結果、フォーシーズンズにはカルト的な常連客が存在する。フォーシーズンズ・リゾート・マウイのあるゲストは、マネジャーに「もし天国があるのなら、フォーシーズンズに運営してもらいたい」と伝えたという。

このホテルの何がそれほど特別なのだろう

サービス・プロフィット・チェーン：幸せな顧客は幸せな従業員から生まれる。フォーシーズンズでは従業員もゲストのように大切にされ、もてなされている。

REAL MARKETING

か。秘密などない。そこで働く人々に尋ねてみればわかる。CEOからドアマンにいたるまで、口を揃えて答えることだろう。大切なのはフォーシーズンズのスタッフだと。「一般の人の目に映っているのは、当社の従業員の姿です。従業員こそが、この企業を成功に導いた立役者です」と語るのは、フォーシーズンズの創業者でもある会長イザドア・シャープだ。「最も大切な資産は人材である。当社の場合、これは口だけではありません」。フォーシーズンズは顧客と同様に従業員にも敬意を払い、手厚くもてなしている。幸せで満ち足りた従業員は、顧客にも幸せと満足をもたらすと知っているのである。

同ホテルの伝説的な顧客サービスは企業文化に根ざしたものであり、その企業文化は「自分が求めることを人に施す」というゴールデン・ルールを基盤としている。「ゲスト、顧客、取引先、同僚。誰に対しても、逆の立場だったらどうかを常に考えて接しています」とシャープは語る。このゴールデン・ルールは、企業の従業員に対する指針ともなっている。「人相手のサービスは、ポリシーとして指示できるようなものではありません。従業員は私の彼らへの接し方の中に、どのような顧客対応が期待されているのかを学ぶのです」。フォーシーズンズの従業員は企業の自分たちへの対応から優れたサービスとは何かを感じとり、それを与えようという動機を持つのである。

フォーシーズンズの給与は競合他社の8割から9割程度である。同社では裁縫係からボーイ、ジェネラル・マネジャーにいたるまで、全従業員が定期的に一堂に会し、ホテルのカフェテリアで無料の食事をとる。白リネンやワインリストはなくても食事はおいしく、すばらしい仲間がいる。全従業員を対象とした特典は他にもある。それは客室である。入社から6カ月以上経てば、誰でも年に3泊まで無料でフォーシーズンズ系列の好きなホテルに宿泊できる。1年以上で6泊になり、宿泊できる日数はその後も増え続ける。1人あたり年に数千ドルかかるが、このベネフィットに対するリターンは計り知れない。客室に泊まると、自分が日ごろ対応しているゲストのように大切にされ、もてなされていることを実感する。

フォーシーズンズ・マウイのたくましいプール係、カノエ・ブラウンは次のように語っている。「バリのホテルに行きましたが最高でした。中に入ると『ようこそお越しくださいました、ブラウン様』と声がかかりました」。別のスタッフも「従業員として扱われるようなことは決してありません。ゲストだからです。旅行から熱い気持ちで帰ってきて、自分も負けないようにゲストをもてなそうと思うのです」と語る。

結果的にフォーシーズンズのスタッフは、顧客に負けないほど自分のホテルを愛するようになる。ゲストは必ずチェックアウトするが、従業員は去ろうとしない。フルタイム社員の離職率は年18%で業界の半分程度だ。『フォーチュン』誌の「働きたい企業ベスト100」には、同ランキングが開始された1998年以降、毎年ランクインし

ている。これこそがフォーシーズンズ成功の最大の秘密なのだ。サービス・プロフィット・チェーンのモデルにのっとったすばらしい顧客対応は、従業員を大切にすることから始まっている。

出典：Jeffrey M. O'Brien, "A Perfect Season," *Fortune*, January 22, 2008, pp. 62-66からの翻案。その他の引用と情報は以下より。Michael B. Baker, "Four Seasons Tops Ritz-Carlton in Deluxe Photo-Finish," *Business Travel News*, March 23, 2009, p. 10; Sean Drakes, "Keeping the Brand Sacred," *Black Enterprise*, April 2009, p. 47; "100 Best Companies to Work For," *Fortune*, February 8, 2010, p. 55; およびhttp://jobs.fourseasons.com/Pages/Home.aspxと www.fourseasons.com/about_us/、2010年11月現在。

ブランディング

　ブランドとは重要な永続的資産であり、特定の製品や設備よりも長く存在し続けるという考え方がある。マクドナルドの元CEOは、「自然災害で所有する全資産が、建物から設備まですべて壊滅状態になったとしても、我々にはブランド価値がある。必要な資金を借りれば、迅速に立て直すことができる。ブランドは、資産をすべて合わせたものよりも価値がある」と述べている[14]。ブランドは大切な資産であり、慎重なマネジメントが求められるのである。

ブランド・エクイティの考え方

　ブランドとは、単にネームやシンボルのことではない。企業と顧客とのリレーションシップにおいて鍵となる要素であり、ある製品やサービスが顧客にとってどのような意味を持つのかを表している。製品は工場で作られるが、ブランドは顧客のマインド内で作られるのである。強いブランドには大きなブランド・エクイティがある。
　ブランド・エクイティとは、ブランド・ネームの認知がもたらす、製品やマーケティングに対する顧客反応の差異効果のことであり、ブランドの資産的価値である。そのため、選好やロイヤルティの獲得能力を測る尺度となる。消費者があるブランドに対して、同一製品のノーブランド品よりも好意的な反応を示す場合、そのブランドにはプラスのブランド・エクイティがあり、逆にノーブランド品よりも好意的でない反応なら、マイナスのブランド・エクイティがある。
　キッコーマン、ミズノ、日立、YKK、ホンダといったブランドは何年もの間、

【図7.7】
ブランド・ビルディング・ピラミッド

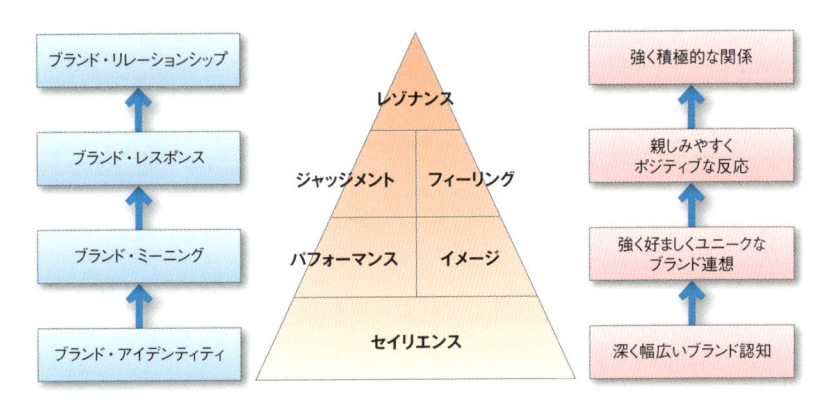

左側（下から上へ）：
- ブランド・アイデンティティ
- ブランド・ミーニング
- ブランド・レスポンス
- ブランド・リレーションシップ

ピラミッド（下から上へ）：
- セイリエンス
- パフォーマンス／イメージ
- ジャッジメント／フィーリング
- レゾナンス

右側（下から上へ）：
- 深く幅広いブランド認知
- 強く好ましくユニークなブランド連想
- 親しみやすくポジティブな反応
- 強く積極的な関係

ケビン・レーン・ケラー『戦略的ブランド・マネジメント』より、監訳者：恩藏直人、発行所：株式会社東急エージェンシー

場合によっては何世代にもわたって市場での力を維持している。一方、LINEやユニクロといったブランドは、消費者に新鮮な興奮をもたらす。これらのブランドが市場で成長しているのは、独特のベネフィットや信頼できるサービスを提供したからだけではない。顧客との間に深い結びつきを作り出したからである。

ブランド研究者として有名なケビン・レーン・ケラーは、セイリエンス（ブランド認知）、パフォーマンス、イメージ、ジャッジメント、フィーリング、レゾナンスという6つの次元でブランドの強さを評価している（**図7.7**）。これはブランド構築のピラミッドモデルと呼ばれるものであり、ブランドを人々に知ってもらい、パフォーマンスを評価してもらい、イメージを高めていくことでブランドが強化されていくメカニズムを説明している。大きなブランド・エクイティを有するブランドは、レゾナンスと呼ばれるピラミッドの最上位ブロックまで高いポイントを獲得している[15]。

ブランドの持つ財務的価値を見積もろうとする試みがあるが、そのような価値を正確に測定

ブランド・エクイティ：ブランドの資産的価値を高めることによって、何世代にもわたって市場での力を維持している企業がある。YKKは、中核となるファスニング事業で、市場での力を得ている。

することは難しい。ある試算によると、グーグルのブランド価値は桁外れの1,000億ドル、マイクロソフトで760億ドル、コカ・コーラが670億ドルだという。世界的に価値の高いブランドとしては、他にIBM、マクドナルド、アップル、GE、ウォルマート、ノキアなどがある[16]。

ブランド・エクイティの大きさは企業に多くの競争優位をもたらす。力のあるブランドはブランド認知やロイヤルティの水準が高く、顧客が店舗に取り扱いを期待するため、企業は再販業者に対して強い交渉力を持つ。ブランド名には大きな信用があるため、新しいラインの投入やブランド拡張も容易である。そして何より、力のあるブランドは、強固で収益性の高い顧客リレーションシップ構築の基礎を形成する。ブランド・エクイティの根底には、ブランドが作り出す顧客リレーションシップの価値、すなわちカスタマー・エクイティが基本的な資産として存在する。

強いブランドの構築

製品のブランディングは単純ではない。**図7.8**に示したように、ブランド戦略ではポジショニング、ブランド名の選択、ブランドの所有形態、ブランド開発の4点に注意する必要がある。

マーケターは、ターゲット顧客のマインド内にブランドを明確にポジショニングしなくてはならない。ポジショニングにはレベルが3段階ある[17]。最下層のポジショニングは、製品属性によるものである。例えば、P&Gはパンパースというブランドで紙おむつというカテゴリーを作った。同社のマーケティングは当初、吸水性、フィット感、使い捨てといった属性に焦点を当てていた。しかし、属性を使ったブランドのポジショニングは一般的に望ましくない。競合他社による模倣が簡単だからである。消費者がそれほど属性に関心を示さないという問題もある。消費者が知りたいのは、属性そのものよりもその属性が自分

【図7.8】
ブランド戦略における主な意思決定

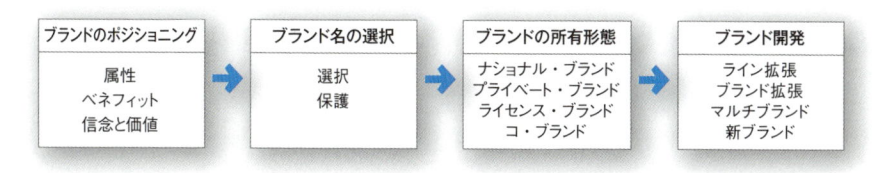

ブランドのポジショニング	ブランド名の選択	ブランドの所有形態	ブランド開発
属性 ベネフィット 信念と価値	選択 保護	ナショナル・ブランド プライベート・ブランド ライセンス・ブランド コ・ブランド	ライン拡張 ブランド拡張 マルチブランド 新ブランド

に何をもたらしてくれるかである。そこで、ベネフィットと関連づければ、ブランドをより適切にポジショニングすることができる。パンパースでいえば、技術的な製品属性ではなく、吸水性のもたらす「漏れない、蒸れないという肌へのやさしさ」というベネフィットを訴求することになる。

最上層のポジショニングは、属性やベネフィットを超え、強い信念と価値に基づいたものになる。ハーレーダビッドソン、ゴディバ、アップルなどは、製品の有形特性にはあまり依存せず、顧客に驚きや情熱、興奮を巻き起こすことによって成り立っている。成功を収めているブランドは、顧客と感情のレベルで深く結びついている。

優れたネームは製品の成功に大きく関係する。しかしながら、最適なブランド名を見つけるのは簡単なことではない。まずは製品とそのベネフィット、ターゲット市場、提案されているマーケティング戦略をじっくりと観察することである。

ブランド名として望ましいのは、以下のような性質を有するものである。(1) 製品のベネフィットや品質に関する何らかの示唆があること。例：スーパードライ、キシリトール、消臭力。(2) 発音、認識、記憶が容易であること。例：アタック、キヤノン、ポッキー。(3) 独特であること。例：マツモトキヨシ、スシロー。(4) ブランド拡張が可能であること。例：アマゾン・ドットコムはネット書店として創業したが、他のカテゴリーにも拡張できる名前を選んだ。(5) 多言語への翻訳が容易であること。例：エクソンに社名変更したニュージャージーのスタンダード・オイルは、検討時、新社名の候補からエンコという名を外した。この発音が、日本語ではエンジン故障の意味になると知ったからだ。(6) 商標登録と法的保護が可能であること。既存ブランドの権利を侵害する場合、商標登録は認められない。

ブランドに新しいネームをつけるのは大変な作業である。突飛なネームや、造語（ノバルティス、アベンティス、アクセンチュア）だけではなく、意味を持つネームもある。金のつぶ（納豆）、TSUBAKI（ヘアケア製品）、ソイジョイ（食品）などはシンプルで、しかも直感的に理解できる。だが、商標出願の急増により、使えるネームはなかなか見つからない。グーグルで検索すれば、思いつくたいていの言葉は商標取得済みだとわかる。

多くの企業は、ブランド名が製品カテゴリーを代表することを望む。宅急便やウォークマン、ジップロックなどはこの成功例である。しかし、この成功が

逆にブランド本来の機能を脅かすこともある。アスピリン、ナイロン、ヨーヨー、エスカレーターなど、元来は製品の商標として機能していたネームの多くが、今日ではどの販売者も使用できるような一般名称化し、商標としての機能を失っている。

ブランドの所有形態

　ブランドは所有形態からみて、ナショナル・ブランド、プライベート・ブランド、ライセンス・ブランド、コ・ブランドの4つに類型化できる。

　メーカーが所有している**ナショナル・ブランド**（あるいはメーカー・ブランド）は、最も一般的なブランド形態である。だが、近年はスーパーやコンビニエンスストアなどの独自ブランドである**プライベート・ブランド**を導入する流通業者が増えてきている。近年の厳しい経済情勢もあり、プライベート・ブランドを購入する消費者は増加し、そのほとんどが当面、ナショナル・ブランドに戻るつもりはないという。ナショナル・ブランドにとっては向かい風で、プライベート・ブランドには追い風となっている[18]。

　プライベート・ブランドは事実、ナショナル・ブランドよりも成長が著しい。アメリカ市場でみてみると、プライベート・ブランド製品をすべて合わせると総販売数の22％以上を占め、2008年以降ではナショナル・ブランドの2倍以上の伸びを示している[19]。日本でも、この数年、大手小売業者がプライベート・ブランド商品を充実させている。例えば、大手小売業者イオンは、トップバリュという独自ブランドの名のもとに商品を多数用意している。ナショナル・ブランドとプライベート・ブランドとの、いわゆるブランド競争においては、多くの点で小売業者が優位に立つ。どれを仕入れるか、どの棚に置くか、価格をどうつけるか、配布するチラシに何を取り上げるかは、小売業者の意のままである。小売業者はまた、プライベート・ブランドを競合のナショナル・ブランドより安価に設定し、価格に敏感な買い手の支持を得ることもできる。プライベート・ブランドの開発は容易ではなく、在庫面でのコストもかかるが、流通業者にもたらす利益も大きい。競合他社では買えない排他的な商品が手に入るということで、店舗の差別化や店舗ロイヤルティの引き上げにも貢献する。

　ライセンス・ブランドという選択肢もある。たいていのメーカーは、独自のブランド名を市場導入するのに何年もの歳月と巨額のコストをかけている。だが、他メーカーが作ったネームやシンボル、有名人の名前、人気映画や本のキャ

ラクターなどをライセンス化している企業があり、いずれも代金を支払えば、すぐに実績のあるブランド名として使用できる。

　衣料品やアクセサリーの販売者は、使用料を支払うことで、カルバン・クライン、トミー ヒルフィガー、グッチといったファッション界で有名なネームを手に入れ、ソックス、ネクタイ、カバンなどの自社製品を飾っている。子供向け製品にしても、服、玩具、文具、ランチボックス、シリアルなどにキャラクターがついている。ライセンス供与されているキャラクターは、ミッキーマウス、ドラえもん、アンパンマン、ハローキティなどの昔ながらのものから、ポケモン、崖の上のポニョ、となりのトトロなどの比較的新しいものまで幅広い。現在では売れ筋玩具の多くが、キャラクターを伴った商品となっている。

　コ・ブランドとは、異なる企業のブランド名2つを同一製品で使用することであり、共同ブランドともいう。メリットは多数ある。それぞれのブランドが異なるカテゴリーを支配しているので、双方を組み合わせたブランドは幅広い顧客に対するアピール力を持ち、ブランド・エクイティが高まる。例えば、高級ひげそりのブランドであるアートオブシェイビングは、主流ブランドであるジレットと組んでフュージョン・クロム・コレクションを作り、「世界技術の先端を行くひげそり」として150ドルの電動ひげそりを売り出した。パートナーと組むことで、アートオブシェイビングはジレットの持つ大きな市場に手が届くようになり、ジレットの方は自社のひげそりラインに高級な輝きを加えることができたのである。

　コ・ブランドを用いれば、単独では参入が難しいカテゴリーへの進出も可能である。例えば、ナイキとアップルの共同ブランド「Nike + iPod スポーツ・キット」は、ナイキのシューズとiPodをリンクさせることにより、走りをリアルタイムに記録し、パフォーマンス向上につなげられるようにした。「あなたのiPod nano（もしくはiPod touch）がコーチ、専属トレーナー、気の合うトレーニング仲間に」なるのである。このNike + iPodという組み合わせのおかげで、アップルはスポーツ・フィットネス市場への参入機会を得たし、ナイキも顧客に新しい価値を届けることができた[20]。

ブランド開発

　ブランド開発には4つの選択肢がある（図7.9参照）。ライン拡張、ブランド拡張、マルチブランド、新ブランドである。

【図7.9】
ブランド開発戦略

	製品カテゴリー	
ブランド名	既存	新規
既存	ライン拡張	ブランド拡張
新規	マルチブランド	新ブランド

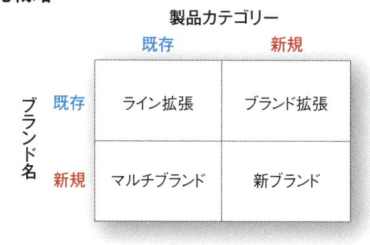

ライン拡張とは、既存のブランド名を使って、既存製品カテゴリーに形、色、サイズ、材料、フレーバーなどを変えた製品を導入することである。キリンチューハイ氷結では、レモン、グレープフルーツという従来からのフレーバーに加えて、青ウメやゆずなどのフレーバーを追加している。また、通常のアルコール分6％に加えて、アルコール分8％というストロングシリーズ、糖類ゼロを実現したZEROシリーズなども加えた。

ライン拡張は、低コスト、低リスクで新製品を導入する方法として用いられる。バラエティを望む消費者のニーズに対応できる、余剰生産能力を活用できる、小売業者の棚により広いスペースを確保できるといったメリットもある。だが、ライン拡張にはリスクもある。ブランド内での選択肢を増やしすぎると、消費者の混乱とフラストレーションを招く恐れがある。例えば、コカ・コーラはノンカロリーだけでもダイエットコークとコーク・ゼロという2つのサブブランドがある。さらに、フレーバーつきやノンカフェインもあり、ダイエットタイプだけで全10種類。その他、ビタミンやマグネシウムのミネラル入りのダイエットコーク・プラスなどもあり、アメリカ市場には計20種類ほどがある。これでは選択肢というより混乱の原因になってしまう。

ブランド拡張とは、新カテゴリーの新製品に既存のブランド名を使うことである。例えば、ケロッグはスペシャルKというシリアルのブランドを拡張し、シリアル以外のクラッカー、フルーツ・クリスプ、スナック、栄養バーなどを揃えた。世界的な自動車メーカーであるトヨタによる住宅産業への進出もブランド拡張と考えてよいだろう。

ブランド拡張を用いた新製品は、すばやい認知が得られ、人々から早く受け入れられる。新ブランドの構築にあたって必要となる多大な広告費も抑えることができる。その一方で、ブランド拡張戦略はリスクも抱えている。ブランド

拡張によって、オリジナル製品のイメージを傷つけてしまうかもしれない。バーガーキングの紳士服、プレイボーイの栄養ドリンク、ケロッグのヒップホップ・ストリート系ファッションなどは、最悪の拡張事例として知られている。また、ブランド拡張は既存ブランドを利用することなので、将来において大きな資産になったかもしれない新ブランドの構築機会を失ってしまうともいえる。

同一製品カテゴリー内で複数のブランドを扱う企業もあるが、これは**マルチブランド**と呼ばれる。例えば「お口の恋人」のコピーで知られているロッテはガム販売において、虫歯予防に効果のあるとされるキシリトール、口臭予防に効くACUO、眠気を覚ますブラックブラックガム、ソフトな食感のFit's、刺激の強いZEUSなど10以上のブランドを揃えている。マルチブランド戦略は、顧客セグメントそれぞれに対応する特徴を確立し、小売業者の棚を確保し、市場シェアの拡大などに有効である。

マルチブランドのデメリットは、各ブランドがわずかな市場シェアしか獲得できず、いずれでも高収益を期待できない可能性があることだ。少数のブランドの収益性を高めていくべきところを、多数のブランドに経営資源をばらまいただけ、ということになりかねない。こうした状態に陥ったアメリカの大手自動車会社GMはここ数年で、サターン、オールズモビル、ポンティアックなどのブランドをポートフォリオから外した。

新製品カテゴリーへの進出にあたって、既存ブランドのネームがどれも似つかわしくないため、**新ブランド**を作るという場合がある。資生堂はメーカーの名を一切出さない「アウト・オブ資生堂ブランド」として、イプサやアユーラなどを構築した。いずれも、資生堂ブランドとの結びつきを排除している。

マルチブランド同様、新ブランドの過度な導入は、経営資源を薄く広くばらまく結果になりかねない。また、一般消費財のように、たいした違いもないのにブランドが乱立していることを、消費者と小売業者がともに憂慮する業界もある。そこで、P&Gやクラフトフーズといった大手消費財メーカーは、メガブランド戦略をとっている。弱いブランドや成長の遅いブランドを間引き、当該カテゴリーの市場シェア1位、もしくは2位をねらえる成長見込みの高いブランドにマーケティング資金を集中するのである。日本でも、資生堂は新ブランドを導入する一方で、メガブランド戦略も進めている。

Discussion　　　　　　　　　　　　　　　　　　　　　　　　ディスカッション

Question 1
マーケティングでは、我々が日常用いている意味とは異なる意味で「製品」という言葉を用いている。マーケティングにおける製品の捉え方のポイントを整理してみよう。

Question 2
ほとんど手を加えることなく、消費財にも生産財にもなりうるような製品をたくさん挙げてみよう。

Question 3
ブランド拡張における成功例と失敗例を一つずつ取り上げ、それぞれの成功要因や失敗要因について考えてみよう。

Key Terms　　　　　　　　　　　　　　　　　　　　　　　　　　　重要語句

製品（p.168）
サービス（p.169）
顧客価値（p.171）
実態製品（p.171）
拡張製品（p.171）
消費財（p.172）
最寄品（p.172）
買回品（p.172）
専門品（p.172）
非探索品（p.173）
生産財（p.173）
ソーシャル・マーケティング（p.175）
製品属性（p.175）
ブランド（p.176）
パッケージング（p.177）
製品ライン（p.179）
アイテム（p.180）
製品ミックス（製品ポートフォリオ）(p.181)

サービスの無形性（p.182）
サービスの不可分性（p.183）
サービスの変動性（p.183）
サービスの消滅性（p.183）
サービス・プロフィット・チェーン（p.183）
インターナル・マーケティング（p.184）
インタラクティブ・マーケティング（p.184）
真実の瞬間（p.185）
サービス・リカバリー（p.186）
ブランド・エクイティ（p.189）
ナショナル・ブランド（p.193）
プライベート・ブランド（p.193）
ライセンス・ブランド（p.193）
コ・ブランド（p.194）
ライン拡張（p.195）
ブランド拡張（p.195）
マルチブランド（p.196）
新ブランド（p.196）

Chapter 8

新製品開発と
製品ライフサイクル戦略

　新製品は組織の命をつなぐ血液のようなものである。だが、新製品の開発にはリスクが伴い、失敗に終わることも多い。そこで本章ではまず、成功する新製品を見つけ、育てるプロセスについて整理する。そして、個々の製品にライフサイクルがあることを示し、その一生のうちの各段階で直面する難題と、そこで必要とされるマーケティング戦略および戦術を確認する。最後に、国際的な製品やサービスのマーケティングについて考察する。

　それでは、世界屈指の革新的企業、グーグルの事例から始めよう。グーグルは、人々が驚くような新技術や新サービスを次々と生み出している。情報の発掘や利用に関わることであれば、そこには革新的なグーグル流ソリューションが存在する。

OPENING STORY

オープニング・ストーリー

グーグル
光の速さの新製品イノベーション

　グーグルの革新性に異議を唱える人はいないだろう。2008年には『FAST COMPANY』誌の選ぶ「世界で最も革新的な企業」の第1位となり、他のランキングでもイノベーション関連では決まって上位に入っている。しかも、成功ぶりが実に華々しい。マイクロソフトやヤフーといった巨人との壮絶な争いの中で、コア・ビジネスであるオンライン検索の市場シェアは66％に達しており、第2位と第3位の合計の2.5倍である。さらに、携帯端末からの検索では86％、検索による広告料収入総額でも60％のシェアを獲得している。

　成長したグーグルは、もはやネット検索とネット広告だけの会社ではない。同社のミッションは「世界中の情報を整理し、世界中の人々がアクセスできて使えるようにすること」である。グーグルにとって情報は一種の天然資源であり、発掘し、精選し、あまねく流通させるものなのだ。世界地図を作ったり、携帯電話の画面でインターネット検索が利用できるようにしたり、果てはインフルエンザ流行の予兆を知らせたりと、一見ばらばらな各種プロジェクトにも統一性がある。グーグルのイノベーションは、情報の利用という点に焦点が当てられているからだ。

　グーグルはイノベーションというものを心得ている。多くの企業は慎重に段階を踏んで開発を行うため、場合によっては新製品が花開くまでに1、2年かかる。ところが、グーグルの自由奔放な新製品開発プロセスは数週間で進む。競合他社が最初の思いつきを精査し、承認しているうちに、この機敏な革新者は大型新サービスを現実のものとしてしまう。あまりの速さに他社の製品開発担当者は唖然とするだろうが、グーグルではいたって標準的なイノ

華々しい成功を遂げているグーグルは、とんでもなく革新的だ。そこで働く人に尋ねれば、イノベーションは単なるプロセスではないと答えるだろう。その場の空気、精神にイノベーションが宿っているのだ。

OPENING STORY

ベーションの進行である。

　グーグルの会長エリック・シュミットは、新製品開発に2年計画などありえないという。ほんの4、5カ月先を見て新製品の開発計画を立てている。あっという間に失敗するプロジェクトを見る方が、入念に計画して、長々と検討してきたものが失敗するのを見るよりましだとシュミットは考えている。カオス状態で名高いイノベーション・プロセスから新製品が次々と生まれるのである。WEBメール（Gmail）、ブログ検索エンジン（Google Blog Search）、オンライン決済サービス（Google Checkout）、携帯アプリケーション用の統合プラットフォーム（Google Android）、世界地図を作って探検するプロジェクト（Google MapsとGoogle Earth）、地域のインフルエンザ流行を早期に予測するシステム（Flu Trends）、利用者どうしで情報や画像を共有しあう（Google＋）、店舗や場所に関する情報サービス（Google Place）と、実に幅広い。

　グーグルは、あらゆるところから新製品のアイデアを得ている。それらをまとめているのが、人々に便利に情報を見つけてもらい、使ってもらいたいという同社の情熱である。グーグルの従業員にとって、イノベーションは責務であり、技術者は勤務時間の20％を独自の新製品開発に費やすよう義務づけられている。そして、新しいアイデアはすぐさまベータ版としてリリースされ、究極の審判員、すなわち将来の使用者がそれをテストする。ある観測筋は次のように語っている。「世界一の頭脳を持つ2万人を1カ所に詰め込めば、多様なアイデアの実る庭ができあがる。その天才集団に対して、何であれ情熱をかきたてられるプロジェクトに週1日は取り組むよう指示しておけば、期待を裏切られることはめったにない」。これが有名なグーグルの「20％ルール」である。新しいアイデアのいくつかは実際のサービスになる。

　グーグルにとってイノベーションは、単なるプロセスではなく企業のDNAに刻まれている。同社の研究者は、「グーグルのどこでイノベーションが起きているのかって？そこらじゅうですよ」と述べている[1]。

　企業が製品を獲得する方法は2通りある。1つは買収であり、企業そのものを買うこともあれば、特許や他社製品の製造ライセンスを買うこともある。もう1つは、自らによる**新製品開発**である。ここでいう新製品とは、R&D（研究開発）により生まれるオリジナル製品、改良製品、新モデルのことだ。

　新製品は顧客にとっても、それを扱うマーケターにとっても重要な存在である。顧客にとっての新製品は、生活に新しい解決策や変化をもたらしてくれる。企業にとっては、成長の鍵となる。景気が低迷していてもイノベーションは続

けなくてはならない。顧客が経済状況に応じて購入する製品を変えても、新製品があれば新しい形で顧客と結びつくことができる。アメリカン・エキスプレスのCMOジョン・ヘイズは、「絶えずイノベーションを続けないと、時代に追い抜かれてしまう」と述べている[2]。

だが、イノベーションは高いコストと大きなリスクを伴う。新製品の勝算は低く、80％が失敗、もしくは期待を大きく下回るというデータもある。失敗に終わった食料品だけでも、アメリカでは年に200億から300億ドルの損失に上る[3]。これほど多くの新製品がなぜ失敗するのか。理由はいくつかある。アイデアはよいのに、市場規模を過大に見積もっていた場合。あるいは、製品設計自体に問題がある場合。ポジショニングが不適切、発売時期が悪い、価格が高すぎる、広告が不十分といった場合もあるかもしれない。マーケティング・リサーチの結果が思わしくないにもかかわらず、上層部が個人的に気に入って推し進めることもあるだろう。製品開発コストが計画をオーバーしたり、予想以上に激しい競合他社の抵抗に見舞われたりもする。

新製品開発のプロセス

新製品の開発で成功するには、市場や競合他社を理解して、顧客に優れた価値を届けなければならない。そのためには、顧客主導型新製品開発プロセスを体系的に進める必要がある。**図8.1**は、新製品開発プロセスにおける主な8つのステップを示している。

【図8.1】
新製品開発の主なステップ

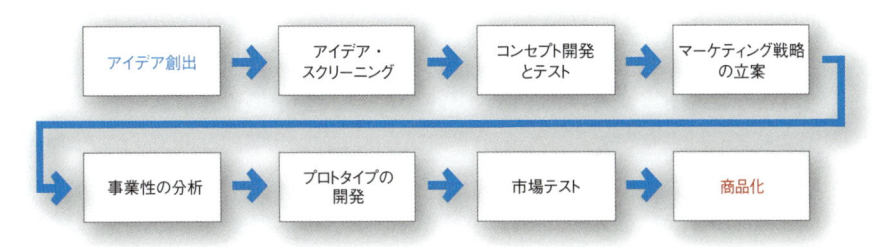

アイデア創出 → アイデア・スクリーニング → コンセプト開発とテスト → マーケティング戦略の立案 → 事業性の分析 → プロトタイプの開発 → 市場テスト → 商品化

アイデア創出

　新製品の開発は、**アイデア創出**から始まる。1つの新製品を開発するためには、何百、何千ものアイデアをひねり出すのが普通である。新製品アイデアの源泉としては、それを社内に求める場合と、顧客、競合他社、販売業者、供給業者などの社外に求める場合がある。アイデアを社内のソースに求める場合、正式なR&Dが最初に思い浮かぶ。しかし、世界中のCEO750名を対象にした調査によると、革新的アイデアを伝統的なR&Dから得ていると答えたのは14%。従業員から得ているという回答は41%、顧客からは36%だった[4]。つまり、自社のR&Dプロセスだけでなく、役員、技術者、工場スタッフから販売スタッフまで、さまざまな従業員の頭脳を利用できるのである。「社内起業家」プログラムをうまく活用して、従業員に新製品の発案を促している企業も少なくない。

　企業はまた、社外のソースを利用して優れた新製品アイデアを得ることができる。例えば、流通業者や供給業者がアイデアをもたらす場合がある。市場に近い流通業者は、顧客の抱える問題や、新製品の可能性に関わる情報提供が可能である。また、供給業者は新製品開発に使えそうな新しいコンセプト、技術、素材を教えてくれる。競合他社も重要なアイデア・ソースである。他社の広告から新製品の糸口をつかんだり、競合製品を購入し、分解して仕組みを調べ、売上状況を分析し、自社からも類似の新製品を出すべきかどうか判断したりする。他にも業界誌、展示会、セミナー、政府機関、広告会社、マーケティング・リサーチ会社、大学や民間の研究所、発明家などもアイデア・ソースとして利用されている。

　だが、新製品のアイデアをもたらす最も重要なソースは、おそらく顧客自身である。顧客からの質問や苦情を分析することで、優れた新製品が見つかる場合がある。顧客に提案やアイデアを教えてもらうのもよいだろう。例えば無印良品では、ウェブサイトで顧客に作ってほしい新製品のアイデアを募集している。同サイトの「ご意見パーク」には顧客のリクエストや意見が公にされ、「子ども向けレトルトカレーの開発をお願いします」、「授乳服の長袖ボーダーの生地がよれよれで柔らかすぎます。すぐ伸びる」など、新製品へのアイデアがあふれている。

　新製品のアイデアをより広く、クラウドソーシングやオープンイノベーションによって得ようとする企業も多い。**クラウドソーシング**とは、イノベーショ

ンの門戸を開け放ち、顧客、従業員、フリーの科学者や研究者、ときには不特定多数の人々まで、広く製品イノベーションのプロセスに関わってもらう方法である。

クラウドソーシングのネットワークであるイノセンティブは、法人顧客（「シーカー」）と20万人を超す科学者（「ソルバー」）の仲介役を務めている。シーカーである企業が「解決すべき課題」を投稿し、ソルバーは解決策を提供することで最高100万ドルの賞金を手に入れる。例えばP&Gの場合、汚れた皿でいっぱいのシンクに水をはったとして、投入する食器用洗剤の適量がわかる仕組みを作りたいと考えた。イノセンティブ上でこれを見たイタリアの化学者が自宅の実験室で取り組み、洗剤が適量加わったら水の色が変わる染料のようなものを開発した。課題解決の報酬は3万ドルだ。P&Gによると、同社の製品イノベーションに利用している社外ソースの要素は、2000年の15%から2010年には50%以上に跳ね上がったという[5]。

アイデア・スクリーニング

数々のアイデアを思いついたら、次はそのアイデアを有望なアイデアだけに絞り込んでいかなくてはならない。その最初のステップである**アイデア・スクリーニング**では、できる限り短期間で優れたアイデアを選び出し、取るに足らないものをふるい落とす。製品開発にかかるコストは開発プロセスの先に進むほど増大するため、見込みのあるアイデアに絞って進めるべきである。

多くの企業では委員会を設け、フォーマットを用いてアイデアを判断する。そのフォーマットには、製品やサービスの概要、ターゲット市場、競合状況、市場規模、製品価格、開発に要する期間とコスト、製造コストなどが記載されていて、委員会はフォーマットを用いてアイデアを評価する。

あるマーケティングの専門家は、新製品のスクリーニングに「R-W-W」というフレームワークを提唱し、3つの質問を投げかけている。第1に、現実的か（Real）。その製品に対するニーズは存在するのか、顧客は購入できるのか。その製品のコンセプトは具体的か、市場を満足させられるのか。第2に、勝てるか（Win）。その製品は競争優位を実現しうるか。その製品を成功に導く経営資源を自社は有しているか。そして最後の第3が、やるだけの価値があるか（Worth doing）。その製品は全体的な成長戦略に貢献するか。十分な利益を上げられるか。これら3つの質問にすべて「イエス」と答えられた新製品のアイデアに限っ

て、先のステップに進むことができる[6]。

コンセプト開発とテスト

　魅力的なアイデアは、**コンセプト開発**の段階へと進められる。ここで大切なのは、製品アイデア、製品コンセプト、製品イメージの3つを明確に区別することである。製品アイデアとは、市場に提供しうる製品についてのアイデアである。製品コンセプトとは、製品アイデアをより詳しく、顧客に理解される言葉で述べたものである。そして製品イメージとは、実際の製品を顧客がどのように知覚するかということである。

　ある自動車メーカーが水素で走る燃料電池自動車を開発したとしよう。最初のプロトタイプは流線形をしたスポーティなデザインで、価格は1,000万円以上もする[7]。だが、今日のハイブリッドカーに対抗するものとして、より手頃なモデルを近い将来に発売したいと考えている。この燃料電池自動車は、静止状態から時速約100キロメートルまで5秒ちょっとで加速し、一度の充填で約600キロメートルも走る。

　ここからマーケターに課されるのは、新製品を複数の製品コンセプトに発展させ、それぞれのコンセプトを顧客にとっての魅力度で評価し、最良のものを選び出すという作業である。この場合、次のような製品コンセプトが考えられるだろう。

●コンセプト1：20代から30代にアピールする中価格帯のスポーティなコンパクト車。
●コンセプト2：環境問題に高い関心を寄せる人にアピールする低公害車。
●コンセプト3：SUV（スポーツ用多目的車）の広さは好きだが、燃費効率の悪さを嘆いていた人にアピールする高級な中型多用途車。

　コンセプト・テストでは、標的とする顧客の集団を使って新製品のコンセプトをテストする。コンセプトは象徴的に示す場合も、物理的に示す場合もある。いきなり製品化しようとするのではなく、顧客の反応をうかがうコンセプト・テストを実施する企業は多い。コンセプトによっては、言葉や写真を使った説明で十分かもしれないが、より具体的かつ物質的にプレゼンテーションすれば、テストの信頼性は向上する。コンセプトを提示された顧客は、続いて**表8.1**に

示したような質問に答えるよう求められる。

　企業はこれらの質問に対する答えを参考に、最もアピール力の高いコンセプトを判断する。例えば、最後の質問は顧客に購買意図を尋ねるものである。顧客の2％が「絶対に買う」と答え、5％が「たぶん買う」と答えていれば、企業は標的とする人口にこの数字をかけて、大まかな販売台数を見積もることができるだろう。

【表8.1】燃料電池自動車に関するコンセプト・テストの質問

1. 燃料電池自動車のコンセプトについて、ご理解いただけましたか。
2. この自動車の性能に関する主張は本当だと思いますか。
3. 従来の自動車と比べて、この燃料電池自動車のどこが気に入りましたか。
4. ハイブリッド車と比べて、どのような点が優れていると思いますか。
5. 改良を加えるとすれば、どのような点ですか。
6. 従来の自動車ではなく燃料電池自動車を使いたいと思うのは、どのようなときですか。
7. この自動車の価格は、いくらなら妥当だと感じますか。
8. このような自動車を買う場合、誰と相談して決めますか。運転するのは誰ですか。
9. このような自動車を（絶対に買う、たぶん買う、たぶん買わない、絶対に買わない）。

マーケティング戦略の立案と事業性の分析

　燃料電池自動車のコンセプト・テストの結果、コンセプト2がベストだと判断されたとしよう。次は**マーケティング戦略の立案**であり、市場に出すための初期マーケティング戦略を設計する。マーケティング戦略ステートメントは、3部で構成される。最初に、ターゲット市場、予定している価値の提案、発売後数年間の売上目標、市場シェア目標、利益目標を記述する。今回のケースでは以下のようになる。

　「ターゲットは、高学歴で中高所得者層に属していて環境意識の高い家族である。従来の内燃エンジン車やハイブリッド車に比べ、より運転が楽しい低公害車としてポジショニングされる。初年度の売上目標は2,000台」。

　マーケティング戦略ステートメントで次に記述するのは、予定している価格、流通、初年度マーケティング予算の概略である。「燃料電池自動車には赤、白、青の3タイプを用意し、各種付属品は完全標準装備とする。小売価格250万円、ディーラーへの卸値はその15％引き。広告宣伝費は30億円とし、全国メディア

による広告と地域イベントに半々で振り分ける。広告とウェブサイトでは、環境性能の高さを前面に押し出す」。

マーケティング戦略ステートメントの最後の部分は、長期的な売上目標、利益目標、マーケティング・ミックス戦略についての記述である。「長期的には自動車市場シェア3％、税引き後投資利益率15％の実現をねらう。この目標を達成するために、当初より高品質イメージで参入し、以降さらに改良を進めていく。マーケティング予算は年約10％ずつ上積みしていく」。

製品コンセプトとマーケティング戦略が決まったところで、事業としての魅力を評価しなければならない。**事業性の分析**とは、新製品の売上、コスト、利益計画を確認し、企業目的を満たすものとなっているかどうかを調べるステップである。企業目的を満たしていれば、その製品は開発ステージへ進むことができる。

売上予測にあたっては、類似製品の売上推移を参考にするとともに、市場調査を実施するとよい。そうすれば売上の最低ラインと最高ラインの予測がつき、リスクの幅を見積もることができる。売上予測ができた段階で、マーケティング費用、研究開発費用、営業費用、財務費用などのコストを見積もり、売上とコストの数字から、新製品の財務面での魅力を評価する。

プロトタイプの開発と市場テスト

多くの場合、この前段階までの新製品は言葉で表したものや絵に描いたものにすぎない。事業性の分析に合格したら、いよいよ**プロトタイプ（試作品）の開発**になる。研究開発部門もしくは技術部門が、製品コンセプトを形のある製品へと発展させるステップである。

このステージに入ると、必要となる投資額が飛躍的に増加する。研究開発部門は、製品コンセプトを具体的な形にしたものをいくつか作製し、テストする。顧客を満足させるとともに熱狂させ、限られた時間に予算内で生産できなくてはならない。厳密な検査を実施するとともに、製品が安全かつ効率的に機能するか、顧客にとっての価値を十分備えているかどうかの確認も忘れてはならない。プロトタイプの段階で、実際の顧客に製品評価の協力を依頼することも少なくない。

次のステップは**市場テスト**であり、実際の市場環境で製品とマーケティング・プログラムのテストが行われる。多大な費用を投じて全国的な市場展開に入る

前に、製品のマーケティングを経験してみようという試みである。テスト対象となるのは、製品とマーケティング・プログラム全般、つまりターゲティングとポジショニングの戦略から広告、流通、価格設定、ブランディングおよびパッケージング、予算水準にいたるまでのすべてである。テスト市場の場については、東京や大阪などの大消費地と好みが類似しているという理由から、北海道、新潟県、静岡県、岡山県、広島県などが選ばれる。

　市場テストに必要な規模は、製品によって異なる。十分な予算を費やしてもよいが、時間がかかるせいで競合他社の追随を許してしまうこともある。コストを抑えたい場合や、経営陣が新製品に自信を持っている場合は、市場テストをほとんど、あるいはまったく行わないこともある。事実、消費財を扱う企業では近年、市場テストが減少傾向にある。その一方で、新製品の投入が巨額の投資を要するとき、リスクが高いとき、製品やマーケティング・プログラムに自信がないときなどは、市場テストを何度も繰り返すこともある。例えば、ケンタッキー・フライド・チキンの大型新商品ケンタッキー・グリルド・チキンは、アメリカでの本格展開の前に3年を費やして製品テストと市場テストを行った。

　企業はまた、シミュレーション型テスト市場を利用して、新製品のテストを行うこともできる。実験店や疑似購買環境を用いて、新製品やマーケティングに対する顧客の反応を確認する手法である。今では多くのマーケターがオンラインによるシミュレーション型マーケティング技術を利用して、市場テストのコストを抑えつつ、一連のプロセスのスピードアップを図っている。例えば、アメリカのスナック菓子メーカーであるフリトレーはリサーチ会社ディシジョン・インサイトと組んで、新製品やマーケティングのアイデアをテストするために、オンラインの仮想コンビニエンスストアを作った[8]。

　オンライン・ショップ「シミュショップ」のおかげで、フリトレーはレイズ、ドリトス、チートス、フリトスといったブランドについて、ブランド拡張や棚の配置、価格、パッケージの変更に対して顧客はどう反応するか、さまざまな店舗設定でテストができる。雇われた買物客はオンライン・ショップを訪れ、フリトレーと競合他社の製品が並んだ、まるで本物のような仮想陳列棚を眺める。もっと詳しく見たければ、個々の製品をクリックすればよい。そして、製品を選んでカートに入れる。買物がすんだところで、一部の顧客に対しては画面上で1対1のインタビューが行われ、なぜその製品を選んだのかを尋ねる。フ

リトレーのマーケターは決定までの全プロセスを、現実世界で起こりうることについて、大量の情報を入手できるのである。のちに現実世界で採取したデータと突き合わせてみても、シミュショップ上と実際の購買行動との間には90％以上の関連性が認められている。

商品化

市場テストが終われば、新製品の発売に関する最終意思決定を行うための情報が揃う。**商品化**に進み市場に新製品を投入する場合は、多大な資金が必要となる。新製品の生産設備を作るなり、どこかから借りるなりしなければならない。また、新製品が大型の消費財なら、初年度は広告、販売促進、その他のマーケティング活動に何億円もかかるだろう。

新製品を出そうとする企業は、まず発売時期を決めなくてはならない。燃料電池自動車が自社の他乗用車の売上を脅かすようであれば、発売時期を遅らせるのが賢明かもしれない。まだ改良の余地がある場合や、景気が低迷している場合も、翌年まで販売を見合わせてもよいだろう。逆に、他社が同じような電気自動車をまさに発売しようとしているなら、前倒しで先んじるという選択肢もある。

新製品開発のマネジメント

図8.1（P.201）に示した新製品開発のステップでは、新製品アイデアの発掘、新製品の開発と市場導入において必要な活動を取り上げている。だが、新製品を開発するというのは、一連のステップを踏んでいけばいいという単純なものではない。成功するには、顧客中心の姿勢とチーム型の製品開発が重要な鍵となっている。

顧客中心の姿勢

新製品開発で最も重要なのは顧客中心の姿勢である。新製品の開発でよく見られるのが、技術面への偏重である。マーケティングにおける他の活動同様、新製品開発を成功させるには、顧客ニーズと顧客価値を徹底的に理解することから始めなくてはならない。**顧客中心の新製品開発**では、顧客が抱える問題の

解決方法の発見と、顧客が満足する経験の創出に焦点を合わせる。

　ある研究によると、最も成功するのは差別化されていて、顧客の抱える大きな問題を解決し、心をつかんで離さない価値を備えた製品だという。別の研究結果によると、新製品のイノベーション・プロセスに顧客が直接関わっている企業は、そうでない企業と比べて資産利益率で2倍、営業利益の増加率で3倍だという。つまり、新製品開発のプロセスにおいても、顧客を巻き込むことはプラスに作用するのである[9]。

　例えば、一般消費財業界における新製品の成功率はわずか15〜20％だが、P&Gでは50％を超えている。前CEOであるA・G・ラフリーは、この成功の最大要因は顧客ニーズを理解したことだという。かつてのP&Gは事前のニーズ把握を行わず、新製品を押しつけようとしていた。だが、現在は「リビング・イット（生活してみる）」と呼ぶプロセスを採用し、顧客ニーズに直結した製品アイデアを得るために、調査員が購買者とともに数日を過ごすようなことをしている。同様に、インサイトを求めて店舗に出入りする「ワーキング・イット（働いてみる）」というプロセスもある。さらに、「コネクト＋デベロップ」というサイトでは、新製品や既存製品に関するアイデアや提案を顧客から募っている。「すべての意思決定の中心に顧客を据えるというやり方に変えたところ、大きく外すことがなくなりました」とラフリーは述べている[10]。

チーム型の製品開発

　優れた新製品を開発するためには、全社あげての職能横断的な取り組みも必要である。企業によっては新製品開発のプロセスをきちんと組織化し、図8.1に示したように、アイデア創出から始まり商品化で終わるようにしている。このような段階的な開発アプローチの場合、各部門は個別に働き、担当ステージを完了させて、バトンタッチを繰り返すリレーのように次の担当部門に引き継いでいく。規則正しく順を追って進むため、複雑でリスクの高いプロジェクトではコントロールを利かせやすい。しかしながら、移り変わりと競争の激しい市場において、このようにじっくり着実に進める開発は、製品の失敗や売上の機会損失につながりかねない[11]。

　新製品をより迅速に市場に送り出すために、多くの企業は**チーム型の製品開発**を採用している。これは、さまざまな部門が職能横断的なチームとして密接に連携し、製品開発における複数のステップを同時進行させることによって、

時間短縮と効率化をねらうものである。新製品を部門から部門へと受け渡していくのではなく、さまざまな部門の人材を集めて編成したチームが、最初から最後まで新製品開発に携わる。人材を供出する部門としてはマーケティング、財務、設計、営業などが一般的だが、さらに供給業者や顧客企業が加わることもある。段階的な製品開発では、あるフェーズのボトルネックがプロジェクト全体の遅延につながる恐れもあるが、チーム型の製品開発なら、いずれかの分野で壁に直面してもチームは動き続け、その間に課題解消に努めることができる。我が国のハイテク企業を対象とした分析によると、製品開発における顧客志向は製品開発チームの凝集性とアイデンティティを向上させることにより、新製品パフォーマンスを高めることが明らかにされている[12]。

　チーム型にも弱点はある。例えば、通常の段階的な開発に比べて、組織に緊張やコンフリクトが生じやすくなる。それでも、製品ライフサイクルの短縮化が進む変化の激しい業界にとっては、迅速で柔軟な製品開発にはリスクを補って余りあるメリットがある。

激動の時代における新製品開発

　厳しい経済情勢の直撃を受けたとき、あるいは財政難に直面したとき、経営陣としては新製品の開発費を削りたくなるだろう。しかし、そのような考えはたいていの場合、短絡的である。新製品をないがしろにすると、景気の低迷が続く間中、あるいはその後も、競争力を低下させることになる。厳しい時代にこそ、変化する顧客のニーズや好みと市場提供物との調整が難しくなり、新製品開発が必要となるはずである。

　試練のときのイノベーションは、役に立ちこそすれ害にはならない。もしアップルが直面していた困難な時代にiPod、iTunes、iPhoneを開発していなければ、どれほどの苦境に立たされていただろう。よい時代も悪い時代も成長と繁栄を望むのであるならば、企業はイノベーションと新製品開発を続けなければならない。景気低迷期は激動の時ではあるが、同時に大きなチャンスでもあると有能な実務家たちは考えている。

REAL MARKETING　　　　　　　　　　　　　　　　　　　　　　　リアル・マーケティング

レゴ・グループ
顧客リレーションシップの構築

　プラスチック製ブロックの「レゴブロック」は、半世紀以上にもわたり世界中の家庭で支持されている。地球上には現在、4,000億個ものレゴブロックが存在しており、月までの高さの10倍のタワーを作れるほどである。デンマークを拠点とするレゴグループ（TLG）は、今では130カ国以上で1秒に8セットのレゴを売る、世界第3位の玩具メーカーとなっている。

　ところが2003年、TLGは倒産の危機に瀕していた。売上の減少が止まらず、年に3億ドルのペースで落ちていた。企業は顧客についていけなくなっており、その結果、製品も時代遅れとなっていた。インターネット、テレビゲーム、iPodなどハイテク玩具の時代に、レゴブロックのような旧来の玩具は押入れの奥に追いやられてしまった。

　TLGにはまず、顧客とのつながりを取り戻す必要があった。そこで同社は顧客の声に耳を傾け、顧客を理解し、新製品開発のプロセスに顧客を巻き込むことから始めた。次に、獲得したインサイトを利用して、より今日的な次世代製品の開発にとりかかった。顧客に対して昔のままのブロックセットをただ押しつけるの

〈上〉1950年代の商品は、基本的なパーツを組み合わせて遊ぶものが主だった。〈下〉2003年に倒産の危機に瀕したTLGは、顧客へのエスノグラフィー調査から、よりできあがりのはっきりした製品づくりへとシフトした。パトロールカーや警察官がセットになった「ポリスステーション」は、現在の人気商品のひとつ。

ではなく、顧客とともに新しい製品とコンセプトの開発に乗り出したのである。

例えば、同社は顧客をより深く知るために、個人に密着したエスノグラフィー調査を実施した。7〜9歳の子供につきあい、普段の遊ぶ様子を観察した。「我々は消費者のことを、つまり、世界中の子供たちのことを理解しているつもりでした」と同社のマーケターは語る。だが、実際は「自分たちで思っているほどわかってはいなかった」のだ。エスノグラフィー調査から得た大量の「気付き」は、ブランドが長く大切にしてきたものの多くを打ち砕いた。例えば、TLGは「シンプルに」というスローガンに固執していた。当初からブロック、基礎板、梁、ドア、窓、タイヤ、傾斜した瓦屋根など基本的なパーツが入ったセットだけを、手引きなどないも同然の状態で販売していた。ばらばらのままのセットを与えることにより、子供のイマジネーションを刺激して創造力を育むという哲学である。だが、今のこのご時世に、それではうまくいかない。現代っ子はすぐに飽きてしまう。

そこでTLGはより特定的で、できあがりのはっきりした製品へとシフトした。今ではテーマのある製品ラインや特定の構造物を作るためのセットを中心に、多様なピースを年に7,000種類も発売している。四角いレゴブロックの基本セットを購入して、家や車を作るだけではない。本物そっくりの消防車からヘリコプターなど、あらゆるもののモデルのキットを買うことができるのだ。そのラインナップは定期的に刷新され、中核となる製品アソートメントは毎年60％が入れ替わる。

TLGは新製品を開発するにあたって、世界中で25万人にも及ぶ大人のレゴファンAFOL（adult fan of LEGO）のコミュニティに積極的な接触を図っている。定期的にインプットを提供してくれる「顧客大使」の名簿を作成し、製品開発のプロセスに直接加わってもらう。

顧客中心型の新製品開発の力により、TLGは現在、好調である。弱体化する経済の中で玩具市場も落ち込みを見せ、マテルやハスブロといったライバルが苦闘している一方で、レゴグループは5年間で売上2.5倍、利益は4倍に上がった。

出典：“LEGO Grows by Listening to Customers,” *Advertising Age*, November 9, 2009, p. 15；Nelson D. Schwartz, “Beyond the Blocks,” *New York Times*, September 6, 2009, p. BU1；Jon Henley, “Toy Story,” *Guardian*, March 26, 2009, p. F4；Kevin O'Donnell, “Where Do the Best Ideas Come From? The Unlikeliest Sources,” *Advertising Age*, July 14, 2008, p. 15；Lewis Borg Cardona, “LEGO Learns a Lesson,” *Change Agent*, June 2008, http://www.synovate.com/changeagent/index.php/site/full_story/lego_learns_a_lesson/；および www.lego.com/eng/info/、http://mindstorms.lego.com/enus/community/default.aspx、2010年9月現在、The LEGO Group Annual Report 2012；およびLEGO.com UKサイト"ABOUT US"より。

製品ライフサイクル戦略

　生き物に寿命があるように、製品にも生まれてから死ぬまでの寿命がある。われわれは、それを製品ライフサイクルと呼んでいる。永遠に売れ続けることは期待しないまでも、発売のために負った努力とリスクを取り戻せるだけの利益は稼いでもらいたい。**図8.2**は、典型的な**製品ライフサイクル（PLC）**を示したものであり、製品の売上と利益がたどる道筋を表している。一般に、PLCは製品開発期に続く4つの段階で説明できる。

1. 導入期は製品が市場に投入され、売上がゆっくりと伸びていく期間である。この段階では製品の市場投入に伴うコストが大きいため、利益はほとんど得られない。
2. 成長期になると、製品が急速に市場に受け入れられ、売上も利益も急増する。
3. 成熟期は、製品が潜在的な買い手にほぼ受け入れられており、買い替え需要が中心となり売上の伸びが鈍化する期間である。競争から守るためのマーケティング支出が増加するため、利益は横ばい、もしくは減少に転じる。
4. 衰退期には売上が下落し、利益も減少する。

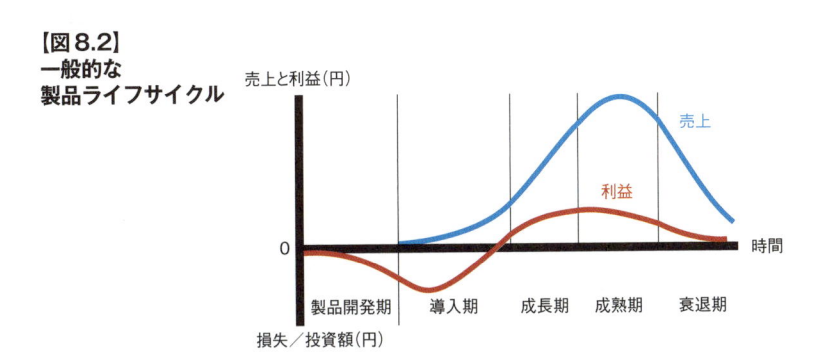

【図8.2】
一般的な製品ライフサイクル

製品ライフサイクルの特徴

　すべての製品がPLCの4段階すべてを経るわけではない。導入期ですぐに消え去る製品もあれば、長々と成熟期にとどまる製品もある。衰退期に入ってか

らでも、強力なプロモーションや再ポジショニングにより、PLCの延命を図ることも可能だ。また、ブランドのマネジメントがしっかりできている製品は、長期にわたり市場に存在し続けられる。江崎グリコのポッキー、花王のメリット、ヤクルトのミルミルなどのブランドは、30年以上経過してなお健在である。

　PLCの概念は、製品カテゴリー（ガソリン車）、製品タイプ（SUV）、ブランド（BMW X5）などの各水準で検討できる。製品カテゴリーは最もライフサイクルが長く、そのため多くの場合、成熟期のステージにとどまっている。一方、製品タイプは標準的なPLCのパターンを示す傾向にある。ブランドのライフサイクルは、競合他社による攻撃や反撃の状況変化により、急激に変わることがある。例えば、TSUBAKI、アジエンス、ラックスなどのヘアケア製品のブランドは、激しい攻防を繰り返している。

　PLCの特殊型として、スタイル、ファッション、ファッドが知られている。これらの特殊なライフサイクルは**図8.3**に示されている。**スタイル**は、基本的で独特な表現形式のことを指しており、住宅（コロニアル様式、農場風、折衷型）、衣服（フォーマル、カジュアル）、芸術（写実主義、超現実主義、抽象主義）などに見られる。一度考えだされたスタイルは、流行したりすたれたりしながら、何世代にもわたって続く場合がある。**ファッション**とは、ある分野で受け入れられている、もしくは人気のある様式である。水着におけるワンピースやツーピースなどの流行などが代表的であり、こうしたファッションは数年ごとに移り変わっている。**ファッド**は、消費者の熱狂やブランド人気などに突き動かされ、一時的に異常なほど売れることをいう[13]。たまごっちやルーズソックスの売上が一時急騰したことを思い出してみよう。ルービックキューブやバナナダイエットなどもその例である。

【図8.3】
スタイル、ファッション、ファッド

PLCの概念を利用すれば、製品や市場の動きをうまく説明することができる。そして、扱いさえ間違えなければ、各段階に応じたマーケティング戦略の策定にも役立つ。しかし、マーケティング戦略の策定にPLCを使おうにも、PLCはマーケティング戦略の結果としてもたらされるという見方もある。つまり、PLCはマーケティング戦略を立案するための説明変数なのか、マーケティング戦略の結果として得られる被説明変数なのか、といった議論が以前から繰り返されている。

　しかし、PLCの考え方には、少なくとも継続的にイノベーションに取り組まない企業は死に絶える恐れがある、という教訓が備わっている。現在の製品ラインナップでどれほど成功していても、引き続き将来も栄えるよう、ライフサイクルを巧みにマネジメントする必要がある。また、成長するためには、新しい価値を備えた新製品が続くよう、開発に取り組まなければならない。以下では、PLCの各段階について考察していこう。

製品ライフサイクルの4つの段階

　導入期は新製品が初めて市場に登場するところから始まる。導入には時間がかかり、売上の伸びもおおむね緩やかである。今では広く知られているカーナビゲーションや高画質テレビなども、成長期を迎えるまでには何年もかかった。他の段階と比較すると導入期の売上は少なく、流通とプロモーションに投じる費用がかさむので、利益はマイナスか、あってもわずかである。

　導入された新製品が新カテゴリーであれば、先発企業としての優位性を得ることができ、戦略を間違えなければ市場リーダーとなり、その地位を維持し続けることができる。導入期に目先の利益にとらわれて、「収穫」戦略をとってしまうと、長期的な収入源を失ってしまうかもしれない。

　市場で支持を得ることのできた製品は**成長期**に入り、売上の急速な伸びを見せはじめる。初期採用者は買い続け、その他の買い手もあとに続く。利益機会を察知した競合他社が参入し、新たな特徴を加えた製品が投入されるため、市場は拡大していく。価格は従来のままか、あるいはわずかに低下する。

　成長期にはプロモーション費用を要するが、単位あたりの製造コストが低下するため利益は伸びる。市場の成長を可能な限り長く維持するために、企業は製品の質を改善したり、新しい特徴やモデルを用意したり、新しい市場セグメントや流通チャネルに参入したりする。

ある時点で売上の伸びが鈍化し、製品は**成熟期**の段階へと移る。それまでの各段階よりも成熟期は一般的に長く続き、マーケティング・マネジメントに数々の難題を突きつける。今日の製品のほとんどは、この成熟期に位置している。成長が鈍化すると、多くのメーカーが売らなければならない製品を多数抱えた状態になり、過剰生産が競争の激化を招く。競合各社は値下げを始め、広告費や販売促進費を増やし、製品を改良するための開発予算を上積みするので、利益は圧迫される。競争力の弱い企業は脱落しはじめ、最終的には基盤のしっかりした企業だけが残る。成熟期に位置する多くの成功製品は、長期間どこも変わらないように思われるが、たいてい顧客ニーズの変化に合わせて進化している。

例えば、新しい利用シーンや新しい市場セグメントを見つけたり、1回あたりの消費量を増加させようとしたりする。資生堂のシーブリーズは110年以上もの歴史を有するブランドであり、「夏の海」といった使用シーンで、1980年代にはマリンスポーツなどを楽しむ若者をターゲットとして「海・夏・太陽」を連想させるブランドイメージを構築した。2007年にはアウトドア嗜好の若者の減少傾向や海水浴に対するトレンドの変化などを捉え、使用シーンを「日常の街」に変え、ターゲットを10代へと変更した。その結果、シーブリーズのデオ＆ウォーターの売上高は2006年時点と比べて、2010年には8倍以上にも跳ね上がった。デオ＆ウォーターは、10代女子の6割、10代男子の4割が使う定番アイテムとなっている（2012年8月、資生堂調査）。線香のメーカーである日本香堂も、「喪中はがきが届いたら」というキャンペーンを2008年から実施し、進物用線香の売上高を大きく伸ばすことに成功している。家族葬が増えてきたことにより、初めて接する訃報が喪中はがき、という比率が高まってきた。そこで日本香堂では、喪中はがきが届いたら、線香を贈り、弔意を示そうという提案をしたのだ。進物用の線香が売れる時期は、これまでお彼岸とお盆に集中していた

成熟期の販売戦略：資生堂のシーブリーズ「デオ＆ウォーター」は、ターゲットを10代に変更したマーケティングが成功し、10代の定番アイテムの地位を確立した。時代のトレンドの変化を捉え、顧客ニーズに応えている。

が、このキャンペーンを実施したことにより、年末という大きな山が新たに生まれ、2010年の進物用線香の売上高は2007年の2倍以上に達している。

　企業はまた、品質、特徴、パッケージといった製品の特性に手を加えることで、新規ユーザーを呼び寄せたりする。製品の外観や印象を改善したり、耐久性、信頼性、スピード、味といった品質や性能を改善したりするのである。ロッテのグリーンガムが50年以上にもわたりガムのリーディング・ブランドであり続けているのは、同社がブランドの若さを保つために、数年ごとにパッケージを刷新し、味の持続性を高めるなどの品質向上に努めてきたからである。

　たいていの製品やブランドは、いつかは売上の減少を迎える。緩やかに減少するかもしれないし、カセットテープやVHSビデオテープのように急激に落ちるかもしれない。売上が一気にゼロになることもあれば、ある水準まで落ちてからは何年もそのままということもある。これが**衰退期**である。

　売上が減少する理由は技術の進歩、顧客の好みの変化、競争の激化など、いくつもある。売上と利益が落ちると、市場から撤退する企業が出てくる。残った企業は、小さな市場セグメントや収支の厳しいチャネルの切り捨て、プロモーション費用の切り詰め、価格の一層の引き下げなどを実施する。

　弱い製品を抱えているとコストがかかる。それは金銭的な話だけではなく、経営陣の時間を奪ったりもする。何よりも大きいのは、将来的なコストである。弱った製品をいつまでも抱えていると、代替品への切り替えが遅れるため、製品ミックスに偏りが生じて利益が引き下げられ、企業の将来を支える基盤が弱体化してしまう。

　以上のような理由から、年老いた製品にはことさら注意が必要である。まず実施すべきは、定期的に売上や市場シェア、コスト、利益の傾向を確認し、衰退期にある製品を見極めることである。その上で衰退期の製品について、維持するのか、各種コストを削減し利益を収穫するのか、完全に打ち切り廃止するのかを決めなければならない。もちろん、他社に事業を売却するという選択肢もある。

　次頁の**表8.2**はPLCの各段階について、主な特徴、マーケティング目的、マーケティング戦略をまとめたものである[14]。

【表8.2】製品ライフサイクルの特徴、目的、戦略

	導入期	成長期	成熟期	衰退期
特徴				
売上	低調	急増	ピーク	減少
顧客1人あたりのコスト	高	平均的	低	低
利益	マイナス	増加	高水準	減少
顧客	イノベーター	初期採用者	中間の多数派	遅滞者
競合他社	ほとんどなし	増加	安定から減少へ	減少
マーケティング目的				
	製品認知と製品試用の促進	市場シェアの最大化	市場シェアを守りつつ利益を最大化	支出の圧縮と利益の収穫
マーケティング戦略				
製品	基本製品の提供	ライン拡張、サービスと保証の提供	ブランドとモデルの多様化	弱いアイテムの段階的廃止
価格	市場浸透価格、もしくは上澄み吸収価格	価格維持	競合他社に負けない、もしくは勝る価格	価格切り下げ
流通	選択的流通チャネルの構築	開放的流通チャネルの構築	より進んだ開放的流通チャネルの構築	選択的流通への回帰：不採算チャネルの整理
広告	初期採用者とディーラーにおける製品認知の確立	マス市場における認知と関心の確立	ブランドの差異とベネフィットの強調	ロイヤル・ユーザーの維持に必要なレベルまで縮小
販売促進	製品試用を促進するために展開	縮小	ブランド・スイッチングを促進するために拡大	最小レベルまで縮小

出典：Philip Kotler and Kevin Lane Keller, *Marketing Management*, 13th ed. (Upper Saddle River, NJ: Prentice Hall, 2009), p. 288.

製品のグローバルな展開

　国際的な製品やサービスを扱うマーケターには、特別な難題が待ち受ける。まず、どの製品やサービスをどの国に導入するべきかという問いに対して、答えを出さなくてはならない。次に、世界市場ではどこまでを標準仕様とし、どの程度変更を加えるかについて決断しなければならない。一般的に企業は、市場提供物を標準化したいという気持ちを有している。標準化すれば世界共通の一貫したイメージを展開できるからだ。また、多種多様な製品を提供するのに

必要な設計費、製造費、マーケティング費も節約できる。だが、世界は広く、マーケターも顧客も一様ではないので、製品を各国の違いに適応させなければならない。

スイスに本社を置くネスレのキットカットはスニッカーズに次ぐ世界第2位のチョコレート・バー・ブランドだが、近年の日本での人気には目を見張るものがある。この人気のきっかけとなったのが「受験生応援キャンペーン」である。九州の方言で「きっと勝つとぉ（きっと勝つよ！）」がキットカットの発音に似ていることから、九州を中心に全国の受験生の間でお守りとして話題になっていた。それを知ったネスレ日本は、受験生をキットカットで応援する、日本ならではのキャンペーンを展開した。さらに、合格を意味する「サクラサク」という言葉と、桜柄のアイコンを使用したキットカットを「キット、サクラサクよ。」というメッセージつきパッケージに納め、夢を応援する気持ちを込めた。郵便局とも提携し、キットカットに応援メッセージを添えて切手を貼ってそのまま郵送できるポストカードサイズの「キットメール」も開発した。このキャンペーンは大当たりして、日本全国で受験生を応援する動きが広がり、神社やお寺が売っているお守りとともに、キットカットは受験生にとっての必須アイテムとなった。

ネームやパッケージもまた、国際展開にあたっては大きな課題となる。今日では笑い話にもなっているようなミスが、かつては頻繁に起きていた。ある国で支持されているブランド・ネームを他国に持っていくと、滑稽な意味になったり、下品な言葉になったりする。シボレーのノバという自動車は、スペイン語圏では笑いものになっていた。ノバとはスペイン語で、「進まない」といった

国際的な製品の展開：キットカットの2013年「受験生応援キャンペーン」ポスター。ブランド名の発音を受験と結びつけた日本独自のキャンペーンを展開している。

意味になるからだ。日本国内では有力なブランドとなっているポカリスエットも、英語圏では「汗（スエット）が入った飲み物」と連想されてしまうので、グローバルなブランドにはなりにくいだろう。

　パッケージは繊細であり、ラベルや色を安易に変えてはならないが、各国の文化や価値観を無視してしまうと大きな失敗をする。アメリカで黄色い花のロゴが成功していても、黄色い花が死や軽蔑を意味するメキシコでは、人々に背を向けられてしまうかもしれない。パッケージ自体も、消費者の物理的な特徴に合わせる必要がある。例えば、日本の缶飲料は日本人の小さな手に合わせてアメリカよりも小さめに作られている。このように、たとえ製品とパッケージの標準化にメリットがあっても、企業は国際市場それぞれの固有ニーズに合わせて市場提供物を調整しなくてはならないのである。

Discussion ディスカッション

Question 1
多くの消費財企業にとって、私たち消費者は重要なアイデア源になっている。消費者がアイデアを出し、実際に販売されている商品を探してみよう。

Question 2
ある製品カテゴリーや特定ブランドの売上高の推移を調べ、製品ライフサイクルを描いてみよう。

Question 3
いくつかの製品は、成熟期や衰退期から再び成長を遂げることがある。製品ライフサイクルの延命に成功した事例について調べてみよう。

Key Terms 重要語句

新製品開発（p.201）
アイデア創出（p.202）
クラウドソーシング（p.202）
アイデア・スクリーニング（p.203）
コンセプト開発（p.204）
コンセプト・テスト（p.204）
マーケティング戦略の立案（p.205）
事業性の分析（p.206）
プロトタイプ（試作品）の開発（p.206）
市場テスト（p.206）
商品化（p.208）

顧客中心の新製品開発（p.208）
チーム型の製品開発（p.209）
製品ライフサイクル（PLC）(p.213)
スタイル（p.214）
ファッション（p.214）
ファッド（p.214）
導入期（p.215）
成長期（p.215）
成熟期（p.216）
衰退期（p.217）

Chapter 9

マーケティング・チャネルによる顧客価値の提供

　本章では、マーケティング・ミックスを構成する要素の1つ、マーケティング・チャネルについて考察していく。個々の企業の成功は企業自身のパフォーマンスだけでなく製品を流通させるための経路、つまりマーケティング・チャネルがいかに競合他社より優れているかにもかかっている。

　マーケティング・チャネルの本質と重要性について論じたあと、チャネル行動やチャネル設計について考察する。後半では、マーケティング・チャネルの管理とマーケティング・ロジスティクスについて取り上げる。

　まずは、顧客中心の画期的な流通戦略により、業界トップの地位に就いたエンタープライズ・ホールディングスの事例について見ていこう。

OPENING STORY

エンタープライズ・ホールディングス
バックミラーに、置き去りにしたライバルたちが映る

　傘下にエンタープライズ・レンタカー、アラモ・レンタカー、ナショナル・レンタカーという3つのブランドを持つエンタープライズ・ホールディングスは、アメリカにおけるナンバーワン・レンタカー会社である。傘下ブランドの市場シェアを合計すると、全レンタカー市場の53％を占めており、16％で第2位のハーツを大きく引き離している[1]。エンタープライズはどのようにして強大な企業になったのだろうか。最大の勝因は、業界のルールを変えた顧客主導型の流通戦略である。ハーツやエイビスといったライバルたちが空港で旅行者の対応に集中している間、エンタープライズは広大な未開拓セグメントへと乗り出した。空港ではなく住宅街に店舗を設け、故障、盗難、点検などで車がない人や、近距離の移動や特別なイベントにふだんとは違う車に乗りたいという人のために、短期的な代替車をレンタルするサービスを開始したのである。

　エンタープライズの創業は半世紀以上も前、ジャック・テイラーが手つかずの消費者ニーズを発見したことがきっかけだった。セントルイスの自動車ディーラーに勤めていたテイラーは、車を修理や点検に預け入れた顧客から、代わりの車はどこで借りられるのかとよく質問された。そこで、このニーズに応えるために、車両リース業を始めたのである。ただし、店舗を置いたのはハーツやエイビスと真っ向勝負することになる空港ではなく、ターゲット顧客により近い都市の中心部や住宅街であった。こうした立地には、賃貸料が安い上に空港税や空港使用料を払わなくてよいというコスト面での利点もあった。

　この革新的な流通戦略が功を奏し、ビジネスは急速に成長した。エンタープライズは「ホーム・シティ」と名づけた市場にしっかりと根をはり、車を修理や点検に出している顧客がメインのターゲットとなった。各地の店長は地元の自動車保険損害査定人、自動車ディーラーの販売員や修理担当者、自動車車体工場や修理サービス工場などと強力な信頼関係を築き、その結果、地域で最も人気のあるレンタカー会社になったのである。

　ホーム・シティ市場の顧客には別のニーズもあった。事故現場や修理工場にいる顧客は、車を借りたくてもエンタープライズの店舗にまで出向く足がなかった。そこで、エンタープライズは、顧客がどこにいようと店舗まで送迎するというサービスを始め

たのである。「選ぶならエンタープライズ。お迎えにまいります（Pick Enterprise. We'll Pick You Up）」というキャッチフレーズは、エンタープライズ・レンタカーの価値提案として現在まで続いている。

　こうして同社は1980年代後半までに、空港以外で店舗を展開する企業として大規模な全国ネットワークを築きあげた。この強固な基盤をもとに、1990年半ばからは空港という市場でハーツやエイビスに勝負を挑み、一層の拡大を図りはじめた。それから10年間で北米とヨーロッパの240の空港に営業拠点を作り、2007年後半には、ナショナルとアラモを傘下に持つヴァンガード・カー・レンタル・グループを買収した。ナショナルは法人需要を、アラモは主として空港を利用する旅行客を、それぞれ標的にしていた。この買収により、エンタープライズは空港市場で31％以上のシェアを獲得し、エイビスとハーツを抜いた。現在ではアメリカと他の4カ国で、7,600もの営業拠点を有するまでに成長している。

　エンタープライズ・レンタカーは達成感に浸ることなく、求められるところへ車を差し出すことで顧客に喜び続けてもらおうと、さらなる努力を続けている。新たな革新的流通システムを開発し、ウィーカーと名づけた「カーシェアリング」による時間貸しサービスをスタートさせた。大学のキャンパスや人口密度の高い都市部、車の所持率が低い地域、臨時に車が必要となる通勤者が存在する地域などで、車を待機させる事業である。他にも、通勤してくる従業員が使えるよう、ウィーカーの車両を会社の駐車場に停めている。場所にもよるが、35ドルの年会費を払えば、1時間10ドルもしくは1日60〜75ドルで、便利な場所に用意された燃費のよい車（ほとんどがトヨタのプリウス）を借りることができる。なお、この料金にはガソリン代と200マイル（約322キロメートル）分の走行が含まれている。メンバーキーをセンサーにかざせば車のドアロックが解除され、車に乗り込んでダッシュボードをあけ、PINコードを入力すれば出発できる仕組みである[2]。

サプライ・チェーンと価値提供ネットワーク

　製品とサービスを効率よく買い手のもとに届けるためには、顧客とだけでなく供給業者や再販業者との間にも良好な関係を築く必要がある。企業から見て川上のパートナーとして、製品やサービスを生産するのに必要な原材料、部品、情報、資金、専門技術を供給してくれる供給企業がある。一方、川下のパート

ナーとして、卸売業者や小売業者といったマーケティング・チャネルがある。マーケティング・チャネルのパートナーは、企業と顧客を結びつける重要な役割を果たしている。

　流通は単に「製品を作って売る」という流れにはとどまらない。ターゲット顧客のニーズを見極めることを出発点に、顧客が求める価値の提供を目指しているのである。さらに、インターネットをはじめとするさまざまな技術の出現により、価値提供はより複雑なかたちをとるようになった。例えば、トヨタは数多くの供給業者と関係を有している。ステレオ、タイヤ、トランジスタなど、車を1台生産するのに要する多種多様な部品メーカーを思い浮かべてほしい。さらに、系列の販売店とともに、必要に応じてウェブサイトなどを開設している。このように、多くの大企業が複雑で常に進化を続けるいわば「**価値提供ネットワーク**」を構築し、そのマネジメントに力を注いでいるのである。

　本章では、この価値提供ネットワークの川下に目を向け、製品をいかに流通させていくかに関する課題について整理していく。

マーケティング・チャネルの本質と重要性

　製品を顧客に直接販売している生産者は少なく、多くは流通業者を利用している。製品を流通する経路である**マーケティング・チャネル**を構築して、消費者や法人ユーザーが製品を使用または消費できるようにしているのである。どのような流通経路を使うかは、他のマーケティング・ミックスに影響を与える。例えば、流通先をスーパーにするかコンビニエンスストアにするかによって、価格設定は変わることがある。

　自社のマーケティング・チャネルに十分な注意を払う企業は少ないように思われる。そのために大きな損失を招くこともある。一方で、創造力に富んだ流通システムを使用し、競争優位を獲得している企業もある。アップルがiPod用の音楽をiTunes経由で販売し、音楽業界を一変させたことは記憶に新しい。また、アスクルは独自の流通システムにより、文具業界の覇者となった。

　他社と長期的な関係を構築する際にも、どのような流通経路を使うかが重要となることが多い。例えば、トヨタ、モスバーガー、パナソニックといった企業は、広告、価格、プロモーションを容易に変更できる。市場の選好の変化に応じて古い製品を廃止し、新しい製品を発売することもできる。しかし、これらの企業が構築している販売店、フランチャイズ店、あるいは大規模小売店と

のマーケティング・チャネル関係を、状況が変わったからといって簡単に廃止し、他のチャネルに置き換えることはできない。したがって、今日の販売環境のみならず、明日の販売環境も見据えた慎重なチャネル設計が求められるのである。

チャネル・メンバーによる付加価値

なぜ生産者は販売業務の一部を流通業者に委ねるのだろうか。結局のところ、委託することで製品をいかに売るか、誰に売るかについてのコントロールをある程度あきらめることになる。それでも流通業者を用いるのは、製品をターゲット市場に届ける際の効率を大幅に向上できるからである。

図9.1は流通業者を用いることによって生じる経済効果を示している。図9.1Aでは、製造業者3社それぞれが顧客3者に対して製品を直接提供している。このシステムでは、9回の取引が必要となる。図9.1Bでは、流通業者1社を通じて、製造業者3社が顧客3者と取引している。このシステムでは、取引は6回ですむ。このように、流通業者を利用することによって製造業者、顧客双方の総取引数が引き下げられるのである。

流通業者はまた、生産者の作った製品を集荷して顧客が求めるアソートメント（品揃え）に変換することもできる。生産者は限られた種類の製品を大量に生産しているが、顧客は多くの種類の製品を少量ずつ求めている。マーケティング・チャネルのメンバーは、いろいろな生産者から大量に製品を購入し、そ

【図9.1】
流通業者を用いることによる取引数の減少

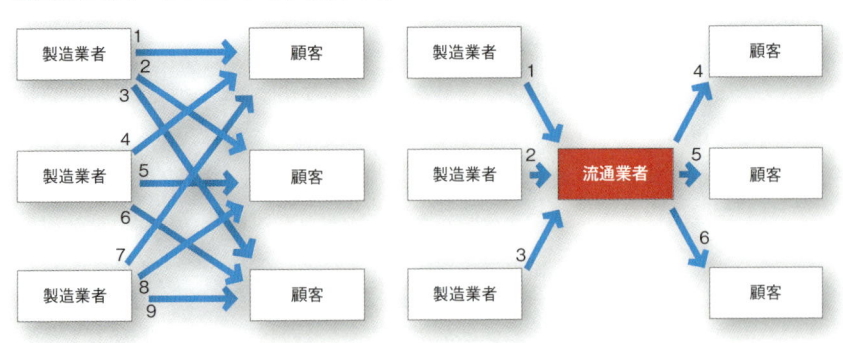

A. 流通業者が存在しない場合の総取引数
製造業者×顧客＝3×3＝9

B. 流通業者が存在する場合の総取引数
製造業者＋顧客＝3+3＝6

れを顧客が求める少量ずつの幅広い品揃えへと変える。例えば、マツモトキヨシなどのドラッグストアは、花王、資生堂といったさまざまなメーカーの製品を揃えることで顧客の利便性を高めている。流通業者はこのように、需要と供給を適合させる重要な役割を果たしているのである。

　製品を顧客の手に届けるにあたって、流通業者は両者の間に存在する時間、場所、所有の隔たりを埋めることで価値を付加している。マーケティング・チャネルのメンバーが企業と顧客の取引の成立を助ける機能としては、以下のものがある。

- 情報：マーケティング環境に関する必要な情報を収集し、伝達する。
- プロモーション：提供物について説得力のあるコミュニケーションを開発する。
- 接触：潜在購買者を探し出し、コミュニケーションをとる。
- マッチング：購買者のニーズに応じて提供物を調整する。アソートメント、格付け、組み立て、包装といった活動が含まれる。
- 交渉：価格などの取引条件についての合意を形成する。

以下は取引完結後、その実行を助ける機能である。

- 物流：製品を輸送し保管する。
- ファイナンス：チャネル業務の遂行に必要となる資金を調達する。
- リスク負担：チャネル業務を遂行する上でのリスクを引き受ける。

　問題は、これらの機能を実行するかしないかではなく、これらの機能を誰が担うかである。製造業者が担えば、その分だけ製品コストが上昇し、価格も上昇する。一方、これらの機能のいくつかを流通業者に委ねるならば、製造業者の価格は低く抑えられるだろうが、流通業者はその働き分の費用をまかなうために、価格に上乗せしなければならない。

チャネルの段階数

　製品を顧客のもとに届けるために、企業はさまざまな方法でマーケティング・チャネルを組み立てる。製品とその所有権を最終消費者に提供していく過程で、何らかの働きをする流通業者の層を「**チャネルの段階**」と呼ぶ。なお、生産者

【図9.2】
マーケティング・チャネルの段階

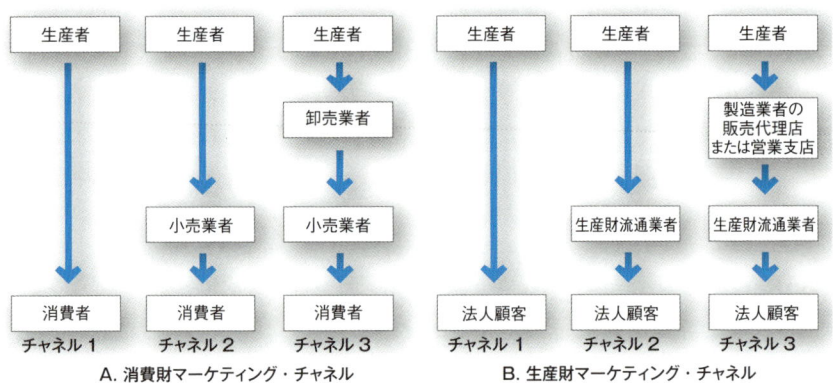

A. 消費財マーケティング・チャネル

- チャネル1：生産者 → 消費者
- チャネル2：生産者 → 小売業者 → 消費者
- チャネル3：生産者 → 卸売業者 → 小売業者 → 消費者

B. 生産財マーケティング・チャネル

- チャネル1：生産者 → 法人顧客
- チャネル2：生産者 → 生産財流通業者 → 法人顧客
- チャネル3：生産者 → 製造業者の販売代理店または営業支店 → 生産財流通業者 → 法人顧客

と最終消費者も何らかの働きをしているため、それぞれのチャネルの一部である。

図9.2Aには、段階数が異なる複数の消費財マーケティング・チャネルが示されている。チャネル1は**ダイレクト・マーケティング・チャネル**と呼ばれ、流通業者を存在させず、生産者が直接消費者に販売する。例えば、化粧品のポーラは訪問販売、家庭や職場での販売会、インターネットなどで製品を販売している。また、アメリカンホーム保険は電話やインターネットで自動車保険の販売を行っている。図9.2Aのチャネル2と3は**インダイレクト・マーケティング・チャネル**であり、1社もしくは複数の流通業者が存在する。

もっと段階数の多いマーケティング・チャネルもあるし、消費財ではなく生産財を扱う場合もあるが、基本的な考え方は変わらない（**図9.2B**）。生産者にしてみれば、段階が増えるだけチャネルは複雑になり、一般的にコントロールを失っていく。

チャネル・コンフリクトとマーケティング・システム

マーケティング・チャネルは、目標を達成するために、企業や人々が相互に作用し合う複雑な行動システムである。それぞれのつながりが緩やかなものも

あれば、きちんと組織化されたものもある。新しいタイプの流通業者の登場により、まったく新しい形のチャネルが生まれることもある。以下では、チャネル・コンフリクトやマーケティング・システムについて述べていこう。

チャネル・コンフリクト

　マーケティング・チャネルは共通の利益のために結びついた企業で構成されており、各メンバーは相互依存の関係にある。例えば、トヨタの販売店は顧客ニーズに合った車の設計に関して、トヨタ本体をあてにしている。逆にトヨタ本体は、消費者を引きつけ、トヨタ車を購入するよう説得し、アフターサービスを実施することに関して、販売店に頼っている。そして、トヨタ車全体の評価はトヨタ本体と販売店の総合力にかかっている。

　つまり、チャネル・メンバー個々の成功はチャネル全体の成功に左右されるので、チャネル内の全企業が協力して円滑に業務を遂行しなければならない。自らの役割を理解して受け入れ、他メンバーとの間で活動を調整し、チャネル全体の目標達成のために協力し合う必要がある。しかし、個々のチャネル・メンバーがこのような広い視野を持つことはまれである。チャネル全体の目標のために協力するということは、ときには自社の目標をあきらめることを意味するからである。自らの短期的な利益を最大化するために、しばしば単独行動をとってしまう。このような目標、役割、報酬に関する意見の不一致は、**チャネル・コンフリクト**と呼ばれている。

　水平的コンフリクトとは、チャネル内の同じ段階にある企業間で生じる衝突である。例えば、トヨタのある販売店があまりにも低く価格を設定したり、決められた地域外にまで広告を出したりすると、隣接する県の販売店は自社の販売機会を奪われたと不満を持つだろう。

　垂直的コンフリクトは、同一チャネル内の異なる段階で生じる衝突であり、ごく一般的なものである。アメリカでは、「ダブルチーズバーガーを1ドル以下にする」というバーガーキングの提案にフランチャイズ店が反対するなど、さまざまな衝突が起きている。

　チャネル・コンフリクトの中には、健全な競争という形をとるものもある。このような競争はチャネルにとって有益であり、もしそれがなければ、消極的で非革新的なチャネルになってしまう。バーガーキングとフランチャイズ店との衝突は、チャネル・パートナーの権利をめぐる通常の駆け引きだと見ること

もできる。

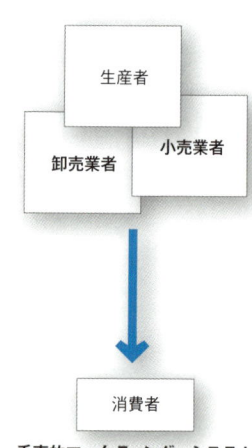

垂直的マーケティング・システムと水平的マーケティング・システム

　マーケティング・チャネルが有効に機能するためには、チャネル・メンバー個々の役割が明確に定められ、チャネル・コンフリクトも解消されていなければならない。リーダーシップを発揮する企業もしくはメカニズムが存在し、役割を正しく割り当てて衝突を抑えることができれば、チャネルのパフォーマンスは向上する。

　歴史を振り返れば、伝統的マーケティング・チャネルにはこのようなリーダーシップもメカニズムもなかったため、大きな衝突が生じたり、システムが有効に機能しないこともあった。リーダーシップを備えた垂直的マーケティング・システムは、近年のチャネル組織における最も目覚ましい発展の1つである。**図9.3**は、2つのタイプのチャネル組織を対比したものである。

　伝統的マーケティング・チャネルは、独立した生産者、卸売業者、小売業者により構成されている。それぞれが独立した事業体であり、たとえチャネル全体の利益が犠牲になっても、自らの利益を最大化しようとする。システム内に他のメンバーをコントロールする者は存在せず、チャネル・コンフリクトを解

【図9.3】
伝統的マーケティング・チャネルと垂直的マーケティング・システム

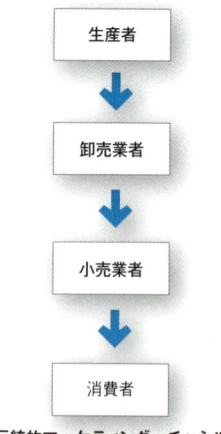

伝統的マーケティング・チャネル：生産者 → 卸売業者 → 小売業者 → 消費者

垂直的マーケティング・システム：生産者・卸売業者・小売業者 → 消費者

消したりするメカニズムもない。

　これに対して**垂直的マーケティング・システム（VMS）**は、構成員である生産者、卸売業者、小売業者が統合されたシステムとして機能する。あるチャネル・メンバーが他のメンバーを所有しているか、契約を結んでいるか、または全メンバーの協力を得るだけの十分なパワーを持っている。VMSを支配するのは生産者、卸売業者、小売業者のいずれであってもかまわない。

　ここでVMSの主要な3タイプである企業型、契約型、管理型について確認しよう。それぞれ異なった方法により、チャネル内でリーダーシップやパワーを発揮している。

　企業型VMSとは、生産から流通までの一連の段階が1つの所有権のもとに結合しているシステムである。チャネルの協調や衝突の処理は、通常の組織ルートを通じて行われる。花王は花王カスタマーマーケティングを、ソニーはソニーマーケティングを、キヤノンはキヤノンマーケティングジャパンを、それぞれの製品を扱う販売子会社として有している。また、GAPやユニクロなど、製造から小売販売までを統合したSPAと呼ばれるビジネス形態も企業型VMSである。

　契約型VMSは、生産から流通までの各段階において、独立した企業が契約によって結束し、単独では達成しえない販売効果を得ようとするものである。チャネル・メンバーは契約の合意内容に基づいて、行動を調整したり衝突を処理したりする。

　フランチャイズ組織は最もよく知られた契約型VMSであり、フランチャイザーと呼ばれるチャネル・メンバーが、生産、流通過程における複数の段階を統括する。ホテルやファストフード店から家事代行やフィットネスセンターまで、ありとあらゆる事業がフランチャイズ化されている。フランチャイズには3つの形態がある。第1の形態はメーカー支援による小売フランチャイズ・システムであり、トヨタと全国の独立系販売店のネットワークがこの関係にあたる。第2の形態はメーカー支援による卸売フランチャイズ・システムであり、例えば日本コカ・コーラは、日本各地のボトラー（卸売業者）にライセンスを与えている。ボトラーは日本コカ・コーラから濃縮原液を購入し、瓶に詰め、最終製品を地元市場の小売業者に販売する。第3の形態はサービス業者支援による小売フランチャイズ・システムであり、モスフードサービスのフランチャイズ店（モスバーガーなど）がその例である。

ZARA
まさにファストなファスト・ファッション

ファッション衣料品小売のZARAが急成長している。有名ブランドのデザインにそっくりなのに値段は手頃で、「ファスト・ファッション」小売の原型となっている。競合他社がまだデザインを考案しているうちに、ZARAはもう最新ファッションを店に並べて動きだしている。昨今の景気悪化を受けて、高級品市場の顧客さえもがZARAのおしゃれで手頃な商品に群がっている。ZARAの急成長により、親会社であるスペインのインディテックスの売上、利益、店舗数は、2000年時点から4倍以上の伸びを示している。2009年、インディテックスは世界74カ国に4,670店を展開し、売上高は149億ドルに達した。

目覚ましい躍進の原動力は、単に何を販売しているのかではない。それ以上に重要なのはおそらく、ZARAの最先端流通システムによって顧客が心待ちにしている商品を、どのようにして、どれほど速く届けるかだ。ZARAは垂直的マーケティング・システムを用いて、デザイン、製造から自社の管理する店舗への輸送まで、ファッションを作り出す全段階をコントロールしている。その結果、GAP、ベネトン、H&Mなどのライバル企業よりも速く、柔軟で、効率的な企業となった。ZARAでは新しいファッションをデザインし、製造して店舗に並べるまでにわずか2週間であるのに対し、競合他社では6カ月以上を要する。これが低コストにつながり、中間層市場向けに最新のおしゃれなファッションを大衆価格で提供できるのである。

すべてのプロセスは、顧客の求めるものをインプットすることから始まる。ZARAのストアマネジャーは「トレンド・スポッター」の役割を果たす。小型コンピューターを手に店内を歩き回り、何が売れ、何が売れていないかをリアルタイムで報告する。また、顧客の会話から、探しているのに見つからないものがないかを探る。同じころ、ZARAの別のスタッフはパリでファッションショー、東京でコンサートと動き回り、新しいものや他人とは違うものを身につけている若者を探し求める。そして、スペインにある本社に電話し、自分が見たり聞いたりしたことを報告する。本社では200人の専属デザインチームが待機しており、これらのフィードバックをもとに、ホットな最新ファッションを次々と生み出していく。

デザインが決まると、生産工程が始まる。だが、大半の競合他社がしているように、アジアにある動きの遅い供給業者に任せるのではなく、自社工場で布地の40％を製造し、衣料品の半分以上を生産する。外部に委託する場合でも、使うのは主に地元業者だ。世界中の店舗で販売している製品のほぼすべてが、スペイン北西部の片田舎にあ

る本社、もしくは本社の近くで、迅速かつ効率的に製造されているのである。

できあがった商品は、最新式の流通センターに運ばれる。すぐに世界中の店舗に向けて出荷されるため、時間も保管場所もかからず、在庫も低く抑えられる。この高度に自動化されたセンターは、1時間に最大8万アイテムを分類、梱包し、ラベルを貼って行き先別に配分することができる。

流通センターが注文を受けてから店舗に製品が届くまで、ヨーロッパなら平均24時間、アメリカやアジアでも最大48時間しかかからない。ZARAの店舗には週に2、3回、新製品の入った小箱が届く。競合他社では大きな荷物が年に4～6回、季節ごとに届くのが普通だ。

ザラでは新商品ラインのデザインから生産、全世界にある店舗への配送まで1カ月とかからない（競合他社は平均9カ月を要する）。

スピーディーなデザインと流通のおかげで、ZARAは最新ファッションを豊富に供給できる。2009年の新アイテム数は、競合他社の平均が1万点足らずであるのに対して、ZARAでは3万点にも及ぶ。数多くの最新ファッションをごく少量、頻繁に配送するため、ZARAの店舗には常に新しい商品があり、顧客は何度も来店する。ZARAの顧客が年平均17回来店するのに対し、競合店ではせいぜい5回である。商品の回転が速いと、デザインが古くなったりセールに回したりということも少なくなる。顧客が欲しいと思っていたもの、今着たいと思っているものを作るので、半年後の流行を考える必要もないのである。

出典：Emilie Marsh, "Zara Helps Lift Inditex 4th-Qtr Net," *WWD*, March 18, 2010, p. 11；Cecilie Rothwedder, "Zara Grows as Retail Rivals Struggle," *Wall Street Journal*, March 26, 2009, p. B1；Kerry Capell, "Fashion Conquistador," *Business Week*, September 4, 2006, pp. 38-39；Rohwedder, "Turbocharged Supply Chain May Speed Zara Past Gap as Top Clothing Retailer," *Globe and Mail*, March 26, 2009, p. B 12；www.gap.com、2010年4月現在；および the Inditex Press Dossier, www.inditex.com/press/information/en/press_kit、2010年10月現在。

水平的マーケティング・システム：競合関係にある複数の企業が軒を並べるアウトレットモール。御殿場プレミアム・アウトレットは、出店数200店舗以上という国内最大級の規模で抜群の集客力を誇る。広大な敷地内には飲食スペースや託児プログラムが充実している。

管理型VMSでは、所有権や契約による結びつきではなく、チャネル内で支配的立場にあるメンバーが規模やパワーによってリーダーシップを発揮する。トップブランドを持つメーカーは、流通業者から強い協力や支持を得られる。例えば、GEやネスレといった巨大企業は、陳列、販売促進、返品などに関して、流通業者から並々ならぬ協力を得ている。また逆に、イオンやマツモトキヨシといった大手小売店は、取り扱い製品のメーカーに対して強い影響力を行使することができる。

チャネル開発のもう1つのタイプに、同一段階に位置する複数の企業が提携し、共同で新たな市場機会を開拓する**水平的マーケティング・システム**がある。連携することによって、資本、生産力、マーケティング資源を結合して、1社でできる以上の成果を上げることが可能となる。提携相手は競合他社である場合も、そうでない場合もある。また、一時的に協力する場合も、継続的に協力する場合もあり、新たに別会社を設立することもある。

軽井沢や御殿場にあるアウトレットモールには、夏休みや連休ともなると遠方から多くの消費者が集まる。多様な小売店舗が集積することにより魅力を高め、大きな集客力を誇っているのだ。ウェッジウッドとロイヤル コペンハーゲンなど競合関係にあるブランドが直接的に競い合うこともあるが、モールの集客力の高さはこのマイナスを補う以上の効果がある。また、消費者からすると商品を比較検討できるというメリットがある。

マルチチャネル・マーケティング・システム

かつて多くの企業は、単一市場セグメントに、単一チャネルだけで販売していた。しかし今日、単一の企業が、さまざまな顧客セグメントに到達するため

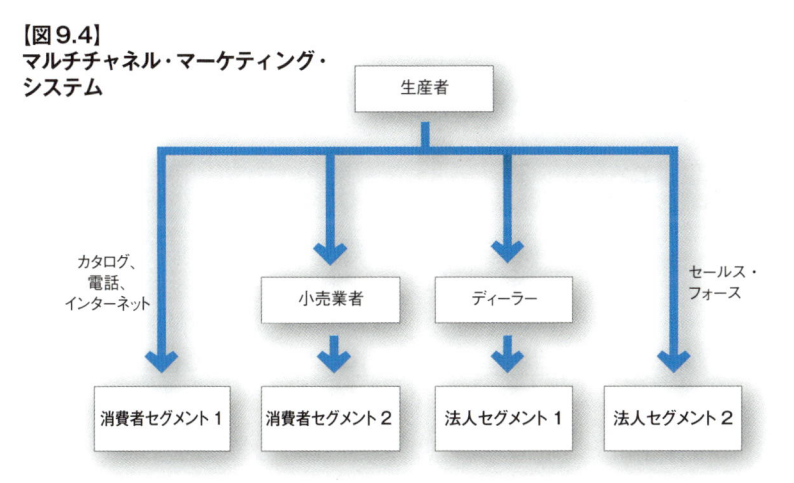

【図9.4】
マルチチャネル・マーケティング・システム

```
                        生産者
           ┌──────┬──────┬──────┐
    カタログ、                            セールス・
     電話、                              フォース
   インターネット
     │      小売業者    ディーラー      │
     │        │          │            │
     ▼        ▼          ▼            ▼
  消費者    消費者      法人           法人
 セグメント1 セグメント2 セグメント1   セグメント2
```

に、複数のマーケティング・チャネルを設定する**マルチチャネル・マーケティング・システム**を採用するようになっている。

マルチチャネル・マーケティング・システムは**図9.4**のように示すことができる。生産者はカタログ送付、電話勧誘、インターネットなどを利用して、消費者セグメント1に直接販売し、消費者セグメント2には小売業者を通じて接触する。また、法人セグメント1に対してはディーラーを通じて販売し、法人セグメント2には自前のセールス・フォースを通じて販売する。

マルチチャネル・マーケティング・システムは、大型で複雑な市場を狙う企業には多くの利点がある。新しいチャネルによって販売の範囲が広がり、多様化した顧客セグメントのニーズに応じた販売機会が得られる。ただし、このようなマルチチャネル・マーケティング・システムのコントロールは容易ではなく、多くのチャネルが顧客や販売をめぐって競合するため、コンフリクトが発生しやすい。例えば、事務機器メーカーのプラスが、アスクルを設立し文具の直接販売をはじめたとき、地域の文具店からの苦情が相次いだ。そこでアスクルは文具店との衝突を避けるため、文具店を取次店として代金回収や新規顧客獲得に向けての営業活動を担当させることで共存を図っていった。

チャネル組織の変更

科学技術の発展とオンライン・マーケティングの成長は、マーケティング・チャネルの本質と設計に大きな影響を与えている。重要なトレンドの1つが**ディ**

チャネル組織の変更：宿泊予約サイトの一休.comでは、施設の混雑状況から部屋の設備、おすすめのプランなどがチェックできる。利用者は旅行代理店に行かなくても、パソコンの前で比較検討し、予約することが可能だ。

スインターメディエーション（脱流通業者化）である。ディスインターメディエーションとは、製品やサービスの生産者が流通業者を廃して最終消費者と直接接触する、あるいは根本的に新しいタイプのチャネル流通業者が出現して、従来の業者に置き換わることを意味する。

そのため、多くの産業で従来の流通業者が厳しい立場に立たされている。サウスウエスト航空などの航空会社は、マーケティング・チャネル全体から旅行会社を外し、最終消費者に直接チケットを販売している。また、新しい形態の卸売業者が、従来の流通業者にとって代わることもある。

例えば、アマゾン・ドットコムと書店との関係から明らかなように、オンラインサイトはブリック・アンド・モルタル型の実店舗から多くの仕事を奪っている。ホテルや旅館の部屋なら一休.comや楽天トラベルで、エレクトロニクス製品ならソニーストアで手に入る。しかも、従来型の店舗に足を運ぶことなく自宅にいながらにして購入できる。iTunesのような音楽ダウンロードサービスの出現は、従来の音楽小売店の存在そのものを脅かしている。実際、アメリカのタワーレコードのような大手音楽小売業者は破産を申請している。

チャネル設計に関する意思決定

マーケティング・チャネル効果の最大化を期待するのであれば、チャネルを設計する際に顧客のニーズを分析し、チャネル目的を明確化し、主要なチャネル候補を決定することが求められる。

顧客ニーズとチャネル目的の設定

　企業はチャネルを通して何を達成したいのかという目的を明確にする必要がある。そのときに指標となるのが、ターゲット顧客がどのようなサービスを望んでいるかである。企業はチャネル・サービスに対する要求水準の違いから、顧客をいくつかのセグメントに分けることができる。そして、これらのうちどのセグメントにサービスを提供するのか、そのセグメントにはどのチャネルが最適か、チャネル目的を定めていく。

　一般に、企業にも流通業者にも、求められたすべてのサービスを提供するだけの経営資源はない。また、高水準なサービスの提供はチャネルにとっての高コストに、消費者にとっての高価格につながる。例えば、ホームセンターなどの大型店に比べて、近所の金物屋の方がおそらく親身なサービスを提供するだろうし、場所も近くて便利である。だが、値段は高いかもしれない。企業は顧客ニーズに応じるにあたって、実行可能性やコストだけでなく、顧客の望む価格とのバランスもとらなければならない。

　チャネル目的は、企業の特性、製品、流通業者、競合他社などの影響も受ける。例えば、企業規模や財務状況によって、マーケティング機能のどれなら自社でまかなえるか、どれを流通業者に任せるべきかが決まるだろう。競合他社製品と同じ販路で、もしくはそれに近い販路で競い合いたいと考える企業もある。競争ポジションにおいて下位ブランドの多くは、リーダーブランドと隣接して陳列してもらい、低価格を訴求することで購買を促そうと考えている。逆に、競合他社の使用しているチャネルは避けようとするケースもある。例えば、生命保険を扱うライフネット生命は、営業職員は使わず電話とインターネットを利用して消費者に販売している。

主要なチャネル候補の決定

　チャネル目的を確定したら、次は流通業者のタイプと数という観点から、主要なチャネル候補を見極めなくてはならない。

　デルはごく最近まで消費者と法人購買客に対しては、電話およびインターネットによる直接販売のみで対応してきた。一方で、大企業や教育機関、政府関係に対しては、自社の営業担当者を通して提供していた。だが、より多くの消費者を狙い、かつ競合他社に対抗するために、現在ではベスト・バイやウォルマー

排他的流通：ハリー・ウィンストンの高級宝飾品は限られた販売店でしか購入できないが、顧客にとってはステータスとなり、ブランドイメージを高めることにつながる。

トといった小売店を通じた間接販売も手がけている。

さまざまなタイプの流通業者の利用には長所もあれば短所もある。デルは直接販売に加えて小売店を利用することで、多種多様な顧客に販売する機会を得た。だが、これらの新たなチャネルはマネジメントもコントロールも難しい。直接販売チャネルと間接販売チャネルが、同じ顧客をめぐって競合し、コンフリクトを生む可能性もある。事実、デルは直営の営業担当者から、小売店との競合について不満をいわれることがある。

企業はチャネルの各段階における流通業者の数も決定しなければならない。その際の戦略には、開放的流通、排他的流通、選択的流通という3つのパターンがある。最寄品や一般的な原材料の生産者は通常、**開放的流通**を採用し、できるだけ多くの販売店に製品を置いてもらう。こういった製品は、顧客が求めるとき、求めるところに存在しなければならない。例えば、清涼飲料やガムといったアイテムは、何万何千という店舗で売られ、消費者の便宜を図っている。ロッテ、森永製菓、コカ・コーラといった消費財メーカーが、この方法により製品を販売している。

これとは逆に、流通業者の数を意図的に制限する生産者もある。この極端な形態が排他的流通であり、生産者は限られた数の販売者に、それぞれのテリトリーで排他的に製品販売権を与える。**排他的流通**は高級ブランドでよく見られる。ポルシェの自動車やハリー・ウィンストンの宝飾品はどの市場エリアにおいても、ほんのひと握りの店舗だけでしか販売していない。独占販売権を与えることで、販売店の強力なサポートを得るとともに、価格やプロモーション、

サービスなどに対する厳しいコントロールも可能となる。排他的流通はまた、ブランドのイメージを高め、より高い利益をもたらす。

　開放的流通と排他的流通との中間に位置するのが**選択的流通**であり、製品の取り扱いを希望する流通業者から何社かを選び、活用する方法である。比較的高価格な服や靴のほとんどが、この方法により販売されている。例えば、フェラガモやバリーの靴は、百貨店など限られた小売店を通じて販売されている。選択的流通を採用することによって、選択した流通業者と良好な取引関係を期待することができる。生産者は開放的流通よりもコントロールを利かせつつ、適度な市場カバレッジ（市場配荷率）を得ることができる。

国際流通チャネルの設計

　国際市場を相手にするマーケターはチャネル設計に際して、多くの複雑な問題に直面する。それぞれの国には、時代とともに進化してきた特有の流通チャネルがあるからだ。世界市場を相手にするマーケターは、自らのチャネル戦略を各国の既存のチャネル構造に適合させなければならない。

　市場によっては流通システムが複雑で、海外からの参入が困難な場合がある。例えば、多くの欧米企業にとって日本の流通システムは扱いにくいといわれている。実際、日本の流通は欧米に比べると相対的に多段階であり、複雑な伝統的商慣行を有している。

　発展途上国の流通システムは、点在しているか、非効率的であるか、あるいは、ほとんど存在していないかである。例えば、中国は13億を超える人口を抱える巨大な市場である。しかし、流通システムが十分に発達していないため、ほとんどの企業は都市に住む、最も裕福なほんのひと握りの人々以外に販売しようとす

複雑な国際チャネル：中国政府がすべての戸別販売を禁止したため、エイボンは従来のダイレクト・マーケティングの方式をあきらめ、小売店経由で販売せざるを得なくなった。

ると収益が減ってしまう。中国の流通システムはあまりにも分断されているため、包装、梱包、荷積み、荷降ろし、荷分け、再荷積み、輸送などにかかる費用がGDPの22％以上という、他のどの国よりもずば抜けて高い数字になっている（アメリカのロジスティクス費用はGDPの約10％である）。

　世界市場における流通は時として、慣習や政府の規制に大きな制限を受ける。例えば、中国においてエイボンが悩まされたのは非効率的な流通システムではなく、政府による規制だった。1998年、中国政府がすべての戸別販売を禁止したため、エイボンは従来のダイレクト・マーケティングをあきらめ、小売店経由で販売せざるを得なくなった。2006年に中国政府は、エイボンなど直接販売を行う企業にふたたび戸別販売を許可したが、その許可も規制でがんじがらめのものだった。幸いにもエイボンは小売店での販売に注力していたおかげで、それらの制限を他社よりもうまく切り抜けられた。直接販売と小売店販売を組み合わせることで、中国におけるエイボンの販売は現在、成功を収めている[3]。

チャネル管理

　最適なマーケティング・チャネルを設計したら、企業は流通業者を実際に管理しなければならない。**マーケティング・チャネルの管理**とは、個々の流通業者を選定し、管理し、そして成果を評価することである。

　流通業者の選定にあたっては、評価すべき基準を明確にしておかなければならない。各流通業者の事業経験年数、取り扱い製品ライン、成長性と収益性の実績、協調性、評判などの基準は真っ先に思いつく。流通業者が排他的流通や選択的流通を望むのであれば、その業者の顧客タイプ、立地条件、将来性などの評価基準も必要だろう。

　流通業者の選定を終えたら、彼らが最大の成果を上げられるよう継続的に管理し、モチベーションを保たなければならない。企業は流通業者を通じて販売するだけではなく、流通業者とともに販売するのである。ほとんどの企業は流通業者のことを顧客でありパートナーだと考えているため、チャネル・メンバーとの長期的な関係を構築しようと、強固なパートナー・リレーションシップ・マネジメント（PRM）を実践している。チャネルの運営にあたっては、強く結束した価値提供システムの一員として力を合わせることで、より大きな成功を収められるのだと流通業者に理解してもらわなければならない。

　独立系ディーラーのネットワークと密接に協力し合い、よりよい顧客価値提

供の方法を探っている企業もある⁴。アメリカの大手重機メーカーのキャタピラーは、高品質で革新的な製品を生み出してきた。だが、キャタピラーの優位性を支える最も重要なものは、220もの優れた独立系ディーラーから成る世界的な流通ネットワークである。キャタピラーの元CEOは次のように語っている。「我々の工場から出荷された製品は、ディーラーが引き継ぎます。最前線にいるのはディーラーです。製品を最後まで見届けるのも、顧客と接するのもディーラーなのです」。製品企画から運搬、サービス、サポートまで、ディーラーはキャタピラーの事業運営のすべてにおいて重要な役割を果たしている。

　キャタピラーはディーラーのことを深く理解し、その成功を願っている。各ディーラーの販売状況、市場におけるポジション、サービス能力、財務状況などを注意深くモニターし、何か問題があればすぐに駆けつける。キャタピラーとディーラーは公式的なビジネス上の結びつきに加えて、家族的ともいえる深く個人的な関係も築き、ともに成し遂げようとしていることに大きな誇りを持っている。ディーラーとのパートナーシップを築き上げた結果、建設重機、鉱業機械、伐採機の世界市場においてキャタピラーは圧倒的な優位に立っている。黄色のトラクターなど、全世界の重機市場の約40％のシェアを誇っている。

　企業は流通業者の成果を、販売割当の達成、平均在庫レベル、顧客への配送時間、プロモーションへの協力、顧客サービスなどの基準に照らして、定期的に評価しなければならない。優秀な成果を収めた流通業者には報酬を与えるべきである。成績不振の業者に対しては援助を行い、最終手段としては入れ替える必要がある。

マーケティング・ロジスティクス

　国際化の進む今日の市場においては、製品を販売することの方が、顧客のもとにその製品を届けることよりも容易な場合がある。企業は適切な製品が、適切なタイミングで、適切な場所で顧客に提供されるよう、製品やサービスの保管、荷役、輸送について最善策を決定しなければならない。これらは、顧客満足と企業コストの双方に重大な影響を与えるからである。

マーケティング・ロジスティクスの重要性

マーケティング・ロジスティクスとは、利益を確保しつつ顧客の要求を満たすために、原材料の生産地点から最終製品の消費地点まで製品のフローを計画、実行し、コントロールすることを指す。簡単にいうと、適切な製品を、適切な顧客に、適切な場所で、適切なタイミングで届けるという「物の流れ」のことである。

かつて物流といえば、工場内の製品からスタートし、それを低コストで顧客に届けるための解決法を見いだすことだった。だが、今日のマーケターは顧客中心の物流を求めており、市場からスタートして工場へ、さらにはその供給源へと逆にたどる考え方をする。マーケティング・ロジスティクスには、アウトバウンド・ロジスティクス（製品を工場から再販業者へ、最終的には顧客のもとへ輸送すること）だけでなく、インバウンド・ロジスティクス（部品や原材料を供給業者から工場へ輸送すること）やリバース物流（顧客や再販業者から戻ってくる破損品、不用品、余剰在庫などを輸送すること）がある。

また、物だけでなく、原材料や最終製品、および供給業者や企業、卸売業者、最終消費者に関連する情報が付加価値を伴いながら川上へ、あるいは川下へと向かう流れの管理を**サプライ・チェーン・マネジメント**という（**図9.5**）。

今日、企業はいくつかの理由からマーケティング・ロジスティクスをこれまで以上に重視している。第1に、物流の改善により、迅速さなど優れたサービスの提供が可能となり、強力な競争優位が得られる。第2に、物流の改善により、企業にとっても顧客にとっても大幅なコスト削減が可能である。製品の平均価格の約20%が輸送や発送にかかっている。これは、広告費をはじめとする

【図9.5】
サプライ・チェーン・マネジメント

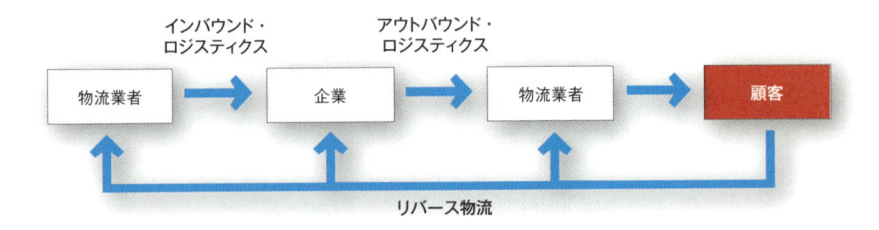

他の多くのマーケティング・コストをはるかに上回る額である。

マーケティング・ロジスティクスの重要性が高まっている理由の第3としては、製品の急激な多様化から生じたロジスティクス管理の改善が挙げられる。例えば1911年、アメリカの食料品店であるA&Pの典型的な店舗では、わずか270アイテムを扱うのみだった。店長はシャツのポケットに突っ込んだ10ページ余りのメモで、在庫を把握することができた。今日、A&Pの平均的な店舗は驚くべきことに、2万5,000点にも及んでいる。さらに、ウォルマートの取り扱いは10万点を超え、うち3万点が食品である[5]。これほどの多種多様な製品の注文、運搬、在庫、管理は、ロジスティクス上の大きな課題となっている。

ロジスティクス：ものを動かすマテリアル・ハンドリングのリーディング・カンパニー、ダイフク。保管、搬送、仕分け・ピッキングから物流ITにいたるまで、最適の物流ソリューションを提供している。写真は欧州の巨大パレット自動倉庫の風景。

最後に、マーケティングの機能の中で、マーケティング・ロジスティクスほど企業の環境維持に影響を与えるものはないだろう。輸送、保管、梱包、その他の機能は、環境に対する取り組みに貢献できる。グリーンロジスティクスを掲げているパナソニックは、大画面テレビビエラなどを輸送するに当たって、環境に優しい天然ガス車（NGV）を用いるエコトラック社を指定業者としている。天然ガス車は、PM（黒煙）を排出しないため、海外ではトラックやバスなど多くの輸送手段で採用されている[6]。

マーケティング・ロジスティクスの主な機能

マーケティング・ロジスティクスの機能は大きく3つに整理できる。製品を保管し、在庫管理し、そして輸送することである。

ほとんどの企業は製品が売れるまでの間、製品を保管しておく必要がある。

保管機能によって、顧客が買おうと思ったときに製品が店頭に並んでいるよう、生産と消費のずれを解消することができる。企業は必要とする倉庫について、その数やタイプを決定しなければならない。選択肢としては、保管倉庫と**流通センター**がある。保管倉庫とは中・長期的に製品を保管する場所であり、流通センターとは製品を保管するためというより、流通させるためのものである。巨大で自動化された倉庫として、さまざまな工場や供給業者からの製品を受け入れ、効率よく処理し、できる限り速やかに顧客に向けて配送するよう設計されている。自動倉庫や仕分け機器など、ロジスティクスに必要な設備やシステムを提供する会社としては、ダイフクやIHIロジテックがある[7]。

在庫管理もまた顧客の満足度に影響を及ぼすので、在庫不足と過剰在庫の間で絶妙なバランスを保つことが求められる。在庫が少なすぎると製品不足の恐れがあり、緊急配送や緊急生産が必要となるかもしれない。一方、在庫が過剰だと必要以上の在庫維持コストがかかり、保管している製品が陳腐化するかもしれない。

ジャスト・イン・タイム（必要なものを、必要なときに、必要なだけ）方式によって、多くの企業が在庫保有量と関連コストを大幅に削減してきた。こういったシステムのおかげで、生産者と小売業者はわずか数営業日分というような、ごく少量の部品や製品在庫を持つだけですむ。新しい在庫分は必要なときに届くし、必要になるまで長期にわたり倉庫で眠っているようなこともない。

どうすれば在庫管理はより効率的になるか、マーケターは常に新しい方法を探し求めている。そう遠くない未来に、在庫の取り扱いはすべて自動化されるかもしれない。例えば、日立が開発した「ミューチップ」などを代表とするICチップもしくはスマート・タグは、しだいに普及しつつある。これらを利用すれば、特定の製品がサプライ・チェーンのどこにあるのか、いつでも正確に把握することができる。また情報武装した棚「スマート・シェルフ」は、補充の必要性を知らせてくれるだけでなく、供給業者に自動発注までしてくれる。情報技術アプリケーションは、流通の世界に革命を起こすことになる。

輸送手段は製品の価格、輸送パフォーマンス、納品時の製品状態に影響を与え、そのすべてが顧客満足度に影響する。製品の輸送手段としては、トラック、鉄道、水路、管路（パイプライン）、空路の5つが主であり、デジタル製品についてはインターネットという代替手段もある。

トラックは輸送における重要な手段である。日本では、鉄道が0.9％、海運が

6.9％なのに対して、トラックは92.2％と輸送量の高い分担率を担っている[8]。トラック輸送は経路の面でも時間の面でも非常に柔軟性が高く、一般的に鉄道輸送より迅速なサービスを提供できる。近年はトラック運送会社も進化し、衛星追跡サービスからウェブベースの出荷管理、物流計画ソフト、海外輸送業務まで、あらゆるサービスを提供している[9]。

　鉄道による輸送は、鉱物、農林産物といった大量のかさばる製品を長距離輸送する場合に、最もコスト効率のよい輸送手段である。水路は海上水路や内陸水路を利用して、大量の製品を船舶やバージ（はしけ）船によって輸送する手段である。穀物、石油、鉱石のようにかさばり腐敗しない商品を低コストで輸送できるが、輸送手段としては最も遅く、天候に左右されやすい。

　空路輸送は、鉄道やトラックに比べると料金が非常に高いが、スピードが要求されたり、遠い市場に届けたりする場合に理想的な手段である。航空輸送が活用される製品としては、傷みやすいもの（鮮魚、生花）、高価値で小さなもの（精密機器、宝石）などがある。空路を利用することにより、在庫水準や倉庫の数を減らすこともできる。

　インターネットは、衛星やケーブルテレビなどを通じてデジタル製品を生産者から顧客のもとへと届ける手段である。ソフトウェア会社、メディアや音楽、ビデオに関わる企業、教育産業などが、デジタル製品の輸送にインターネットを利用している。インターネットには製品配送コストを引き下げる潜在的な力がある。

　もちろん、複数の輸送手段が併用されることもある。ピギーバック輸送は鉄道とトラック、フィッシーバックは水路とトラック、トレインシップは鉄道と水路、そしてエアトラックは航空とトラックの併用をそれぞれ意味している。手段を併用することにより、単独では達成できない利点が生まれる。一般に、ピギーバックはトラック輸送単独より安い。

統合型ロジスティクス・マネジメント

　今日、**統合型ロジスティクス・マネジメント**を採用する企業が増えている。よりよい顧客サービスの提供と流通コストの削減を図るには、企業内とマーケティング・チャネル全組織間でチームワークが必要だとする概念である。企業内については、自社のマーケティング・ロジスティクスのパフォーマンスを最大限に高めるために、さまざまな部門が緊密に協力し合わなければならない。

企業外については、流通全体のパフォーマンスを最大化するために、自社のロジスティクス・システムと供給業者および顧客のシステムとを統合しなければならない。

賢い企業は供給業者や顧客に合わせてマーケティング・ロジスティクス戦略を調整し、それぞれと強固なパートナーシップを作り上げることにより、顧客サービスの向上とコストの削減を図る。例えば、P&Gはウォルマートの本拠地であるアメリカのアーカンソー州に、200人以上の従業員から成るチームを配置している。P&Gの社員とウォルマートの社員がともに、両社の流通コストをぎりぎりまで削減しようと方策を検討している。

製品の生産は得意でも、それに伴う物流業務は不得手だと考える企業が多い。顧客に製品を届けるために必要な梱包、荷積み、仕分け、保管、輸送、通関といった一連の作業は煩雑である。こうした作業はできれば避けたいということで、今では多くの企業がマーケティング・ロジスティクスの一部、またはすべてを直接取引に関与しない「第三の企業」に委託する**サード・パーティ・ロジスティクス**（3PL）を取り入れている。

世界の有力企業をランキングしている「フォーチュン500」に選ばれた企業のマーケティング・ロジスティクス担当役員に調査したところ、82％が3PLを利用している。全体として見ると、北米の荷主はロジスティクス予算の47％をアウトソーシングに投じており、ヨーロッパとアジアでは62％以上にもなる。

企業がサード・パーティ・ロジスティクスを利用するのには理由がある。まず、3PLの事業者は製品を市場に届けることに主眼を置いているため、自社で行うよりも効率的で低コストな物流を実現できる場合が多い。アウトソーシングは一般的に、物流コストを15〜30％引き下げることができる。アウトソーシングすることによって、自社のコア・ビジネスに一層注力できるというメリットもある。

世界市場に進出しようとしている企業にとって、3PLパートナーは非常に大きな助けとなる。例えば、ヨーロッパに製品を流通させている企業は、梱包の基準、トラックの大きさや積載量の制限、騒音および排気ガスの規制など、多くの環境規制に直面する。だが、マーケティング・ロジスティクスをアウトソーシングすれば、全ヨーロッパを網羅する流通システムを自社で作り上げたなら要したであろうコストやリスクを大幅に軽減できるのである。

Discussion

Question 1
フランチャイズ・システムを利用している、私たちの周りの小売業者やサービス業者を挙げてみよう。

Question 2
開放的流通、排他的流通、選択的流通のそれぞれの長所と短所を整理してみよう。

Question 3
かつて、わが国の流通は、欧米に比べて多段階であるといわれていた。しかし近年では、その段階数も低下しているようである。流通の段階が少なくなってきた理由について考えてみよう。

Key Terms　重要語句

価値提供ネットワーク（p.225）
マーケティング・チャネル（p.225）
チャネルの段階（p.227）
ダイレクト・マーケティング・チャネル（p.228）
インダイレクト・マーケティング・チャネル（p.228）
チャネル・コンフリクト（p.229）
伝統的マーケティング・チャネル（p.230）
垂直的マーケティング・システム（VMS）（p.231）
企業型VMS（p.231）
契約型VMS（p.231）
フランチャイズ組織（p.231）
管理型VMS（p.234）
水平的マーケティング・システム（p.234）
マルチチャネル・マーケティング・システム（p.235）
ディスインターメディエーション（脱流通業者化）（p.235）
開放的流通（p.238）
排他的流通（p.238）
選択的流通（p.239）
マーケティング・チャネルの管理（p.240）
マーケティング・ロジスティクス（p.242）
サプライ・チェーン・マネジメント（p.242）
流通センター（p.244）
在庫管理（p.244）
統合型ロジスティクス・マネジメント（p.245）
サード・パーティ・ロジスティクス（3PL）（p.246）

Part 4

[第4部]
顧客価値の説得と伝達

Chapter 10
価格設定

　本章ではマーケティング・ミックスを構成する4Pのうちの2番目、プライスつまり価格設定に目を向けたい。他のP、すなわち製品開発、流通、プロモーションが成功に向けての種まきだとすれば、価格設定は収穫である。他のマーケティング・ミックスを用いて顧客にとって価値のある製品を創ることに成功しても、その見返りの一部を価格という形で獲得する仕事がまだ残っている。

　本章では価格設定の重要性について考察し、3つの戦略タイプについて掘り下げる。後半では、新製品の価格設定戦略、価格調整戦略、価格変更について考察する。それでは、価格設定がいかに重要か、オンライン小売の例を見てみよう。

OPENING STORY

オープニング・ストーリー

アマゾンvsウォルマート
オンライン価格戦争を戦い抜く

コカ・コーラにはペプシが、読売ジャイアンツには阪神タイガースがあるように、史上最強の小売業者ウォルマートにも強敵がいる。アマゾン・ドットコムである。この巨大小売業2社はアメリカで激しく競い合っている。選んだ武器は価格である。どちらも低価格路線を貫いている。

ウォルマートとアマゾンの価格戦争は、書籍やDVDのオンライン価格をめぐる小競り合いから始まり、それが瞬く間にゲーム機や携帯電話、玩具にまで拡大した。この2社の戦いは、オンラインと実店舗の双方で製品を販売してもらっている全産業の命運のかかった戦争だ。価格というのは強力な戦略兵器となりうるが、もろ刃の剣でもある。

ウォルマートの総売上はおよそ4,500億ドルであり、年610億ドルしかないアマゾンの約7倍以上だが、オンラインだけに着目すれば、アマゾンの売上はウォルマートの8倍以上に及ぶ。しかも、アマゾンのサイトはアメリカ国内で月7,000万ユーザーを集めており、これはウォルマートの2倍である。あるアナリストの試算によれば、オンライン上で小売商品を買おうとする全米の消費者の半分が、アマゾン・ドットコムから探しはじめるという。

ウォルマートを不安にさせているものは何だろうか。同社のオンライン売上は、全米での総売上の4〜5%にすぎない。事業の大部分は、4,000を超える実店舗による商品販売で成り立っている。それに対してアマゾンの売上は、カートを押してまわるよりもクリック1つですませたい、裕福な都会人によるものが大半である。だが、この戦争で問題なのは現在ではなく未来である。オンラインはウォルマートの基準からすれば小さな市場だが、2020年になれ

ネット上でどちらが勝つかは時が経てばわかる。ただ、今のところはアマゾンもウォルマートも、価格に関して一歩たりとも引くつもりはないらしい。

OPENING STORY

ば、全米の小売売上高の15％を占めるようになると見込まれている。そのオンライン空間が、アマゾンに占拠されつつあるのをウォルマートは怖れている。アマゾンの戦略には、あらゆるものをネットで扱いたいという飽くなき野望が見てとれる。最初は本だけをオンラインで販売していたが、今では映画、音楽、家電、家庭用品、ガーデニング用品、衣料品、宝飾品、玩具、工具、食料品まで扱っている。

　もちろん、ウォルマートもただ指をくわえて見ているつもりはない。それどころかアマゾンのテリトリーであるネットへ切り込んでいき、果敢な価格設定によりネット上の1ドルをめぐって戦っている。戦いの火ぶたが切られたのは2009年、クリスマス商戦の前だった。ウォルマートが近刊のハードカバー本10冊の予約を受け付けるに際して、ジョン・グリシャムやスティーヴン・キングなど、ベストセラー入りが期待される作家のものばかりであるにもかかわらず、10ドル均一という前代未聞の価格を発表したのだ。他のベストセラー200冊についても、アマゾンの価格を下回る50％オフで販売した。するとアマゾンも即座に同じベストセラー10冊を10ドルに下げて対抗し、価格戦争へと突入した。ウォルマートが9ドルちょうどに下げればアマゾンも続き、今度はウォルマートが8ドル98セントにする。このような価格は定価の59～74％オフにあたり、普通の書店ではせいぜい30～40％オフである。実際、ウォルマートとアマゾンはコストを割り込んで値引いていた。より利益の上がる他アイテムの購入を期待して買い手を自社サイトに引き寄せる、いわゆる「ロス・リーダー」になっているのである。

　しかし、長期的に考えれば、見境のない値下げはウォルマートにとってもアマゾンにとっても、得るものよりダメージの方が大きい。価格戦争によって製品カテゴリー全体が魅力を失い、薄利になってしまう可能性があるからだ。それに、今日の経済情勢にあっても、ネットでの購入は最も安ければよいというような単純なものではない。オンライン顧客を勝ちとるには、最低価格の提供だけではなく、品揃え、スピード、利便性、さらには顧客が購買時にどのような経験をするかまで考慮しなくてはならない。

　値下げは往々にして最良の解ではない。不必要な値下げは利益を削り、泥沼的な価格戦争へと陥る可能性がある。また、提供している顧客価値よりも価格の方が重要だといっているようなものであり、ブランドの価値を下げてしまうかもしれない。企業に求められるのはむしろ、どのような経済情勢においても価格ではなく価値を売るという姿勢である[1]。

狭義の**価格**とは、製品やサービスの対価として課される金額のことである。より広くは、製品やサービスの所有、もしくは利用によって得られるベネフィット（便益）のために、顧客が差し出す価値の総計を指す。今も昔も、価格は企業の市場シェアや収益性を決定づける最も重要な要素の1つである。

マーケティング・ミックスの中で収入を生むのは価格だけであり、他の製品、プロモーション、流通はすべて支出に結びついている。また、価格は最も柔軟性の高いマーケティング変数でもある。製品特性やチャネル契約と異なり、価格は容易に変更できるからだ。

そのようななか、多くの企業は価格の設定に手こずっているが、賢いマーケターは価格設定が顧客価値の創造と獲得の鍵を握る戦略ツールであると認識している。価格は企業の収益に直接影響する。価格をほんの数パーセント上げるだけで、収益性は大幅に改善するからである。さらに重要なのは、顧客にとって価値ある製品を生みだし顧客リレーションシップを構築するうえで、価格が大きな役割を担っているということである。

主要な価格設定戦略

企業が設定する価格というのは、需要を生み出すには高すぎる値と、利益を生み出すには低すぎる値の間に落ち着く。価格設定において留意すべき主な項目を**図10.1**にまとめてみた。顧客が製品をどのくらいの価値だと知覚するかが価格の上限値となる。製品の価値よりも価格が高いと知覚すれば、顧客はその製品を購入しない。一方、製品のコストが価格の下限値となる。製品のコストよりも低く価格を設定してしまうと、企業は利益

【図10.1】
価格設定の考え方

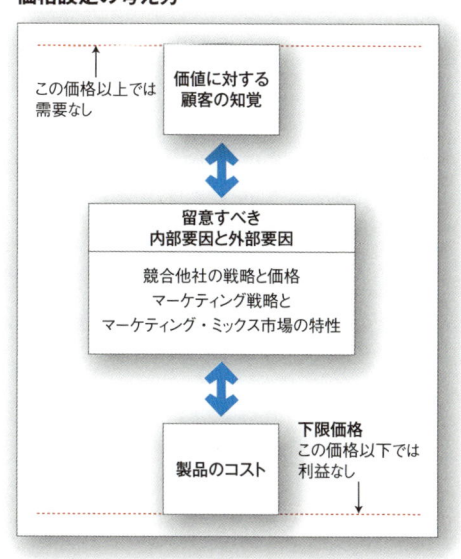

- 価値に対する顧客の知覚
  - この価格以上では需要なし
- 留意すべき内部要因と外部要因
  - 競合他社の戦略と価格
  - マーケティング戦略とマーケティング・ミックス市場の特性
- 製品のコスト
  - 下限価格　この価格以下では利益なし

を得ることができない。この2点の中間に価格を設定するわけだが、その際、競合他社の戦略と価格、自社のマーケティング戦略とマーケティング・ミックス、市場の特性といった内部要因および外部要因を考慮しなくてはならない。

顧客価値ベースの価格設定

　価格が適切かどうかを最終的に決めるのは顧客である。したがって、他のマーケティング・ミックスと同様に、価格設定も顧客の視点に立たなければならない。顧客は製品の購入を通じて、価値（価格）と価値（製品の所有、もしくは利用によるベネフィット）を交換している。製品から受け取るベネフィットに顧客がどの程度の価値を置くかを把握し、その価値から価格を設定しようというのが、顧客価値ベースの価格設定である。

　顧客価値ベースの価格設定では、販売者側のコストではなく、購買者の知覚価値が価格設定の鍵となる。つまり、マーケティング・プログラムを設計してから価格を決めていては遅いということだ。マーケティング・ミックスの他の変数同様に、価格もマーケティング・プログラムにとりかかる前に設定しておかなければならない。

　顧客価値ベースの価格設定では、まず顧客のニーズと価値の受け止め方を見定める。次に、顧客の知覚する価値に基づいて目標価格を設定する。最後に、目標とした価値と価格から、どこまでコストをかけられるか、その場合、どのような製品設計になるかを決定する。したがって、価格設定は顧客のニーズと価値の受け止め方を分析することから始まり、価格は知覚価値に適合するように定められる。

　ここで重要なのは、「優れた価値」は「低価格」と同じではないということだ。例えば、スタインウェイのピアノはどれも非常に高価である。だが、所有者にとっては、スタインウェイであるということに大きな価値がある[2]。スタインウェイは世界レベルのピアニストや裕福な人々のためだけにあるのではない。購買者の99％がピアノを自宅でしか弾かないアマチュアである。そのような顧客にとっては、いくらかかろうが、スタインウェイを所有するという価値を買うのだから安いものである。ある所有者がいうように、「スタインウェイとの友情は、自分の人生の中で最も大切で美しいもの」なのである。このような感情に値段などつけられるものではない。

　以下では、グッド・バリュー価格設定と付加価値価格設定という2つの顧客

価値ベースの価格設定について見てみよう。

優れた品質とサービスとの組み合わせに対して、低価格を設定することを**グッド・バリュー価格設定**というが、この戦略をとるマーケターが増えている。ブランド名の確立された製品の廉価版発売は、よく見かけるグッド・バリュー価格戦略の例である。景気の低迷と消費者の節約志向に合わせるために、マクドナルドのようなファストフード店はセット商品や100円商品などを提供している。アルマーニにも、より安価でよりカジュアルなラインとしてアルマーニエクスチェンジがある。

既存ブランドの再設計により、同じ金額で従来以上の品質を提供する、もしくは同じ品質をより安く届けるというのもグッド・バリュー価格設定である。また、価値を下げて低価格で提供することで成功している企業もある。例えば、古本書籍販売で知られるブックオフは、低価格で古本を提供し、幅広い顧客層からの支持を集めている。

重要なグッド・バリュー価格設定の1つに、小売レベルで行われる**エブリデイ・ロー・プライシング（EDLP）**と呼ばれるものがある。EDLPとは、一時的な値引き販売はほとんど、あるいはまったく行わず、常に低価格で販売するという意味である。アメリカではウォルマートがいち早く導入し、日本でも家具販売のニトリなどが実践している。これとは対照的なのがハイ・ロー・プライシングであり、日ごろの価格は基本的に高めだが、一時的な低価格販売というプロモーションを頻繁に実施する。

ライバルに合わせて価格を下げるのではなく、付加価値的な特徴やサービスを加えることにより自社提供物を差別化し、高い価格を支えるという**付加価値価格設定**もある。次の例を見てみよう。

知覚価値：スタインウェイのピアノはどれも非常に高価である。だが、所有者にとってみれば、スタインウェイだということに大きな価値がある。

インドのムンバイでは雨季が3カ月ほど続き、その間は雨が止むことはほとんどない。そんなムンバイの人々をほぼ150年も守ってきたのが、由緒あるエブラヒム・クリム・アンド・サンズの「スタッグ」という傘である。スタッグは基本的にフォードのモデルT同様、頑丈で手頃で、色は黒しかなかった。ところが20世紀の終わりごろ、中国からの安価な輸入製品に脅かされることになる。スタッグは値を下げ、質を落とすことで対抗したが、これが悪かった。スタッグは1940年代以来の赤字に陥った。

　そこで、スタッグは戦略を変更し、価格戦争ではなく製品イノベーションにとりかかった。ファンキーなデザインやクールな色遣いを特徴とするデザイナーの傘を発売すると、ティーンエイジャーや若者たちが飛びついた。さらに、街灯のない夜道用に強力な懐中電灯つきの傘を、音楽好きのために音楽の鳴る傘を発売した。このような製品に対してであれば、顧客はプレミアム価格を喜んで支払う。新たな付加価値価格設定のもと、スタッグは収益性を取り戻した。今の価格は輸入物の15％増しである[3]。

　このスタッグの事例からも明らかなように、顧客は価格だけでなく、支払うことによって得られるものからも購買の動機を得る。プライシングのある専門家は次のように述べている。「消費者が買物を金銭面だけでとらえているのなら、巨大なディスカウントショップが1つあればこと足りる。顧客は価値を求めているのであって、そのための対価は喜んで支払う。価値に見合った価格を設定するのが賢いマーケターなのだ」[4]。

コスト・ベースの価格設定

　図10.2は、今まで見てきた顧客価値ベースの価格設定と、**コスト・ベースの価格設定**を比較したものである。コスト・ベースの場合、自社の考える優れた製品を設計し、製造に必要なコストを合計して、そのコストに目標の利益を上積みした金額を価格として設定する。その上で、製品価値に見合った価格だから購入は妥当だということを、買い手に信じさせなければならない。価格が高すぎることがわかれば、企業は利幅を減らすか売上を落とすしかない。

　スカイマークやニトリのような企業は、製品やサービスのコストを抑えることで競争優位に立つコストリーダーシップを目指している。コストを下げると低価格設定が可能となり、利幅は小さくなるが売上と利益を増加させることができる。一方、ジャガーやエルメスなどの高級ブランドは意図的にコストをか

【図10.2】
顧客価値ベースの価格設定とコスト・ベースの価格設定

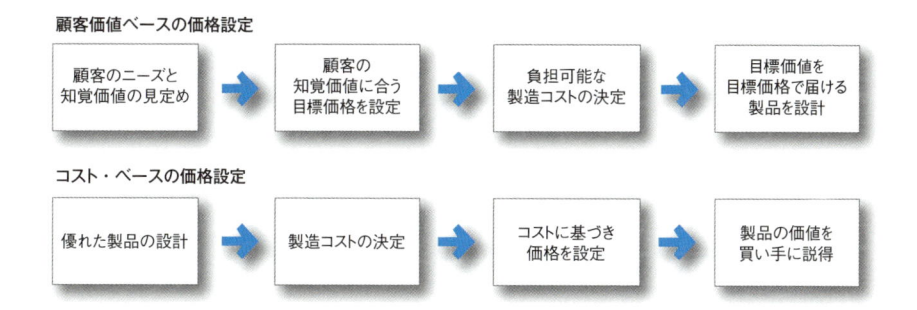

顧客価値ベースの価格設定

顧客のニーズと知覚価値の見定め → 顧客の知覚価値に合う目標価格を設定 → 負担可能な製造コストの決定 → 目標価値を目標価格で届ける製品を設計

コスト・ベースの価格設定

優れた製品の設計 → 製造コストの決定 → コストに基づき価格を設定 → 製品の価値を買い手に説得

け、その結果としての高価格・高利益率を享受している。例えば、バーキンやケリーといったエルメスのバッグは、量産タイプよりもはるかに価格が高いが、品質も勝るので、数十万円以上という高価格が正当化されるのである。

企業のコストは、大きく2つに分けることができる。固定費と変動費である。**固定費**とは、生産高や販売量に左右されないコストである。例えば、生産高にかかわらず毎月支払う賃貸料、光熱費、利息、役員報酬などである。一方、**変動費**は生産高に応じて変動する。キヤノンの生産するプリンターには、半導体、基盤、コード、プラスチックなどのコストがかかる。1ユニットあたりの製造にかかる金額は同じでも、生産する単位数に応じて総金額が変動するため、これらのコストは変動費と呼ばれる。そして、固定費と変動費の合計が**総コスト**であり、最低でも総コストをまかなえるだけの価格を設定したいと経営陣は考える。

賢明な価格設定には、生産水準とコストとの関係を把握しておくことが欠かせない。例えば、カシオが1日10,000台の電卓を生産する工場を建設したとしよう。次頁の**図10.3A**は、典型的な短期平均コスト（SRAC：short-run average cost）曲線を示している。この図から、1日に少量しか生産しない場合、1台あたりの平均コストは高くなることがわかる。だが、生産台数が増えると、1日10,000台に近づくにつれて単位あたりの平均コストは下がる。固定費が生産台数に分散され、1台あたりの固定費が減少するからだ。10,000台以上の生産も可能だが、その場合は効率が悪化して平均コストは上がってしまう。無理な量を生産しようとすると、労働者は機械の空きを待たなくてはならず、機械の故障も頻発したりする。

【図10.3】
生産水準別にみた単位あたりコスト

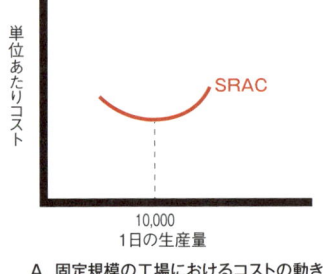

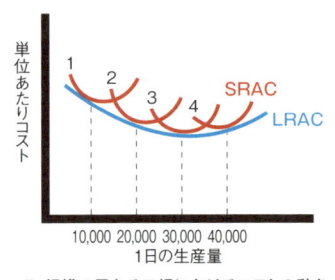

A. 固定規模の工場におけるコストの動き

B. 規模の異なる工場におけるコストの動き

　1日に20,000台を売る自信があるのなら、カシオはもっと大きな工場の建設を検討すべきである。新工場で、もっと効率的な機械や従業員の配置を採用すればよい。また、長期平均コスト（LRAC：long-run average cost）のグラフ（**図10.3B**）が示すように、1日に20,000台を生産する場合の平均コストは、10,000台の場合よりも低下する。図10.3Bによれば、実際には、生産能力が30,000台の工場の方がさらに効率的である。ところが40,000台となると、今度は労働者が増えて管理が煩雑になり、事務処理スピードが上がらないなど、規模の不経済でかえって効率が悪化する。図10.3Bからわかるのは、生産水準を支えるだけの需要があるのなら、1日30,000台規模の工場の建設がベストだということである。

　カシオが1ヵ月に30,000台を生産する電卓工場を操業していると仮定しよう。電卓生産の経験を積むにつれて、カシオはよりよい方法を会得していく。労働者は簡便なやり方を覚え、無駄な動きが減り、設備の扱いにも慣れる。実践を重ねることで仕事の流れが整い、設備や生産プロセスの改善が生まれる。生産量が増えることで効率性は向上し、規模の経済を獲得していくのである。こうした平均コストの低下を示したのが**図10.4**である[5]。最初の100万台までは1台

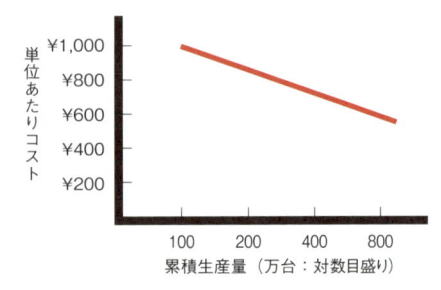

【図10.4】
典型的な経験曲線

あたりの平均コストは1,000円だが、200万台になると850円に下がる。累積生産量がさらに400万台になると平均コストは700円になる。このように累積生産量の増加とともに平均コストが低下することを**経験曲線**効果（あるいは**学習曲線**効果）と呼ぶ。

経験曲線効果の存在は企業にとって大きな意味がある。単位あたりコストの低減が可能だというだけではなく、生産台数を増やすことでコストを早く下げられるからである。ただし、それだけの需要の存在があることが条件となる。経験曲線効果を有利に使うには、製品ライフサイクルの早い段階で大きな市場シェアを獲得し、累積生産量を高くしなければならない。

最も単純な価格設定の手法である**コスト・プラス法**（あるいは**マークアップ法**）は、製品のコストに標準的なマークアップ（利幅）を上乗せする方式である。建設会社はプロジェクトの総コストを見積もり、そこに利益分として標準的なマークアップを乗せて入札する。弁護士や会計士などの専門職もコストに標準的なマークアップを上乗せしている。マークアップ法を説明するために、あるトースター製造業者が次のようなコストと売上予測を立てていると仮定しよう。

　1台あたりの変動費　　1,000円
　固定費　　　　　　　3,000万円
　推定販売台数　　　　50,000台

トースター1台あたりの単位コストは次のようになる。

　単位コスト＝変動費＋(固定費／販売台数)＝1,000円＋(3,000万円／50,000台)
　　　　　　＝1,600円

ここで、このメーカーが20％のマークアップを得たい場合、マークアップ価格は次のようになる。

　マークアップ価格＝単位コスト／(1－期待利益率)＝1,600円／(1－0.2)
　　　　　　　　　＝2,000円

トースターを1台2,000円で販売店に売れば、1台あたり400円の利益を得ることができる。そして、今度はさらに販売店がマークアップを乗せて販売する。50％の利益を得たいならば、2,000円／（1 − 0.5）＝ 4,000円とすればよい。

マークアップ法による価格設定は、はたして理にかなった方法なのだろうか。一般的にいえばノーである。需要も競合他社の価格も無視しているからである。しかし、マークアップ法にはメリットもある。第1に、販売者は価格とコストを結びつけて価格設定を単純化できる。第2に、当該産業界の全企業がこの手法を採用すれば価格は似通ったものとなり、厳しい価格競争が生じにくくなる。そして第3に、販売者にとっても購買者にとっても、コスト・プラス法は公正だと感じられている点である。

損益分岐点分析と目標利益

損益分岐点による価格設定（あるいは**ターゲットリターン価格設定**）も、コストをベースとしている。これは損益がつり合う、もしくは目標利益（ターゲットリターン）の出る価格を設定しようというものだ。目標利益による価格設定では損益分岐点チャートを用いて、販売水準をさまざまに変えた場合、総コストと総売上の予測がどのように変化するかを見る。**図10.5**は上で見たトースター製造業者の損益分岐点チャートである。固定費は販売数に関係なく一律

【図10.5】
損益分岐点チャート

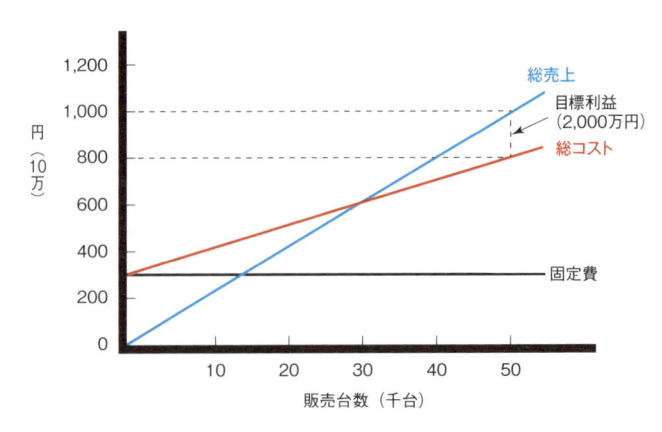

3,000万円。固定費に変動費を加えたものが総コストであり、1台当たり1,000円で販売量の増加とともに上昇する。総売上はゼロから始まり、1台売れるごとに2,000円ずつ増えていく。

総売上と総コストのグラフは販売量3万台で交わるが、ここが損益分岐点である。単価2,000円の場合、3万台の販売で損益分岐点、すなわち総売上が総コストをカバーする点に達する。損益分岐点の販売量は、以下の式で求めることができる。

損益分岐点の販売量＝固定費／（価格－変動費）
　　　　　　　　　＝3,000万円／（2,000円－1,000円）＝30,000台

利益を出すには、単価2,000円で3万台以上販売しなくてはならない。この事業に1億円を投資しており、投資収益率20％、つまり2,000万円の利益を期待するなら、最低でも5万台は売らないと目標とする利益に届かない。価格を上げれば、目標収益達成に必要な販売台数は下がるが、高い値段では目標台数が売れないかもしれない。

そこで、このメーカーは価格を何通りか想定し、それぞれについて損益分岐点の販売量を求めるとともに需要を予測し、利益を見積もらなければならない。**表10.1**は、その比較作業である。設定価格が高くなるにつれて損益分岐点は下がるが、価格が高くなるとトースターの需要は下がる。1,400円に設定した場合、利益は1台あたり400円（1,400円－変動費1,000円）にとどまるため、損益分岐点に達するために必要な販売量は非常に高い数値となる。値段の安さに引かれ

【表10.1】さまざまな価格での損益分岐点の販売量　　　　　　（金額の単位は百円）

価格 (1)	損益分岐点に 達するのに 必要な需要 (2)	この価格で 期待できる 需要 (3)	総売上(4)＝ (1)×(3)	総コスト* (5)	利益(4)－(5)
14	75,000	71,000	994,000	1,010,000	－16,000
16	50,000	67,000	1,072,000	970,000	102,000
18	37,500	60,000	1,080,000	900,000	180,000
20	30,000	42,000	840,000	720,000	120,000
22	25,000	23,000	506,000	530,000	－24,000

＊固定費3,000万円、変動費1台あたり1,000円と仮定。

る購買者も少なくないが、需要は高い損益分岐点に遠く及ばず、メーカーは赤字となる。

　逆に2,200円という高い価格を設定した場合は、1台あたり1,200円の利益が得られ、2万5,000台の販売で損益分岐点に達する。ただし、この値段ではたいして売れないため、利益はやはりマイナスである。この表によると、単価を1,800円に設定したときに最も高い利益を得ることができる。ここで注意したいのが、いずれをとったとしても、メーカーの目標利益2,000万円は達成できないということだ。この目標を達成するためには、固定費もしくは変動費を抑える道を探り、損益分岐点の販売量を下げなければならない。

競争ベースの価格設定

　競争ベースの価格設定とは、競合他社の戦略、コスト、価格、市場提供物などに基づいて価格を設定するという考え方である。顧客の多くは、競合他社が提供する類似製品の価格と比較して製品を判断する。競合他社の価格戦略を評価するにあたっては、いくつかの質問を設定するとよいだろう。まず、他社製品と比べて自社の提供物は顧客価値という面で優位にあるか劣位にあるか。自社の製品やサービスに顧客がより優れた価値を知覚していれば、価格も高く設定することができる。逆に他社製品よりも価値が劣ると思われているなら、価格を下げるか、顧客の知覚を修正して価格の高さを正当化しなければならない。

　次に、現在の競合相手は強いのか、どのような価格戦略をとっているのかを考える。価値を上回る価格で販売する小さな企業ばかりであれば、価格を下げることで市場から弱者を追い払えるかもしれない。低価格の大企業が市場を支配している場合は、未対応のニッチ市場を標的として、付加価値のある製品を高価格で販売

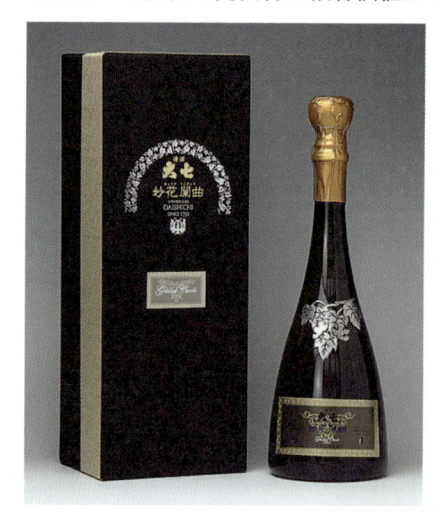

競争ベースの価格設定：日本酒の低価格路線が進むなか、福島県の大七酒造は価格を下げることなく、素材と手法にこだわる良質な日本酒の生産を続けている。高価格でも本格的な日本酒を好む顧客の支持を得、売上は順調だ。日本酒専門家らが選ぶ「地酒大show」では毎回上位入賞を果たしている。

するという選択肢もある。

例えば、焼酎など他のアルコール飲料におされて多くの酒造メーカーが日本酒の低価格路線を歩むなか、福島県二本松市の大七酒造はこの低価格競争に挑もうとしなかった。元禄年間に始まったとされる正統的な醸造法「生酛造り」を使い、良質な日本酒の生産を続けた。その結果、決して安くはないにもかかわらず、本格的な日本酒を好む層から強い支持を得ることに成功した。2008年の北海道洞爺湖サミットの首脳夫人晩餐会では、大七酒造の「妙花蘭曲グランド・キュヴェ」が乾杯のお酒として用いられたほどである[6]。

市場状況と価格決定戦略

価格は、企業の多岐にわたるマーケティング戦略の1要素にすぎない。したがって、価格を設定する前に、その製品やサービスの全社的なマーケティング戦略を策定しておかなければならない。ターゲット市場とポジショニングの慎重な選定があって初めて、価格を含めたマーケティング戦略が正しく進むのである。例えば、ヨーロッパの高収入セグメントにおいて、豪華な高性能車に対抗するためにアキュラを開発したホンダは、価格を高く設定する必要があった。反対に「少しの燃料で元気に走りまわる倹約家」と謳うフィットの発売にあたっては低価格を実現する必要があった。このように、価格にまつわる戦略は主として、市場でどのようにポジショニングするかによって決まるのである。

逆に、製品を価格でポジショニングし、希望価格に合わせて他のマーケティング・ミックスを決定することもある。その場合、価格によって製品の市場や、競合状況、設計が変わってくる。このような価格ポジショニング戦略を支えるために、多くの企業が**ターゲット・コスティング**と呼ばれる技法を用いている。ターゲット・コスティングでは、製品を設計してコストを決めてから「この値段で売れるか」と問う通常のプロセスを逆の順で実行する。つまり、最初に顧客が求める価値を考慮して理想とする販売価格を定め、その価格で確実に収支の合うコストを目指すのである。例えば、アメリカにおけるホンダ・フィットの場合、1万3,950ドルというスタート価格と、1ガロンあたり33マイル（1リットルあたり約14キロメートル）という燃費効率が最初からしっかり頭にあった。その上で、許容されるコストでターゲット顧客に価値を届けるものとして、ス

タイリッシュな小型車を設計したのである。

市場状況に応じた価格

どこまで自由に価格を設定できるかは市場のタイプによって異なるが、経済学では市場を4つのタイプに分けている。それぞれにおける価格設定の課題を見ていこう。**完全競争**のもとでは、小麦や銅などのコモディティ（一般商品）が多くの買い手と売り手の間で取引されている。買い手にも売り手にも、市場価格に対する大きな影響力はない。完全競争市場においては、マーケティング・リサーチ、製品開発、価格設定、広告、販売促進はほとんど出番がない。したがって、このような市場の販売者はマーケティング戦略に多くの時間を割くことはない。

独占的競争のもとでは、多くの買い手と売り手が単一の市場価格ではなく、ある程度の幅を持った価格帯の中で取引を行っている。提供物の差別化が可能なため、価格に幅が生じる。売り手は顧客セグメントに応じて提供物の差別化に努め、価格だけでなく、ブランドや広告などでも違いを際立たせようとする。このような市場では、いくつかのセグメントに明確に分かれているため、寡占市場よりは競合他社の価格に影響されにくい。

寡占的競争のもとでは、数少ない売り手が牽制し合いながら、価格やマーケティング戦略を決めている。売り手が少ないため、互いに他社の価格戦略や動きを警戒しており、すぐに反応する。**完全独占**のもとでは、市場には単一の業者しか存在しない。業者には政府が認めた事業者（たばこ生産における日本たばこ産業）、規制を受けている民間の事業者（電力会社や鉄道会社）、民間の事業者（新薬を開発したときの製薬会社）があり、価格設定の方法はそれぞれの場合で異なる。

需要の価格弾力性

企業が異なる価格をつけると、それに応じて需要水準が変化する。価格とその結果としての需要水準との関係を示したものが**図10.6**の**需要曲線**である。需要曲線を見れば、価格の変化に伴い、市場における購入量の変化する様子がわかる。通常、需要と価格は反比例の関係にあり、価格が上がると需要は下がる。したがって、企業がP_1からP_2に価格を上げれば需要量は落ちる。ほとんどの企業が価格をさまざまに変えて需要を予測し、需要曲線を導き出そうとしている

【図10.6】
需要曲線

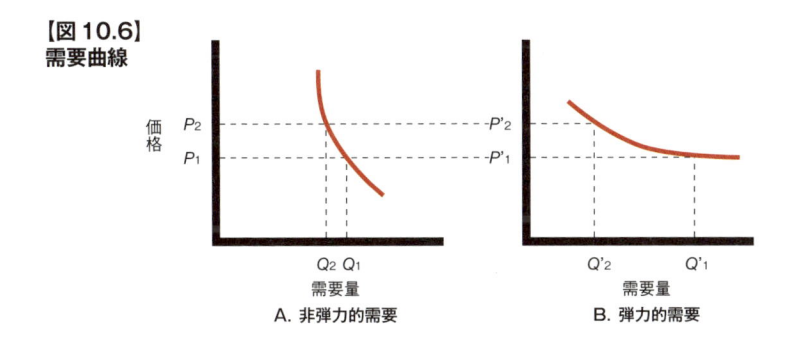

A. 非弾力的需要

B. 弾力的需要

が、需要は市場のタイプによっても変わる。

図10.6の2つのグラフについて考えてみよう。**図10.6A**では、価格がP_1からP_2に上がっても、需要はQ_1からQ_2と比較的小さい下落にとどまっている。だが、**図10.6B**では、同じ価格の上昇がQ'_1からQ'_2への大きな需要減につながっている。価格変動によって需要がほとんど変化しない場合、この需要は非弾力的である。一方、需要が大きく変化する場合、この需要は弾力的である。**需要の価格弾力性**は以下の式で表される。

需要の価格弾力性＝需要量の変化率（％）／価格の変化率（％）

価格を2％上げたときに需要量が10％低下すると仮定しよう。この場合の価格弾力性は、－5（マイナス記号は、価格と需要とが反比例の関係であることを表す）となり、需要は弾力的である。価格を2％上げたときに需要量が2％低下するのであれば、弾力性は－1となる。この場合、販売者の総収入に変化はない。売れる数は減るが、その分価格が上がっているため、同額の収入が保たれるというわけだ。価格を2％上げると需要量が1％低下するなら、弾力性は－0.5となり、この需要は非弾力的である。需要の弾力性が小さいほど、販売者は値上げによって、より多くの売上を得ることができる。

需要の価格弾力性は何によって決まるのだろうか。消費者が価格に対して敏感でなくなるのは、購入するものが独特な場合や、高品質、高評価なものの場合などである。また、代替品を見つけるのが難しい、あるいは代替品と品質を比較するのが難しい場合や、収入に比して支出額が小さい、他者に一部の費用を負担してもらうというような場合も、価格に対する顧客の敏感さともいうべ

き**価格感受性**は鈍くなる[7]。

　価格が弾力的であるとき、販売者は値下げを考える。価格を下げることで多くの需要が生まれるからだ。これは、追加生産や追加販売に伴うコストの増加が収入の増加を上回らない限り、有効な手法である。近年では景気が不安定な上に規制が緩和され、さらにインターネットなどの技術を使えば容易に価格比較ができるようになったため、消費者の価格感受性が高まり、一部の消費者の目には電話やパソコン、新車までもがコモディティとして映るようになっている[8]。

　以下では、新製品の価格設定戦略、製品ミックスの価格設定戦略、顧客の違いや環境の変化に対応するための価格調整戦略、および価格変更の実施と他社の価格変更に対応するための戦略について検討していく[9]。

新製品の価格設定戦略

　価格設定戦略は通常、製品のライフサイクルに応じて変化する。新製品を売り出そうとする企業は、初めて価格を設定するという重要な課題に直面する。選択肢は大きく分けて2つあり、上澄み吸収価格設定と市場浸透価格設定である。

　新製品を開発した企業の多くは、初期価格を高く設定し、短期間に市場から利益を得ようとする。アップルはこの**上澄み吸収価格設定**と呼ばれる戦略を頻繁に用いている。初めてiPhoneを発表したとき、価格は1台につき599ドルだった。当時iPhoneを購入したのは、この新しい製品を手に入れたいと考え、かつ、それだけの金額を支払う余裕のある顧客層である。半年後、アップルは8ギガモデルを399ドルに、16ギガモデルを499ドルに価格を下げ、より多くの顧客の獲得をねらった。さらに1年もしないうちに、今度はそれぞれ199ドルと299ドルに下げた。2009年にiPhone 3 GSで32ギガモデルが導入され、2011年にiPhone 4 Sで64ギガモデルが導入されると、それぞれに再び高価格が設定された。このようにしてアップルは、市場のさまざまなセグメントから、最大限の利益をすくい取っているのである。

　上澄み吸収価格設定は、いくつかの条件のもとで有効になる。その条件とは、高価格でもその製品を欲しがる購買者が多数存在すること、競合他社が容易には市場参入できず値崩れしにくいこと、である。

　市場浸透価格設定とは、初期価格を低く設定することで速やかにかつ深く市場に浸透する戦略である。素早く多数の購買者を引きつけて大きな市場シェア

を獲得できるので、販売量が増えればコストは下がり、さらなる値下げの余地ができる。例えば、スウェーデンの巨大小売業イケアは、市場浸透価格を用いて中国市場で成功を収めた[10]。

1998年にイケアが中国で第1号店を開店したとき、中国人客は列をなした。その理由は家具を買うためではなく、無料で手に入るものを楽しむため、すなわちエアコンの効いた店内、清潔なトイレ、そして店内のインテリアだった。中国人の倹約ぶりは有名である。中国人客を引きつけるため、イケアは中国市場に進出している多くの欧米小売店の手法とはまったく逆に、世界中のどのイケア店舗よりも安い価格を導入した。中国製製品の取り扱いを徐々に増やし、品物によっては他国のイケア店舗より70％も安い価格を実現したのである。この市場浸透価格戦略は功を奏し、急速に成長しつつある中国のホームウェア市場において、同社の市場シェアは43％。中国にある巨大7店舗の売上は、2009年には25％の伸びを記録した。

市場浸透価格戦略が有効であるためには、やはりいくつかの条件が必要である。市場の価格感受性が高く低価格によって市場が成長すること、販売量の増加に伴い生産コストと流通コストが低下すること、そして、低価格によって競争が排除され市場浸透価格を採用した販売者の低価格ポジショニングが維持されること、などである。

市場浸透価格設定：倹約好きな中国人客を引きつけようと、イケアは価格を低く抑えた。この戦略は功を奏し、北京にある巨大店舗では週末の人出がすさまじく、メガフォンを使って誘導するほどである。

製品ミックスの価格設定戦略

多くの企業は単一の製品だけでなく、製品ライン、さらには製品ミックスとして複数の製品を提供している。そのため、企業が提供する製品全体としての利益を最大化できるように、価格設定を進めなければならない。製品ラインの

価格設定、オプションの価格設定、キャプティブ製品の価格設定、副産物の価格設定、製品バンドルの価格設定について見ていこう。

企業は通常、製品を個々にではなくラインとして開発する。例えば、高級カトラリーのブランドとして知られているクリストフルには、「マルリー」「パール」「マルメゾン」「アルビ」など10種類以上のコレクションがある。どれもデザインが異なり、価格も純銀製、銀メッキ製、ステンレス製などに応じてテーブルフォーク1本4,000円程度のものから10万円もする特注品まである。また、ティーポット、フォトフレーム、キャンドルスタンド、シャンパンクーラーなど幅広い製品を扱っている。

製品ラインの価格設定では、1つの製品ラインに属する多様な製品について、段階的に価格を設定しなければならない。段階的に価格を決定するにあたっては、ライン内の製品間におけるコストの違いや、製品それぞれの特徴に対する顧客の知覚価値を考慮すべきである。フォークの価格でいうと、4,000円、5,000円、7,000円、8,000円では消費者が価格によって製品の違いをあまり知覚できないので、4,000円、8,000円、12,000円、32,000円などのように、価格に大きな違いを付けるのである。

多くの企業は主たる製品とともに関連製品、つまりオプショナル製品の価格を設定しなければならない。例えば、車の購入者はカーナビゲーションやアルミホイールなどを選ぶことができるし、住宅にはオプションで床暖房を設置できる。こうした**オプショナル製品の価格設定**はやっかいな問題である。企業はどの品目を標準価格に含め、どれをオプションとするかを決定しなければならない。

また一部の製品は、主たる製品とそれに付随して使われる製品に分けることができる。そうした製品のメーカーは、**キャプティブ製品の価格設定**を利用している。キャプティブ製品としては、ひげそり、ゲーム、プリンターなどが挙げられる。こうした製品における主たる製品は、ひげそり本体、ゲーム機、プリンターであり、付随製品は、替え刃、ゲームソフト、インクカートリッジである。キャプティブ製品のメーカーは、本体の価格を意図的に低く設定し、付随製品には高いマージンを設定している。本体で大きな利益を上げられなくても、本体をある種の捕虜（キャプティブ）とすることによって、付随製品で利益を上げようとするのである。

製品やサービスを生み出す過程では副産物が生まれることがある。もしこの

副産物に価値がない上に廃棄コストがかかるなら、主たる製品の価格を決める際に廃棄コストを上乗せしなければならない。そこで企業は副産物のための市場を探し出し、処理にかかるコストを相殺し、主たる製品の価格競争力を高めなければならない。もちろん副産物自体が利益を生み出すこともある。ゴミからお金が生まれるのである。例えばシアトルのウッドランドパーク動物園は、主要な副産物である動物の「ふん」が予期せぬ収益源となることに気づいた[11]。

「動物園で出るふんは、どうしているのでしょうか」と、ウッドランドパーク動物園の広報ビデオが問い掛ける。以前は、年間6万ドルをかけてゴミ埋立地まで運んでいた。だが、現在は丁寧に回収されコンポスト（酵腐熱）処理されたのち、堆肥として販売されている。「太平洋岸北西部で最もエキゾチックで評価の高い堆肥。動物園内の霊長類を除く、エキゾチックな草食動物のふんから作られました」というのが売りである。この人気の堆肥は、動物園の売店でバケツ1杯から販売されている。ふんを販売すればゴミ埋立地を使用しなくてもすみ、環境に貢献することになる。動物園にとって処理費用を節約できる上に、年間1万5,000ドルから2万ドルの売上が手に入る。

製品バンドルの価格設定とは、販売者がいくつかの製品をまとめ、そのバンドルを割引価格で提供することである。ドラッグストアではシャンプーとリンスをまとめて販売しているし、食品スーパーでは納豆を束にして「3つで128円」などというように販売している。バンドル価格により、普通なら買わない製品の購入を促したり、購入量を加速させたりすることができるが、バンドルを購入する気になるだけの十分な低価格でなければならない。

価格調整戦略

　企業は顧客の違いや状況の変化に応じて価格の調整を行う。ここでは5つの価格調整戦略、すなわち価格割引とアロウワンス、セグメント型価格設定、心理的価格設定、地理的価格設定、ダイナミック価格設定について確認していこう。

価格割引とアロウワンス

　企業の大半が代金の早期支払い、大量購入、オフシーズン購入などに対して、特別な割引を実施している。価格割引の1つに**現金割引**がある。アメリカにお

ける典型的な例である「2/10、ネット30」は、通常30日以内に支払えばよいところを、購入後10日以内に支払えば2%の割引を受けられるというものだ。大量購入者に対して価格を割り引く**数量割引**もある。数量割引はさらに、1回ごとの取引量で判断する非累積的数量割引と一定期間の取引量に対して認められる累積的数量割引に分けることができる。販売、保管、記録など、特定の機能を果たすチャネル・メンバーに対して認められるものが**機能割引**である。**季節割引**はオフシーズンに製品やサービスを購入する購買者に対して与えられる。

　アロウワンスは、製品を販売してもらうために企業が支払う協賛金のことをいう。例えば、プロモーショナル・アロウワンスとは、広告や販売支援プログラムに参加してくれたディーラーに与えられる報酬、または価格割引のことをいう。トレードイン・アロウワンスと呼ばれる、新製品の発売時に旧モデルの製品を下取りしたときに支払われる割引もある。これは自動車業界で最も一般的に行われているが、コンピューターソフトなどでも見られる。

セグメント型価格設定

　価格をセグメントごとに調整する**セグメント型価格設定**には、さまざまな形態がある。顧客セグメント別価格設定とは、同一製品や同一サービスの価格を顧客によって変えるというものである。美術館や映画館では、学生や高齢者の入館料を安く設定している。製品形態別価格設定とは、製品のバージョンによって価格を設定するものであるが、生産コストの相違は反映されていない。例えば、エビアンのミネラルウォーターは、1リットル（約34オンス）のボトルならアメリカの食品スーパーにおいて1ドル59セントで購入できる。だが、5オンス（約15ml）のエビアン・ブルミザトワール・ウォータースプレーは、スパや化粧品店において

セグメント型価格設定：エビアン・ウォーターは、1リットルのボトルをスーパーで1オンス（約28g）あたり5セントで購入できる。だが、同じ水が5オンスのスプレー缶に入ると、「エビアン・ブルミザトワール・ウォータースプレー」となり、スパや化粧品店で1オンスにつき2ドル28セントで販売される。

11ドル39セントで販売されている。どちらの水もフレンチアルプスのものであり、スプレー缶もプラスチック製ボトルもコストに大差はない。それにもかかわらず、一方が1オンスにつき5セントで買えるのに対して、他方は1オンスにつき2ドル28セントもするのである。

場所別価格設定では、場所によって価格を設定する。例えば、劇場では座席の場所によって価格が異なる。

セグメント型価格設定戦略を有効に使うためには、いくつかの条件が必要となる。まず、セグメンテーションが可能であり、それぞれのセグメントの需要に違いがあること。また、セグメンテーションと市場投入に要するコストが、価格の差別化によって得られる追加収入を超えないことである。そして、当然ではあるが、合法であること。最後に重要なのは、顧客が製品に対して感じる価値が、支払う価格に見合うものになっていることである。高い金額を支払った消費者には、それに見合う価値を得ていると感じてもらわなければならない。

心理的価格設定

販売者は価格の経済的側面とともに、心理的側面も考慮しなければならない。顧客は製品の価格が高ければ、品質も高いと知覚する傾向にある。特に品質の判断がつきにくいとき、価格は品質を示す重要な手がかりとなる。例えば、ワインを選ぶとき、2,000円と8,000円のワイン、どちらがよいだろうか。この質問に正確に答えるには、それぞれのワインの信頼できる情報を集めなくてはならないし、集まったとしても正確に判断するのは難しいかもしれない。ワインの場合には、質だけでなく好みも強く影響するので、比較はさらに難しくなる。だが多くの人は単純に、単価の高いワインの方がよいと推測するだろう。

心理的価格設定のもう1つの側面として、**参照価格**というものがある。参照価格とは、「購買者のマインド内にあり、ある製品を見るときに参照する価格」である。参照価格は現在の価格や過去の価格、あるいは購買環境を評価することによって形成される。多くの場合、購買者は価格の妥当性を判断できるほどの技術も情報も持っていない。ブランドや店をあちこち調べて価格を比較し、最良の取引を選ぶ時間も能力もないし、そうしたいとも思っていない。その代わりとして、価格が高いか安いかを示す何らかのサインに頼ろうとする。そうした便利なサインの多くは、セール表示、最低価格保証、目玉商品などという形で販売者側が提供している[12]。

わずかに価格を変えるだけでも、製品の違いを示すことができる。例えば、299ドルと300ドルの視力回復のためのレーシック手術の場合、価格情報しか与えられなければ、どちらを選ぶだろうか。海外での調査では、実際の価格差は1ドルしかないが、心理面に及ぼす影響ははるかに大きいことが明らかになった。300ドルを選ぶ人の方がずっと多かったのである。被験者は299ドルという**端数価格**をかなり安いと知覚し、同時に手術の質やリスクについて大きな不安を持ったのだ。逆に、安さを強調したい食品スーパーなどでは、「198円」など、意図的に8や9で終わる端数価格を設定し、売上の促進を図っている。

地理的価格設定

　国内市場では顧客の住む地域ごとに、海外市場では国ごとに、価格を設定しなければならない。遠隔地の顧客に対しては、取引を失うというリスクを冒してまでも、高い輸送費をカバーするために高い価格を設定すべきだろうか。あるいは、地域に関係なく一定の価格を設定すべきなのだろうか。

　静岡県浜松市にあるピアノ会社は、国内全国の顧客にピアノを販売しているが、輸送費が高くつき、そのことが同社製品を買い入れる顧客に影響を及ぼしている。そこで、地理的価格設定戦略をとりたいと考えていたとしよう。顧客A（名古屋市）、顧客B（大阪市）、顧客C（鹿児島市）という3件の取引先に対して、1,000万円分の注文にそれぞれどのような価格づけを行えばよいだろうか。

　まず考えられることは、ピアノ会社が各顧客に対して、浜松工場から顧客の所在地までの輸送コストの負担を求めることである。工場出荷価格の1,000万円に加えて、顧客Aは30万円、顧客Bは50万円、顧客Cは100万円を支払うことになる。これを**FOB（Free On Board）価格設定**といい、輸送に乗せた時点で手を離れることを意味する。製品の所有権と責任は顧客に移り、顧客が工場から目的地までの輸送費を支払う。顧客に品物を届けるコストを顧客自身が負担するのだから、輸送費を課す公平な方法だと考えられる。だが、遠方の顧客にとっては、大きな負担になってしまう。

　FOB価格設定の対極に位置づけられるのが、**全国統一価格設定**である。この場合、企業は顧客の所在地に関係なく、全顧客に対して均一の輸送費を請求する。輸送費には全輸送費の平均金額が適用される。それが50万円だとすると、全国統一価格設定では、名古屋市の顧客Aは本来30万円の輸送費しかかからないところを50万円も請求され、鹿児島市の顧客Cは本来100万円のところが50

万円ですむ。名古屋市の顧客Aは、FOB価格設定を採用している他社に仕入れ先を変えてしまうかもしれないが、鹿児島市の顧客Cを獲得するチャンスは拡大する。

地域別価格設定は、FOB価格設定と全国統一価格設定の中間に位置するものである。地域ごとに均一の輸送費を請求し、その金額は遠い地域ほど高くなる。前述のピアノ会社の場合、中部地域の顧客に対する輸送費は30万円に、関西地域は50万円に、九州地域は100万円に設定するといった具合である。この方法では、同一地域内であれば金額的な優遇はない。例えば、福岡市と鹿児島市の顧客は、どちらも同じ輸送費を請求されることになる。

基準地点価格設定という考え方もある。販売者は「基準地点」とする都市を選び、ピアノが実際にどの都市から輸送されたかに関係なく、その基準地点から顧客の所在地までの輸送費を請求する。例えば、ピアノ会社が基準地点を東京に設定したとすると、すべての顧客は、1,000万円に東京から所在地までの輸送費を加えた額を支払うことになる。この場合、名古屋市の顧客は、たとえピアノが浜松市から輸送されていても、東京から名古屋市までの輸送費を支払うことになる。

特定の顧客や特定の地域との取引を望む販売者は、**輸送費吸収価格設定**を用いることもある。この価格設定では、取引の獲得を目的として輸送費の全額、もしくは一部を販売者が負担する。より多くの取引が得られれば平均コストが下がり、輸送費の負担分を埋め合わせできるという判断である。市場への浸透を図る場合や、競争の激化する市場に踏みとどまる場合に用いられる戦略である。

ダイナミック価格設定

歴史を振り返ると、多くの価格は買い手と売り手の交渉によって決められてきた。すべての買い手に1つの価格を提示する正札販売は、日本では、三越の前身である呉服店の越後屋によって17世紀に生まれたといわれている。今日ではほとんどの価格がこの固定方式である。しかし、固定価格の風潮を変えようとする企業もある。**ダイナミック価格設定**を用い、個々の顧客の特性やニーズに応じて価格を調整しようというのである。

インターネットが価格設定に与えた影響を考えてみよう。インターネットは固定価格ほぼ一色だった取引をふたたび流動的価格の時代へと動かしている。

ウェブ上の販売者は需要の動きに基づいて、さまざまな品物の価格をリアルタイムで変えられる。イーベイといったオークションサイトでの競売や、逆オークションサイトのプライスラインでの交渉を通じて、顧客が価格を左右する例もある。さらには、顧客に合わせて価格を個別に変える企業もある[13]。

　例えば、アラスカ航空では、ネットサーファーに対して個別に価格や広告を提示するシステムを導入した。このシステムでは、クッキーとして知られる小さなコードを使い、コンピューターによる顧客識別を行っている。そして、

ダイナミック価格設定：購入前にインターネットで販売価格を調べるのは今や当然の行動となった。「価格.com」では、あらゆる商品やサービスの販売価格やクチコミ情報を確認することができる。

複数の情報源から集めた詳細データをもとに、ディスプレイの前に座っているのがどのような人物なのかを描き出す。その人物が広告をクリックすれば、システムが即座にデータを分析し、価格感受性を評価する。数秒後、ある顧客にはシアトル－ポートランド間の運賃を99ドルで、別の顧客には109ドルで提示するといった具合である。また、一時期頻繁にアラスカ航空のサイトを閲覧していたのに、ぱったりやめてしまったような人には、ハワイ往復200ドルの価格設定が提案される。

　ダイナミック価格設定は、マーケターに多くの利点をもたらす。アマゾン・ドットコムのようなネット通販会社であれば、自社のデータベースから特定顧客の好みを掘り出すと同時に財力も測り、その人物の行動に合う製品と価格を即座に提示することができる。また、カタログ通販会社やテレビショッピング会社は、需要、コストの変化、在庫量に応じて価格を変えられるし、特定アイテムについては日別や時間別に価格を変えることもできる。

　自社製品を海外市場でも販売している企業は、それぞれの国でどのような価格を設定するかについて決めなければならない。全世界均一価格を設定する場合もあるだろう。しかし、ほとんどの企業は、現地の市場状況やコストを考慮してダイナミックに価格を調整している。海外旅行をすると、国によって価格設定が異なるのに驚かされることがある。アメリカでは1本30ドルで売られて

いるリーバイスのジーンズが、東京では63ドル、パリでは88ドルもするという具合だ。

かつて、発展途上国市場における販売戦略は1つしかなかった。現地のブランドは無視して、富裕層にプレミア価格で売り込めばよかったからだ。しかし、ユニリーバはシャンプーから洗剤まで、あらゆる製品を1回使い切りパックとして1ペニー以下で販売した。この手頃価格のパッケージにより、ユニリーバの主要ブランドは1日2ドルで生活するような世界の貧しい人々の手にも届くようになった。約25年前、インドの子会社の製品が高すぎて、何百万人というインド人消費者の手に届かなかったことから得た教訓である。同社が現在、ブラジルの洗剤市場で70％のシェアを誇っているのも、手頃な価格設定によって説明できる[14]。

価格変更

価格戦略を策定した後に、価格の引き下げや引き上げが望ましい場合もある。いずれの場合にも、潜在的な購買者および競合他社からの反応に配慮しなければならない。

価格変更の実施

企業が値下げを考える状況はいくつかある。その1つとして挙げられるのが、過剰生産能力である。この場合、企業は思い切って価格を下げ、売上と市場シェアを押し上げようと試みる。しかし、航空業界やファストフード業界などでここ数年見られるように、過剰生産能力を抱えた産業における値下げは、競合他社が市場シェアを死守しようとするため、厳しい価格競争を引き起こしてしまう危険性がある。

企業はまた、低コストを武器に価格を下げ、販売の増加をねらう場合がある。これには、もともと競合他社に比べコストが低い場合と、価格を下げることでシェアを広げ、大量生産によって一層のコスト低下を図る場合がある。例えば、レノボは積極的に低コスト、低価格戦略を進め、発展途上国のパソコン市場におけるシェアを拡大しようとしている。

一方、値上げに成功すれば利益は大幅に改善する。売上の3％が利益だった場

価格変更：ブランドのイメージと価格は密接に結びついている。価格の変更は、消費者の目に映るブランド・イメージに悪影響を及ぼすことがある。

合、販売量に変化がなければ、価格を1％上げるだけで利益を33％増加させることができる。値上げの主な要因は、コストの上昇である。コストの上昇は利益を圧迫するので、企業はコストの増加分を顧客に転嫁しようとする。値上げのもう1つの要因としては、過剰需要が挙げられる。顧客の全需要をまかないきれない場合、価格を上げるか、顧客への製品供給を制限するか、あるいはその両方を行うことになる。

値上げを実施する際は、それが正当であるという印象を維持することが必要である。値上げがなぜ必要なのか、その理由を企業のコミュニケーション活動を通じて、顧客にきちんと伝えなければならない。可能な限り価格は引き上げずに、より効率的な生産方式や流通方法を検討することもできる。値上げの代わりに容量を減らしたり、安価な原材料に変更したりするという方法もある。あるいは、一括して提供されていた市場提供物をアンバンドル（解体）して一部の特性やサービスを省き、単体として価格を設定するのもよいだろう。

顧客が価格変更を素直に受け止めるとは限らない。価格の引き上げは売上の減少を招くこともある。一方、購買者にとって肯定的な意味を持つこともある。例えば、高級宝飾品で有名なヴァン クリーフ＆アーペルが最新モデルのネックレスに高価格を設定したら、顧客はどう思うだろうか。もしかすると、このネックレスは非常に限定的ですばらしいものだと思うかもしれない。

価格の引き下げは、消費者の目に映るブランド・イメージに悪影響を及ぼすことがある。ティファニーは、より幅広い層に訴えようと手頃な製品を投入し、この事実に気づかされた[15]。ティファニーといえば高級品であり、ブルーの小箱はその象徴である。だが、1990年代後半、この高級宝飾品店は「手頃な高級品」ブームに応えて、比較的安価なシルバー製品のライン「リターン トゥ ティファニー」を発表した。このラインのチャームつきシルバー・ブレスレットは瞬時にマストアイテムとなり、静かなティファニーの店舗は、1万円から2万円程度の商品を買い求めるティーンエイジャーでごった返すことになった。売上は急増した。

だが、この大成功にもかかわらず、より落ち着いた年齢の裕福で保守的な常連が、ブレスレット騒動を嫌って店から遠ざかってしまい、高級宝飾品店というティファニーの評判は傷ついてしまった。そこで2002年、同社はあらためて高額コレクションに力を注ぎだした。ティファニーの稼ぎ頭はシルバーから高級宝飾品に戻ったが、今なお、かつての高級イメージを完全には取り戻せていないようである。

競合他社による価格変更への対応

競合他社による価格変更への対応についても考えてみよう。なぜ価格変更を行ったのか。それは一時的なものなのか、それとも永続的なものなのか。他社の価格変更を無視した場合、自社の市場シェアや利益にはどのような影響があるのか。他の企業は反応するだろうか。これらの他にも、価格変更に対する顧客の反応なども考慮する必要がある。

図10.7は、競合他社の値引きを評価し、対応する方法を示したものである。競合他社が値下げを実施し、それが自社の売上と利益に悪影響を及ぼす可能性があるとしよう。この場合、現行価格と利益率をそのまま維持するという判断

【図10.7】
競合他社の価格変更に対する評価と対応

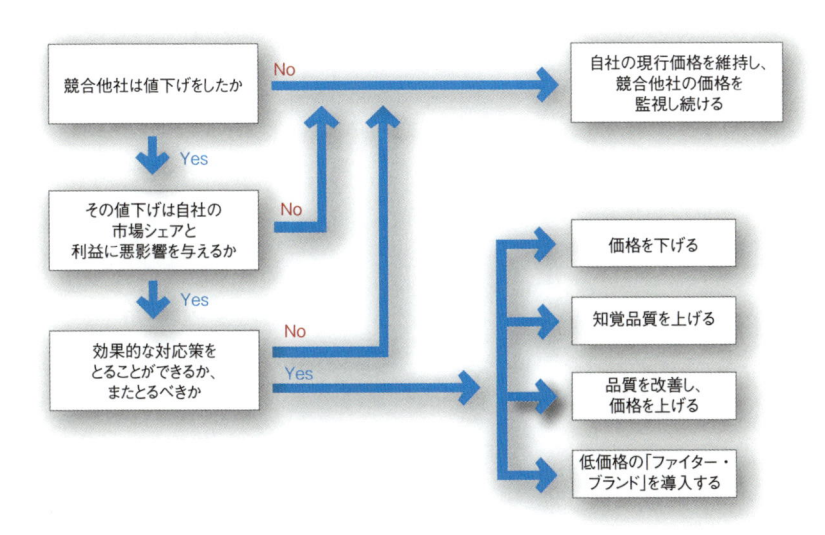

を下すことがある。それほど市場シェアを失わないだろうとの判断かもしれないし、値下げは利益を大きく引き下げてしまうとの判断かもしれない。あるいは、競合他社の価格変更によりどのような影響を受けるか、情報が集まるまで待ち、それから判断すべきだと考えるかもしれない。だが、あまり悠長に構えていると相手の売上が伸び、ますます強大になっていく恐れがある。

　何らかの効果的な手立てをとるべきだと判断した場合、方策としては次の4つが考えられる。第1は、競合他社に合わせて価格を下げることである。市場の価格感受性が高く、競合他社のつけた安値によって市場シェアを大きく失うとの判断からである。企業によっては利益を維持するために、製品品質やサービスなどを切り詰めるかもしれないが、そのような行動は長期的な市場シェアに悪い影響を及ぼすことがある。値下げを行うにしても、品質やサービスの維持には努めなければならない。

　第2に、価格を維持しながら、市場提供物に対する顧客の知覚品質を上げるという方策である。この場合にはコミュニケーションの改善を図り、低価格の競合他社より自社製品の品質が優れていることを強調しなければならない。第3の方策として、品質を改善して価格を上げることで、ブランドの一層の高級化を図ってもよい。品質が向上すれば顧客にとっての価値も高まり、結果として値上げが正当化される。

　最後は、自社の主要ブランドを守る低価格の「ファイター・ブランド」を導入するという方策である。製品ラインに新たな低価格製品を加えたり、これまでの製品ラインとは別に、新たな低価格ブランドを立ち上げたりする。

Discussion

ディスカッション

Question 1

コスト・ベースの価格設定、顧客価値ベースの価格設定、競争ベースの価格設定を対比し、それぞれの長所と短所を整理してみよう。

Question 2

ある製品の固定費が10億円で、変動費が1製品あたり2万円としよう。この製品の価格を4万円としたならば、損益分岐点はどうなるか計算してみよう。

Question 3

価格弾力性の応用として交差弾力性という考え方がある。交差弾力性について自分で調べ、スーパーは価格弾力性や交差弾力性を知ることによって、どのような戦略を展開しているのか考えてみよう。

Key Terms

重要語句

価格（p.253）
顧客価値ベースの価格設定（p.254）
グッド・バリュー価格設定（p.254）
エブリディ・ロー・プライシング（EDLP）（p.254）
付加価値価格設定（p.254）
コスト・ベースの価格設定（p.256）
固定費（p.257）
変動費（p.257）
総コスト（p.257）
経験曲線（学習曲線）（p.259）
コスト・プラス法（マークアップ法）（p.259）
損益分岐点による価格設定（ターゲットリターン価格設定）（p.260）
競争ベースの価格設定（p.262）
ターゲット・コスティング（p.263）
完全競争（p.264）
独占的競争（p.264）
寡占的競争（p.264）
完全独占（p.264）
需要曲線（p.264）
需要の価格弾力性（p.265）
価格感受性（p.266）

上澄み吸収価格設定（p.266）
市場浸透価格設定（p.266）
製品ラインの価格設定（p.268）
オプショナル製品の価格設定（p.268）
キャプティブ製品の価格設定（p.268）
製品バンドルの価格設定（p.269）
現金割引（p.269）
数量割引（p.270）
機能割引（p.270）
季節割引（p.270）
アロウワンス（p.270）
セグメント型価格設定（p.270）
参照価格（p.271）
端数価格（p.272）
地理的価格設定（p.272）
FOB（Free On Board）価格設定（p.272）
全国統一価格設定（p.272）
地域別価格設定（p.273）
基準地点価格設定（p.273）
輸送費吸収価格設定（p.273）
ダイナミック価格設定（p.273）

Chapter 11

コミュニケーションによる顧客価値の説得

　企業は顧客が求める価値を生み出すだけではなく、コミュニケーションを通じて明確に、そして説得力のある形でその価値を伝えなければならない。統合型マーケティング・コミュニケーションという概念のもとで、企業はさまざまなコミュニケーション・ツールを組み合わせている。

　優れた事例の一つとして、アメリカで展開されたハーゲンダッツによる「ハーゲンダッツはミツバチが大好き(Hägen-Dazs loves honey bees)」キャンペーンがある。このキャンペーンでは、テレビ広告から印刷広告、キャンペーン用ウェブサイト、草の根運動にいたるまで、コミュニケーション要素を適切に組み合わせて、ハーゲンダッツ固有のメッセージとポジショニングを説得することに成功した。

第 11 章 コミュニケーションによる顧客価値の説得　281

OPENING STORY　　　　　　　　　　　　　　　　　オープニング・ストーリー

ハーゲンダッツ
統合されたマーケティング・コミュニケーション・キャンペーン

　ハーゲンダッツといえば、プレミアム・アイスクリームにおける有力ブランドの1つである。しかし数年前まではコモディティ化の危機に瀕していた。市場が同質化するなか、有力ブランドがひしめきあい、激しい価格競争が繰り広げられていた。ハーゲンダッツは消費者との結びつきを強化し、競合ブランドの群れから一歩抜け出す方法を見つける必要があった。こうして始まったのが、「ハーゲンダッツはミツバチが大好き」キャンペーンである。原因不明の蜂群崩壊症候群によってアメリカのミツバチは脅かされていた。ミツバチの受粉が欠かせない農作物は、私たちが食べる天然産物の3分の1にのぼる。また、ストロベリーやチェリー・バニラなどハーゲンダッツが使用している天然フレーバーの40％を占める。

　「ミツバチを救おう」というメッセージの伝達において、ハーゲンダッツはさまざまなメディアを活用して、統合型マーケティング・コミュニケーション・キャンペーンを組み上げた。その中心に据えられたサイトwww.helpthehoneybees.comでは、蜂群崩壊症候群について学び、ミツバチを救うためには何をすればよいかがわかる。

　キャンペーンはまず、人々がウェブサイトを訪れるように設計されたテレビやラジオ、印刷物での広告から始まった。最初のテレビ広告はミニオペラ仕立ての美しいもので、ミツバチの苦境を説明して人々の胸を打った。「ミツバチはどんどん死んでいきます。私たちが使う天然成分の多くは、ミツバチの受粉が欠かせないのに」と広告は伝える。印刷広告では、バニラ・ハニービー・フレーバーの紹介とともに、「ミツバチさん、行かないで。自然はミツバチを必要としています。私たちも」と訴えた。『ニューズウィー

「ハーゲンダッツはミツバチが大好き」という統合型マーケティング・コミュニケーションキャンペーンは、コミュニケーションツールを組み合わせて、ハーゲンダッツ特有のメッセージやポジショニングをうまく伝達している。

OPENING STORY

ク』誌での広告は、本物の花の種を埋め込んだリサイクル・リネンに印刷されており、「このページを植えてミツバチを救おう」と訴えかけるとともに、他に何ができるかを特設サイトwww.helpthehoneybees.comで学ぼうと誘った。

　ウェブサイトを訪れると、鳥のさえずりとミツバチのバズ（羽音）が聞こえる中、「ミツバチのいない世界を想像してみてください」という言葉に迎えられる。続いて蜂群崩壊症候群問題についての説明を受ける。「あなたも協力してください」とサイトは呼びかける。「寄付をしてください。アイスクリームを買って、ミツバチを救ってください。ミツバチにやさしい庭を作りましょう」。このサイトでは、ミツバチの危機やハーゲンダッツの活動について詳しく学ぶことができる。さらに、ザ・バズというニュースフィードを読んだり、BeeTVを見たり、「BEE A HERO」などと書かれたBee-Tシャツを購入したり、自分だけのミツバチのアニメ・キャラクターを作って、それを友人にBeeメールで送ったり、ミツバチの研究を支援するために直接寄付をしたりすることもできる。

　同社はより大きなミツバチのバズを作り出そうと、草の根レベルでも活動している。全米のファーマーズ・マーケットでは、バニラ・ハニービー・アイスのサンプルとひまわりの種を配布している。また、地域コミュニティや学校が行うイベントのスポンサーになったりしている。さらに、ミツバチの受粉に頼っているフレーバーの売上を一部（バニラ・ハニービーの売上は全額）、受粉作用と蜂群崩壊症候群の研究をしている大学2校に寄付している。「ハーゲンダッツはミツバチが大好き」というキャンペーンは、当初、延べ到達者数1億2,500万人を1年以内に達成することを目標としていたが、それは最初の2週間で達成できた。しかも、このキャンペーンのおかげで景気後退期にもかかわらず、ハーゲンダッツの売上は16％の伸びを示した。

　「ハーゲンダッツはミツバチが大好き」キャンペーンでは、従来の広告メディアとウェブサイトwww.helpthehoneybees.comに加え、ソーシャルネットワークも加えられている。例えば、ツイッターによる社会貢献ポータルサイトTwitCause（ツイコーズ）を利用して、1週間限定でメッセージの拡散を促した。1ツイートにつき1ドルがミツバチの研究に寄付されるという企画である。また、議会へのロビー活動によって、ミツバチの危機を重要な公共問題へと発展させることにも力を注いだ。この取り組みでメディアから爆発的な注目を集め、新たな弾みとなった。

　ほんの数年前まで、ハーゲンダッツはアイスクリーム・ブランドの1つにすぎなかった。しかし、「ハーゲンダッツはミツバチが大好き」キャンペーンのおかげで、優れたソーシャル・マーケターとして際立った存在となっている。ハーゲンダッツは「心と情のあるブランドです。私たちはブランド認知を高めるだけでなく、世界を変えているのです」と、ブランド・ディレクターであるキャティ・ピエンは述べている[1]。

コミュニケーション・ミックス

　マーケティング・コミュニケーション・ミックスとは、広告、販売促進、人的販売、パブリック・リレーションズ、ダイレクト・マーケティングなどのツールを組み合わせることである。顧客が求める価値を説き、顧客リレーションシップを構築するための手段だともいえる。まずは、各ツールについて詳しく見ていこう。

　広告とは明示された広告主が費用を負担する非人的なプロモーションであり、**販売促進**とは消費者の購買、もしくは流通業者の販売意欲を促進するための短期的な取り組みである。**人的販売**とは販売と顧客リレーションシップ構築を目的として、企業のセールス・フォース（販売、営業部隊）が実施する人的プレゼンテーションである。

　パブリック・リレーションズ（PR）とは、企業を取り巻くさまざまなステークホルダー（利害関係者）との間に良好な関係を構築することである。それによって、好意的な評判を得たり、望ましい企業イメージを築いたり、好ましくないうわさや出来事を巧みに処理、あるいは回避したりする。**ダイレクト・マーケティング**では顧客として慎重に選ばれた対象と直接的に関わることで、反応を直に得たり、永続的な関係を育んだりする。

　これらのカテゴリーのそれぞれに、特定のツールがある。例えば、広告には放送広告、印刷広告、インターネット広告、屋外広告などの形態がある。販売促進にはプレミアム（おまけ）、クーポン、サンプリング、デモンストレーションなどがある。人的販売には販売プレゼンテーションやインセンティブ・プログラムなどがあり、パブリック・リレーションズにはプレスリリース、スポンサーシップ、特別なイベントやウェブサイトがある。そして、ダイレクト・マーケティングにはカタログ、電話、キオスク、インターネットなどが用いられる。

　マーケティングにおけるコミュニケーションの手段は、こうした特定のツールにとどまらない。製品のデザイン、価格、パッケージの色や形、その製品を販売する店舗といったすべてのものが、購買者に何かを伝えているのである。したがって、より大きな効果をねらうには、プロモーションおよび製品、価格、流通というマーケティング・ミックス全体の調整が必要である。

統合型マーケティング・コミュニケーション

　マーケターは過去数十年の間に、顧客に対して標準化された製品を販売するというマス・マーケティングを展開してきた。それにより、マスメディアを利用した効果的なコミュニケーションのノウハウが進歩した。大企業は定期的に何億円とも何十億円ともいわれる巨額な費用をテレビ広告や新聞広告などにつぎ込み、一度の広告で何千万人もの顧客に到達しようとしたのである。しかし今日、マーケティング担当者はコミュニケーションの新たな現実に直面している。

マーケティング・コミュニケーション環境の変化

　マーケティング・コミュニケーションの変化は、いくつかの要因によってもたらされている。まず、消費者の変化である。デジタル時代、ワイヤレス時代の到来を受け、消費者はますます多くの情報と高いコミュニケーション能力を持つようになっている。マーケターから与えられる情報だけに頼らず、インターネットなどを利用して、自ら情報を探し出そうとする。また、他の消費者とも容易にブランドに関する情報を交換したり、ときには自らメッセージを発信したりする。

　次に、マーケティング戦略の変化が挙げられる。顧客ニーズが多様化してきたことにより、マーケターはマス・マーケティングから離れつつある。より狭く定義されたマイクロ・マーケットの中で、顧客とより親密なリレーションシップを築くため、焦点を絞ったアプローチが進められている。

　最後に、コミュニケーション技術の目覚ましい発達である。デジタル時代は、情報やコミュニケーションの新たなツールを多数生み出した。スマートフォン、iPod、衛星テレビ、インターネットの多彩な機能（電子メール、ソーシャルネットワーク、ブランドのホームページ、他多数）などである。テレビや雑誌、新聞といったマスメディアの重要性は現在も変わらないが、その支配力は低下傾向にある。

　広告業界の専門家の中には、旧来のマスメディアによるコミュニケーションは近い将来、すたれてしまうだろうと予想する人もいる。マスメディアの視聴者数は減少し、広告の数ばかりが増え、広告を編集削除できる技術により、メッセージを見るか見ないかの決定権は視聴者に移りつつある。この結果、マーケ

ターは旧来のテレビ広告や雑誌広告ではなく、デジタルメディアをはじめとする新時代のメディアに多くの予算を投入している。電通が発表している『日本の広告費』によると、新聞、雑誌、テレビ、ラジオなどの広告費が縮小するなかで、インターネット広告は2011年も前年比104.1％と、東日本大震災後の広告自粛ムードのなかでも伸びを示している[2]。

もちろん、テレビ広告などのマスメディアは依然として大きな力を有しており、旧来型のコミュニケーション・モデルが急速に崩壊しているわけではない。むしろ、新旧のメディアはゆっくりと融合していくと多くの業界関係者は見ている。問題は、従来のメディアを使うアプローチと新たなメディアを使うアプローチとの間にみられる隔絶「メディア・デバイド」をいかに克服するかである。

統合型マーケティング・コミュニケーションの必要性

顧客は多様な情報源から発信される広告にさらされているが、情報源などはいちいち区別しない。顧客にとっては、どのメディアを使っていようが、どのプロモーション手法をとっていようが、すべて企業に関するメッセージの一部でしかない。したがって、さまざまな情報源からのメッセージが矛盾すると、ブランド・ポジションに対する混乱へと結びついてしまう。

広告は広告宣伝部門か広告会社で立案される。人的販売によるコミュニケーションは営業部門が展開する。その他、各部門のスペシャリストが責任を持ち、PRや販売促進イベントを遂行している。これら複数の情報源からの多様なコミュニケーションによって、顧客のブランド認知はぼやけてしまうのである。

今日、多くの企業が**統合型マーケティング・コミュニケーション（IMC）**という概念を採用するようになってきた。これは次頁の**図11.1**が示すように、企業内のコミュニケーション・ツールを慎重に統合することで、顧客に一貫性と説得力のあるメッセージを伝えようとするものである。統合型マーケティング・コミュニケーションでは、顧客が企業およびブランドと接触するであろうすべてのタッチポイント（コンタクトポイントとも呼ぶ）を認識する必要がある。そして、すべてのタッチポイントにおいて、肯定的で一貫したメッセージを伝えなければならない。

テレビ広告にも印刷広告にも、メールや人的販売によるコミュニケーションで伝えるのとまったく同じメッセージを持たせる。そして、PRの素材は、ホームページやソーシャルネットワークで示すのとまったく同じものとする、とい

【図11.1】
統合型マーケティング・コミュニケーション

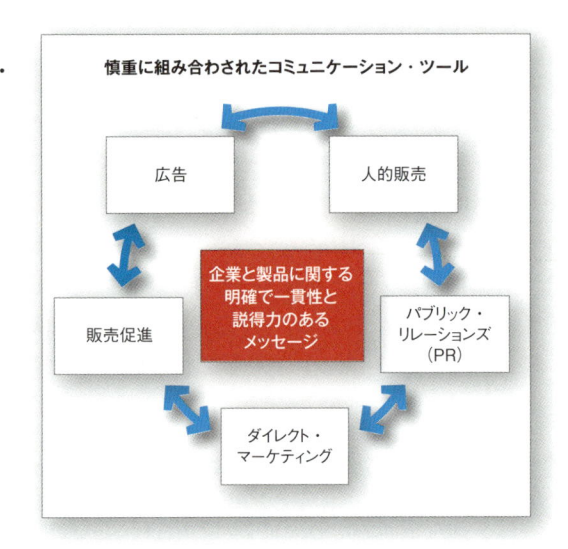

慎重に組み合わされたコミュニケーション・ツール

- 広告
- 人的販売
- パブリック・リレーションズ（PR）
- ダイレクト・マーケティング
- 販売促進

企業と製品に関する明確で一貫性と説得力のあるメッセージ

うわけである。もちろん各メディアが、それぞれの特性に従って独自の役割を果たすということも多い。その場合、各メディアの役割は慎重に調整されなくてはならない。巧みに統合されたマーケティング・コミュニケーション活動の好例が、冒頭の「ハーゲンダッツはミツバチが大好き」キャンペーンである。また、各賞に輝き今や古典ともいわれるバーガーキングのキャンペーン「ワッパー・フリークアウト」である[3]。

バーガーキングの看板商品「ワッパー」誕生50周年を祝って、アメリカで特別なキャンペーンが実施された。もし突然ワッパーがメニューから「永遠に」消えたら、という設定でいくつかの店舗でメニューからワッパーを消し、隠しカメラを使ってショックを受けた顧客の様子をリアルタイムでとらえた。そして、テレビやラジオ、新聞、雑誌のスポット広告で、その様子を伝えた。

「私たちは1日だけワッパーの販売を中止し、何が起こるか調べました……つまり、ドッキリです！」と、広告は始まった。そして、続きはネットで、と実験の概要を動画で確認できるウェブサイト www.whopperfreakout.com/embed.swfへと消費者を導く。この動画はユーチューブにもアップされ、ウェブサイトには、十数人の顧客の唖然とした、多くは怒りに満ちた反応が映し出されていた。バーガーキングはいくつかの人気サイトにもバナー広告を置き、このキャンペーンを広めた。顧客も自作パロディをユーチューブにアップして、キャンペーンを盛り上げた。その結果、このキャンペーンはバーガーキング創業以来

の記憶に残るものとなり、開始後わずか3カ月で視聴回数は400万に達した。来店者数も増加し、ワッパーの売上は29％の伸びを示した。

　最近は、一部の企業でマーケティング・コミュニケーション担当役員を任命し、コミュニケーション活動全般に責任を持たせるようになっている。コミュニケーション担当役員を任命することで、多数の活動によって形成される企業イメージを統一するという、それまでは誰も負っていなかった責任の所在を明確にできるようになった。

コミュニケーション・プロセスの概略

　コミュニケーションには、**図11.2**に示すように9つの要素がある。このうち発信者と受信者の2つは、コミュニケーションの当事者である。他に主なコミュニケーション・ツールとしてメッセージと媒体があり、さらに4つの主な機能としてエンコーディング（記号化）、デコーディング（解読）、反応、フィードバックがある。そして、最後の要素はノイズである。マクドナルドのテレビ広告「i'm lovin' it」にあてはめて考えてみよう。

　発信者はメッセージの送り主であるマクドナルドである。エンコーディングでは、マクドナルドの広告会社が言葉、音楽、場面描写を組み立てて、伝えたいメッセージを盛り込んだ広告へと仕立て上げる。メッセージはマクドナルドの広告に込められた内容になる。用いられた媒体はテレビや雑誌である。メッセージを受けた受信者は、デコーディングによって広告メッセージに意味を付与する。もちろん受信者はマクドナルドの広告を見る消費者である。予想され

【図11.2】
コミュニケーション・プロセスの要素

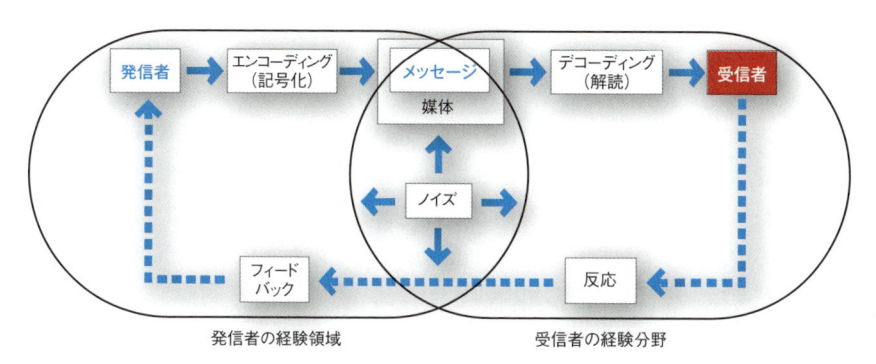

る反応は、消費者がよりマクドナルドを好きになったり、マクドナルドに行こうと思ったりすることである。「i'm lovin' it」のキャッチフレーズを口ずさむなどの反応も考えられる。

受信者の反応のうちいくつかは、フィードバックとして発信者に伝えられる。広告や製品についての称賛や批判は、書面や電話などでマクドナルドに伝えられる。ノイズはコミュニケーション・プロセスにおける予期せぬ雑音であり、受信者が受け取る異なるメッセージや広告途中での雑音などである。メッセージが効果的であるためには、発信者のエンコーディングと受信者のデコーディングのプロセスが嚙み合っていなければならない。そのため優れたメッセージは、受信者のよく知る言葉やシンボルで構成されることが多い。

マーケティング・コミュニケーションの開発プロセス

コミュニケーション・プログラムの開発はどのように進めたらよいのだろうか。まず、標的とする視聴者を明確化し、コミュニケーション目的を決定する。そして、メッセージを設計したら、媒体が選択される。続いてメッセージの発信源とフィードバックの検討が進められる。

標的視聴者の明確化とコミュニケーション目的の決定

マーケティング・コミュニケーションは、標的とする視聴者を明確にすることから始まる。視聴者は現在のユーザーかもしれないし、潜在購買者かもしれない。あるいは購買決定者かもしれないし、購買影響者かもしれない。それにより、メッセージを発信する側の「何を、どのように、いつ、どこで」も変わってくる。

次に、コミュニケーションの目的を定めなければならない。ほとんどの場合、目的は「購買を引き起こすこと」となるが、購買は顧客の長い意思決定プロセスの最終結果である。企業は標的とする視聴者が、今、**購買プロセス**のどの段階にあるのか、どの段階に移動させる必要があるのかを把握しなければならない。視聴者は、購買にいたるまでに通過する、認知、理解、好意、選好、確信、購買の6段階のどこかにいるはずである（**図11.3**参照）。

【図11.3】
購買準備段階

認知 → 理解 → 好意 → 選好 → 確信 → 購買

　標的としている視聴者は、企業が伝えようとしている製品についてまったく知らないかもしれないし、名前しか知らないかもしれないし、あるいは少ししか知らないかもしれない。そこで、マーケターはまず、認知と理解を確立しなければならない。

　ターゲット顧客が製品を知っていると仮定したならば、マーケターは潜在購買者の当該製品に対する思い入れを段階的に強めていきたいと考える。つまり、顧客を好意（単に好ましさを感じる）、選好（好ましくて欲しいと感じる）、確信（自分にとってベストだと信じる）へと進めようとする。

　製品について確信はしたが、それでも購買という行動には至らない人たちがいる。マーケターはこうした人々を最終段階にまで誘導しなければならない。その場合の方策としては、特別価格あるいはプレミアムなどの提供が考えられる。選んだ顧客に電話や手紙、メールを送り、ショールームに招待するなども考えられる。コミュニケーションの力だけでは、製品に対する肯定的な気持ちを作り出したり、購買につなげたりすることはできないからである。

メッセージの設計

　視聴者に望む反応がはっきりしたら、次は効果的なメッセージ作りに着手することになる。理想的なメッセージは、注目（attention）を集め、関心（interest）を引き、欲求（desire）を喚起し、行動（action）を起こさせる（いわゆるAIDAモデルの枠組み）。認知から購買までの全段階にわたって購買者を引きつけるメッセージは少ないが、AIDAの枠組みは優れたメッセージに求められる特質を示唆している。マーケターは何を（メッセージの内容）、どのように（メッセージの構造と形式）語るかについて決めるとともに、望ましい反応を生む訴求内容を考え出さなければならない。

　訴求内容には機能訴求、情緒訴求、倫理訴求という3つの種類がある。**機能訴求**は視聴者自身の利益に関係するものであり、その製品は視聴者が期待するベネフィット（便益）をもたらすものであると知らせる。製品の品質、経済性、

広告メッセージの設計：花王「アタックNeo」は、少量利用とすすぎが1回で済むことから、環境負荷軽減を全面にアピールしている。

性能などを示すメッセージが機能訴求の例である。コレステロールの引き下げを訴えている味の素の食用大豆油「健康サララ」は、典型的な機能訴求をしていると考えてよいだろう。

情緒訴求では購買を動機づける感情の喚起を意図している。愛、喜び、ユーモアから恐怖まで、あらゆる情緒訴求を用いることができる。情緒訴求のベースにあるのは、人々は往々にして考える前に感じているという認識だ。フランスの大手タイヤメーカーである「ミシュラン」は、家族を失う恐怖心に訴える広告を用いた。車に乗っている家族を描き、両親に対して「ミシュラン。あなたのタイヤは大切なものを運んでいるから」と語るものである。

倫理訴求では視聴者の何が「正しくて」「適切」かという感覚に訴える。この訴求法は、環境美化や大気汚染といった社会的問題への対応に用いられることが多い。花王の「アタックNeo」では、すすぎが従来の2回から1回になることで、「1回の洗濯で500mlのペットボトル約30本分の水を節約できる」と環境への配慮を訴えている。

最近ではさまざまな企業が広告にユーモアを用いている。ユーモアは適切に用いることで注目を集め、人々を楽しませ、ブランドにパーソナリティを与えることができる。だが、ユーモアを用いるにあたっては慎重でなければならない。不適切なユーモアは、理解を妨げ、最初はおもしろくてもすぐ飽きられ、顧客を怒らせかねないからである。

メッセージの構造についても決定すべきことがいくつかある。第1に、「結論を出すのか」それとも「視聴者に委ねるのか」である。多くの場合、結論を出すよりも購買者に問い掛け、購買者自身に結論を引き出させるようにした方がよいとされている。第2に、強い主張は「最初に打ち出すべきか」「最後にすべきか」である。最初に強い主張を出すと注意を引くことはできるが、盛り上がりに欠けた終わり方になりかねない。第3に、「一面的な主張にするか（製品の

長所のみを述べる）」「両面的な主張にするか（製品の長所だけでなく短所も認める）」である。視聴者の教育水準が高い場合や否定的な主張も聞いてみたいと思っている場合、製品のマイナス要素を無視せず、両面的な主張を用いる方が効果的である。両面的な主張のメッセージは広告主の信頼性を高めるとともに、競合他社からの攻撃を和らげることにもなる。

　メッセージを伝える形式についても決めなければならない。印刷広告の場合は、見出し、コピー、イラスト、色などである。注目を集めるためには、目新しさやコントラスト、人目を引く写真や見出し、特徴的なフォーマット、メッセージの大きさや位置、色、形などを工夫するとよいだろう。メッセージをラジオで流す場合は、言葉、音、声を選ばなければならない。

　メッセージをテレビまたは対面で伝える場合は、これらの要素に加えてボディランゲージも考えなければならない。メッセージを伝える人は、表情、身振り、服装、姿勢、髪型など、詳細にわたって検討する必要がある。メッセージが製品もしくはそのパッケージによって運ばれる場合は、素材、香り、色、大きさ、形状に注意しなければならない。例えば、消費者は色だけでもブランドを特定することができる。「赤」い銀行といえば三菱東京UFJ銀行、「緑」といえば三井住友銀行、「青」はみずほ銀行と結びついている。このように、効果的なマーケティング・コミュニケーションには、色をはじめとするさまざまな要素についても検討する必要がある[4]。

媒体の選択

　次の課題はコミュニケーション・チャネル、つまり媒体の選択である。コミュニケーション・チャネルには大きく分けて、人的コミュニケーション・チャネルと非人的コミュニケーション・チャネルの2つがある。

　人的コミュニケーション・チャネルとは、人間が直接コミュニケーションを図るものであり、対面、電話、さらにはインターネットの「チャット」などが含まれる。個人的に話をすることができ、フィードバックも得やすいため効果が高い。人的コミュニケーション・チャネルには、営業担当者のように企業が直接コントロールするものもあれば、消費者保護団体やネットのショッピングガイドなど企業が直接コントロールしないものもある。標的とする購買者の隣人や友人がコミュニケーション・チャネルになることもある。このチャネルは**クチコミ効果**をもたらし、多数の製品分野において大きな効果を発揮している。

アマゾン・ドットコムのカスタマーレビューについて考えてみよう[5]。

購買に関する調査では、「親戚や友人に薦められて」という回答が常に上位に現れる。ある研究では、90％が知り合いの薦めを信用し、70％の人がオンライン上の顧客の意見を信用するのに対して、広告を信用するという回答は、媒体によってばらつきがあるものの、高くて62％、低いものは24％だった。アマゾンの顧客1人あたりの売上が伸びているのも、カスタマーレビューによるところが大きい。カスタマーレビューや、「この商品を買った人はこんな商品も買っています」に影響されて買物をする人は少なくないだろう。

企業は人的コミュニケーション・チャネルの効果を、段階的に高めていくことができる。例えば、他人から意見を求められるオピニオン・リーダーを作り出すという方法がある。オピニオン・リーダーを育て、コミュニティ内の他者に製品やサービスに関する情報を広めてもらうことを**バズ・マーケティング**という。

アメリカのP&Gは、50万人もの母親からなるクチコミ・マーケティング部隊「ボーカルポイント」を組織した。「コネクター」と呼ばれる構成員は、幅広い友人ネットワークとおしゃべりの才能を持つ。クレスト・ウィークリー・クリーンという新しい練り歯磨きの発売にあたり、P&Gはこのボーカルポイントを利用した。母親たちに対価を支払うわけでも、発言内容を指導するわけでもない。ただ製品情報を伝え、友人に配れるように無料サンプルとクーポンを提供し、P&Gとも女友だちとも率直な感想を共有するよう依頼しただけである。すると、ボーカルポイントの母親たちは、この新製品についての個人的な推薦を何十万と繰り広げた[6]。

非人的コミュニケーション・チャネルとは、個人的な接触によらずメッセージを伝える媒体のことであり、メディア、雰囲気、イベントの3つが含まれる。メディアには、印刷媒体（新聞、雑誌、ダイレクトメール）、放送媒体（テレビ、ラジオ）、ディスプレイ媒体（ビルボード広告、看板、ポスター）、オンライン媒体（メール、企業のウェブサイト、ソーシャルネットワーク）がある。雰囲気とは購買者に製品を買おうとする気持ちを起こさせたり、その気持ちを強化したりするように設計された環境のことである。例えば、弁護士事務所や銀行などは、顧客に信用面で高く評価されるように設計されている。イベントとは標的視聴者にメッセージを伝達する催事である。例えば、パブリック・リレーションズ部門は、グランド・オープニング、展示会、見学会などのイベントを開催する。

メッセージの発信源とフィードバック

　人的コミュニケーションであれ非人的コミュニケーションであれ、メッセージの影響力は標的とする視聴者が発信者をどのように見ているかによって左右される。メッセージの発信源に高い信頼性があれば、メッセージの説得力も高くなる。このため多くの会社は、有名なスポーツ選手、俳優、音楽家などの有名人、さらには漫画のキャラクターを起用して、メッセージを伝達している。だが、有名人を自社ブランドのスポークスパーソンに起用するにあたっては注意が必要である。人選を誤ると非常に困惑させられることになるし、ブランドのイメージにも傷がついてしまうからだ。これについては、ナイキの事例を参照してほしい。

有名人の推奨：メッセージの発信源に信頼性があれば、メッセージの説得力も高くなる。佐藤製薬は2002年よりユンケルのイメージキャラクターにイチローを起用。ユンケル公式サイトではイチローの公式記録や活躍を記したページが充実している。

　メッセージを伝達した後は、それが標的とする視聴者にどのような効果をもたらしたかについて調査しなくてはならない。メッセージを記憶しているか、何回見たか、どのような点を思い出すか、メッセージをどう思ったか、製品や企業についての考えは以前とどう変わったか、といった質問を投げかける。企業はまた、メッセージの結果である行動についても測定しようとする。何人が製品を購入したか、何人が他者に製品の話をしたか、何人が店に足を運んだか、といったことである。

　マーケティング・コミュニケーションのフィードバックはプログラムの変更を示唆することがある。ある電鉄系百貨店が新聞広告とテレビ広告を用いて、店舗や販促イベントなどの情報を消費者に知らせているとしよう。調査の結果、

沿線の買物客の80％が店の広告を見たことを覚えており、特売品やセールの情報に気づいていた。そして、その80％の顧客のうち、来店したのは60％で、うち買物経験に満足したのは20％だった。これらの数字が示しているのは、消費者は広告を通して店舗情報を認知したが、店舗から期待通りの満足を得られなかったということである。したがって、この百貨店はコミュニケーション・プログラムを継続しつつ、買物経験の満足度向上を図る必要がある。逆に、沿線の消費者の40％しか商品やセールについて気づいておらず、うち来店したのも30％にとどまるが、来店者の80％が短期間で再来店しているとしよう。この場合には、コミュニケーション・プログラムを強化する必要がある。

REAL MARKETING

ナイキ
タイガー・ウッズとの熱い関係

企業はよく大量の資金を投じて、有名人に自社ブランドのスポークスパーソンになってもらおうとする。ときには製品ライン全体を有名なスーパースター中心に構築しようとする。ナイキのエアジョーダン・ラインなどがその例である。有名人とつながることで、ブランドに対する関心やブランドの魅力を大幅に増加できるが、タイガー・ウッズが2009年の失態で示したように、大きな試練を生み出すこともある。スポークスパーソンも人間であり、時には過ちを犯すからだ。

不祥事を起こしたのはタイガー・ウッズだけではない。だが、タイガーのスキャンダルは、有名人が推奨するエンドースメント（保証）契約のよいところ、悪いところ、醜いところを示す最たる例である。まず、よいところについて見てみよう。1996年、プロに転向したばかりだった21歳のタイガー・ウッズは、ナイキ、アクセンチュア、GM、タイトリスト、アメリカン・エキスプレスと契約を結んだ。4年後、ナイキは5年間で1億500万ドルという破格の条件で契約を更新したが、この投資に首を傾げる人は少なくなかった。ゴルフというのはニッチなスポーツにすぎず、しかも、ゴルフウェアやゴルフ用品において、ナイキは影の薄い存在だったからだ。しかし、それから10年も経たないうちに、ナイキとタイガーの契約の先見性は、ほとんど疑う余地のないものになっていた。ナイキは、ゴルフ関連ブランドの中で最も大きく成長した。タイガーの信じられないような躍進は、ナイキブランドを押し上げたばかりか、ゴルフ全体を盛り上げた。

この間、タイガー・ウッズが推奨する企業はナイキやアクセンチュアなど10社以上にのぼっていた。2009年、ウッズは34歳にして、エンドースメント契約だけで1億ドル以上を稼ぎ、一生涯のうちにエンドースメント契約から得る収入は、60億ドルにのぼるとも推定されていた。ウッズは誰が見ても世界一市場性のあるスポーツ選手だった。ハンサムでさわやかでスキャンダルもなく、模範的な人物だった。

ナイキほど、ウッズのイメージの恩恵にあずかった企業はないだろう。ウッズが登場するところならどこでも、たとえそれが他社ブランドの広告であっても、体のどこかにナイキの「スウッシュ」が見える。あるブランドの専門家がいうように、「タイガーとナイキは非常に深く結びついているので、そこに他のブランドがあろうとなかろうと、ナイキを連想してしまう」ほどだった。

しかし突如として悪いことと醜いことが降りかかってきた。2009年後半、深夜に木に衝突するという交通事故に続いて、ウッズのクリーンなイメージは偽りであり、何年にもわたって10人以上の女性と不倫関係にあったという事実が明るみに出た。不謹慎な行動と家庭内の問題が世に広がると、ウッズは沈黙し、ゴルフも休止した。有名人の影響力を測るある指数によると、ウッズはアピール・ランキングの11位から2,258位に転落した。スポーツ選手のランキングがこれほど大きく落ちたのは初めてである。

スポンサー各社は、自社へのダメージを最小限にとどめようとすぐに反応した。ゲータレード、アクセンチュア、AT&Tの3社がスポンサー契約を打ち切り、ウッズの損失は2,500万ドル以上にのぼった。ジレットなど数社は、距離を置きはしたものの様子見を決めた。ナイキとEAスポーツだけがウッズを支持して契約を継続し、このゴルフ界のスーパースターが私的な問題を解決する間、支持して待つと発表した。

どのような決断も、スポンサーにとって楽ではない。「これらの企業はタイガーに対して、すでに巨額の投資をしています」とあるスポーツPR会社の社長は語る。「今撤退すれば、その投資が無駄になってしまいます。それに、タイガーに代わる戦略はあるのか、別の広告キャンペーンを用意できているのか、ということです」。有名人を降ろすことへの反動というリスクもある。有名人とブランドとの結びつきはかなり強いことが多いため、有名人の不謹慎な行動よりも、有名人を降ろすことの方が大きなダメージとなる可能性もある。

ウッズを見捨てなかったナイキは、ウッズのイメージは修復可能だと信じている。タイガー・ウッズの存在は、消え去るにはあまりにも大きい。2010年、スキャンダル後初めて出場したマスターズ・トーナメントがその証拠だ。ウッズの出場により、テレビの視聴率は47％増加し、スポーツ関連サイトへのアクセスは前年のほぼ倍だった。大衆がタイガーのプレーと、優勝する姿を見たがっていることの表れであるといえよう。品行方正を心がけ、よいプレーを見せていれば、ウッズのスポークスパーソ

REAL MARKETING

ンとしての潜在力は再び輝きを取り戻すかもしれない。

出典：抜粋、引用、その他の情報は以下より。T. L. Stanley, "Dancing with the Stars," *Brandweek*, March 8, 2010, pp. 10-12; Robert Klara, "I'm with a Celebrity, Get Me Out of Here!" *Brandweek*, March 8, 2010, p. 13; Yukari Iwatani Kane, "EA Firmly Committed to Tiger Woods," *Wall Street Journal*, January 22, 2010, www.wsj.com; Diane Pucin, "And Now, for a Short Commercial Break," *Los Angeles Times*, December 10, 2009, p. C1; Ben Klayman, "Woods 'Financial Losses May Be Short Lived," *Reuters*, April 6, 2010, www.reuters.com; およびSuzanne Vranica, "Nike to Air New Ad Featuring Tiger Woods," *Wall Street Journal*, April 7, 2010, www.wsj.com.

予算とコミュニケーション・ミックス

コミュニケーション・ミックスを策定するにあたって、予算の総額とその配分は、どのようにして決まるのだろうか。また、統合型マーケティング・コミュニケーションを作り出すにあたっては、どのようなプロセスでコミュニケーション・ツールの組み合わせを決めるのだろうか。

広告コミュニケーション予算の設定

マーケティング意思決定で最も難しいものの1つは、広告コミュニケーションにどれだけの経費をかけるべきかということである。アメリカの百貨店王、ジョン・ワナメーカーはかつて、「広告の半分が無駄であることはわかっている。しかし、どちらの半分が無駄なのかはわからない。私は広告に200万ドルを費やしたが、その半分で十分なのか、それともさらに2倍以上必要なのかさえわからない」と語った。したがって、産業や企業によって、広告コミュニケーションに費やされる金額が大きく異なっているのも不思議ではない。一般消費財業界では売上の10～12％が広告コミュニケーションに費やされるが、化粧品業界では14％、そして産業機械業界ならわずか1％かもしれない。もちろん同じ業界でも、支出の多い企業もあれば少ない企業もある[7]。

企業は広告コミュニケーション予算をどのように決定するのだろうか。ここでは、一般的に用いられる4つの方法について見ていこう。支出可能額法、売上高比率法、競争者対抗法、目標基準法である[8]。

支出可能と思われる額を広告コミュニケーション予算として設定するのが**支出可能額法**である。中小企業はしばしばこの方法を用いているが、その理由は、広告費として支出可能な金額しか広告コミュニケーションにかけることができ

ないからである。予測される売上総利益から販売費と一般管理費を差し引いて、残りの資金の一部を広告に費やすのである。この予算設定方法の問題は、売上に対する広告コミュニケーションの効果が無視されている点である。広告が企業の成功に必要不可欠な場合でさえ、広告支出の優先順位は最後になりがちである。また、長期的な市場計画の策定も困難になる。

　売上実績や予想売上高に一定比率を乗じた額を広告コミュニケーション予算とするのが**売上高比率法**である。簡単で使いやすく、広告コミュニケーション支出と売上高や販売数量などの関係を把握しやすいという利点がある。しかし、こうした利点にもかかわらず、売上高比率法を正当化する理由は乏しい。なぜなら、この方法は売上を広告コミュニケーションの結果ではなく原因としてとらえ、市場機会ではなく利用可能な資金に基づいて予算を設定するからである。売上高比率法では、低下する売上を立て直すために支出を増やさなくてはならない場合、そうした動きを阻むことになってしまう。また、年ごとの売上によって予算が変わるため、長期計画の策定が難しい。最後に、この方法において設定する「比率」は、過去の実績や競合他社の予算水準を除けば、いかなる根拠も存在しない数字である。

　競争者対抗法は競合他社の支出に合わせて広告コミュニケーション予算を設定する方法である。競合他社の広告を観察したり、さまざまな出版物や業界団体が試算した業界の広告コミュニケーション支出を参考にしたりして、業界平均に基づく予算を設定する。この方法には2つの根拠がある。まず、競合他社の予算は業界の知恵の結集であるという考え方である。そして、競合他社と同じ額に設定することは、広告コミュニケーション競争の回避につながるという考え方である。だが残念ながらどちらの考え方も妥当性がない。自社よりも他社の考え方が優れているという根拠はどこにもないし、本来、企業は他社ではなく自らの特性に合わせた独自の広告コミュニケーションを考える必要があるからだ。そして、そもそも競争者対抗法が広告コミュニケーション競争を回避するという確かな証拠もない。

　最も論理的な予算設定方法は、広告コミュニケーションによって何を達成したいかに基づいて予算を設定する**目標基準法**である。この方法では、(1) 広告コミュニケーション目標を明確にし、(2) その目標を達成するために必要なタスクを決定し、(3) タスクに要するコストを見積もる。これらのコストの合計が予算案となる。目標基準法には、支出金額と広告コミュニケーション成果と

の関係を経営陣に明示させるという利点がある。だが、これは同時に最も使いづらい方法でもある。多くの場合、どのタスクが目標を達成するかなど容易にはわからない。例えば、ある企業が最新製品の認知度を発売後6カ月のうちに95％にしたいと考えたとする。この目標を達成するためには、どのような広告メッセージを、どのようなスケジュールで発信すればよいだろうか。その広告に要するコストはどのくらいだろうか。経営陣はこれらの問題に取り組まなければならない。

コミュニケーション・ミックスの策定

　統合型マーケティング・コミュニケーションという概念は、コミュニケーション・ツールを慎重に組み合わせ、バランスのとれたコミュニケーション・ミックスを策定しなければならないことを示唆している。では、企業はどのようにしてコミュニケーション・ツールの組み合わせを決めるのだろうか。同じ業界でも、ミックスの設計は企業によって大きく異なる。例えば、化粧品業界であっても、資生堂はコミュニケーション予算の多くをマス広告に費やしているが、ポーラは人的販売に支出している。ここでは、コミュニケーション・ツールの選択に影響を与える要因について考えていこう。

　広告は地理的に分散した多数の購買者に対して、1回あたりのコストを抑えて到達できる方法であり、販売者は幾度もメッセージを繰り返すことができる。例えば、テレビ広告を使えば、莫大な数の視聴者に到達できる。一般大衆に到達したいと考えるなら、テレビが最適である。それだけでなく、大規模な広告は送り手である広告主について肯定的な印象を伝えてくれる。広告の公共性により、消費者は広告された製品を確かなものだと見なす傾向にある。広告はまた、映像、文字、音、色を巧妙に用いることにより、製品を演出できる。長期的なイメージ構築のために用いられることもあれば、短期的な売上促進のために用いられることもある。もちろん、広告にはいくつか欠点もある。ほとんどの場合、一方通行のコミュニケーションしかできないし、一般に大きなコストがかかる。

　人的販売は購買にいたる特定の段階、特に選好、確信、行動を形成する段階において、最も効果的なツールである。人と人とによるインタラクティブなコミュニケーションであるため、相手のニーズと特徴とを観察し、ただちに調整できる。また、売り買いだけの事務的な関係から個人的な友情まで、あらゆる

種類の関係が生み出される。有能な販売担当者は顧客の関心事をいつも心にとめ、顧客の問題を解決することで長期的なリレーションシップを築こうとする。人的販売は企業にとって最も高価なコミュニケーション・ツールであり、業界にもよるが、アメリカの企業が人的販売にかける金額は広告費の約3倍にものぼっている。

　販売促進には、クーポン、コンテスト、値引き、景品などさまざまなツールが含まれる。顧客の関心を引いて、購買につなげる強力なインセンティブを提供するとともに、販売不振の打開に活用することができる。広告が「この製品はどうですか」と訴えるのに対して、販売促進は「今すぐ買ってください」と訴える。販売促進の効果は一時的なものであることが多いため、長期的なブランド選好や顧客リレーションシップの構築には広告や人的販売ほどの効果はない。

　特集記事、スポンサーシップ、イベントなどはパブリック・リレーションズと呼ばれ、広告よりも現実的で信頼できる印象を与える。販売に直接関係するコミュニケーションではなく、メッセージが「ニュース」として購買者に伝わるため、人的販売や広告を避ける潜在購買者にも訴えかけることができる。よく検討されたパブリック・リレーションズをコミュニケーション・ミックスの他の要素と組み合わせれば、効果的かつ経済的なコミュニケーションの展開が期待できる。

　ダイレクト・マーケティングというツールもある。ダイレクトメール、カタログ、オンライン・マーケティング、テレマーケティングなどである。これらはどれも3つの特徴を備えている。まず、限定性である。大衆向きではなく、限られた人物に向けてメッセージが発信される。第2は即時性である。つまり、大衆向きの広告に比べてメッセージは即座に準備することができ、特定の顧客にアピールするよう仕立てることができる。そして最後は双方向性である。企業側と顧客側とで対話をして、顧客の反応に応じてメッセージの内容を変更することができる。このように、ダイレクト・マーケティングは非常に標的化したワン・トゥ・ワンの顧客リレーションシップの構築に適している。

プッシュ戦略とプル戦略

　コミュニケーション・ミックス戦略には、プッシュとプルという2つの選択肢がある。次頁の**図11.4**は2つの戦略を比較したものである。いずれの戦略を

【図11.4】
プッシュ戦略とプル戦略

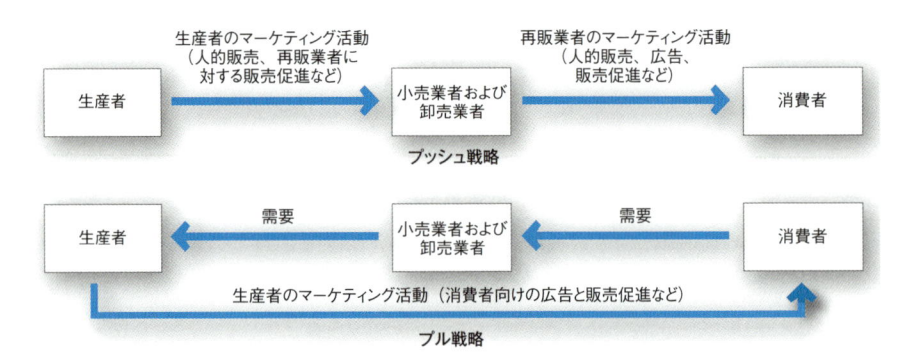

```
                  生産者のマーケティング活動              再販業者のマーケティング活動
                  （人的販売、再販業者に                 （人的販売、広告、
                  対する販売促進など）                   販売促進など）
  ┌─────┐   ──────────────→   ┌──────────┐   ──────────────→   ┌─────┐
  │生産者│                      │小売業者および│                      │消費者│
  └─────┘                      │卸売業者    │                      └─────┘
                                └──────────┘
                                  プッシュ戦略

  ┌─────┐        需要          ┌──────────┐       需要           ┌─────┐
  │生産者│   ←──────────────   │小売業者および│   ←──────────────   │消費者│
  └─────┘                      │卸売業者    │                      └─────┘
                                └──────────┘
              生産者のマーケティング活動（消費者向けの広告と販売促進など）
                                   プル戦略
```

採用するかによって、重点を置くコミュニケーション・ツールが変わってくる。

　プッシュ戦略とは、マーケティング・チャネルを通して製品を最終消費者までプッシュ、つまり押し込むことである。生産者は仲介業者に向けて主に人的販売と販売促進活動を行い、製品の取り扱いと最終消費者への働きかけを促す。例えば、ハーレーダビッドソン・ジャパンの場合、消費者向けの直接的なコミュニケーションはあまり実施していない。その代わりとして、日本各地にある正規ディーラーに対してイベントを実施し、同社の大型オートバイを最終消費者にプッシュしてもらっている。

　一方、**プル戦略**では最終消費者に向けて広告などのマーケティング活動を行い、製品の購入を促す。例えば、資生堂は女性用シャンプー「TSUBAKI」の広告にあたり、テレビ、雑誌、ウェブサイトなどを利用して、標的である女性に直接働きかけた。このプル戦略が有効であれば、消費者はドラッグストア、スーパー、ホームセンターといった小売店にTSUBAKIを置くよう求め、すると今度は小売店が資生堂にTSUBAKIを求めるはずである。プル戦略では消費者の需要がチャネルを通じて製品をプル、つまり吸引するのである。

　プッシュ戦略しか使わない生産財企業や、プル戦略しか使わない消費財企業も存在する。しかし、ほとんどの大企業は両方を組み合わせて用いている。メディア広告と消費者向け販売促進を実施することでブランド選好を作り出し、同社の製品を扱っている小売店へと消費者のプルを引き起こす。同時に、消費者が購入目的で来店した際に製品が間違いなく店頭に並んでいるように、販売

部隊と取引先への販売促進により、チャネルを通じて自社ブランドをプッシュする。近年の景気低迷と販売不振を受け、ブランド構築のためのプル部分を削り、プッシュ部分を上積みする消費財企業が増えている。このような動きは、長期的なブランド・エクイティを犠牲にして短期的な売上に走っているのではないかという懸念を生んでいる。

　コミュニケーション・ミックス戦略の策定にあたっては、製品市場のタイプなど、多くの要素を考慮しなければならない。例えば、消費財市場と生産財市場では、各ツールの重要度が異なってくる。消費財企業（B to C）は通常プルを重視して予算の多くを広告に費やし、次いで販売促進、人的販売、そしてパブリック・リレーションズという順になる。これに対し、生産財企業（B to B）はプッシュを重視する傾向にあり、予算の多くを人的販売に費やし、次いで販売促進、広告、パブリック・リレーションズという順になっている。

　それぞれのツールの効果は、製品ライフサイクルの段階によっても異なる。製品の導入期においては、認知度を高めるために広告とパブリック・リレーションズが有効であり、初期試用を促すには販売促進が有効である。取引先に製品を扱ってもらうためには、人的販売を用いなければならない。成長期に入ると、広告とパブリック・リレーションズは強い影響力を持ち続けるが、インセンティブの必要性が減少するため、販売促進を縮小することができる。成熟期には、広告よりも販売促進がふたたび重要になってくる。購買者はブランドについて理解しているので、広告は製品を思い出させる程度でよい。衰退期には、広告は引き続き想起レベルにとどまり、パブリック・リレーションズはほとんど行われなくなる。

Discussion

Question 1
テレビ、新聞、インターネットの各媒体で、どのような製品やサービスの広告が展開されているかについて調べてみよう。

Question 2
自分が行っているクチコミは、どのような製品やサービスに関するものだろうか。対面の場合とネットの場合に分けて整理してみよう。

Question 3
家電製品を1つ取り上げて、購買準備段階に応じて企業が展開しているマーケティング・コミュニケーションについて考えてみよう。

Key Terms

- マーケティング・コミュニケーション・ミックス（p.283）
- 広告（p.283）
- 販売促進（p.283）
- 人的販売（p.283）
- パブリック・リレーションズ（PR）（p.283）
- ダイレクト・マーケティング（p.283）
- 統合型マーケティング・コミュニケーション（IMC）（p.285）
- 購買プロセス（p.288）
- 機能訴求（p.289）
- 情緒訴求（p.290）
- 倫理訴求（p.290）
- 人的コミュニケーション・チャネル（p.291）
- クチコミ効果（p.291）
- バズ・マーケティング（p.292）
- 非人的コミュニケーション・チャネル（p.292）
- 支出可能額法（p.296）
- 売上高比率法（p.297）
- 競争者対抗法（p.297）
- 目標基準法（p.297）
- プッシュ戦略（p.300）
- プル戦略（p.300）

Chapter 12
広告とパブリック・リレーションズ

　ここからは、マーケティング・コミュニケーションの特定のツールについて掘り下げていこう。まず本章では広告とパブリック・リレーションズについて考える。

　広告とは、有料の非人的な媒体を使って企業やブランドの価値提案を試み、消費者に情報を提供したり、説得したり、思い出させたりすることである。一方、パブリック・リレーションズ（PR）とは、企業、消費者、一般大衆、メディア、投資家など、企業を取り巻くさまざまな利害関係者との間に好ましい関係を築くことである。

　まずは、年に5億ドル以上を広告に費やしているマイクロソフトとアップルの広告戦争から見ていこう。

OPENING STORY

オープニング・ストーリー

マイクロソフト vs アップル
広告は本当に変化を起こせるのか？

アップルは2006年、「Get a Mac」という広告を始めた。「Mac」と「パソコン」という2人の人物が登場し、アップルのMacとマイクロソフトのウィンドウズ搭載パソコンについて、それぞれの長所を議論するというものだ。広告の中で、Macはパーカーを着たおしゃれで気取らない若者という設定であるのに対し、パソコンはカーキのズボン、茶色のジャケットにおしゃれとはいえない眼鏡をかけた頭の固い、混乱して間違いを起こしがちな中年男性という設定である。当然のことながら、クリエイティブで新しいMacが時代遅れで融通の利かないパソコンにいつも勝つ。

「Get a Mac」キャンペーンは大きな効果があった。キャンペーン開始当初、アメリカのコンピューター市場におけるMacのシェアは2～3％に過ぎなかったが、2年もたたないうちに2倍の6～8％に達した。洗練された広告キャンペーンは、アップルコンピューターに対する知覚価値も押し上げた。Macのコンピューターは、ブランド指数（−100から100までの数値で表したブランド価値に対する消費者知覚）において70という途方もない数字をたたき出した。マイクロソフトの方は0より下でもがいていた。

マイクロソフトはこの流れを変える必要があった。そこで「Get a Mac」の開始から2年がたったころ、保守的なマイクロソフトは保守的とは無縁の広告会社、クリスピン・ポーター・アンド・ボガスキーと手を結んだ。さまざまな賞には輝くものの、いささか生意気で不遜な広告キャンペーンで知られる広告会社である。マイクロソフトとクリスピンは、社風から考えれば不釣合いな組み合わせである。なんといっても、クリスピン自体、使っているのはMacだったからだ。

過去のイメージを払拭すべく、マイクロソフトとクリスピンはま

アップルとマイクロソフトとが長く繰り広げている広告戦争の中で、マイクロソフトの「I'm a PC」キャンペーンは、多くのPCファンに自信を与えた。

ず「話題となる」ことをねらった広告を打った。登場するのはコメディアンとマイクロソフトの創業者ビル・ゲイツだ。2人は靴を買いにいったり、アイスクリームを食べたり、どうでもいい冗談を交わしたりするが、マイクロソフト・ウィンドウズのことにはほとんど触れない。この広告はユーモラスで評判がよく、巨大で無機質なソフトウェア企業に人間味が加わった。

　数週間の後、マイクロソフトはアップルの「Get a Mac」と直接対決する広告に変えた。独自の「I'm a PC」キャンペーンを開始し、アップルが作った「パソコン」そっくりの人物を登場させたのだ。最初の広告では、そのダサい服装をしたマイクロソフトの「パソコン」キャラクターが、まずこう語る。「わたしはパソコンです。これまでステレオタイプなイメージを押しつけられてきました」。続いて環境問題専門家、政治関連ブロガー、総合格闘技の選手、技術に詳しい幼稚園の先生など、日常生活でPCを使っている人々が次々と登場し、口々に「I'm a PC」と宣言する。「I'm a PC」キャンペーンはウィンドウズユーザーの琴線に触れた。勝手に作られたイメージのままに、じっとアップルの嘲笑に耐えていなくてもよくなったのである。

　好スタートをきった「I'm a PC」キャンペーンは、実際の消費者が新しいコンピューターを買う姿を追った「Laptop Hunters」シリーズへと進化した。1本目の広告に登場する元気いっぱいの若い女性、ローレンは、「キーが打ちやすく、画面は17インチ」のノートパソコンを1,000ドル以下で探していた。最初にマックストアに寄ったローレンは、アップルには1,000ドルで買えるノートパソコンは1種類しかなく、しかもその画面は13インチだと知る。望むノートパソコンをアップルで手に入れるには「予算を2倍に増やさなければならないけれど、それは無理。たぶん、わたしはMacユーザーになるほどクールじゃない」と彼女は分析する。その代わり、ローレンはHPのノートパソコン「パビリオン」を700ドル以下で手に入れる。「I'm a PC」というのが彼女の結論だ。

　「I'm a PC」キャンペーンでマイクロソフトに対する知覚のシフトが始まったとするなら、「Laptop Hunters」シリーズでは評価が大きく変化した。アップルは値段が高すぎる、クールすぎる、主流ユーザーとかけ離れた存在である、ということをこの広告は雄弁に物語った。この広告によって、ゼロに近かったマイクロソフトのブランド指数は46.2にまで引き上がり、アップルの値は70から12.4に急落した。よみがえったマイクロソフトの広告がアップルを狼狽させた証拠に、アップルの弁護士からマイクロソフトCOOのB・ケビン・ターナーに電話が入った。アップルは価格を下げており、広告の内容は正確ではないから変えるようにとの要求だった。

　この勢いを維持すべく、マイクロソフトとクリスピンは再び「I'm a PC」キャンペーンを打った。今回は新OS「Windows 7」を宣伝するものだった。引き続き「I'm a PC」

をテーマとして普通の人々が登場し、800万人を対象にした試作版テスト時に伝えた自分の意見が、Windows 7にいかに反映されているかを語る。どのCMも、「I'm a PC。Windows 7はわたしが考えました」と顧客が満足そうに述べる様子で終わる。

アップルも応戦した。同社はMac vs PC史上、最もネガティブな広告で反撃した。「果たされなかった約束（Broken Promises）」と名づけられたこの広告では、満足げなPCがMacに対して、Windows 7には過去のウィンドウズ・シリーズにあったような問題はまったくありませんという。それを聞いたMacは当惑しながら、同じことをウィンドウズ・シリーズが出るたびに聞かされていると指摘し、広告の最後にはPCが「信じてください」と呼びかける、というものだった。アナリストの多くは、CMのトーンからアップルが怒りでむきになっているのだと感じた。Macらしくないことだが、クールではいられなかったのだろう。

2010年半ばになると、両社とも比較広告の熱が冷めてきた。アップルは「Get a Mac」キャンペーンを打ち切り、より直接的な「あなたがMacを好きになる理由（Why You'll Love a Mac）」キャンペーンを始め、ウィンドウズPCではなくMacを選ぶ理由を列挙した。マイクロソフトの方も、攻撃的な「Laptop Hunters」シリーズをやめた。どちらも他社製品にできないことではなく、自社製品でできることというポジティブな面に照準を合わせるようになった。

「I'm a PC」キャンペーンによって、マイクロソフトは広告に関してアップルよりも優位に立った。消費者にとって、両者のブランド価値はほぼ互角であり、すべてのPCファンが自信を持つようになっている。「マイクロソフト社内がこれほど誇りにあふれていることは、これまでありませんでした」と、マイクロソフトのある従業員は語る。「社内を歩けばノートパソコンに『I'm a PC』のステッカーが貼られていますし、会社の売店では、『I'm a PC』のTシャツ、ネクタイ、マグカップなどが販売されています」。クリスピンのライリーも、今ではウィンドウズPCを2台所有し、自社の広告が与えたインパクトに興奮している。「飛行機の中でかばんからPCを取り出しても、もう恥ずかしくない。むしろクールです」[1]。

マーケティングにおける広告

広告の歴史は有史時代初頭にまでさかのぼる。古代ローマ人は剣闘士の試合の予告を壁面に記し、フェニキア人は売り物の絵を遊歩道沿いの巨大な岩に描いた。ギリシャの黄金時代、町の呼び売りは、牛や工芸品、さらには化粧品の

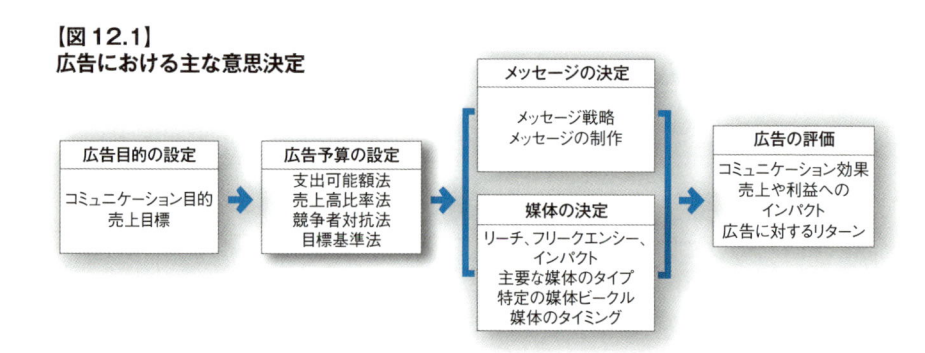

【図12.1】
広告における主な意思決定

広告目的の設定(コミュニケーション目的、売上目標) → 広告予算の設定(支出可能額法、売上高比率法、競争者対抗法、目標基準法) → メッセージの決定(メッセージ戦略、メッセージの制作)／媒体の決定(リーチ、フリークエンシー、インパクト、主要な媒体のタイプ、特定の媒体ビークル、媒体のタイミング) → 広告の評価(コミュニケーション効果、売上や利益へのインパクト、広告に対するリターン)

販売までをも知らせて回った。現代の広告は当時のものとは規模も方法も大きく異なっている。日本の広告主は年間に5兆7,000億円以上を広告に費やし[2]、全世界の広告費は4,500億ドルを超える。世界最大の広告主であるP&Gは、2009年にアメリカ国内で42億ドル、全世界では97億ドルを広告に投じている[3]。また、呼び売りやポスターなどに加えて、テレビやインターネットなどが駆使されている。

広告を利用するのは主に企業だが、さまざまな非営利組織や社会的機関なども、自らの主義主張を人々に訴えるために広告を利用している。実際、アメリカの広告への支出額において、アメリカ政府は第33位にランクされている。日本でも、政府広告などとして各省庁は多額の広告費を支出している。

マーケティングでは広告プログラムを展開するにあたり、広告目的の設定、広告予算の設定、広告戦略の展開（メッセージおよび媒体の決定）、そして広告キャンペーンの評価という、4つの重要な意思決定を行わなければならない（**図12.1**参照）。

広告目的の設定

広告目的とは、「一定期間内に成し遂げるべき、特定の顧客を対象とした特定のコミュニケーション・タスク」のことであり、ターゲット市場、市場ポジショニング、マーケティング・ミックスに基づいて設定されなければならない。広告目的が設定されれば、おのずと広告がマーケティング・プログラムの中で果たすべき役割が明確になる。広告目的は主なねらいによって、情報提供、説得、リマインドの3つに分類できる。

情報提供型広告は、顧客に新しい製品カテゴリーを伝える際に多用される。

この場合、広告の目的は初期需要の喚起にある。例えば、DVDプレーヤーがまだ新しい製品カテゴリーだった頃、メーカーは高画質で便利だというDVDプレーヤーのベネフィットについて人々に情報提供する必要があった。

競争の激化とともに重要性を増すのが**説得型広告**であり、特定のブランドやメーカーへの需要である選択的需要が生み出される。例えば、DVDプレーヤーという製品カテゴリーが一般的になると、ソニーなどのメーカーはコストパフォーマンスが最も高いのは自社ブランドだと、人々を説得しようとする。

説得型広告の一部は比較広告（あるいは攻撃的広告）へと姿を変え、直接的に、あるいは間接的に他社ブランドと自社ブランドを比較するようになる。比較広告は欧米では盛んに用いられるが、日本では国民性もあってあまり用いられることはない。

リマインダー型広告は成熟期の製品にとって重要であり、顧客リレーションシップを維持し、顧客に忘れられないようにするために用いられる。コカ・コーラが巨額を投じているテレビ広告の主な目的は、「コカ・コーラ」ブランドと顧客のリレーションシップを構築、あるいは維持することであり、顧客に新たな情報を伝えたり短期的な購買を促したりすることではない。

広告予算の設定

広告目的を決定したならば、次は**広告予算**の設定に入る。一般的な広告コミュニケーション予算の設定方法については第11章で取り上げた。ここでは、広告予算の設定にあたって留意すべき要因について確認しておこう。

広告予算の設定は簡単な仕事ではない。予算金額が適切かどうかは、どのようにして判断するのだろうか。一部の評論家によると、大手の一般消費財メーカーが広告費を使いすぎる傾向にあるのに対して、B to Bのマーケティング担当者が費やす額は少なすぎるという。また、大手消費財メーカーは実際の効果が不明であるにもかかわらず、イメージ広告を多用しているとも指摘されている。逆に、生産財企業の広告担当者は、受注を営業力に頼りすぎる傾向がある。法人顧客に対する広告の力を過小評価しているのである。

コカ・コーラやアメリカの食品・飲料メーカーのクラフトフーズといった企業は、コミュニケーション費用とブランドの売上との関係を明確にする統計的モデルを作り上げ、さまざまな媒体に対する「最適な投資額」の決定に利用している。しかし、広告効果にはあまりにも多くの要因が関わっており、かつコ

広告予算の設定：広告予算は景気が悪化すると真っ先に削られがちである。しかし、アウディは、広告とマーケティングの投資を続け、競争優位を獲得した。

ントロールできるものもあればできないものもあるため、広告効果の測定は推測の域を出ない。広告予算の決定にあたっては、マネジャーは量的分析とともに、自主判断にも頼らざるをえないケースがほとんどなのである[4]。

この結果、広告予算は景気が悪化すると真っ先に削られがちである。なぜなら広告を削減しても短期的な売上にはそれほど影響しないからだ。だが、長期的な観点から見ると、広告費の削減はブランド・イメージや市場シェアの構築にじわじわと悪影響を与える。競合他社が広告費を削減しているときに、広告費を維持もしくは増加させて競争優位を獲得している企業もある。

ドイツの自動車メーカー、アウディの事例を見てみよう[5]。景気後退の波に見舞われて、自動車業界全体が悲惨な状況にある中で同社は躍進を遂げている。アウディに対するブランド認知と購買検討意欲は着実に伸び、利益でもBMWやメルセデス、レクサスを上回っている。

アウディの優位性はどこからきたのだろうか。競合ブランドが経費を削減するかたわらで、アウディは広告とマーケティングに重点的に資金を投入した。ここ数年間、不況下にもかかわらず広告費を4倍に増やし、アメリカ最大のスポーツイベントであるスーパーボウルやアカデミー賞授賞式で広告を打ってきた。「他社がペダルから足を離している間も、ペダルを踏み続けたのです」とアウディの経営役員は語っている。

広告戦略の展開

広告戦略は、広告メッセージの作成と広告媒体の選択という2つの主要な要素からなる。かつて企業は、媒体の選択よりもメッセージの作成を重視してい

た。まず、クリエイティブ部門が質の高い広告を制作し、それから、媒体担当部門がその広告をターゲットとする視聴者に最もうまく伝達できる媒体を選び、購入するという流れである。そのため両部門の間には、意見の対立がしばしば発生した。

しかし、ターゲットを絞ったマーケティング戦略の一般化や新しい媒体の登場に伴い、現在では媒体計画の重要性が高まっている。広告キャンペーンにどの媒体を利用するのか、テレビなのか、新聞なのか、雑誌なのか、モバイルなのか、ウェブサイトなのかという決定が、クリエイティブな要素よりも重要な意味をもつことがある。

広告の氾濫

どれほどの予算を費やそうとも、顧客の注目を集め、かつブランドのメッセージをうまく伝達できなければ、その広告は成功したとはいえない。今日のように広告が氾濫している状況においては、広告メッセージの優秀さが重要になってくる。ほんの数年前まで、東京の平均的な家庭で見ることのできるテレビは7チャンネルにすぎなかった。だが、今ではテレビチャンネル数は激増している。加えて、数え切れないほどの雑誌、新聞、ラジオ、ダイレクトメール、オンライン広告、屋外広告などもあり、消費者は自宅でも職場でも、そして自宅と職場の行き帰りの間でも、広告をあびせられ続けている。アメリカの消費者は、1日あたり3,000から5,000件の広告メッセージにさらされているといわれている[6]。

昨今の広告の氾濫ぶりに悩まされているのは顧客だけではない。広告主もまた、おおいに頭を悩まされている。莫大な金額を払ったとしても、自社の広告は他社の広告やテレビ局のプロモーションなどに挟まれて放映される。テレビをはじめとする媒体におけるこのような広告の氾濫は、広告環境をますます厳しいものとしている。アメリカで実施されたある研究によると、アメリカ人の70％以上がテレビ広告は多すぎると感じており、また、全国ネットワークに広告を出している広告主の62％がテレビ広告の効果は薄れてきていると答えている。その主な理由は広告の氾濫である[7]。

広告の氾濫を打ち破ろうと、多くのマーケターが広告とエンターテインメントとの融合に乗り出している。それには、アドバーテインメントとブランデッド・エンターテインメントという2通りの形態がある。アドバーテインメント

のねらいは、広告そのものを娯楽性のあるものにするか、有益なものとすることによって、人々にその広告を見たいと思わせることにある。例えば、2007年から放映されているソフトバンクモバイルの「白戸（ホワイト）家」の一連の広告は、父親役が白い犬になっており娯楽性の高い広告となっている。

　ブランデッド・エンターテインメントとは、ブランドを他のエンターテインメントに組み込み、一体化させることを意味している。最もよく見られるのは**プロダクト・プレイスメント**という形態であり、ブランドを小道具としてテレビ番組や映画にはめ込むものである。映画007シリーズでは以前からさまざまなブランドを登場させてきているが、『007慰めの報酬』ではアストンマーティン、オメガ、ヴァージン・アトランティック航空などが登場している。今日では、ビデオゲーム、漫画、ブロードウェイのミュージカル、さらにはポピュラー・ミュージックの中にもプロダクト・プレイスメントが見られる。

　これらの動きの中では、ブランド・メッセージがエンターテインメントを邪魔するのではなく、エンターテインメントの一部になっている。広告会社のJWTは、「広告は人々の興味を邪魔する存在ではなく、人々の興味の対象とならなければいけない」と述べている。

メッセージ戦略

　効果的な広告メッセージ制作の第一歩は、メッセージを顧客にどう伝えるかについての戦略を練ることである。広告のねらいは製品や企業について顧客に考えたり、反応したりしてもらうことである。人は自分にとって何らかのベネフィットがあると思わない限り反応しない。したがって、効果的なメッセージ戦略を展開するには、アピールポイントとして使うことのできる顧客ベネフィットを最初に明確にしておかなければならない。

　次に、広告メッセージを独特で印象に残るものにするために、人の心をつかむ**クリエイティブ・コンセプト**、いわゆる「ビッグ・アイデア」を考えだす必要がある。この段階で、単なるアイデアだったメッセージが優れた広告キャンペーンへと生まれ変わる。通常はコピーライターとアートディレクターが協力し合い、ひねり出したいくつものクリエイティブ・コンセプトのどれかがビッグ・アイデアになる。クリエイティブ・コンセプトは、映像の形をとることもあればフレーズで表現されることもあり、その2つの組み合わせとなる場合もある。

クリエイティブ・コンセプトに導かれる形で、広告キャンペーンのアピールポイントが決まる。広告のアピールポイントは、3つの特徴を備えていなくてはならない。第1に意義があること。ベネフィットが明示されていて、その製品に対する顧客の願望や

ブランドのポジショニング：スイスの高級時計メーカー、パテック フィリップは1839年の創業以来、独自の品質基準を用いてすべての製造工程を自社に統合し生産を行っている。そのゆるぎないポリシーが顧客にも伝わり、深い信頼を得ている。

興味が高まらなければならない。第2に信頼できること。その製品やサービスが約束されているベネフィットをもたらすと、顧客が信頼できなければならない。最も意義があり信頼できるベネフィットが、最もよいものだとは限らない。第3にアピールポイントは、特有のものでなければならない。競合他社の製品と比べ、どこがどうよいのか伝える必要がある。例えば、腕時計を持つことの最も意義深いベネフィットは、「正確な時間を知ることができる」であるが、このベネフィットを謳っている広告はほとんどない。腕時計の広告主は、自社製品に特有なベネフィットに基づく広告テーマを選んでいる。

オーデマ ピゲ、ヴァシュロン・コンスタンタンとともに世界三大高級腕時計メーカーの一つであるパテック フィリップは、「You never actually own a Patek Philippe, you merely look after it for the next generation.」と述べ、同社の時計は、親から子へ、そして孫へと継承されていくものであることを訴えている。ロレックスの広告も正確さにはまったく触れず、同ブランドが「完璧へのあくなき追求」をしていることや、「ロレックスは1世紀以上もの間、性能と名声の卓越したシンボル」であり続けているという事実を語っている。

広告を実際に制作する段階でまず求められるのは、**実施スタイル**の決定である。最も頻繁に用いられるのが、「生活の一場面」や「ライフスタイル」であり、典型的な人物が日常生活の中で製品を使っている様子を見せる方法である。豆乳などの健康飲料の広告では、若々しい人が健康的な朝食と一緒に飲んでい

メッセージの実施スタイル：アフラックは後発企業として日本参入したが、アヒルのキャラクター、アフラックダックが人々の記憶に留まり、親しみやすさを獲得、広く一般に浸透した。

る様子を描いたりする。製品やサービスについての美しさ、愛、誘惑、静けさといった「ムード」や「イメージ」、あるいは「ファンタジー」を伝えようとするときもある。明治安田生命の広告で小田和正が歌うシリーズでは、保険商品についてはまったく語らず家族愛や人間愛を伝えている。人やアニメ・キャラクターが製品について歌う「ミュージカル」もある。年末ジャンボ宝くじの広告などが典型例だろう。アフラックのアヒルのように製品を象徴する「キャラクター」を用いることもある。

　他にも、ロッテのキシリトールガムのように、調査や「科学的根拠」に基づいて他ブランドよりも品質が優れていること、もしくは好ましいものであることを提示する方法もある。一般の人々が経験談を述べている「証言」や「推奨」を取り入れたり、工場の生産環境や製造工程に関する企業の専門性である「技術的専門性」を訴えたりすることもある。

　さらに広告主は、広告についての**トーン＆マナー**も選択しなければならない。これは、広告全体によって醸し出される雰囲気や印象とでも言うべきものである。多くの広告主は、起用する楽曲やタレントが異なっても、ブランドのイメージを損なわないよう、一貫したトーン＆マナーを持続しようとする。資生堂の「TSUBAKI」とユニリーバ・ジャパンの「LUX」では、同じシャンプーの広告でありながら、それぞれのトーン＆マナーが保たれており、異なるブランドの世界観が描かれている。

　最後は、広告の**フォーマット**に関わる要素の決定である。広告デザインのちょっとした変更が、広告効果に大きな影響を与えることがある。印刷広告なら、イラストは読者が最初に気づくものなので、注意を引くのに十分な大きさでなければならない。ヘッドライン（見出し）は、対象となる人をコピーへと効果的に誘い込まなければならない。また、広告文章の中で主要な位置を占めるコピーは簡潔で、力強く、なるほどと思えるものでなければならない。もちろん、これらのイラスト、ヘッドライン、コピーの3要素は効果的に結びつき、説得力をもって顧客価値を提示しなければならない。

消費者生成型メッセージ

多くの企業が今日のインタラクティブな技術を利用して、広告メッセージに消費者の声を活用している。企業はネット上の動画サイトを調べたり、自らサイトを開設したり、プロモーションとして広告制作コンテストなどを開催したりする。飛び抜けてすばらしいものが見つかることもあれば、どうでもいいものばかりということもある。だが、ユーザーが作り出したコンテンツをうまく利用できれば、顧客の声をブランド・メッセージに織り込み、顧客のコミットメントを一層深めることができる。

もちろん、消費者生成型の広告がすべてうまくいくわけではない。素人の作った広告は、しょせん素人芸かもしれない。しかし、取り組みがうまくいけば創造的なアイデアを生み出し、実際にその製品を経験している消費者がどのようにブランドを見ているのかについて、新鮮な視点を得られる可能性がある。こうしたキャンペーンは消費者のコミットメントを深め、ブランドとその価値について、消費者に話をしたり考えたりしてもらうきっかけになる[8]。

広告媒体の選定

広告媒体の選定ステップを大きく分けると、(1) リーチ、フリークエンシー、GRP、インパクトの決定、(2) 媒体タイプの選択、(3) 媒体ビークルの選定、(4) 媒体タイミングの決定という4つになる。

リーチ、フリークエンシー、GRP、インパクトの決定

媒体を選択するためには、広告目的の達成に必要な**リーチ（到達範囲）とフリークエンシー（露出頻度）**を決定しなければならない。リーチとは、ある一定期間にターゲット市場の何％が広告キャンペーンに接触したかを測るものである。例えば、「キャンペーンの最初の3カ月間にターゲット市場の70％に到達することをねらう」というように設定する。フリークエンシーとは、ターゲット市場の平均的人物が、その期間内に何回メッセージに接触するかを測るものである。例えば、「平均3回の接触を目標にする」といった具合である。そして、先に述べたリーチとフリークエンシーをかけ合わせると**GRP（延べ視聴率）**に

なる。リーチが70%でフリークエンシーが3回であれば、210 GRPとなる。大きな広告キャンペーンでは、3,000 GRPから5,000 GRPの広告が投入される。

しかし、広告がある一定の消費者に対して特定の回数に達したというだけでは不十分である。希望する媒体の**インパクト**も考慮しなければならない。インパクトとは、特定の媒体を通じて露出されるメッセージの質的価値のことである。例えば、同じメッセージでも『日本経済新聞』に載る方が、タブロイド紙に載る場合よりも信頼性が高いだろう。実物の提示が必要な場合には、視覚に訴えることのできるテレビの方が、ラジオよりもメッセージのインパクトが大きくなる。

広告主は消費者に到達するだけでなく、消費者をエンゲージする（引き込む）媒体を選ぼうとする。テレビ広告では、広告が何人に到達するかよりも、広告の内容が視聴者をどれほど引き込めるかが重視されている。例えば広告にかける予算を少しも無駄にしないよう、自動車会社のフォードは視聴者エンゲージメント・レーティング（注視率）に基づいて、広告を出すテレビ番組を選択するようになった[9]。

媒体タイプの選択

表12.1にまとめたように、主要な媒体にはテレビ、新聞、インターネット、ダイレクトメール、雑誌、ラジオ、そして屋外広告がある。広告主はまた、携帯電話など消費者に直接到達できるデジタル媒体を選ぶこともできる。各媒体には長所も制約もある。広告メッセージを効果的かつ効率的に標的顧客に伝えたいならば、各媒体のリーチ、フリークエンシー、インパクトに加えて、メッセージの効果やコストも検討しなければならない。

マーケターにとって問題なのは、どの媒体を選択するかということではない。媒体のミックスを選択し、それを統合型マーケティング・コミュニケーションの活動にどのようにして調和させるかということである。しかも媒体ミックスは定期的に再評価されなければならない。全国広告の媒体ミックスは、長い間テレビ、ラジオ、新聞、雑誌が独占し、他の媒体は補完的な存在でしかなかった。しかし、媒体ミックスは変わりつつある。マス媒体のコストが上昇する一方で、視聴者数は減少している。一方、刺激に満ちたデジタル双方向媒体が出現したことにより、多くの広告主は消費者に到達する新たな方法を見つけている。

これまでの「ショットガン」的に撃つ広告とは違い、今日の広告は特別な市

【表12.1】主な媒体タイプのプロフィール

媒体	長所	制約
テレビ	マス・マーケットを十分カバー、露出ごとのコストが低い、映像・音・動きを統合、五感に訴える	制作コストが極めて高い、雑多な広告が氾濫、露出が短い、対象の選択が困難
新聞	柔軟性、タイムリー、地域市場をよくカバーする、幅広い受容、高い信用度	短命、回覧読者が少ない
インターネット	対象を選択できる、低コスト、即時性、双方向性	インパクトが弱い可能性がある、視聴者が露出をコントロールする
ダイレクトメール	対象者を選べる、柔軟性、同一媒体で広告競争がない、パーソナライズ可能	露出ごとのコストが比較的高い、「くずかご行き」のイメージ
雑誌	地理的およびデモグラフィックス的に選択が可能、高い信用度と信望、寿命が長い、回覧読者が多い	広告が出るまでのリードタイムが長い、高コスト、掲載位置の保証がない
ラジオ	地元ファンが多い、地理的およびデモグラフィックス的に選択が可能、低コスト	聴覚にしか訴えられない、露出が極めて短い、注目度が低い（他のことをしながら聞く媒体）、視聴者規模が小さい
屋外広告	柔軟性が高い、くり返し露出される、低コスト、競争が少ない、よい場所を選択できる	対象者の選択がほぼ不可能、クリエイティブ面に限界がある

場セグメントに向けて「ライフル銃」のようにねらい撃ちするようになっている。ケーブルテレビや衛星放送といった媒体は、このアプローチに適しているように見える。しかし、広告は次第に従来では考えられなかったところにも進出してきている。例えば、ショッピングカートについている小さな広告や、スーパーの床に貼られた広告のステッカーなどを見たことがあるだろう。店舗の外に出ると、階段そのものが広告になっていたり、さまざまな広告でラッピングされたバスが走っていたりする。

今日では、どこに行っても広告から逃れられない。電車や地下鉄内には中吊り広告があり、JRの駅のホームでは広告ソングが発車メロディとして鳴り響く。タクシーの中にも電子掲示板がある。駐車場のチケット、飛行機の搭乗券、ゴルフのスコアカード、ATM、論文集にいたるまで、あらゆるスペースが広告用に売られている。

媒体選定に影響を与える重要な傾向として、メディア・マルチタスカーがあ

る。これは、2つ以上の媒体を同時に使いこなす人のことである。ある調査によると、アメリカ人のテレビ視聴者の4分の3がテレビを見ながら新聞を読み、3分の2はテレビを見ながらオンラインにも接続しているという。日本でも、平日のテレビ視聴時間3時間28分のうち、ほかのことをしながら見ている「ながら」視聴は1時間20分、つまり全体の4割近くを占めるというデータがある[10]。

媒体ビークルの選定

　媒体計画の担当者は、次に最適な媒体ビークルを選定しなくてはならない。新聞なら『朝日新聞』や『日本経済新聞』、雑誌なら『日経ビジネス』や『VOGUE』、『LEON』など、各媒体の中から特定の媒体を選択するのである。

　選定にあたっては、メッセージが1,000人に到達するのに要するコストを、ビークルごとに算出する必要がある。新聞の広告費はほぼ予測できるので、同紙の購読者数との関連で、到達者1,000人あたりのコストを算出することができる。もちろん、各媒体による広告制作費の違いも考慮しなければならない。一般に、新聞広告や雑誌広告の制作コストはそれほど高くないが、テレビ広告の制作コストは相当な金額になる。

　どの媒体ビークルを選定するかは、各媒体の有効度とコストとを比較検討して決める必要がある。その際、媒体ビークルの視聴者の質も評価しなければならない。雑誌によって購読者層は大きく異なるため、単にたくさんの人に読んでもらえるからというだけではなく、広告製品のターゲットに効率よく到達できるのかについて吟味しなければならない。

　広告主には、広告の年間スケジュールを決める作業も残っている。ある製品の売上が12月にピークを迎え、3月に落ち

媒体ビークル：2000年の規制緩和を受け、日本でもバスや鉄道車両を彩る車体全面広告が急速に普及した。都営バスの車体広告（ラッピングバス）は人気が高く、東京都交通局の増収に貢献している。

込むとしよう。冬用のスポーツ製品などがこれにあたる。選択肢として考えられるのは、広告を季節変動パターンに従って変える、季節変動パターンに相反する、年間を通じて一定に保つ、の3つである。多くの企業は季節変動に従って広告を行っているようである。

例えば、「ガーナチョコレート」を製造販売しているロッテは、需要期のピークであるバレンタインデーに合わせて広告を展開している。季節広告のみの企業もあり、花粉症や風邪の流行る時期にしか見ることのない広告もある。

REAL MARKETING リアル・マーケティング

消費者生成型広告
うまくいけば、最高に使える

ユーチューブやフェイスブックといったオンライン上のコミュニティのおかげで、消費者が作ったビデオが大人気となり、そこに端を発して、消費者生成型広告を利用する動きが広がっている。

消費者生成型広告で最も成果をあげているブランドの1つにペプシコのドリトスがある。同ブランドは2007年以来「クラッシュ・ザ・スーパーボウル」コンテストを開催し、人気商品であるドリトスのトルティアチップスの30秒CMを消費者から募集した。広告の専門家とドリトスのブランド・マネジャーが何千本にも及ぶ応募作を審査し、最終選考に残った作品をオンラインで発表する。そして、消費者の投票で最優秀作品が決まり、制作者に賞金が授与されるとともに、スーパーボウル時に放映するのである。

2010年のスーパーボウルの際には、最終選考に残った6人にそれぞれ2万5,000ドルの賞金を与え、上位4本のビデオを放映すると約束し、さらなるボーナスとして、『USAトゥデー』のアドメーターで1位を獲得すれば、100万ドルをプレゼントすると発表した。2位の場合は60万ドル、3位なら40万ドルがもらえることになっていた。コンテストには4,000本以上の応募が殺到した。

結果は、4本中1本の広告（タイトル「負け犬」）が2位を獲得し、ノースカロライナ州在住の24歳の男性が60万ドルを手にした。制作費はわずか200ドルだったという。だが特筆すべきは、消費者の手によるドリトスCMの上位4作品のうち、最も順位の低いものでもスーパーボウル時の全広告65本中17位に位置したということである。さらに、どの消費者調査においても、この4本の広告はおおむね評判がよかった。

全世界の優れた広告作品をランクづけしたある報告書によると、2009年の世界トップ10のうち、9本までが何らかの形で消費者が関わったものだった。

だがこれは、広告会社の代わりに消費者に広告を作らせればよいということではない。実際のところ、消費者生成型広告のほとんどは、広告会社による調整を必要としている。ダヴやリプトンなど13ブランドの自作CMコンテストを開催しているユニリーバは、消費者生成型コンテンツ戦略の役割について、以下のように説明している。

「これは広告会社を交代させようというものではありません。コンテストを開催する真の理由は、消費者に参加してもらう機会を増やし、距離を縮め、ブランドへの関心を深めてもらう。制作過程に加わることでブランドの信奉者になり、結びつきを強めてもらえればと思っています」。マーケティングは今後数年間で一層消費者参加型になっていくと予想されるが、ユニリーバはその動きをリードしているのである。

消費者生成型コンテンツの大半はCMやビデオメッセージにとどまっているが、ペプシコのマウンテンデューが進めるキャンペーン「デュモクラシー」では、ブランド・マーケティングにおける全段階の意思決定に消費者が関わった。同キャンペーンでは、製品開発から広告メッセージや広告会社の選択まで、熱心なブランドのファンに意見を求めている。ロイヤルティの高いファンに対して、まず新フレーバーを3種類提案するよう求めた。そして、最終選考に残った50フレーバーを家庭で試飲するためのキットと携帯型簡易ビデオカメラを送り、その様子をユーチューブに投稿するよう促した。最終的に3フレーバーが選ばれると、名前（タイフーン、ディストーション、ホワイト・アウト）、色、パッケージ・デザインについても、デュモクラシーのウェブサイト、フェイスブック、ツイッターなどで消費者に投票してもらった。

広告に関しては、消費者からCM動画を募るのではなく、ファンに選んでもらうことにした。ファンこそが「この製品を作ったのであり、製品に対して明確な考えを持っている」のだと、同社のマーケティング・ディレクターは語る。「彼らの方からどの広告会社が広告を作るのか、新たなアイデアをどうやって募るのかと聞いてきたのです」。広告会社および個人から、新しい3種類のフレーバーを売り出すアイデアをまとめた12秒のビデオが200以上集まり、消費者が1万5,000票を投じた結果、小規模の広告会社が担当することになった。

消費者生成型広告には弱点もある。「無料」のように見えるが、何百、何千もの応募作品の審査は困難な作業であり、お金も時間もかかる。ユーザーの作ったコンテンツについても、著作権問題や質の問題がある。しかし、うまくいったときには、マーケターの努力を補完し、高い成果へと結びつくのである。

リアル・マーケティング

出典：以下からの引用、抜粋、情報に基づく。Stuart Elliot, "Do-It Yourself Super Ads," *New York Times*, February 9, 2010, p. B3；Andrew McMains, "Unilever Embraces UGC," *Adweek*, April 20, 2010, www.adweek.com；Emma Hall, "Most Winning Creative Work Involves Consumer Participation," *Advertising Age*, January 6, 2010, http://adage.com/print?article_id=14139；Natalie Zmuda, "Why Mountain Dew Let Skater Dudes take Control of Its Marketing," *Advertising Age*, February 22, 2010, p. 30；およびRich Thomaselli, "If Consumer Is Your Agency, It's Time for Review," *Advertising Age*, May 17, 2010, p. 2.

広告に対する評価と広告会社の利用

　広告効果や広告投資に対するリターンは、多くの企業にとって重要な課題となっている。厳しい経済環境のもと、誰もがお金を出し惜しむ傾向にある。こうした状況のため、経営トップの多くはマーケティング担当者に対して、「広告費が適切かどうか」、あるいは「広告への投資に対してどのようなリターンが得られているのか」といった質問を投げかけている。

　定期的に必要とされる評価は、広告のコミュニケーション効果と売上効果である。広告のコミュニケーション効果の測定では、広告メッセージが効果的に伝達されているかどうかが調べられる。個々のコミュニケーション効果については、実施前もしくは実施後に評価される。広告を実施する前であれば、広告を消費者に見せ、広告を気に入ったかどうかを問い、思い出せるメッセージ、広告による製品への態度変容などについて測定する。広告実施後の場合は、消費者の記憶、製品の認知、理解、選好に対して広告がどのような影響を与えたかについて測定する。

　広告のコミュニケーション効果はうまく測定できるが、売上効果については測定に苦労する場合が多い。広告キャンペーンによってブランド認知が20％、ブランド選好が10％高まった場合、売上はどのくらい伸びるのだろうか。もちろん売上は製品特性、価格、入手容易性といった広告以外の多くの要素に影響される。同じ広告を展開していても、競合他社の広告戦略や価格戦略によって効果は大きく左右されてしまうはずである。

　売上に対する広告の影響を測定する方法の1つとして、過去の売上と広告費との比較がある。あるいは、広告費の違いによる効果を調査するために、市場エリアごとに広告費を変え、その結果、売上にどのような違いが出るかを測ることもできる。広告内容や利用した媒体の違いといった他の変数を織り込み、

より詳細な実験を行うことも可能である。

広告会社の利用

　企業の組織形態が異なれば広告の扱い方も異なる。中小企業であれば営業部門の誰かが広告を担当し、大企業であれば広告部門を設けて広告業務に従事させる。大企業の大半が外部の広告会社を利用しているが、それはさまざまなメリットがあるからだ。**広告会社**の業務とは何だろうか。欧米における広告会社は1800年代の中ごろから終わりにかけて誕生した。企業に広告スペースを販売して手数料を稼いでいた媒体のセールスマンやブローカーが設立したのが始まりである。やがて広告制作も手助けするようになり、最終的には広告会社を組織し、媒体よりも広告主に近い存在となっている。

　今日の広告会社は、優れた仕事をする広告業務のスペシャリストを雇っている。また、さまざまな業務経験を生かし、広告主の問題解決に協力することもできる。ほとんどの大手広告会社は、クライアントのために、マーケティング・プランの作成や広告キャンペーンの企画から広告の準備、実施、評価にいたるまで、広告プログラムの全段階に対応できる人材と手腕を備えている。

　世界規模の広告主は、国内向けの広告とは異なる問題に直面している。最も基本的な問題は、独自の特性をもつ各国市場に、広告をどの程度適合させたらよいのかということである。一部の大手広告主はグローバルに展開する自社ブランドに対して世界統一の広告を展開している。例えば、コカ・コーラは「Open Happiness」という世界共通のキャンペーンを各国市場の言語や文化に合わせて世界206カ国で展開している。ロゴ、コカ・コーラ独特の形のボトル、赤い色、リフレッシュメント、若者のハートは世界中で統一されている。消費者はインターネットを使って簡単に国境を越えることができるため、国際的な消費財ブランドの多くはウェブサイトの内容を世界で統一している。

　広告の標準化には、低コスト、各国の広告による相乗効果、ブランド・イメージの強化などの利点がある。しかし、各国の市場は文化、デモグラフィックス、経済状態などの点で大きく異なる。そこで、ほとんどの場合、「グローバルに考え、地域ごとに対応する」ことになる。まず、全世界における広告がより効率的で一貫したものになるように、グローバルな広告戦略を練る。それから、各地域の消費者のニーズや期待に応えられるように広告を変えていくのである。

　国際的な広告主には特別な問題もある。例えば、媒体のコストや広告が出せ

るかどうかについては、国によってかなり違いがある。広告に対する規制の程度も国によってさまざまだ。1企業あたりの広告費、利用できる媒体、広告内容などが法律で定められている国もある。例えば、インドやイスラム教の国々は、アルコール製品の広告を禁じている。スウェーデンやカナダでは、子供向けのテレビ番組でスナック菓子の広告を禁じている。比較広告はアメリカやカナダでは普通のことだが、日本やイギリスではあまり見られず、インドやブラジルでは違法である。

パブリック・リレーションズ

　マーケティング・コミュニケーションにおけるもう1つの重要なツールが、**パブリック・リレーションズ（PR）**である。パブリック・リレーションズとは、好意的な評判を得たり、望ましい企業イメージを築いたり、好ましくないうわさ、記事、出来事を巧みに処理、あるいは回避したりすることによって、企業と企業を取り巻くさまざまな利害関係者との間に良好な関係を構築することである。パブリック・リレーションズ部門は、以下に挙げるような業務を行う[11]。

- 報道対策：自社の製品や経営者などに注目を集めるため、ニュースに値する情報を作成し、ニュース媒体に提供すること。
- 製品パブリシティ：特定製品のパブリシティを生み出すこと。
- 公共活動：国や地域社会とのリレーションシップを構築し、維持すること。
- ロビー活動：法律や規制が自社に有利に働くよう、議員や政府関係者とのリレーションシップを構築し、維持すること。
- 投資家に対する活動：株主や金融業界とのリレーションシップを構築し、維持すること。
- 幅広い支援を得るための活動：金銭的援助あるいはボランティア支援を得るために、寄贈者や非営利団体に対して行う活動のこと。

　パブリック・リレーションズでは、製品、人、地域、アイデア、活動、組織、さらには国家さえも対象としてコミュニケーションを実施する。企業の場合は、顧客、投資家、媒体、その他のコミュニティと良好なリレーションシップを築

こうとしている。業界団体は、消費が低迷している農産品や水産品について、需要を再構築しようとする。政府組織までもが、人々の意識を高めるためにパブリック・リレーションズ活動を用いている。例えば、アメリカ国立衛生研究所の全米心臓肺血液研究所（NHLBI）は、心臓病に関する女性の意識を高めるために、長期的なキャンペーンを行っている[12]。

心臓病はアメリカの女性の死因の第1位である。だが、NHLBIの調査によると、この事実を知っている女性は34％にすぎず、多くは心臓病を男性の問題だと思っていたことが明らかになった。そこで、NHLBIは2002年、「The Heart Truth（心臓の真実）」という全米向けのPRキャンペーンを開始し、女性の心臓病に対する意識を高め、この問題について医者に相談することを勧めた。

キャンペーンでは、ウェブサイト、マスメディアでの広告、資料、DVD、ポスター、スピーチ用原稿から空港の展示物まで、あらゆる媒体を用いて、女性の意識に働きかけた。また、30社を超える企業がスポンサーとして参加し、これまでに26億5,000万個の製品パッケージに、シンボルのレッドドレスが印刷された。成果はすばらしいものであり、心臓病がアメリカ人女性の死因第1位であることを知る女性は57％に増え、心臓病で亡くなる女性の割合も3分の1から4分の1に減った。

PRの1つであるパブリシティは広告に比べ、非常に低いコストで大衆の意識に強いインパクトを与えることができる。用いられた媒体のスペースや時間に対して、費用を支払うことはない。ただし、情報をまとめて発表したりイベントを開催したりする際には、スタッフの人件費が発生する。興味深いトピックやイベントを提供できれば、いくつもの媒体に取り上げられ、何億円もかけた広告に匹敵する効果を生み出す。しかも、信頼性は広告よりも高いと考えられている。

iPadの発売について見てみよう[13]。アップルのiPadの発売は、新製品として史上で最も成功したケースの1つである。大企業の多くは新製品の発売前に何らかの広告キャンペーンを行う。だが、おもしろいことにアップルは広告をしないという方法を選んだ。その一方で、パブリシティを駆使した。導入数カ月前からクチコミを生み出すために、早期レビュー用のiPadを配ったり、報道機関に対して興味をかきたてる情報を与えたり、ファンに対しては今後利用可能となる何千もの新アプリケーションをオンラインで少しだけ見せたりした。発売日にはテレビ番組のトークショーで取り上げてもらった。アップルはこの間、

一貫してパブリシティのみを通じて、ファンの興奮と熱狂した報道、そして発売当日に買い求めようとする長い列を作り出した。この新製品は販売初日だけで30万台を売上げ、最初の2カ月間でその売上は200万台を記録した。

Discussion　　ディスカッション

Question 1
テレビや雑誌などで実施されている実際の比較広告を見つけてみよう。

Question 2
アメリカを中心に広がってきた消費者生成型広告の長所と短所について整理してみよう。

Question 3
好きなブランドを1つ取り上げ、そのブランドの広告の歴史を辿り、実施スタイル、トーン＆マナー、ヘッドラインやコピーなどの変遷について調べてみよう。

Key Terms　　重要語句

広告（p.307）
広告目的（p.308）
情報提供型広告（p.308）
説得型広告（p.309）
リマインダー型広告（p.309）
広告予算（p.309）
広告戦略（p.310）
プロダクト・プレイスメント（p.312）
クリエイティブ・コンセプト（p.312）
実施スタイル（p.313）

トーン＆マナー（p.314）
フォーマット（p.314）
広告媒体（p.315）
リーチ（到達範囲）（p.315）
フリークエンシー（露出頻度）（p.315）
GRP（延べ視聴率）（p.315）
インパクト（p.316）
広告会社（p.322）
パブリック・リレーションズ（PR）（p.323）

Chapter 13

人的販売と販売促進

　統合型マーケティング・コミュニケーション（IMC）における広告とパブリック・リレーションズについては既に考察した。本章ではIMCのなかの、人的販売と販売促進について考えよう。人的販売とは個人的な接触を図るものであり、セールス・フォース（販売部隊）と顧客との交流を通してリレーションシップを構築し、売上を得ようとするものである。販売促進とは顧客に製品やサービスの購入を後押しする短期的なインセンティブのことである。

　セールスパーソン、セールス・フォースと聞いたときの第一印象は何だろうか。おそらく思い浮かぶのは百貨店の礼儀正しい店員、言葉巧みに売り込む販売員、いかにも愛想のよい自動車のセールスマンなどではないだろうか。だが、現実の販売担当者の大半は、そのようなステレオタイプにあてはまらない。顧客のニーズに耳を傾け、解決策の創出を手助けするプロである。多くの企業では、顧客リレーションシップを構築するにあたって、人的販売が重要な役割を担っている。

　アメリカで高い評価を得ているプロクター・アンド・ギャンブル（P&G）のセールス・フォースについて取り上げてみよう。

第13章　人的販売と販売促進

OPENING STORY　　　　　　　　　　　　　　　オープニング・ストーリー

P&G
「セールス」ではなく
「カスタマー・ビジネス・ディベロップメント」

　P&Gの全世界で5,000人を超えるセールス・フォースは、長年アメリカで優秀な営業の象徴とされてきた。営業担当者の人選、教育、管理に関して、最高水準だと見なされているのである。ただし、同社では「セールス」という言葉はめったに使われず、「カスタマー・ビジネス・ディベロップメント（CBD）」と呼ばれ、「セールスマネジャー」ではなく「CBDマネジャー」となる。P&Gの場合、この言葉の区別が同社の本質をずばり表現している。

　P&Gにとって、取引先は運命共同体である。事業を発展させたいなら、まず自社ブランドを消費者に販売する小売を改善しなければならず、その責任をCBDが負っているのである。CBDマネジャーは、小売業者や卸売業者に対してものを売るだけでなく、戦略的なパートナーとなり、P&G関連ビジネスの発展に努める。P&Gと取引先は、ともに繁栄するための「WIN－WIN」の関係なのである。

　P&Gの取引先の多くは、ウォルマートなど、何千もの店舗を持ち何十億ドルという売上を誇る巨大な事業体である。このような相手と連携してものを売るというのは非常に複雑な仕事であり、営業担当だけでどうにかできるものではない。そこで、P&Gは取引先それぞれに対して、CBDの担当チームをそっくり1部隊ずつ割り当てている。

　その規模は取引相手によってまちまちである。例えば、売上の20％を占める最大の顧客、ウォルマートに対しては、350名から成るCBDチームをあてている。逆に30名だけの小さなチームもあるが、組織の規模にかかわらず、どのチームも完全な多機能型の顧客サービス・ユニット

CBDマネジャーは、取引先の成功なくしてP&Gの成功はないと心得ている。まずパートナーである小売業者を助け、P&Gブランドを売ってもらわなくてはならない。

OPENING STORY

になっている。マーケティング戦略、製品開発、オペレーション、情報システム、ロジスティクス、ファイナンスといった各部門の専門家がバックアップしているのだ。

大規模な取引先に効率よく対応するには、十分な訓練を受けたセールスパーソンが必要である。日々折衝する相手は、年に何億ドルという予算をP&Gブランドや他社ブランドの購入に投じるトップレベルの小売バイヤーである。親しげに笑顔を浮かべ、握手を交わせばよいという世界ではない。もちろん1人が何もかも頭に入れておくことなどできないが、CBDチームという組織があるおかげで、その必要はない。顧客の抱える難題でさえ解決できるリソースを、チームの一員としていつでも使うことができるからだ。「必要なものは何でも揃っている」と、家庭用品担当のアカウント・エグゼクティブはいう。「お客様がインストア・プロモーションのサポートを求めている場合、廊下をちょっと行けばチームのマーケティング担当者がいるので、どんなプロモーションをするかすぐに相談できるんです」。

CBDチームでは、取引先と共同で戦略を策定することにより、買物客にとっての価値と満足を創造し、顧客店舗の利益と売上を伸ばす。棚から買物客のカートへ商品を移すことに関しては、P&Gのセールスパーソンの方が小売業者よりも知識豊富なことが多い。事実、多くの小売業者はP&Gの製品だけでなく、競合他社ブランドの製品もひっくるめて、棚ごとのマネジメントをP&GのCBDチームに委ねている。

少し考えてみよう。他社製品の在庫や入れ替えのことまでP&Gに任せて、本当に大丈夫だろうか。例えば、P&G製品を減らして他社製品を増やすようにというアドバイスをCBDの担当者がすることがある。信じようと信じまいが、これは実際に行われている。CBDチームが第一に掲げる目標は、取引先企業の成功である。「他社製品を増やす」という解決策がベストだと伝えることもあるし、P&Gはそれでよいと考えている。小売業者にとってベストな方法が客足を増やすことにつながり、まわり回って他のP&G製品の売上が増加するかもしれないからだ。数あるP&Gのブランドは、ほとんどが市場シェア面でリーダーの立場にあるため、客足が増えれば競合他社よりも多くの恩恵を受けるはずである。取引先にとってよいことはP&Gにとってもよいことなのである。

なお、小売業者からアドバイザーとして信頼されるようになるには相当な努力を必要とする。「担当顧客との間に今の信頼関係を築くのに4年かかりました。それでも、勧めたP&G製品が売れなかったり、売れてしかるべき他社製品の在庫を切らしたりすれば、信頼も一瞬で終わりです」と、ベテランのCBDマネジャーは述べている[1]。

人的販売

『宝島』などの作品で知られるイギリスの小説家、ロバート・ルイス・スティーブンソンは「誰もが何かを売ることで生きている」と語った。多くの企業がセールス・フォースを用いて製品やサービスを売っている。セールス・フォースを持つ組織は企業だけではない。大学ではリクルーティング部門が新入生を呼び込んでいるし、宗教法人は委員会を通じて新しい信者を募っている。さまざまな組織にとって、セールス・フォースは不可欠な存在となっている。

人的販売の本質

人的販売は、この世で最も古くから存在する専門技術の1つである。販売する者の呼称は販売員、販売担当者、営業担当者、セールスパーソン、セールス・レップ（販売代理人）、アカウント・エグゼクティブなど、いくつも存在する。また、人々が抱いているイメージも多様で、中には否定的なものもある。実際、早口の「宣伝役」がテレビのショッピングチャネルに登場し、さまざまな商品を売り込んでいる。だが、実際のセールスパーソンは、こうしたステレオタイプとはまったく異なる存在である。

先のP&Gの例からもわかるように、セールスパーソンは教養があり十分な訓練を積んだプロフェッショナルであり、長期的な顧客リレーションシップの構築に力を注ぐ。顧客の声に耳を傾け、そのニーズを見定め、課題を解決するために社内を動かすのである[2]。トップクラスの販売員は人との接触に長けていて、「信頼できる」「ともに働きたい」という気持ちを顧客に抱いてもらえる。販売員が成功している理由は、顧客との優れたリレーションシップの築き方を知っているからである。

セールスパーソンという言葉は幅広い意味で用いられる。百貨店のカウンターに立つ販売員のように、「注文を受ける」だけでもセールスパーソンである。逆に、ジェットエンジンのような高度な生産財、海上保険、船舶などの「注文をとる」セールスパーソンには、創造的な販売とリレーションシップの構築が求められる。ここでは創造的な販売を行うセールスパーソンに焦点をあて、効果的なセールス・フォースの構築と管理のプロセスについて考えていきたい。

セールス・フォースの役割

　マーケティング・コミュニケーションの多くがマスの消費者に対する非人的コミュニケーションであるのに対し、人的販売は対面、電話、テレビ会議やネット会議といったさまざまな形態で交わされる個人間のインタラクションである。顧客がどのような問題を抱えているのかを探り、顧客それぞれのニーズに合わせて市場提供物を調整できるので、人的販売は複雑な状況下において効果を発揮する。

　人的販売の位置づけは企業によって異なる。セールスパーソンをまったく持たない企業もある。オンラインやカタログを通じた販売のみを行う企業などである。しかし三菱重工業やIHIのように企業向けの製品やサービスを販売する企業では、セールスパーソンが顧客と直接折衝する。また、サントリーや資生堂のような消費財を販売する企業では、セールス・フォースは舞台裏で重要な役割を果たす。卸売業者や小売業者と手を組み、協力して、自社製品の効果的な販売を推進するのである。

　セールス・フォースは企業と顧客の橋渡しをする重要な存在である。顧客に対する企業の代表としての顔を持ち、新規顧客を探し出して開拓し、自社の製品やサービスに関する情報を伝える。顧客へのアプローチから提供物のプレゼンテーション、反対意見への対処、価格や条件の交渉、契約へと進めて製品を販売する。さらに、顧客サービスを実施し、市場調査も行う。

　また一方では、企業に対する顧客の代表としての立場もとる。社内では顧客の

舞台裏で活躍するセールス・フォース：笑顔を浮かべて巧みに言葉を並べるだけでは、高額なジェットエンジンを売ることはできない。IHIは優れた技術とセールスパーソンのコミュニケーション力で顧客の信頼を勝ち取り、顧客と良好なパートナーシップを築き上げる。人的販売の効果は計り知れない。

利益を擁護しつつ、購買者との関係をマネジメントする。自社の製品や行動に関する顧客の意見を当該担当部門へと中継する。顧客のニーズをつかみ、製品開発部門やその他の部門と連携し、顧客価値の増大に努めるのである。

マーケティングとセールスの調整

　セールスパーソンはブランド・マネジャーや広告担当者などと緊密に連携し、共同で顧客価値を創造すべきである。だが残念なことに、いまだに営業とマーケティングを別々の機能として扱っている企業がある。そうなるとこの両部門の関係はうまくいかない。何か問題が生じると、マーケティング側は「すばらしい製品や戦略なのに何をしているのか」と営業に文句を言う。逆に営業側は、「実際の顧客のことを知ろうともしないで」とマーケティング側を責める。どちらも相手を正しく評価することはない。このようなマーケティングと営業の分断を放置すれば、顧客リレーションシップや企業の業績にも悪影響が出るかもしれない。

　マーケティングと営業の両機能を互いに近づける方法はいくつかある。共同ミーティングを設定したり、顧客にメッセージを伝えるルートであるコミュニケーション・チャネルを明確化したりすることで、両者のコミュニケーションを改善すればよい。ブランド・マネジャーが営業訪問に同行したり、販売計画会議に同席したりする機会を設けるのもよいだろう。営業部門の方もマーケティング計画会議に同席すれば、顧客から直接得た情報を共有できる。マーケティング担当役員を任命し、マーケティングと営業の両部門を統括させるという方法もある。

セールス・フォースの管理

　セールス・フォースの管理とは、セールス・フォースの活動を分析、計画、実行、コントロールすることであり、具体的には、セールス・フォースの組織の設計、セールスパーソンの募集、選抜、訓練、報酬、監督、評価が含まれる。セールス・フォースの管理における主な意思決定事項は次頁の**図13.1**に示されている。

【図13.1】
セールス・フォースの管理における主要なステップ

セールス・フォースの組織の設計 → セールスパーソンの募集と選抜 → セールスパーソンの訓練 → セールスパーソンの報酬 → セールスパーソンの監督 → セールスパーソンの評価

セールス・フォースの組織

　セールス・フォースの組織は、どのような製品をどのような顧客に販売しているのかによって左右される。テリトリー制販売組織、製品別販売組織、顧客別販売組織について検討してみよう。

　テリトリー制販売組織では、特定の地区（テリトリー）を割り当てられたセールスパーソンが、その地区の全顧客に対して自社製品の販売を担当する。各セールスパーソンの職務と責任が明確であり、また、地区の顧客との関係を大切にしようとするセールスパーソンの意欲が増大するため、効果的な販売が可能となる。さらに、地理的に限られたテリトリー内の移動ですむため交通費の支出が少なくてすむ。

　取り扱う製品が多くて複雑であると、製品別販売組織の有効性が高まってくる。**製品別販売組織**では、セールス・フォースは製品ラインごとに販売活動を行う。アメリカのゼネラル・エレクトリック社（GE）の場合でいえば、主要事業の製品やサービス部門別にセールス・フォースが存在する。GEインフラストラクチャーでは、セールス・フォースが航空、エネルギー、運送、水処理という4つの製品組織に分けられている。また、GEヘルスケアでは、画像診断、生命科学、統合IT製品サービスのそれぞれに個別のセールス・フォースを割り当てている。GEのように大きく複雑な企業は、多種多様な製品を扱っているため、何十というセールス・フォースを抱えることになる。

　だが、同一企業に対して多様な製品を販売しようとすると、製品別の組織では問題が発生する場合がある。例えば、GEの複数の営業担当者が同時に、あるヘルスケア産業の企業を訪問するかもしれない。つまり、同一会社の何人ものセールスパーソンが、顧客の購買担当者との商談のために順番待ちをすることになる。この余分なコストと個別製品に対する知識の深さから得られるメリットとを比較する必要がある。

顧客ごとにセールス・フォースを組織する**顧客別（あるいは市場別）販売組織**は、今日ますます多くの企業で用いられるようになっている。セールス・フォースは業界ごとの担当、あるいは大口顧客担当と一般顧客担当というように配置される。顧客を中心にセールス・フォースを組織すれば、重要な顧客と親密な関係を築くことができる。

病院用ベッド、ストレッチャー、ナース・コール・システムといった医療機器の大手であるヒルロムは、製品別から顧客別へとセールス・フォースを再編成した[3]。高級機器を購入し、セールス・フォースに対してレベルの高い共同作業を要求する「コア顧客」の担当と、なるべく低価格で機器を入手したいと考えている「一般顧客」の担当に分けたのだ。それぞれに個別の営業部隊を割り当てることで、タイプの異なる顧客のニーズを的確に理解できるようになった。再編成前は、コア顧客も一般顧客も区別なく同じように対応していたため、一般顧客に対して、高額な新技術を売ろうとすることもあった。再編の後、コア顧客には1名のアカウント・マネジャーとそのチームがつき、顧客が抱える問題解決に取り組んでいる。営業部隊の再編から2年でヒルロムの売上は倍増した。

広範囲に散らばる顧客に対して幅広い製品を販売する場合、よく使われるのが複数の組織形態を組み合わせる方法である。顧客とテリトリー、製品とテリトリー、製品と顧客という2つを組み合わせる。テリトリーと製品と顧客のすべてに基づいて、各セールスパーソンの担当が定められることもある。

製品の複雑さが増し、顧客も大規模化して要求も厳しくなると、営業担当者1人では多大な顧客のニーズを処理できなくなる。そこで、多くの企業は大規模で複雑な得意先への対応にあたるために、**チーム販売**を導入している。チームで販売にあたれば、1人では見いだせない課題や解決策、販売機会をつかむことができる。チームのメンバーとしては、営業、マーケティング、テクニカル・サポート、研究開発、エンジニアリングなど、企業内のさまざまな部門の専門家が招集される。「営業1人にできることには限界があります。顧客に提供するすべてのものに関して、エキスパートになることなどできません」と、ある営業責任者は語っている。また、顧客側も購買組織をチーム化して、複数で対応するようになっている[4]。

IBM、ゼロックス、P&Gなどは、かなり以前からチーム販売を実施している。本章の冒頭でも触れたように、P&Gの営業部隊はカスタマー・ビジネス・ディ

ベロップメント（CBD）として組織され、ウォルマートなどの主要顧客の対応にあたっている。CBDという組織が重点を置くのは、顧客の全ニーズに応えることである。この取り組みにより、P&Gは顧客にとって「単なる供給業者ではない存在」となり、「戦略的パートナーとしての働き」によって事業を拡大できるのである[5]。

　チーム販売には問題点もある。例えば、セールスとはそもそも競い合うものであり、セールスパーソンは個人成績のアップを目指すように叩き込まれ、それによって報酬を得てきた。営業担当者は個人プレーに慣れているので、チームのメンバーとの連携に戸惑うかもしれない。顧客側も、それまで1人の営業担当者だけを相手にしていた場合はチーム販売に混乱、困惑するだろう。さらに、チームでの販売活動に対する個人の貢献度の評価が難しいため、報酬面でやっかいな問題が生じる可能性もある。

セールスパーソンの募集、選抜、訓練

　セールス・フォース運営の成功は、優秀なセールスパーソンの募集と選抜にかかっている。平均的なセールスパーソンとトップレベルのセールスパーソンとの差はかなり大きい。一般的に、上位30％のセールスパーソンが全売上の60％をもたらす。したがって、セールスパーソンを慎重に選抜することで、セールス・フォース全体の業績を大幅に向上させることができる。逆に、選抜に失敗すると販売実績が変わってくるだけでなく、入れ替えのコストもかかる。セールスパーソンが辞めた場合、代わりを見つけて訓練するコストに売り損じという機会損失のコストが加わる。新人比率の高いセールス・フォースは生産性に劣るし、重要顧客との関係も途切れてしまう。

　優秀なセールスパーソンは何が違うのだろうか。アメリカのギャラップ・コンサルティングは、何十万人もの営業担当者を対象にインタビューを実施した。その調査から見えてくるのは、優秀なセールスパーソンには4つの資質が備わっているということだ。すなわち、「強いモチベーション」「規律あるワークスタイル」、顧客を説得し商談を成功させる「クロージング能力」、そして、おそらくは最も重要な「顧客リレーションシップの構築能力」である[6]。

　優秀なセールスパーソンは強いモチベーションを持っている。絶えず抜きん出ようとする意欲である。金銭的なことや競り勝つことによる満足感がモチベーションとなっていたりする。あるいは、サービスを提供し関係を築きたいとい

う願望がモチベーションとなる場合もある。トップレベルのセールスパーソンは、こういったモチベーションのいずれかを有している。そして同時に、規律あるワークスタイルも実行している。詳細な計画を立て、タイミングよく遂行していくのである。

　だが、より多くの商談に成功し、良好な顧客リレーションシップを構築できなければ、動機も規律もほとんど意味がない。卓越したセールスパーソンは職務に必要な技術と知識を身につけており、顧客の抱える問題の解決能力と人間関係の構築に長けている。セールス部門の幹部に尋ねれば、優れたセールスパーソンを次のように表現するはずである。「親身であって、忍耐強く、気配りができていて、反応もよい。そして、何よりも優れた聞き手である」と。

　多くの組織では、先輩のセールスパーソンが後輩を教育し、仕事面の知識だけでなく、人物面でも評価されるように指導している。もちろん、各種の訓練プログラムが社内だけでなく社外にも用意されている。

セールスパーソンの報酬

　優秀なセールスパーソンを引きつけるには、魅力的な報酬制度が必要である。報酬は大きく分けて、固定給、変動給、手当、福利厚生という4つの要素から成る。固定給は月給を指し、セールスパーソンにとっての安定収入となる。変動給は販売実績に応じて歩合給やボーナスという形で支給され、努力と成果に報いるものである。手当とは諸費用として支払われる賃金であり、扶養手当、通勤手当、時間外手当などが知られている。福利厚生とは非金銭的なベネフィットであり、各種保険、育休、産休などがある。

　経営陣は、これら4要素の最適な組み合わせを決めなければならない。固定給と変動給の組み合わせ方によって、月給のみ、歩合給のみ、月給とボーナス、月給と歩合給という4つの基本的なタイプに分かれるが、アメリカで実施されたある調査では企業の18％が月給のみ、19％が歩合給のみ、63％が月給とインセンティブの組み合わせを採用していた。平均的なセールスパーソンの収入は、67％が月給、33％がインセンティブだとする調査結果もある[7]。

　報酬制度はセールスパーソンの強いモチベーションとなる。したがって、セールス・フォースはマーケティングの目的に連動させなければならない。例えば、新規ビジネスの開拓、急速な成長、市場シェアの獲得を目指す戦略ならば、高い販売成果と新規開拓を奨励するために歩合給比率を高め、新規顧客獲得ボー

ナスを加えるとよいだろう。逆に、既存顧客の収益性最大化を目標とするのなら、基本となる月給の比率を上げ、既存顧客の売上や満足度に応じたインセンティブを与えるべきである。

実際には、目先のビジネスに走りがちな歩合制をやめる企業が年々増加している。商談を成立させようと強引になりすぎて、顧客リレーションシップを損ねてしまうことを恐れているからである。代わって設計されるのが、顧客リレーションシップを構築し、顧客の長期的価値を育んだセールスパーソンに報いる報酬制度である。

セールスパーソンの監督と評価

どこまで細かくセールスパーソンを監督するかは企業によって異なる。多くの企業は、標的顧客の見極め、訪問目的の設定、新規顧客の開拓などにおいて、時間の使い方や優先順位を設定しているようである。どの顧客をいつ訪問し、どのような活動を行うかが計画される。

また、業務時間の分析も重要である。セールスパーソンは販売以外にも移動や待機、休憩、事務処理に時間を費やしている。**図13.2**は、アメリカのセールスパーソンの時間の使い方を表したものである。平均すると、正味の販売活動は労働時間全体の10％にすぎない。この時間を10％から30％に上げることができれば、販売に費やす時間は3倍になる。事務処理の簡素化、訪問・巡回計画の改善、移動時間のいらない電話やメールなどの活用というように、企業は常に無駄な時間を減らす方法を模索している[8]。

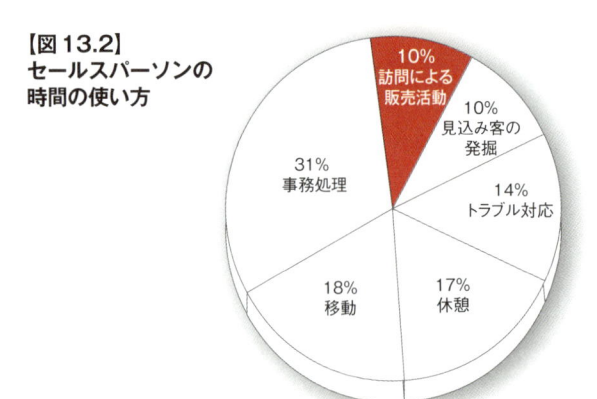

【図13.2】セールスパーソンの時間の使い方

- 10% 訪問による販売活動
- 10% 見込み客の発掘
- 14% トラブル対応
- 17% 休憩
- 18% 移動
- 31% 事務処理

出典：プラウドフット・コンサルティングより、データの使用許可を得て掲載。

ジェフリー・イメルトはGEのCEOに就いたとき、営業部門が顧客や見込客と会うよりも、はるかに多くの時間を机に縛られて事務処理に費やしていることを知った。「この状況を変えなくてはならない」という当時のイメルトの言葉を振り返るのは、GEパワー・システムズのベンキー・ラオである。エネルギー関連のシステムと製品に特化した同社で、ラオは国際営業とマーケティングにおけるITリーダーを務めていた。「週のうち4日を顧客の前で過ごし、残り1日ですべての事務処理をしろというのです」。GEパワーの営業担当者が長く机に縛られていたのは、世界中のエネルギー会社に数百万ドル規模のタービン、タービン部品、サービスを売るために、あちこちから情報を集めてくる必要があったからだ。

　この問題を解決するために、GEは「ワンストップ・ショッピング」のような新しい営業ポータルサイトを作った。膨大な数のGEのデータベースをつなげ、売上追跡や顧客情報の照会から部品価格の確認、計画停電の情報取得まで、あらゆることを一元的に扱えるようにしたのである。「それまでは行き当たりばったりで探していました」とは、同社のセールス・マネジャーの弁である。今では「ポータルサイトをホームページに設定して、全アプリケーションのゲートウェイとして使っています」。この営業ポータルサイトのおかげで、世界中の2,500人ものセールスパーソンは、無駄に時間がかかっていた事務処理から解放され、顧客との商談時間を大幅に増加させることができた。

　セールス・フォース・オートメーション（SFA）を導入している企業も多い。いつでもどこでも、もっと効率よく仕事ができるよう、セールス・フォースのマネジメントをコンピューター化、デジタル化するのである。今ではノートパソコン、スマートフォン、顧客との折衝やリレーションシップを管理するソフトウェアを、当たり前のようにセールスパーソンに使用させている。これらのテクノロジーで武装することによって、顧客の特性把握、売上見込みの策定、訪問計画の作成、プレゼンテーションの実施、顧客とのリレーションシップ構築などをより効果的かつ効率的に実施できるようになっている。結果として時間管理に改善が見られ、顧客サービスが向上し、販売実績の向上にもつながる[9]。

　セールス・マネジャーは、セールスパーソンの指導だけでなくモチベーションを上げる努力もしなければならない。セールスこそが最も魅力的な仕事であると感じ、率先して最善をつくすセールスパーソンもいる。だが、1人で行動することが多く、出張で家を空けることもあり、セールスとはストレスのたまる

仕事でもある。競合他社の攻撃的な営業マンや、高圧的な顧客にぶつかるかもしれない。

セールス・フォースの士気や成績を盛り上げるにあたっては、組織風土、販売ノルマ、インセンティブなどを利用するとよい。組織風土とは、組織においてセールスパーソンをどのように扱い、どのように位置づけているかである。セールスパーソンを軽んじているかのような扱いが見られる企業では成績も低迷する。一方で、大切な貢献者として評価し、収入や昇進の機会を与える企業では、セールス・フォースの成績がよく離職率も低い。

多くの企業が動機づけとして**販売ノルマ**を設定し、どれだけ売るべきか、製品ごとの内訳はどうあるべきかという評価基準を示している。そのノルマをどこまで達成できたかで、報酬を決める場合が多い。企業はまた、多様なインセンティブを利用してセールス・フォースの活動を後押しする。さらに、販売コンテストの開催は、セールス・フォースを刺激し、通常の期待値よりも高い販売努力を促す。他にも表彰、賞品や賞金、報奨旅行、利益分配といったインセンティブがある。

人的販売のプロセス

販売プロセスには、セールスパーソンがマスターしなければならない複数の段階が存在している。顧客にアプローチしてから受注を得るまでのステップである。セールスパーソンの大半は、多くの時間を既存顧客の維持と顧客リレーションシップの構築にあてているが、リレーションシップに関わるプロセスについては後で扱うこととしたい。

販売プロセスのステップ

図13.3に示したように、**販売プロセス**には見込み客の発掘と評価、プレアプローチ、アプローチ、プレゼンテーションとデモンストレーション、反対意見への対処、クロージング、フォローアップという7つのステップがある。

販売プロセスの第1段階は**見込み客の発掘と評価**、すなわち見込みのある客の見極めである。販売に成功するには、見込み客へのアプローチが極めて重要となる。ある販売の専門家は次のように表現している。「セールス・フォースが

【図13.3】
販売プロセスのステップ

```
見込み客の発掘と → プレアプローチ → アプローチ → プレゼンテーションと
評価                                              デモンストレーション
                                                        ↓
     反対意見への ← クロージング ← フォローアップ
        対処
```

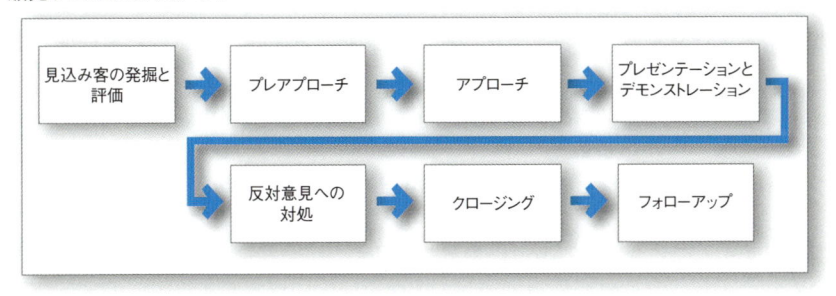

誰かれかまわず追いまわしていては、費用がかかる上に顧客を満足させるのが難しい。これを解決するには、適切な見込み客を積極的に探すよう訓練すればよい」。別の専門家も、「売上を伸ばす最速の方法は、見込み客発掘の実効性を上げることだ」と結論づけている[10]。

　最も有効なのは、既存顧客に見込み客を紹介してもらうことである。供給業者、ディーラー、競合しないセールスパーソンなど、新しいルートの開拓も大切である。電話帳やウェブで見込み客を探し、電話や電子メールで糸口をつかむこともできる。その場合の評価ポイントとして挙げられるのは、財務状況、事業規模、特殊ニーズ、立地、成長見込みなどである。

　セールスパーソンは見込み客訪問の前に、相手組織と購買担当者について、可能な限り情報を得ておくべきである。相手の購買パターンなどとともに、購買担当者の趣味や学歴なども知っておくとよいだろう。このステップのことを**プレアプローチ**と呼び、「売上を伸ばそうと思えば、まずは準備からだ」と、あるセールス・コンサルタントはいう。成功する営業は、見込み客の事務所に足を踏み入れるはるか前から始まっているのである。プレアプローチの第一歩は、的確なリサーチである。

　訪問目的の設定も必要である。今回の訪問は、見込み客を評価するためなのか、情報を収集するためなのか、あるいはその場で受注を得るためなのか。さらに、直接訪問なのか、電話なのか、手紙あるいは電子メールなのか、どのアプローチが最適なのかも決めなければならない。特定の時間帯は忙しい場合が多いので、タイミングについても慎重に計る必要がある。

　アプローチの段階では、どのように対面し、挨拶すればよいのか、どのようにすればうまく関係を築けるかについてのノウハウが求められる。具体的には、

セールスパーソンの外見、話の切り出し方、内容の深め方などである。まず、好ましい関係を築くために前向きな話をしたいものである。続いて顧客ニーズを探るために鍵となる質問をしたり、興味と関心を引くために見本や試供品を提示したりする。販売プロセスにおける他のステップもそうだが、自分から話すだけではなく、相手の話を傾聴する姿勢が重要である。

プレゼンテーションとデモンストレーション

プレゼンテーションと**デモンストレーション**の段階では、買い手に対して「価値の話」をし、自社の提供物で顧客の問題をいかに解決できるかを示す。今日のマーケティングの考え方によると、押し売り的な姿勢より、顧客にソリューションを提供するという姿勢の方が適している。「製品やサービスを売る」のではなく「問題を解決し、顧客に価値をもたらす」のである。顧客たちの悩みを聞き、ニーズを理解し、適切な製品やサービスで応えてくれるセールスパーソンが求められているのである。

ソリューションというアプローチには、話を聞く力と問題解決力が欠かせない。最も嫌われる特質としては、強引、遅延、欺瞞、準備不足などが挙げられる。逆に、ありがたがられる特質は、聞き上手、共感、誠実、信頼感などである。すばらしいセールスパーソンは売り方を心得ているが、それ以上に話の聞き方と、強固な顧客リレーションシップの築き方を知っている。「耳は2つ、口は1つ。その割合で使うこと」という名言もある。

プレゼンテーションを行ったり注文を促したりすると、顧客はほぼ決まって反対意見を抱く。理にかなった疑問もあれば心理的な疑惑もあり、しかも口には出さない場合も多い。**反対意見への対処**にあたって心がけるべき点は、何が問題なのかを買い手に明確にしてもらうこと、反対意見を一層の情報提供につながる機会と見なすこと、そして、反対意見を逆手に取りむしろ購入理由に変えることである。セールスパーソンであるためには、反対意見への対処スキルを磨かなければならない。

反対意見に対処できたら、いよいよ契約へと持ち込む段階である。この**クロージング**が苦手だというセールスパーソンもいる。自信がなかったり、クロージングのタイミングがつかめなかったりするからである。セールスパーソンは発言内容や質問内容など、買い手の出すクロージングのサインを見極める方法を身につけなければならない。例えば、購入意欲の高い顧客は大きくうなずいた

り、支払条件について尋ねたりするだろう。

　顧客満足を確かなものとして、リピート購入を望むなら、販売プロセスの最終ステップである**フォローアップ**が欠かせない。セールスパーソンは成約後すぐに、納期や購入条件などの詳細を確認すべきである。それから、最初の発注物が届いたころにフォローアップの訪問を計画し、設置、説明、サービスが適切に行われたかを確認する。何か問題があった場合も、フォローアップによって明らかになる。また、セールスパーソンの気遣いが伝わるとともに、次の取引への足がかりとなる。

販売促進

　人的販売と広告は、販売促進に連動させて用いることが多い。**販売促進**（セールス・プロモーション：SP）とは、製品やサービスの購入を顧客に促す短期的なインセンティブのことである。広告が製品やサービスの購入理由を提示するのに対して、販売促進は今すぐ購入するための理由を提供する。

　販売促進はさまざまな場所で目にすることができる。街を歩いていると、シャンプーやリンスなどの試供品をもらえる。携帯電話の企業サイトにはクーポンがついている。スーパーに行くと、売り場のコーナーに山積みされたビールが置かれていて衝動買いをあおっている。清涼飲料のボトルには、携帯電話のストラップなどのおまけが付いている。このように販売促進は、消費者からの直接的な反応を得るために設計された多種多様なツールである。

販売促進の急成長

　製造業者、流通業者、小売業者、非営利組織など、販売促進はほとんどの組織で用いられている。その対象としては、最終消費者（消費者向けセールス・プロモーション）、小売業者や卸売業者（流通業者向けセールス・プロモーション）、企業顧客（企業向けセールス・プロモーション）がある。

　消費者市場で見られる販売促進の急速な成長には、いくつかの要因がある。第1に、現在の売上を伸ばすようにとプレッシャーをかけられている製品マネジャーが、効果的なツールとして販売促進を見ている点がある。第2に、競争が激化すると同時に、競合ブランド間での差異がほとんどなくなっている点で

ある。コモディティ化した市場における差別化の一助として、販売促進を利用するというわけである。第3に、コストの上昇や媒体の氾濫によって、広告の効率が悪化している点である。そして最後に、消費者は取引条件を重視するようになり、低価格かつ好条件での取引を求めるようになっている点である。販売促進は、節約志向の強い消費者の関心を引く要素となる。

だが、販売促進の増加によって、広告と同じように、販売促進にも氾濫が起きている。氾濫を乗り越えるために、クーポンの価値を上げたり、より目を引く店頭ディスプレイを考案したり、インターネットや携帯電話といった新たな双方向メディアを用いたりしている。

販売促進の目的

販売促進の目的は多岐にわたる。短期的な購買を促したり、顧客のブランド関与を強めたりするために、消費者向けセールス・プロモーションが利用される。流通業者向けセールス・プロモーションでは、小売業者に対して新アイテムの取り扱いや在庫の充実、前倒し購入、自社製品の販売促進と棚割の強化などの要請を目的としている。

だが理想をいえば、販売促進は単に短期的な販売や一時的なブランド・スイッチを発生させるのではなく、製品のポジショニング強化や、長期的な顧客リレーションシップ構築の一助として利用されるべきである。適切に設計された販売促進ツールには、短期的な売上増だけでなく、長期的な顧客リレーションシップを作り出す力がある。その場しのぎではなく、ブランド・エクイティを築くために設計した販売促進でなければならない。一例としては、フリークエンシー・マーケティング・プログラムや急速な広がりを見せているポイントカードなどが挙げられる。ホテル、スーパー、航空会社のほとんどがお得意様用プログラムを用意し常連客を優遇している。また今では、あらゆる企業が会員特典を提供している。こういった販売促進を使えば、価格の引き下げではなく、

販売促進の目的：家電量販店でおなじみのポイントカード。各社とも常連客獲得のため、ポイント還元や優待特典を用意している。

価値の付加によってロイヤルティを築くことができるからである。

1981年、差別化を検討していたアメリカン航空は、マイレージプログラムを考えだした。そして10年後、アメリカン・エキスプレスが熾烈な競争に対応するため、現在は会員特典カードとして知られている制度を導入した。日本でも、ヨドバシカメラやビックカメラをはじめ多くの企業が「ポイントカード」を導入している。支払ったお金の数パーセントが顧客に還元されるという特典がある。

主な販売促進ツール

販売促進のツールは多岐にわたっている。消費者向け、流通業者向け、企業向けの主な販売促進ツールをまとめてみた。

消費者向け販売促進には、サンプル、クーポン、現金払戻し（リファンド）、プレミアム、購買時点（POP）ディスプレイ、コンテスト、懸賞、イベント・スポンサーシップなどが含まれる。

サンプルとは製品の試供品のことである。新製品を導入したり既存製品を改良したりするときの刺激として最も効果が高い。無料で提供することもあれば、コストの一部を補うために少額を課すこともある。サンプルは郵送、店頭手渡し、他製品への添付などの方法で配布される。複数の製品の販売促進として、サンプルを組み合わせたサンプル・パックを使うこともある。

クーポンは特定製品の購入にあたって、値引きを保証するものである。アメリカの一般消費財メーカーが2009年に発行したクーポンは3,670億枚、額面金額の平均は1ドル44セントだった。消費者の利用は33億枚を超え、節約総額は約35億ドルである[11]。クーポンには新ブランドの試用を促し、成熟ブランドの販売を刺激する力がある。クーポンの本場ともいえるアメリカでは、ネットによるクーポンの配布ではなく、雑誌や新聞など紙ベースによる配布が主流であった。しかし、先ごろの研究によると、デジタルクーポンの数は今や紙ベースのクーポンを抜き、その比率は10対1にもなったという。アメリカのクーポン利用者の3分の1近くは、ネットや携帯電話を通じてクーポンズ・ドットコムやグルーポンなどから入手したデジタルクーポンのみを利用している。

現金払戻し（キャッシュ・リファンド）はクーポンと似ているが、価格を下げるのは小売の現場ではなく、購入後である。「購入を証明するもの」をメーカーに送付すると、購入金額の一部が払い戻される。例えば、アメリカのトロという会社は、噴射式除雪機の販売にあたり、購買者の住む地域の積雪量が例

年を下回った場合に一定額を払戻すという、シーズン前販売促進を実施した。直前の発表に競合他社は対応できず、このプロモーションは大成功を収めた。

　価格パック（値引きディール）とは、製品の通常価格を下げるものである。3個で2個分の価格など単一商品を値引いて提供することもあれば、シャンプーとリンスなど関連商品をまとめて値引くこともある。短期的な販売を促進する効果は非常に高い。

　プレミアムとは、製品を購入したときに無料で提供される「おまけ」のことである。おまけがパッケージ内に封入されているもの（イン・パック）や、パッケージの外に添付されているもの（オン・パック）、手渡されたり郵送されたりするもの（オフ・パック）がある。例えば、森永製菓は長年にわたり「おもちゃのカンヅメプレゼント」を実施しており、消費者がチョコボールの金や銀の「くちばし」を送ると、おもちゃの詰まった缶詰を郵送でもらうことができる。

　ノベルティはプロモーショナル製品とも呼ばれ、広告主の名前やロゴ、メッセージ入りの実用品のことをいう。Tシャツなどのアパレル、ペン、コーヒーカップ、カレンダー、キーホルダー、マウスパッド、ライター、マッチ、ゴルフボールなどが典型的な例である。こうした品物は大きな効果を発揮する場合がある。「うまくいけば何カ月も目に触れ続け、使用者の脳にブランドの名前を刻み込む」のだと専門家は指摘している[12]。

　購買時点（POP）プロモーションとは、購買時点、すなわち購買の現場で実施するディスプレイやデモンストレーションのことである。地元のイオンやカインズホームなどに行ったときのことを考えてみよう。きっと通路のディスプレイ、看板、棚に貼られた広告「シェルフ・トーカー」、デモンストレーションとして試食を促す係員などを目にするだろう。

　コンテスト、懸賞、ゲームでは、単純な運や努力によって現金、旅行、物品などが提供される。コンテストでは、キャッチフレーズ、クイズの答え、提案などを募り、審査員が最優秀賞を選定する。懸賞では応募者の中から当選者を選ぶ。そして、ゲームではビンゴなどの挑戦者に景品を与える。このような販売促進は、ブランドへの注目度と消費者の関与を高めてくれる。

　イベントを通じて、ブランドを強化したり、販売を促進したりすることもできる。独自にイベントを開催することもあれば、他が開催するイベントのスポンサーになることもある。各地を転々とするゴルフ、祭典、マラソン、コンサートなど、形態はさまざまである。

例えばP&Gは、消費財ブランド「シャーミン」のために、ホリデー期間限定のイベント・プロモーションを主催している。公衆トイレがなかなか見つからないニューヨークのタイムズスクエアに、シャーミン・ミニトイレを全部で20室、無料で設置した。それぞれに手洗い台と、シャーミンのトイレットペーパーがたっぷりと用意された快適なトイレである。他の広告が入り込まないようなところで人々と触れ合うわけである。2007年のホリデーシーズンから始まり大成功を収めており、利用した人数は累計100万を超えている[13]。

アメリカの製造業者が使う販売促進費は、小売業者や卸売業者向け（81％）の方が最終消費者向け（16％）より多くなっている[14]。**流通業者向けセールス・プロモーション**とは、再販業者に対してブランドの取り扱い、棚スペースの確保、広告への掲載、消費者への推薦などを促すことである。棚スペースが不足している今日では、自社ブランドを置いてもらうために、さらには置き続けてもらうために、小売業者や卸売業者に対して値引き、アロウワンス、返品保証などを行わざるをえない。

製造業者の利用する販売促進ツールには何種類もある。コンテスト、プレミアム、ディスプレイなど、消費者向けと同じものも多いが、設定期間内に購入したケースごとに、値引き（オフ・インボイスとも呼ばれる）をすることもある。自社製品を何らかの形で売り出すことに合意した小売業者に対しては、見返りとしてアロウワンスを提供する。広告アロウワンスは製品の宣伝に対する報酬であり、ディスプレイ・アロウワンスは棚の端に自社商品を山積みするなど特別な陳列を採用してくれた小売業者に報いるために支払われる。自社ブランドを「プッシュ」してくれるディーラーやセールス・フォースに対しては特別報奨金を支払う。社名入りのペン、鉛筆、カレンダー、マッチなどのノベルティアイテムを再販業者に無料で提供する場合もある。

企業向けセールス・プロモーションの目的は、取引のきっかけ作り、購入の刺激、顧客に対する謝礼、セールスパーソンの動機づけなどである。消費者向けや流通業者向けのセールス・プロモーションと共通のツールもあるが、ここでは企業向けの主要ツール、すなわちトレード・ショーと販売コンテストを取り上げる。

企業や事業者団体の多くが、製品のセールス・プロモーションのためにトレード・ショーを開催している。トレード・ショーでは企業向け製品の見本を展示する。売り手にとっては新規取引のきっかけの発見、顧客との接触、新製品の

導入、新規顧客との出会い、既存顧客への販売増、顧客の啓発など、メリットが多数ある。また、セールス・フォースが未開拓の見込み客とも接触することができる。代表的なものとして、日本チェーンドラッグストア協会が幕張メッセで開催するJAPANドラッグストアショーなどがある。

販売コンテストとは、代理店や販売店のモチベーションを上げ、一定期間の販売実績を伸ばすために実施する。販売成績が優秀な代理店や販売店の意欲を高め、実績を評価し、旅行や賞金などの賞品を与える。成績をポイント化し、好きな賞品と交換できるようにしている企業もある。

REAL MARKETING

モバイルクーポン
今、顧客のいる場所に届ける

普及が高まるにつれて、携帯電話はマーケティング・メッセージを伝えるツールとして注目度が上昇している。ブランド構築やロイヤルティ強化など、目的はさまざまであるが、企業は携帯電話の即時性を活用しようとしている。

「最高にクールよね」。アメリカで展開されているスムージーのチェーン店、ジャンバ・ジュースの店内でそういったのは、20％引きのモバイルクーポンを受け取ったクリスティン・パレスティスである。クーポンを使ってスムージーを購入しての感想だ。「安くなって、しかもこんなに簡単なの」。自分の携帯から5桁の特別コードを送信して、何秒もしないうちにクーポンが送られてくる。小売業者から送られてくるメッセージには、文章とともに「ショート・コード」と呼ばれる数字が示されている。その番号にダイヤルすると、バーコード・クーポン、ウェブサイトへのリンク、ディスプレイ広告などを受け取れるという仕組みである。「顧客を確実につかまえたければ、顧客がいる場所に出向くのが一番」と語るのは、ジャンバ・ジュースのマーケターである。「弊社の顧客でいえば、それはネットと携帯電話の中なのです」。

アメリカの小売業者の多くは、特別優待を迅速に、かつ最も使ってくれそうな消費者のもとへ届けたいと考えている。このようなモバイル・ユーザーは現在、全米で成人ネットユーザーの11％を占めているが、その比率はさらに大きくなってきている。

モバイル・マーケティングの効果は非常に出やすい。例えば、オハイオの食料品店チェーンであるフレッシュ・エンカウンター・コミュニティ・マーケットは、携帯メールを使って献立決定を支援している。チキンの特売など日にち限定の特別サービスを

メールで知らせると、クーポンの引換率が30％を超えることもある。世界全体でのモバイルクーポンの利用者数は、2014年までに3倍に膨れ上がり、3億人を超えると予想されている。もちろん、誰もがモバイルクーポンを使うわけではない。マーケティング・メッセージが携帯電話に配信されてくるのを嫌う人もいる。そこで、デジタルクーポンを活用しているマーケターの多くは、印刷物や電子メールのクーポンも選べるようにしている。

ここ数年でクーポンズ・ドットコム、グルーポン、セルファイヤーといったオンラインクーポンのサイトが軒並み姿を現した。消費者はモバイル機器にダウンロードしたり、家でプリントアウトしたり、店舗で使えるように会員カードに転送したりする。オンラインクーポンのサイト、セルファイヤーの例を見てみよう。

セルファイヤー（www.cellfire.com）は、登録者の携帯電話に無料でデジタルクーポンを配信している。クライアントは増え続けており、ドミノ・ピザ、シアーズ、クローガーから、エンタープライズ・レンタカーまで実に幅広い。クーポンを使うには、保存されたクーポンリストを呼び出して手に入れたいクーポンを選び、「今すぐ使う」ボタンを押してレジで見せるだけでいい。

モバイルクーポン：マクドナルドでは、モバイル会員に登録すれば、毎週、最新のクーポンが顧客の携帯に届けられる。

セルファイヤーが配信しているクーポンは、消費者とマーケターの双方に明確な利点がある。消費者にとっては、紙のクーポンを探して切り抜いたり、ネット上のクーポンをプリントアウトしたりして持参する手間がかからない。マーケターにとっては、より慎重なターゲティングが可能であり、紙クーポンの印刷、配布にかかるコストも節約できる。クーポン回収率は、紙の業界平均が1％にも満たないところモバイルは20％にも及ぶ。このように、モバイルクーポンを適切に使用すれば、コストを削減しつつ即時性と効果を高めることができるのだ。

出典：Arlene Satchel, "More Merchants Embrace Mobile Coupons," *McClatchy-Tribune News Service*, February 10, 2010の一部を翻案；Erik Sass, "Is Digital Coupons' Rise Print Inserts' Demise?" *MediaDailyNews*, February 17, 2010, http://tinyurl.com/25vh966からの情報を付加。なお、抜粋は以下の情報に基づく。Alice Z. Cuneo, "Package-Goods Giants Roll Out Mobile Coupons," *Advertising Age*, March 10, 2008, p. 3；およびwww.cellfire.com、2010年10月現在。

Discussion

Question 1
セールス・フォースの組織のタイプについて、それぞれの長所と短所について整理してみよう。

Question 2
モバイルを用いた消費者向けセールス・プロモーションとして、どのような取り組みがなされているか調べてみよう。

Question 3
自分たちの組織(学部や事業部)を顧客(学生や消費者)に訴えるためのプレゼンテーションを5分間にまとめてみよう。

Key Terms 重要語句

人的販売 (p.329)
セールスパーソン (p.329)
セールス・フォースの管理 (p.331)
テリトリー制販売組織 (p.332)
製品別販売組織 (p.332)
顧客別(市場別)販売組織 (p.333)
チーム販売 (p.333)
販売ノルマ (p.338)
販売プロセス (p.338)
見込み客の発掘と評価 (p.338)
プレアプローチ (p.339)
アプローチ (p.339)
プレゼンテーションとデモンストレーション (p.340)
反対意見への対処 (p.340)
クロージング (p.340)
フォローアップ (p.341)
販売促進 (p.341)
消費者向け販売促進 (p.343)
イベント (p.344)
流通業者向けセールス・プロモーション (p.345)
企業向けセールス・プロモーション (p.345)

Part 5

[第5部]
マーケティングの革新

Chapter 14

ダイレクト・マーケティングとオンライン・マーケティング

　本章ではダイレクト・マーケティングと、その一形態であるオンライン・マーケティングについて考えてみよう。ダイレクト・マーケティングとはコミュニケーション・ツール以上の存在であり、コミュニケーション・チャネルと流通チャネルを合わせて1つにしたようなものである。ここから先、ダイレクト・マーケティングを単独のツールとして扱うが、他のマーケティング・ミックスとの統合が必要であることを常に頭に入れておいてほしい。

　まず、アマゾン・ドットコムの事例を取り上げてみた。アマゾンはほんの15年ほどで、ネットの世界で最も有名な企業へと成長した。アメリカのネット通販利用者の52％が、アマゾンからネット通販の利用を開始したともいわれている。

　いかにしてアマゾンは、ダイレクト・マーケティングとオンライン・マーケティングにおいて大成功をおさめたのだろうか。その答えは、「パーソナライズされたオンライン経験の創造」である。

第14章 ダイレクト・マーケティングとオンライン・マーケティング 351

OPENING STORY　　　　　　　　　　　　　　　　　　オープニング・ストーリー

アマゾン・ドットコム
満足度の高いオンライン経験を創造する

アマゾンは1995年、創業者のジェフ・ベゾスがシアトル郊外の自宅で本のガレージセールをしたことから始まった。今では音楽からDVD、電子機器、工具類、日用品、衣料品、食料品、はてはダイヤモンドまで、ほとんど何でも販売している。1997年には1億5,000万ドルとささやかだった年間売上は、2009年には280億ドルを超えた。起業から8年を経た2003年に初めて単年度黒字となったが、利益はその後、25倍にも拡大している。

アマゾンはどのようにして一流のダイレクト・マーケターになったのだろうか。同社は徹底した顧客主導型マーケティングを貫いている。「仕事は顧客から始まり、顧客で終わる」。「我々の顧客は誰なのか、顧客は何を欲しているのかを考えます。それから、その実現に必要なスキルを身につけるのです」と、創業者のベゾスは語る。

例えば、電子書籍などのデジタルコンテンツの提供が顧客へのサービス向上になると見れば、まっさらな状態から独自製品の開発に取り組む。こうして書籍、雑誌、新聞などをダウンロードして読むことのできる、あの革新的な電子書籍端末「キンドル」が4年以上の歳月を費やして生まれた。キンドルは売れ筋ナンバー・ワン製品であり、総売上の2%を占めている。今やキンドル・ストアには55万冊を超える電子書籍が用意されており、新作やベストセラーも11ドル99セント、もしくはそれ以下で手に入る。ブラックベリー端末からアンドロイド端末、iPhone、iPadまで、好きな端末で電子書籍を楽しむことができる。

おそらく、「何を売るか」より、「ど

ネットの世界の開拓者であるアマゾン・ドットコムが行っているのは、単純にウェブ上で商品を売る以上のことだ。「顧客のための真の価値の創造が、すべてを動かしている」のだとベゾスは語る。

のように売るか」が重要なのだろう。本、DVD、デジタルカメラなどを売るだけではアマゾンは納得しない。すべての顧客に特別な体験を届けたいと考えている。ベゾスは次のように述べている。「顧客の経験は本当に大切なものです。我々はこれまで、よりすばらしい店舗にすることに力を集結してきました。つまり、買物がしやすく、製品のことがよくわかり、たくさんの選択肢があり、最低価格で購入できる場所です」。

アマゾンの常連客の大半は、同社との間に強いリレーションシップを感じている。実際は人間的なインタラクションがほぼ皆無であることを考えると、それは本当に驚かされる事実である。アマゾンのこだわりは各顧客の経験をパーソナルなものにすることである。例えば、顧客が同サイトを訪れると、パーソナライズされたホームページに迎えられる。「おすすめ品」として表示されるのは、自分に合わせてピックアップされた推薦品である。各顧客の購入履歴から、プロフィールが似ている顧客の購入パターンを分析し、個人に合わせたコンテンツを用意する。この「コラボレーティブ・フィルタリング」技術を最初に導入したのはアマゾンである。

アマゾン・ドットコムにアクセスすると、他のサイトやお店にはないベネフィットを得ることができる。たくさんの選択肢、優れた価値、利便性のミックスである。そして、ここでの買物経験を最も特別なものにしているのは「発見」という要素である。一度サイトに行くと、しばらくは離れられなくなる。サイトを見て、そこから情報を得て、さまざまな発見をする。同サイトは今や、ぶらぶらと商品を見てまわり、選択肢を見極め、他の訪問者と意見や評価を共有し、著者や専門家とオンラインで会話をする、一種のオンライン・コミュニティとなっている。アマゾンが行っているのは、単純にウェブ上で商品を売る以上のことである。

パーソナライズされた顧客リレーションシップと満足度の高いオンライン経験によって、米国顧客満足度指数（ACSI）では、全業界中第1位もしくは第2位のポイントを獲得している。顧客の選択肢を広げ、一層すばらしい「発見」を与えるため、アマゾンは小売業者間の競争を許している。家族経営のようなところからマークス＆スペンサーまで、さまざまな顔ぶれが同社サイトで製品を提供することで巨大な仮想ショッピングモールが形成されている。選択肢が広がれば、引きつけられる顧客の数も増え、誰もが得をする。「顧客の生活における我々の重要性は、ますます高まっています」と、同社のマーケティング担当役員は語っている。

アマゾンは成長を続け、ウェブ界のウォルマートになると推測する人も多い。実際、すでにそうなっているという意見もある。ウォルマートの総売上4,500億ドルから見れば、アマゾンの610億ドルは小さいが、ネットに限ればアマゾンの売上はウォルマートの8倍もある[1]。

ダイレクト・マーケティングの新しい捉え方

　ダイレクト・マーケティングとは、ターゲットとする消費者と直接的に関わることであり、1対1の双方向を基本とする。企業は詳細なデータベースを利用し、限定したセグメントや個別購買者のニーズに合わせて、市場提供物やコミュニケーション方法を考える。一般的に、ダイレクト・マーケティングではブランドやリレーションシップを構築することで、顧客からの直接的な反応を求める。

　カタログ通販業者、ダイレクトメール業者、テレマーケターなど、初期のころのダイレクト・マーケターは、顧客の名簿を集め、主に郵便と電話を使って製品を販売していた。だが、データベース技術とインターネットの急速な発展に後押しされ、今日のダイレクト・マーケティングは劇的な変貌を遂げている。

　これまでの章では、仲介業者を介さないマーケティング・チャネル、すなわち直接販売の形態としてダイレクト・マーケティングを扱ってきた。しかし、ダイレクト・マーケティングには、販売面だけではなく、顧客と直接的にコミュニケーションをとる手段としての面もある。

　今でも一部の企業は、ダイレクト・マーケティングをあくまでも補完的なチャネルや広告媒体として利用している。だが、多くの企業が、ダイレクト・マーケティングを新たなビジネスモデルの構築手段としてとらえるようになっている。

ダイレクト・マーケティングの長所

　ダイレクト・マーケティングは成長著しいマーケティング形態である。米国ダイレクト・マーケティング協会（DMA）によれば、2009年にアメリカ企業がダイレクト・マーケティングに費やした金額は1,493億ドル、全広告支出の54%にものぼるという。ダイレクト・マーケティングにおける広告費1ドルあたりのリターンは、同年の平均で11ドル65セントだったと推定されており、全産業で増加傾向にある。言い方を換えれば、この支出がもたらしたダイレクト・マーケティングの売上は推定1.2兆ドルとなり、アメリカ経済における総売上高の約8%にも及ぶ[2]。

　ダイレクト・マーケティングは、買い手にとってさまざまなメリットがある。

閉店時間がなく、製品を探して店中をうろうろする必要もない。家からでもオフィスからでも、ほぼすべての場所から、昼でも夜でも好きな時間に買物をすることができる。法人顧客の場合は販売担当者と会う時間を調整することなく、製品やサービスについて知ることができる。

また、顧客はいつでも多様な製品にアクセスすることができる。世界中のどこにいても、ほぼ無制限の品揃えから選択できるのである。例えば、楽天のモールには、約4万を超える企業のアイテムが用意されている。これほどの膨大な品揃えとなると、実店舗では取り扱い不可能である。買い手はまた、ダイレクト・マーケティング・チャネルから企業、製品、競合他社に関する比較材料も手に入れられる。優れたカタログやウェブサイトは、小売店の有能なセールスパーソンも及ばないほどの情報を提供してくれる。アマゾン・ドットコムが提供する情報には、売れ筋製品トップ10、詳細な製品説明、専門家やユーザーによるレビュー、購入履歴に基づく製品紹介などが含まれている。

今日のダイレクト・マーケティングには、小グループや個人を標的とするワン・トゥ・ワンの特性があるため、売り手は顧客と直接やり取りすることでニーズをより詳しく把握し、特定の嗜好に合うよう製品やサービスをパーソナライズできる。顧客の方も質問をしたり、意見を返したりすることができる。つまり、顧客リレーションシップを構築する強力なツールとなるのである。

また、ダイレクト・マーケティングは低コストで、効率的かつ迅速に、市場に到達する手段ともなる。BtoB市場において急速に成長した一因は、セールスパーソンを通じてのマーケティングが高コストであったことによる。ダイレクトメール、企業のウェブサイトといった接触あたりのコストが比較的低い媒体は多くの場合、費用対効果が高い。

オンライン・ダイレクト・マーケティングは、コスト削減、効率アップ、オーダー処理、在庫管理、配送といったチャネル機能や物流機能のスピード向上にもつながる。アマゾンなどのダイレクト・マーケターは店舗維持にかかる費用、および賃料、保険料などの関連費用が不要なため、その節約分を顧客に還元している。

ダイレクト・マーケティングを使えば、従来のチャネルでは到達できなかった買い手にアクセスすることも可能になる。規模の小さな企業も、地元以外の居住者にカタログを郵送し、フリーダイヤルの番号を知らせれば受注できる。インターネット・マーケティングは国際的な媒体であり、売り手も買い手もクリッ

ク1つで他国へ、瞬く間に移動できる。日本にいようがパリにいようが消費者はL. L. Beanのカタログにアクセスでき、この会社の本拠地であるアメリカのメイン州フリーポートに住む人々と同じように買物ができるのである。

ダイレクト・マーケティングの形態

　ダイレクト・マーケティングの主な形態には、**図14.1**に示したように、人的販売、ダイレクトメール・マーケティング、カタログ・マーケティング、テレマーケティング、ダイレクト・レスポンス・テレビジョン（DRTV）・マーケティング、キオスク・マーケティング、新たなデジタル・ダイレクト・マーケティング技術、オンライン・マーケティングなどがある。人的販売については13章で詳細に考察したので、ここではその他の形態について見ていこう。

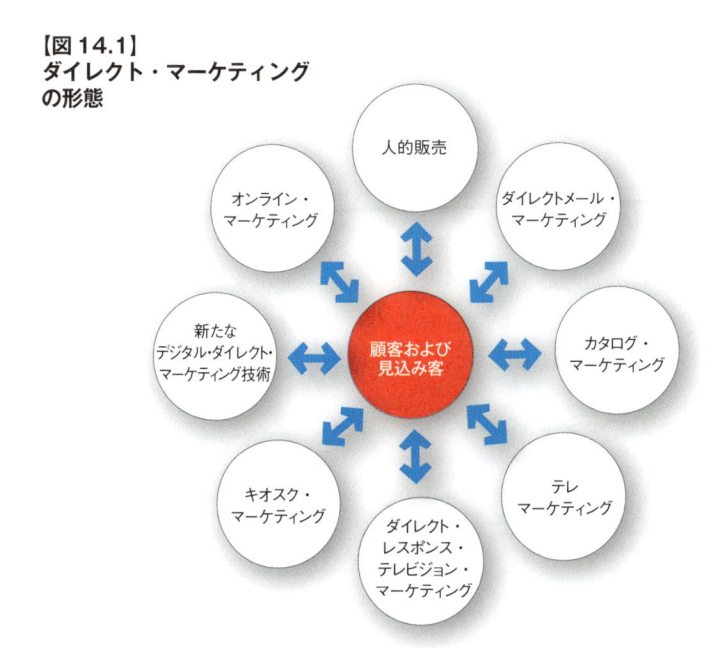

【図14.1】
ダイレクト・マーケティングの形態

ダイレクトメール・マーケティング

 ダイレクトメール・マーケティングとは、提供物や案内などを特定の住所に届けることである。通常は厳選された送付先リストを用いて、手紙、カタログ、パンフレット、サンプルなどを送付する。電通が発表している『日本の広告費』によれば、日本企業は2012年に、3,960億円をダイレクトメールに費やしたという。これは、プロモーション・メディア広告費の18.4%にあたる[3]。

 ダイレクトメールは、直接的な1対1のコミュニケーションに適している。ターゲットを絞り込み、パーソナライズが可能であり、柔軟性に富み、結果の測定が容易である。1,000人あたりの到達コストはテレビ、雑誌などのマスメディアよりも割高であるものの、到達した人々の反応の高さでは勝っている。本、DVD、保険、贈答品、グルメ食品、衣料品などの消費財から各種生産財まで、ダイレクトメールはさまざまな製品で利用されている。

 専門家によっては、従来型のダイレクトメールは今後減少し、電子メールやモバイル（携帯電話）といった新たなデジタル型に移行していくと予測する向きもある。電子メールやモバイルなどの新型ダイレクトメールは、郵送に比べれば信じがたい速度と低コストでメッセージを届けることができる。

 従来型であれデジタルであれ、興味のない人にしてみれば、ダイレクトメールは「ジャンク」あるいは迷惑でしかない。このため、賢明なマーケターは自社の資金と受取人の時間を無駄にすることのないよう、ダイレクトメールの送付ターゲットを慎重に定めている。さらに、パーミッション制のプログラムを設計し、受け取りを希望した人にしか郵便物や電子メールなどを送らないようにしている。

カタログ・マーケティングとテレマーケティング

 技術の進歩とパーソナライズされたワン・トゥ・ワン・マーケティングへの移行により、**カタログ・マーケティング**は激的に変化した。カタログは今や急速にデジタル化している。ネットだけでカタログを提供するさまざまな業者が現れ、印刷されたカタログを使う業者も、自社のマーケティング・ミックスにウェブ・カタログを追加した。ウェブ・カタログなら、印刷費や郵送費が削減でき、しかも印刷物ではスペースが限られているが、ウェブ・カタログの品揃えにはほとんど制限がない。さらに、ウェブ・カタログならリアルタイムで、

必要に応じて製品や機能を追加したり、削除したり、価格を調整したりできる。

ウェブ・カタログのメリットにもかかわらず、印刷されたカタログは今でも大盛況である。2009年にアメリカで送付されたカタログは170億冊、1人あたり56冊にものぼる。このデジタル時代に、なぜ古くさい紙のカタログを捨てようとしないのだろうか。理由の1つは、紙カタログなら、ウェブ上の販売空間では作り出せない顧客との感情的なつながりを作り出せるからである。「カタログの光沢のある紙には買い手をそそる力があり、それはコンピューター画面の映像には真似できない」と、あるアナリストはいう。「ダイレクトな販売に依存している小売業者の62％が、最も大きな収入を稼ぎ出しているのは紙カタログだと答えている」[4]。

さらに、紙カタログはネット売上をもり立てる最高の方法の1つである。そのため、デジタル時代にあって、かつてないほど重要な存在となっている。アメリカで実施された調査によると、ネットでの購入の70％がカタログに促されてのものだという。別の調査でも、小売業者からカタログを受け取っている人の方が、受け取っていない人よりもサイトでの購入金額が28％多いことが明らかになっている。ネットを専門として取り組んできたザッポス・ドットコムのような小売業者でも、ネットでの売上増加につながることを期待して、紙カタログを作成するようになっている[5]。

テレマーケティングとは、電話を使用して消費者や法人顧客に直接販売することである。2009年、テレマーケティングによる売上は、ダイレクト・マーケティングによる総売上の19％以上を占めた。消費者を対象にしたテレマーケティングがなじみ深いが、B to Bでも広範囲に利用されており、アメリカではダイレクト・マーケティングによる全売上の55％をテレマーケティングが占めている[6]。消費者や企業へ電話をかけての直接販売は、アウトバウンド・テレマーケティングと呼ばれる。テレビや印刷物の広告、ダイレクトメール、カタログなどからの注文を受ける際は、インバウンドのフリーダイヤルを利用する。

テレマーケティングは設計とターゲティングが適切であれば、購入にあたっての利便性向上や、製品およびサービスに関する情報量の多さなど、多くのベネフィットをもたらす。しかし、押し売り的なテレマーケティングが横行した結果、多くの顧客が迷惑を被り、毎日のようにかかってくる「勧誘の電話」は毛嫌いされる傾向にある。

その他のダイレクト・マーケティング形態

ダイレクト・レスポンス・テレビジョン（DRTV）・マーケティングには、主に2つの形態がある。1つめは、ダイレクト・レスポンス・テレビジョン広告である。通常60〜120秒のスポットCMであり、説得力のある製品紹介をして、注文受付用のフリーダイヤルやホームページのアドレスを案内する。丸々30分、もしくはそれ以上を使って単独の製品を宣伝するインフォマーシャルと呼ばれるものもある。

DRTVに成功すると、膨大な売上を得ることができる。例えば、「0120-333-906」という注文受付番号のCMソングでお馴染みのDHCの「DHCオリーブバージンオイル」は、化粧品業界のなかで長年ベストセラーを誇っている。「まずい！　もう一杯！」という台詞が印象的なキューサイの青汁も、DRTV広告の効果で人々によく知られることとなった。

DRTVのもう1つの主流であるテレビショッピングとは、テレビの番組を使って、製品やサービスの販売を行うもののことをいう。テレビショッピング専門チャネルの中にはクオリティ・バリュー・コンビニエンス（QVC）やショップチャンネルのように、1日24時間放送しているところもある。司会者が電話で視聴者と会話をしつつ、宝石やランプ、衣服、電動工具、家電製品といった幅広い製品を紹介し、視聴者はフリーダイヤルかネットで注文をする。テレビショッピングには大衆的なイメージがあるが、今では高度に洗練されたマーケティング活動へと進化を遂げている。

デジタル技術やタッチパネル技術の発達により、多くの企業が店や空港、ホテル、大学キャンパスなどに情報と注文を扱う機械、すなわちキオスク端末（進化した自動販売機）を設置するようになってきた。ホテルや飛行機の自動チェックイン機から、店に置いていない製品を注文できる端末まで、今ではさまざまな分野で**キオスク・マーケティング**端末が使われている。

アメリカのヒルトンホテルのロビーにはキオスク端末があるが、予約確認からルームキーの

DRTVマーケティング：DHCは「0120-333-906」という注文受付番号を馴染みやすいメロディにのせたCMソングとともに放映。商品のロングセラー化に貢献している。

受け取り、伝言確認、チェックイン・チェックアウトまで可能であり、さらに、航空会社18社の座席変更や搭乗券の印刷までできる。

　新たに登場したデジタル技術により、今日のダイレクト・マーケターは場所、時間、対象物の制限をほとんど受けずに消費者に到達できるようになった。ここでは、新しいデジタル・ダイレクト・マーケティング技術、すなわち**モバイル・マーケティング**を取り上げてみよう。

　日本の世帯の93.2%がモバイルサービスの契約をしている今日、携帯電話がダイレクト・マーケティングの次世代を担うと見ているマーケターは多い[7]。2010年末現在のところ、ウェブにアクセスするのに携帯電話を使ったことがある人は83.3%である[8]。また、アメリカで過去30日間に携帯電話で広告を見たことがある人は、契約者のおよそ23%であり、その半数が広告に反応している[9]。

　ダイレクト・マーケターは、携帯電話を用いて消費者宛てにメールすることもできる。送るものは無料着信音からモバイルゲーム、モバイルコンテンツ、広告つきコンテンツ、バーゲンのお知らせ、ブランドのクーポン、ギフト提案まで多岐にわたる。モバイル・マーケティングには、日本のDFF社が行っているクリック募金「クリックで救える命がある」なども含まれる。同社のウェブサイトに入り、募金をしたい企業のボタンをクリックするだけで募金が完了する。

REAL MARKETING　　　　　　　　　　　　　　　　　　　　リアル・マーケティング

進化を続ける
モバイル・マーケティング

　あなたは今、地元のベスト・バイでポータブル型GPSナビシステムを探している。ガーミン・ナビ1200か、もう少し安い競合モデルかというところまでは絞り込んだが、ベスト・バイの価格が最安値かどうかはわからない。それに、他の消費者がこの2ブランドをどう評価しているかも知りたいと思っている。でも、大丈夫だ。iPhoneを取り出して、アマゾン・ドットコムのiPhone用アプリを立ち上げるだけでいい。検討中のブランドを見つけてレビューを読み、他社が当該機種にいくらの値段をつけているか比較することができる。さらに、iPhoneのカメラで製品の写真を撮れば、アマゾンのスタッフが同サイト上の類似製品を探してくれる。アマゾンの条件の方がよければ、そのアプリケーションから直接注文することもできる。

REAL MARKETING

　今日のスマートフォンは我々の生活を大きく変えつつある。ある専門家によると、「携帯電話は、所有者のすべての空き時間をゲーム、音楽、放映中の番組、オンデマンド番組、ネット閲覧、そして、広告で埋める能力を持っている。アーミーナイフのデジタル版のようなものだ」と表現している。

　携帯電話やワイヤレス機器は、マーケターにとって最もホットな新天地となっており、それは18〜34歳を標的としている場合に特に顕著である。テレビ局は生放送のTV番組の中で、好きな人物に携帯メールで投票するよう視聴者に促す。携帯サイトはスポーツの結果やニュースダイジェストの間に、レクサス、バーガーキング、シェラトンなどのバナー広告をちりばめる。広告主にとって、視聴者の若さはセールスポイントの1つだ。彼らはワイヤレス端末を常時オンにして、いつも身につけている。電話が個人につながれているという事実は、ねらい撃ちで広告できることを意味している。

　さまざまなマーケターが、マーケティング・ミックス内にモバイルを取り込んでいる。アラートを利用して、セール情報を拡散している。メッセージ中のリンクをクリックすると同社のモバイルサイトに飛び、詳細が確認できる仕組みだ。ユニリーバはパスタソースやボディウォッシュなどのモバイルクーポンを送信しており、精算時に携帯電話を提示するだけで画面のバーコードを読み取ってもらえる。

　もちろん、買物の助けになるだけでなく、便利なサービス、役に立つ情報、娯楽などを提供するモバイル・マーケティング用アプリケーションもある。JR東日本のアプリを使えば、会員は新幹線の検索と予約が携帯電話から実行でき、さらに定期券や電子マネーとしても使える。アウトドア用品販売店のREIは「スノー・アンド・スキー・レポート」というアプリで、積雪、雪の状態、リフトの運行状況など、全米とカナダのゲレンデ情報を提供している。

　書店バーンズ&ノーブルで書棚の間をうろうろしているとしよう。興味を持った本のカバーを写真に撮るだけで、バーンズ&ノーブルのアプリを使って詳しい情報を知ることができる。このアプリは、画像認識ソフトで書籍を特定すると、ほぼ間を置かずにBarnesandnoble.comからレビューを引っ張りだし、購入を迷っている顧客に与えてくれる。「アプリケーションを導入して以来、実店舗での購入とともに、予約が大きく増加しました」と、同チェーンのデジタル・デバイス責任者は語っている。

出典：以下の抜粋、引用、情報を翻案。Richard Westlund, "Mobile on Fast Forward," *Brandweek*, March 15, 2010, pp. M1-M5；Joseph De Avila, "Please Hold, My Cell Phone Is Buying a Gift," *Wall Street Journal*, December 9, 2008, p. D1；Todd Wasserman, "I'm on the Phone!" *Adweek*, February 23, 2009, pp. 6-7；Alice Z. Cuneo, "Scramble for Content Drives Mobile," *Advertising Age*, October 24, 2005, p. S6；Jen Arnoff, "Wising Up to Smart Phones," *News & Observer* (Raleigh), April 22, 2009, p. 5B；Carol Angrisani, "Priced to Cell," *Supermarket News*, June 1, 2009, p. 28；Reena Jana, "Retailers Are Learning to Love Smartphones," *Businessweek*, October 26, 2009, p. 49；およびwww.usaa.com/inet/ent_utils/McStaticPages?key=deposit_at_mobile_main、2010年11月現在。

オンライン・マーケティング

オンライン・マーケティングはダイレクト・マーケティングの中でも最も成長著しい形態である。インターネット利用の広がりは、買い手にも対応するマーケターにも強い衝撃を与えている。ここでは、マーケティングがインターネット技術を活用するために、どのように変化してきているかについて考察したい。

マーケティングとインターネット

インターネットとは、世界中のあらゆるユーザーを互いにつなぐとともに、莫大な情報に結びつける巨大な公共コンピューター・ネットワークのことをいう。利便性、スピード、価格、製品情報、サービスなどについて顧客が抱いていた思いは、インターネットによって根本から変わった。その結果、マーケターもまったく新しい方法で顧客のために価値を創造し、顧客リレーションシップを構築するようになった。

2010年末現在、日本の93％以上の世帯はインターネットを利用できる環境にある[10]。世界中でいえば、インターネット接続環境を有している人数は18億人を超える[11]。さらに、先般の調査ではインターネットがテレビを抜き、生活で最も必要不可欠なメディアだと見なされていることがわかった。テレビかインターネットか、どちらかを生活から排除しなければならないとしたらと尋ねられ、アメリカの回答者の49％がテレビを、48％がインターネットを選んでいる。「2001年に同じ質問を初めてしたときには、インターネットを排除するという回答が72％、テレビが26％」だったという[12]。

今ではあらゆる企業がオンラインでビジネスをしている。インターネットでのみ操業する**クリック・オンリー企業**もある。この中には、アマゾン・ドットコムや楽天のような、製品やサービスをインターネット経由で最終購買客に直接販売するイーテイラー（e-tailer）、検索エンジンやポータルサイト（例：ヤフー、グーグル、MSN）、取引サイト（イーベイ）、コンテンツサイト（日経ビジネスオンライン、ブリタニカ・ジャパン）などの幅広い企業が含まれる。

ドットコム企業の成功により、店舗や倉庫に依存するブリック・アンド・モルタル型の既存メーカーや小売業者は、市場への対応方法を再考せざるをえなくなった。今では旧来の企業もほとんどがネット上に販売とコミュニケーショ

ンの独自チャネルを作り、**クリック・アンド・モルタル企業**へと変わってきている。

実際のところ、多くのクリック・アンド・モルタル企業は、クリック・オンリーのライバルよりもネット上での成功をおさめている。先般発表された世界のネット小売サイトのトップ10では、クリック・オンリーの小売業者は1社（第1位のアマゾン・ドットコム）のみで、他はすべて複数のチャネルを持つ小売業者だった[13]。例えば、第2位にランクインしたのは、年商240億ドルのオフィス用品店ステープルズである。ステープルズは世界中に2,240を超える超大型店を展開しているが、意外なことに北米での売上の半分以上は、ネットとダイレクト・マーケティングによる。北米中の実店舗の売上がここしばらく横ばい、もしくは減少しているのに対して、ネット販売と直接販売は2年間で46％増を記録した[14]。

ステープルズのウェブサイトは、店舗の売上を補完する存在でもある。ウェブサイトStaples.comで最寄り店舗の案内や、在庫や価格に関する情報提供を行い、地元店への人の流れを作っている。逆に、地元店は店舗内キオスク端末でウェブサイトの販売促進に貢献している。欲しいものが棚になければ、その場でキオスク端末から発注もできる。このように、ステープルズはネットにカタログ、電話やファックス、店舗など、提供方法を幅広く用意することで、独自のポジションを支えている。

オンライン・マーケティングの領域

オンライン・マーケティングには、**図14.2**に示したとおり、企業から消費者へ（B to C）、企業から企業へ（B to B）、消費者から消費者へ（C to C）、消費者から企業へ（C to B）という主な4つの領域が存在する。

企業から消費者へ（B to C）というオンライン・マーケティング、すなわち、企業がネットを活用して、最終消費者に製品やサービスを販売するという領域からみていこう。衣料品、台所用品、航空券からパソコン、車にいたるまで、今日の消費者にはオンラインで買えないものなどほとんどない。景気の低迷している今日でも、ネット上の売上は成長を続けている。多くの世帯が定期的にネットで買物をしている。

さらに重要なのは、インターネットが今や小売売上高に影響を与えていることである。つまり、オンラインで取引されるものに加えて、オフラインでの購

**【図14.2】
オンライン・マーケティング
の領域**

	消費者を標的	企業を標的
企業が主導	B to C （企業から消費者へ）	B to B （企業から企業へ）
消費者が主導	C to C （消費者から消費者へ）	C to B （消費者から企業へ）

入の中にも、ネットでのリサーチに基づく売上が存在するということだ。アメリカでウェブをよく利用する人の97％までが、購入前にネットリサーチを実施している。小売売上高に対するインターネットの影響を50％とする驚異的な試算もある[15]。したがって、マーケターは統合型マルチチャネル戦略をとり、ウェブを他チャネルの売上促進剤のように利用している。

インターネット利用の買い手と従来型オフラインの消費者とでは、購入へのアプローチやマーケティングに対する反応が異なる。従来型のマーケティングの標的は、やや受動的な消費者だが、ネットの場合、顧客が接触を主導する。オンライン・マーケティングでは、どのサイトに行くか、どの製品に関する何のマーケティング情報を、どのような状態で受け取るか、などを積極的に選択する人々を標的とするので、新しいマーケティング手法が必要となる。

　企業から企業へ（B to B）というオンライン・マーケティングも盛んである。B to Bマーケターは、ウェブサイト、電子メール、オンライン・カタログ、オンライン取引ネットワークといったオンライン資源を活用して、新規法人顧客への到達、より効果的な既存顧客対応、購入業務の効率化と低価格化などに取り組んでいる。

　B to Bマーケターの多くは、オンラインで製品情報を提供し、顧客の購買を可能とし、顧客に対するサポートサービスを実施している。例えば、ネットワーク機器とソフトウェアのメーカーであるシスコシステムズが運営するウェブサイトwww.cisco.comを訪れた法人顧客は、同社の製品やサービスがもたらすソリューション情報の入手、販売サービス情報の要求、イベントや啓発セミナーへの参加、さまざまなテーマの動画視聴、シスコのスタッフとのチャット、発注などが可能である。大手企業の中には、ウェブ上でほぼ全事業を行っているところもある。シスコシステムズにしても、受注の80％以上がインターネット

による。

インターネットは単純に製品やサービスをネットで販売するだけでなく、重要な法人顧客との間に強固な関係を構築するのにも役立つ。デルの場合、世界中の法人および団体の顧客10万以上のユーザーのために、それぞれにカスタマイズしたウェブサイトを作っている。これらの個別サイトPremier.Dell.comにより、法人顧客はデル・コンピューターの購入と維持の全フェーズを効率的に管理することができる。

消費者から消費者へ（C to C） というオンライン・マーケティングとオンライン・コミュニケーションも発生し、幅広い製品や話題に関して当事者間で盛り上がりを見せている。インターネット・プロバイダによる優れた仕組みにより、消費者が直接、製品や情報を交換できるところもある。イーベイやYahoo!オークションといったオークションサイトには、芸術品から骨董品、コインや切手、宝石、パソコンから家電まで、ほとんど何でも出品販売のできる人気の高い市場が用意されている。

イーベイの消費者間ネット取引コミュニティは、世界中に9,000万人以上のアクティブユーザーを有しており、2009年には600億ドルほどの取引が行われた。常時1億1,300万を超えるアイテムが、5万を超えるカテゴリーでオークションに出品されている。このようなCtoCサイト

C to Cオンラインマーケティング：消費者どうしが製品や情報を交換するオンラインサイトの代表格と言えばヤフー・オークションだ。消費者は購入したり情報を求めるだけではなく、発信し販売する立場にもなる。

なら、地域のフリーマーケットや新聞の告知欄以上に、多くの人々の目に触れることになる。C to C市場で大きな成功を遂げたイーベイは、次第にB to Cの売り手も引きつけ、定番製品を売る小企業から、余剰在庫をオークションで一掃しようという大企業まで、その数は今や50万を超える[16]。

ブログとは自分の思いを綴るネット上の日記のことである。2002年以降、81カ国で1億3,300万以上のブログ（ツイッターを除く）が「入力」されてきた。現在では、ネットユーザーの77％がブログを読んでいる。この数字はブログの潜在的影響力を物語っており、多数の熱心な読者を持つブログには大きな力がある[17]。慎重にねらいを定めた消費者に到達しようと、ブログの世界に進出を図っているマーケターも多い。例えば、影響力のあるブロガーに働きかけて、「スポンサーつきの会話」を促すという方法がある[18]。

パナソニックは「HDに生きる（Living in High Definition）」キャンペーンの一環として、ラスベガスで開催されるコンシューマー・エレクトロニクス・ショー（CES）の話題作りをしたいと考えた。そこで、いつものようにショーに参加する技術ジャーナリストに頼るのではなく、ネット界で影響力のあるブロガー5人を起用し、費用はパナソニック持ちでCESに出かけてもらった。パナソニックは交通費とイベントの入場料を支払い、さらにデジタルビデオカメラとスチールカメラを貸与する。その見返りとして、ブロガーたちは独自の強力なネットワークを用い、ブログへの投稿、ツイッターでのつぶやき、ユーチューブ動画のアップという形で、パナソニック製品のレビューをはじめとするショーの感想を共有した。

ポイントは、何を投稿しようがパナソニックは何もいわないということ。信頼性を維持するために距離を置いたが、ブロガーの方は、ブランドの支援を受けていることを暴露した。それでも、パナソニックは「スポンサーつきの会話」により、インターネットの世界にバズを巻き起こすことに成功した。「（ブロガーは）渡された製品が気に入れば、一般消費者と同様、おおいにそのことを語ってくれます」と、パナソニックの担当者は語っている。

オンライン・マーケティングにおける最後の領域は、**消費者から企業へ（C to B）**という流れである。今日の消費者はインターネットのおかげで、企業とのコミュニケーションが従来よりも容易になっている。ほとんどの企業がホームページを使い、見込み客や顧客に提案や質問をするよう促している。

だが、消費者は促しを待つだけでは飽き足らず、売り手を探し出し、提供物

について調べ、購買し、フィードバックをする。ネットがあれば、消費者は企業を相手に取引を主導し、立場を逆転させることまでできる。さまざまな消費者の声に対して、どのような対応をとり、また、そうした声をどのように生かしたらよいのか、今日の企業は従来以上に配慮と工夫を迫られている。

オンライン・マーケティングの実施

　企業の多くは何らかの形でネットへと動いている。ウェブサイトの開設、オンラインによる広告とプロモーションの実施、オンライン・ソーシャルネットワークの開設、電子メールの利用という4つのうち、いずれかの形態によりオンライン・マーケティングを遂行しているのである。

ウェブサイトの開設

　オンライン・マーケティングの第1ステップはウェブサイトの開設である。だが、単に作ればよいというものではなく、魅力的なサイトとなるように設計し、消費者を引きつけ、繰り返し訪問してもらえる方法を見つけなくてはならない。

　ひと口にウェブサイトといっても、目的も内容もさまざまである。最も基本的なタイプとしては、**企業**（あるいは**ブランド**）**サイト**が挙げられる。顧客の信用を築き、顧客からのフィードバックを集めるとともに、製品を販売するのではなく、他の販売チャネルの補完を目的としている。一般的には、情報を豊富に提示することで顧客の疑問を解消し、緊密な顧客リレーションシップを構築する。

　P&Gオールドスパイスのサイトでは何も買えないが、オールドスパイスのさまざまな事実について学び、新しい広告を視聴し、直近のコンテストに参加し、同ブランドのブログにコメントを寄せることができる。GEの企業サイトも同じで、巨大企業の顔として存在しており、顧客、投資家、ジャーナリスト、従業員といった多種多様な対象に向けて、製品やサービスや企業に関する膨大な情報を提供している。

　マーケティングサイトを立ち上げている企業もある。消費者とインタラクションを持ち、購買やその他のマーケティング成果へと導くサイトである。例えば、Miniを生産する自動車企業のMINI USAはマーケティングサイトwww.miniusa.

comを運営している。見込み客が訪問すると、この自動車会社は機を逃さず販売や関係構築に結びつけようとする。有益な情報とともに、対話型の販売機能を提供するのである。MINIの現行モデルに関する詳しい説明、自分だけのMINIを設計できるツール、ディーラーの所在地についての情報、さらには、自分のMINIが今どこにあるか、工場から配達まで追跡できるツールもある。

オンラインによる広告とプロモーションの実施

　消費者がネット上で過ごす時間が増えるにつれ、ブランド構築などを目的とした**オンライン広告**がますます盛んになってきている。実際、オンライン広告はすでに主流メディアの地位にある。2011年の日本のインターネット広告費用はおよそ8,062億円に達し、新聞も雑誌も抜き去って、上には第1位のテレビだけという状況である[19]。

　オンライン広告の主な形態としては、ディスプレイ広告や検索連動型広告が挙げられる。オンライン・ディスプレイ広告はインターネット画面のいたるところで目にする広告であり、多くは閲覧している情報に関連している。一休.comやじゃらんnetでホテルを探していると、航空会社やレンタカー会社のディスプレイ広告が表示され、ホテルのタイムセールを持ちかけられる。

　最大規模のオンライン広告といえば検索連動型広告であり、2010年で2,035億円と成長を続けている[20]。検索連動型広告とは、グーグルやヤフーなどで検索結果とともに表示されるテキストベースの広告とリンクのことをいう。試しにグーグルでエアコンや洗濯機などの家庭用電気製品を検索してみよう。検索結果一覧の上部と右側に、価格.comやジャパネット、パナソニック、東芝といった企業による広告が表示されるだろう。グーグルの収入の多くが、広告の売上によるものとなっている。

　オンライン広告には他にも、コンテンツ・スポンサーシップがある。ニュースや金融情報、特別に関心の高いトピックスなど、さまざまなサイトで特定コンテンツのスポンサーとなり、インターネットにおける企業名の露出を増やすことである。スポンサーシップは、関連する情報やサービスを閲覧者に提供できるように、慎重にねらいを絞ったサイトで実施するのが効果的である。

　ネット版のクチコミ・マーケティングである**バイラル・マーケティング**も、オンライン・マーケティングで使われる。バイラル・マーケティングでは、友人に伝えたくなるようなウェブサイト、動画、電子メールなどを作成する。顧

バイラル・マーケティング：Tモバイルの「人生は分かち合うもの」(Life's for Sharing)」キャンペーンの第一弾はリバプール駅で突然ダンス、第二弾はトラファルガー広場でカラオケ大会。そして、第三弾はヒースロー空港で他国から帰ってきた人たちをサプライズで歌とダンスで出迎えた。

客から他者へとメッセージやプロモーションが伝わるので、費用はほとんどかからない。しかも、友人からの情報となると、視聴される確率がかなり高い。

バイラル・メッセージはほとんど制御できないが、うまく練り上げたバイラル・キャンペーンなら大きな露出を獲得できる。Tモバイルの「人生は分かち合うもの (Life's for Sharing)」キャンペーンの一環である「ダンス」というフラッシュ・モブ・バイラル・ビデオが、そのよい例である。3分足らずの動画の舞台は、混雑するロンドンのリバプール駅だ。何百という人々が行きかう中、一見「自然発生的」にダンスが始まる。このビデオの綿密な計画には何カ月もかかったが、ユーチューブで2,100万回以上視聴されている。Tモバイルによると、このビデオの力によって英国での売上は29％増を示したという [21]。

オンライン・ソーシャルネットワークの開設

インターネットの広がりは**オンライン・ソーシャルネットワーク**、すなわちウェブ・コミュニティの多発を生んだ。数え切れないほどの独立系や商業用のサイトが立ち上がり、ネット上に人々が集い、交流し、意見や情報を交換する場をもたらした。今では誰もがフェイスブック上で友達になり、ツイッターで様子を伝え、ユーチューブで話題の動画を見たりしている。ロッテからグーグル、ワコールまで、多くの大手企業がユーチューブにチャンネルを開設している。コカ・コーラはフェイスブック上に5,600万人（2012年12月現在）の「いいね！」をクリックしているファンがいる。

ソーシャルネットワークの中で最も支持されているのがフェイスブックであり、ソーシャルネットワーク全体の70％を占めている。アメリカのネット人口の49％が毎日フェイスブックを訪れているが、この数字は毎日テレビを見ている55％に匹敵し、ラジオを聞いている37％や新聞を読んでいる22％などを大きく上回っている。日本でも、フェイスブックの会員数は1,000万人を超えた。フェイスブック、ユーチューブ、ツイッターといった大規模なオンライン・ソーシャルネットワークが話題の上位を占めているが、よりニッチなところをねらったネットワークも誕生している。焦点を絞ったこうしたネットワークは、同じ趣味や考えを持つ者による小規模コミュニティのニーズに応えるものであり、特別な関心を持つ人々をねらいたいマーケターにとっては、標的に到達するための絶好の手段である。

だが、ソーシャルネットワークへの参加にあたっては、難題が待ち受けている。第1に、今はまだほとんどの企業が効果的な活用方法を模索中であり、成果の測定も難しいこと。第2に、このようなネットワークは、主導権の大部分がユーザー側にあること。企業の目標は、自社ブランドを消費者の会話や生活の一部とすることである。しかし、ネット上で繰り広げられている消費者間のインタラクションに、ただ押し入っていくというわけにはいかない。あるアナリストは次のように述べている。「それは友達どうしの内輪の会話である。そのような会話の中に、自社ブランドが話題にのぼっていない限り、顔を出す権利はない」。マーケターはでしゃばるのではなく、ネットにおける価値ある一部となるよう努める必要がある[22]。

なお、基本的な方法ではあるが、電子メールを用いてオンライン・マーケティングを展開している企業もある。適切に用いれば、パーソナライズしたメッセージをピンポイントで顧客に届けることができる。ただし、電子メールの増加とともに、迷惑メールであるスパムの問題が深刻化しつつある。

Discussion

Question 1
ダイレクト・マーケティングを実際に利用したことのある人は「その感想」について、利用したことのない人は「利用していない理由」についてまとめてみよう。

Question 2
わが国のクリック・アンド・モルタル企業をとりあげて、企業活動について調べてみよう。

Question 3
ダイレクト・マーケティングの発展は人々に大きな便益を与えているが、その一方で、消費者にとってマイナス面がないわけではない。どのような課題や問題があるか考えてみよう。

Key Terms

ダイレクトメール・マーケティング（p.356）
カタログ・マーケティング（p.356）
テレマーケティング（p.357）
ダイレクト・レスポンス・テレビジョン（DRTV）・マーケティング（p.358）
キオスク・マーケティング（p.358）
モバイル・マーケティング（p.359）
オンライン・マーケティング（p.361）
インターネット（p.361）
クリック・オンリー企業（p.361）
クリック・アンド・モルタル企業（p.362）
企業から消費者へ（B to C）オンライン・マーケティング（p.362）
企業から企業へ（B to B）オンライン・マーケティング（p.363）
消費者から消費者へ（C to C）オンライン・マーケティング（p.364）
ブログ（p.365）
消費者から企業へ（C to B）オンライン・マーケティング（p.365）
企業（ブランド）サイト（p.366）
マーケティングサイト（p.366）
オンライン広告（p.367）
バイラル・マーケティング（p.367）
オンライン・ソーシャルネットワーク（p.368）

Chapter 15
マーケティングと社会的責任

　本章では、社会面でも環境面でも責任ある活動を行い、顧客、ビジネス、社会全体のニーズを満たす「持続可能なマーケティング」について検討していく。

　まず、持続可能なマーケティングというものを定義し、それから、マーケティングに対する一般的な批判を取り上げる。そして最後に、持続可能なマーケティング活動を率先して追求することで、企業自体が得られるベネフィットについて考察する。持続可能なマーケティング活動は単に正しい行動というだけではなく、企業の利益という観点からも有益である。

　靴や衣料品のメーカーであるティンバーランドのCEO、ジェフリー・シュワーツほど、企業の社会的責任に熱心な人間はいないだろう。シュワーツは自社の資源を利用して、全世界の社会悪と戦うという使命に情熱を燃やしている。そのためには会社が利益を上げなければならないということも心得ている。そのどちらも同時に成しうる、つまり、善行を通した繁栄が可能であるとシュワーツは固く信じている。

OPENING STORY

ティンバーランド
持続可能な価値の追求
――善行を通じて繁栄する

　ティンバーランドは高品質のブーツや靴、衣料品、その他のアウトドア用品を製造、販売している企業である。単によい製品を作るだけではなく、「生活と労働の場であるコミュニティを変えるという挑戦」を企業使命としている。CEOのジェフリー・シュワーツは、利益を上げることと世界をよりよい場所に変えることは表裏一体であるべきだと信じている。

　1952年、ティンバーランドは現CEOジェフリーの祖父、ネイサン・シュワーツによって設立された。上場企業となった現在も利益を上げると同時に社会的問題に立ち向かい、環境を守り、世界中の労働状況を改善できることを示そうとしている。

　1992年から2005年にかけてティンバーランドの自己資本総額は8倍にまで成長し、年間売上は16億ドルに達した。この期間、シュワーツは社会運動や環境運動を多数主導し、それと同時に、世界の製造業で最も厳しい部類に入る従業員保護基準も施行した。経営実績と企業責任の両立のおかげで、シュワーツはウォール街と社会活動家の双方から称賛を浴びた。しかし、その後の4年間で利益は20％も低下し、製品ライン数と店舗数も減少した。それでも、シュワーツは世の中を変えるというティンバーランドの使命を固く守り続けた。そして、売上高は減少したものの、利益は過去2年間で上昇した。シュワーツは、コミュニティに奉仕しない企業を顧客が見捨てるのは時間の問題だと強調する。

　顧客が持続可能性に基づく選択をしやすいように、ティンバーランドは同社の製品にグリーン インデックスのタグをつけることにした。食品の栄養表示にならい、気候への影響や使用された化学物質、消費した資源など、製品のエコロジカル・フットプリントを0から10までの評価で表した。点数が低ければ低いほど、環境への負荷が少ないことになる。

　このフットプリント低減のために、シュワーツは先ごろ、環境面と社会面、双方の企業責任を果たすべく新しい長期計画を策定した。この計画には、鍵となる戦略上の4本柱がある。その柱とは、エネルギー（温室効果ガスの削減）、製品（環境に配慮したデザイン、リサイクル可能な製品）、仕事場（公平、安全、差別のない職場）、サービス（ティンバーランド従業員による奉仕活動の励行）である。

　カリフォルニア州の流通センターは太陽光発電を利用し、ドミニカ共和国にある工

OPENING STORY

場は風力発電を利用している。工場でも現在、省エネタイプの照明の導入、旧型機械の更新、生産効率に関する従業員教育などに取り組んでいる。さらに、靴底にリサイクルタイヤを使った新製品も2種類発売した。リサイクル素材とオーガニック素材を使った新しいブーツのライン、アースキーパーからは、オンライン・ソーシャルネットワークを利用したアースキーパーズ（環境保護）キャンペーンが生まれ、エコロジカル・フットプリント低減に向けたアクションを起こすよう100万人に訴えかけている。

　責任あるマーケターは消費者のニーズを見つけ出し、市場提供物によってそのニーズに応えることで見返りとしての価値を獲得する。しかし、一部の消費者のニーズを満たす善意あるマーケティング活動が、実は大部分の消費者にとっては将来的な害となるかもしれない。だからこそ、責任あるマーケターは、自らの活動が長期的に持続可能であるかどうかを考えなければならない。

持続可能なマーケティング

　持続可能なマーケティングでは、現在の顧客ニーズだけでなく、将来の世代のニーズも同様に満たすような、社会や環境への責任を果たす行動が求められる。**図15.1**に示したのは、持続可能なマーケティングのコンセプトと、これまで学んできたマーケティング・コンセプトの比較である[1]。

　マーケティング・コンセプトでは、ターゲット顧客の現在のニーズを明確化し、それらを競合他社よりも効果的かつ効率的に満たそうとする。このコンセプトでは、今この瞬間に顧客が求めているものを提供することで、企業の売上

【図15.1】
持続可能なマーケティング

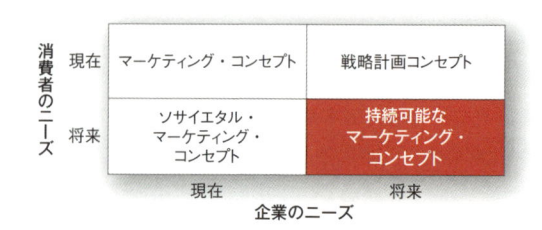

	現在	将来
消費者のニーズ 現在	マーケティング・コンセプト	戦略計画コンセプト
消費者のニーズ 将来	ソサイエタル・マーケティング・コンセプト	持続可能なマーケティング・コンセプト

企業のニーズ

や利益の達成に焦点を合わせている。しかし、目先のニーズや欲求を満たすことは、将来的に見れば、顧客にとってもビジネスにとっても常に得策であるとは限らない。

例えば、おいしいけれど脂肪と塩分を多く使ったファストフードの販売は、顧客には目先の満足感を、企業には売上と利益をもたらす。しかし、長期的には消費者の健康を害し、健康保険制度の重荷になるだろう。また、企業は無駄な包装、固形廃棄物、非効率的なエネルギー使用などの批判を受けるかもしれない。つまり、消費者と企業、どちらのベネフィットから見ても、健康に悪いファストフードの戦略は持続可能とはいえないのである。

図15.1のソサイエタル・マーケティング・コンセプトでは消費者の将来的な幸福を、戦略計画コンセプトでは企業の将来的なニーズを、持続可能なマーケティング・コンセプトではその両方を考慮する。持続可能なマーケティング・コンセプトでは、顧客と企業の現在および将来のニーズを満たし、社会や環境への責任を果たす行動が求められる。

例えば、ファストフード大手のマクドナルドは持続性を高めた「プラン・トゥ・ウィン（勝つためのプラン）」戦略として、サラダ、フルーツ、低脂肪牛乳など、健康的なメニューを展開するようになった。また、ヘルシーな油を研究し、動脈閉塞を引き起こすトランス脂肪酸を徐々に減らしている。

マクドナルドの「勝つためのプラン」戦略は環境問題にも取り組んでおり、例えば、持続可能な食糧供給、簡易で環境に優しい包装、リユースとリサイクル、環境面に配慮した店舗作りなどを追求している。さらに環境採点表も作り、供給業者の水の使用、エネルギー使用、固形廃棄物の処理状況などを点数化した。

マクドナルドの持続可能なマーケティングは、顧客だけでなく同社にもベネ

持続可能なマーケティング：マクドナルドは「勝つためのプラン」戦略により、顧客のために持続可能な価値を作り出すとともに、高収益の将来に向けて好位置につけることに成功した。

フィットをもたらす。「勝つためのプラン」戦略を発表して以来、アメリカでの売上は50％以上も伸び、利益は4倍以上にもなった。また、持続可能な経済的、環境的、社会的行動に対するコミットメントが認められ、ダウ・ジョーンズ・サステナビリティ・インデックスに過去5年間続けて選定されている。このように、マクドナルドは持続可能で高収益な将来に向けて好位置につけている。

マーケティングに対する批判

　時として、マーケティングには批判が向けられることもある。その中には当然のものもあるし、まったく的外れなものもある。ある種のマーケティング活動は、時として個々の消費者、社会全体、他の企業を傷つけてしまう。

消費者に対するマーケティングのインパクト

　マーケティングは私たちにどれほど役立っているのだろうか。消費者の一部はマーケティングに対して複雑な気持ち、あるいは好ましくない気持ちを持っている。消費者保護団体や評論家たちは、不正行為や高圧的販売など、マーケティングは消費者に害を与えていると非難してきた。そのような問題のあるマーケティング活動は、消費者および企業の長期的繁栄という観点から持続可能であるとはいえない。

　長年批判されているのは、流通業者の数が多すぎる、非効率である、必要のないサービスや重複するサービスを提供している、といったものである。結果として流通コストが上昇し、消費者はその余分なコストを高価格という形で負担しなければならない。こうした批判に小売業者や卸売業者はどう答えるのだろうか。彼らは、流通業者がメーカーや消費者の仕事を肩代わりしているのだと訴える。利便性、豊かな品揃え、サービス、返品の権利など、消費者自身が望むサービスを反映したものが彼らのマージンになる。しかも実際は、小売業界の競争が激しく、マージンはかなり低いというのが彼らのいい分である。

　広告コストおよび販売促進コストのために、価格をつり上げているとの批判もある。化粧品や洗剤などの製品では、メーカーから小売店への販売価格の40％、あるいはそれ以上をプロモーションとパッケージングのコストが占めている。だが、パッケージングやプロモーションは製品の機能的価値ではなく、

心理的価値にすぎないと評論家らは批判する。これに対してマーケターは、広告やパッケージは製品コストを上昇させてしまうが、潜在購買者に入手可能性やブランドのメリットを知らせることにより、製品の価値を高めているのだと反論する。

　企業によっては製品に過剰なマージンを加えているという批判もある。その例として挙げられるのが、製造コストの数十倍かで販売している製薬業界である。また、一部の葬祭場の価格も高すぎると指摘されているし、高額な自動車の修理費やその他のサービス料も批判の対象となっている。それに対して、高いマージンの理由を消費者の多くは理解していないという反論がある。薬品の場合であれば、販売や流通などに必要なコストに加え、新薬を生み出すための莫大な研究開発費もマージンでカバーしなければならない。

　製品に実際よりも大きな価値があるかのように消費者に思い込ませている、と非難されることもある。不正行為は、価格やプロモーションに分けて考えることができる。不正な価格とは、「工場価格」、「卸売価格」などと不正に宣伝したり、実在しない高い小売価格からの大幅な値引きを宣伝したりすることである。不正なプロモーションとは、製品の特徴や効能を偽って述べたり、実際には在庫にないものをセールと称して顧客を来店させたりする行為である。

　これに対してマーケターは、企業の大半は不正行為とは縁がないと主張する。こうした行為は長期的には企業の業績に害を与えるため、長くは続かないからである。顧客リレーションシップは、価値と信頼を基盤として構築される。自分の期待した価値が得られなかった消費者は、より信頼性の高い製品にスイッチするだろう。さらに、消費者側も通常は不正行為から自分自身を守っており、大半の消費者はマーケターの販売意図を認識し、購入にあたっては十分な注意を払っている。

　本当に買い替えが必要となる前に、「計画的陳腐化」によって製品を陳腐化させているという批判もある。本来よりも壊れやすい、すり減りやすい、さびやすい素材や部品を使用しているという非難である。また、製品自体の耐久性に問題はなくても、知覚的陳腐化を用いて消費者が満足できるスタイル・コンセプトを頻繁に変え、より早い購入を奨励することもある。常に変化しているファッション業界がわかりやすい例である。家庭用電化製品やコンピューターの業界でも、計画的な新製品の投入により多くの旧モデルが陳腐化している。これに関するマーケター側の反論は、消費者の方がスタイルの変化を好むのだという。

消費者は古いものに飽きて、新しい流行りのスタイルを求めるのである。

社会全体に対するマーケティングのインパクト

　マーケティングはモノの所有に対する過剰な執着を生み出しているとの批判がある。物質に対する執着は人間本来のものではなく、マーケティングによって生み出された偽の欲求だと評論家は考えている。これに対してマーケターは、自分たちは製品に対する人々の願望を刺激し、幸せな暮らしを作り出しているのだと反論する。

　マーケティングは顧客にとってではなく、企業にとってのベネフィットのために偽のニーズを作り出しているとも考えられている。大量消費の世界において、マーケティングは過剰消費を促し、それが心理的にも環境的にも持続不可能な世界を生み出してしまう。別の評論家もこう述べる。「我々の基本的な物質的ニーズは満たされている。したがって、とどまることを知らない消費に欲求の充足を求めても、満たされることはない。多いことは必ずしもよいことではなく、むしろ悪いことである場合の方が多い」[2]。

　こうした批判に対して、「欲求を生み出す力」を過大評価しているとマーケターは反論し、「人々は広告やその他のマーケティング・ツールに対して、強力な抵抗力を持っている」と述べる。マーケティングが最も功を奏するのは、人々がすでに有しているニーズに訴えるときであって、ニーズを新たに作り出そうとするときではない。しかも、大事な買物をする際は各種情報を集めるので、単一の情報源だけに頼ることはあまりない。広告に影響されて買う気になった小さなものでも、その製品が約束どおりの価値をもたらさなければ、ふたたび買うことはない。また、新製品が失敗に終わる確率を考えると、企業に欲求をコントロールする力などないことがわかる。

　人々の欲求や価値はマーケターだけでなく、家族、同僚や仲間、文化的背景、教育などにも影響される。物質主義的な価値観はビジネスやマスメディアが作り出せるようなものではなく、もっと根源的な社会化のプロセスから生まれるものである。その上、消費パターンや消費態度は経済状況などに左右される。ある消費者調査によると、7割以上の回答者が「景気の悪化を受けて、人生において何が大事かを考えるようになった」と答えている。新しい消費の基準を有するようになった購買者も増えている。マーケターは今日のつつましい人々に無理な出費を促すようなことはせず、より低価格でより大きな価値を提供でき

るよう努力している。

　マーケティング・システムは文化的汚染を引き起こしているとの批判もある。人々の五感は常にマーケティングの攻撃にさらされている。広告によって、テレビ番組はさえぎられ、雑誌の内容が曖昧にされたりする。大きな広告掲示板が風景を台無しにし、迷惑メールが受信箱を占領する。

　この種の非難に対して、マーケターは次のように反論する。第1に、マスコミュニケーションという特性上、まったく興味がない人の目に触れてしまうこともあるが、広告は主として標的視聴者を狙っている。『カー・マガジン』や『ワールドサッカーダイジェスト』など、自分の興味に基づいた雑誌の場合は広告に対する不満はほとんど聞かれない。

　第2に、広告のおかげでテレビやラジオの多くは視聴料金が無料になっているのだし、新聞や雑誌の価格も抑えることができている。こうしたベネフィットのためなら、広告は安いものだと考えている人は多い。消費者はおもしろいテレビCMがたくさんあることも知っていて、それを楽しみにしている人もいる。そして最後に、今日の消費者には選択肢がある。録画した番組は広告を飛ばすことができるし、多くの有料ケーブルテレビや衛星テレビなら広告を見ないですむ。

他のビジネスに対するマーケティングのインパクト

　ある企業のマーケティング活動が、競争を縮小するという批判がある。これは競合他社の買収、市場参入を阻むマーケティング活動、不公正な競争的マーケティング活動という3つの問題に分けることができる。

　新製品の開発ではなく競合他社の買収によって企業が規模を拡大した場合、他社に害を与えるとともに、競争を縮小するという批判について考えよう。過去数十年間にわたって生じてきた業界再編は、若くて元気な企業が吸収され、競争も縮小されるのではないかという懸念を生んだ。実際に、金融、電気通信、医薬品といった業界で、大手企業の数は減少している。もちろん、買収が社会の役に立つこともある。買収を行った企業は規模の経済性を発揮し、コストと価格を下げることができる。優れた経営を行っている企業が経営状態の悪化した企業を買収し、効率性を改善することも可能である。

　第2は、マーケティング活動が新しい企業の業界参入を妨げているという批判である。大手企業には、特許、多額のプロモーション投資、供給業者やディー

ラーとの連携などにより、競合他社の参入を阻んでしまう力がある。参入障壁の一部については、大規模なビジネス展開がもたらす経済的優位性によって自然に生じるものだとわかる。そうでない障壁については、現存する法律や新しい法律で挑むことになる。例えば、販売コストの参入障壁としての役割を低減させるために、広告費の累進課税制を提案する評論家もいる。

　3つ目は、他の企業に損害を与える目的で、不公正なマーケティング活動を行っている企業の存在である。そうした企業は、価格をコストより低く設定したり、取引停止をちらつかせて供給業者を脅したり、競合他社の製品を購入しないよう思いとどまらせたりする。こうした不当な競争を防ぐ法律はあるものの、その意図や行動が非合法であることを証明するのは難しい。

　アメリカのウォルマートは昨今、略奪的な価格設定を実施し、家族経営の小規模店舗を倒産に追い込んでいると批判された。しかし、ウォルマートの行動は略奪的だと非難される一方で、健全な競争だと見る向きもある。例えば、ジェネリック医薬品を1処方4ドルで販売するというウォルマートの発表に対して、地元の薬局は略奪的な価格だと反発した。地元薬局の客を奪うために、コストを割り込んで販売しているというのである。だがウォルマートは、効率的なオペレーションがあれば、こうした低価格でも利益が出ると主張した。この4ドル計画は競合他社を駆逐するのが目的ではなく、顧客によりよいサービスを提供し、多くの顧客を引きつける優れた競争行為にすぎないのである。しかも、このウォルマートの行動により、他のスーパーマーケットやディスカウントストアの薬局も処方薬の価格を下げた。現在ではさまざまなチェーン店で、処方薬が4ドルで購入できるようになっている[3]。

持続可能なマーケティングと消費者運動

　持続可能なマーケティングには、企業と消費者の双方に責任ある行動が必要となる。企業こそが多くの社会悪の根源だと考えている人がいるため、企業に圧力を加えようとする草の根運動が起こることがある。その主要な運動として、コンシューマリズムとエンバイロメンタリズムがある。

コンシューマリズム

コンシューマリズムとは、市民と政府機関による組織的な活動であり、消費者の権利と力の強化を目的としている。従来から、販売者の権利には以下のようなものがある。合法的であればいかなる製品であっても市場へ導入でき、好きな価格を設定し、好きなプロモーションを実施できる。一方、消費者は、製品を購入しない権利、製品が安全で機能を期待する権利を有している。

こうした権利を比較すると、力のバランスは販売者側に傾いているようである。たしかに消費者には買わないという選択肢がある。しかし、消費者は賢明な判断を下そうにも、巧みな販売者を前に十分な情報もなければ教育も受けておらず、防衛手段も持っていない。そこで、消費者保護団体は次の4つの権利を加えることを要求している。1) 製品に関する重要事項をきちんと知らされて、2) 疑わしい製品やマーケティング活動から守られて、3)「生活の質」を向上させるような形で、製品やマーケティング活動に影響を与え、4) 未来のために地球を維持できるような消費を行う、という権利だ。

こうした要求は、コンシューマリズムや政府による保護活動によって、より具体的な提案へとつながっている。知る権利としては、ローンの実質金利（公正貸付）、単位あたりの実質コスト（単位価格表示）、製品中の成分（成分表示）、食品の栄養価（栄養価表示）、製品の新鮮さ（消費期限表示）などがある。消費者保護の関連では、詐欺行為に対する消費者権利の拡大、製品の安全性のさらなる強化、個人情報保護の厳格化、政府機関の権限強化などが提案されている。「生活の質」に関する提案には、製品の成分管理、広告の「騒音」レベルの低減などがある。地球を維持する提案には、持続可能な原材料の使用奨励、固形廃棄物のリサイクルやリユースの奨励、エネルギー消費の管理などがある。

持続可能なマーケティングは消費者だけでなく、企業や政府の問題でもある。消費者は自分を守る権利はもちろん、自分で自分を守る責任も有している。誤った取引をしたと思えば、企業や媒体に連絡をとったり、国の各機関に連絡をしたりするなどの救済方法をとることができる。無責任な消費から持続可能な消費へと移行する鍵は、消費者の手に握られているのである。

エンバイロメンタリズム

コンシューマリズムはマーケティング活動が消費者ニーズに効果的な対応を

しているかどうかを重視しているのに対して、エンバイロメンタリズムはマーケティング活動が環境に与える影響やコストを重視している。**エンバイロメンタリズム**とは、市民、企業、政府機関による組織的な活動であり、現在および未来の生態環境を守ることを目的とする。

環境保護主義者はマーケティングに反対しているわけではなく、人々と企業がもっと環境に配慮することを求めているだけである。「環境は経済の中のほんの一部だと思われることが多いが、本当はほんの一部などではない。私たちは生活のすべてを環境に頼っているのだ」と、ある活動家は述べている[4]。マーケティング・システムの目標は消費者満足の最大化ではなく、生活の質の最大化であるべきだと環境保護主義者らは主張する。「生活の質」というとき、そこには製品やサービスの量と質だけでなく、環境の質も含まれる。

近代の環境保護運動の第一波は、1960年代および1970年代にアメリカの環境保護団体や消費者の主導で起こった。こうした人々は、森林伐採、酸性雨、地球温暖化、有毒な固形廃棄物などによってエコシステムが傷つくことを懸念していた。同時に、大気汚染、汚染水、化学処理された食品などによる健康被害についても懸念していた。

環境保護運動の第二波は、1970年代および1980年代にアメリカ政府によって起こされたものであり、環境に影響を与えるような産業界の行動を監視する法律や規制が、この時期に承認されていった。これにより大打撃を受けた産業もあった。鉄鋼会社や電力会社は、汚染コントロール設備やコスト高の燃料に何十億ドルも投資せざるをえなかった。自動車業界も、車両に高価な排ガス制御装置を搭載することになった。包装産業では、リサイクル度を高める方法を見つける必要があった。

こうした2つの環境保護運動の波が1つとなり、現在の強力な第3の波となっている。企業も今では、環境に害を与えないことに責任を持つようになってきている。「抗議から予防へ」、「規制から責任へ」の移行も進み、多くの企業が**持続可能な環境方針**を定めている。持続可能な環境方針とは、簡単にいえば、利益を生みつつ地球を守ろうとすることである。規制の回避や環境保護主義者の鎮静化に必要最低限のことしかしない企業もあるが、先進的な企業は、外部からの強要や短期的利益のためではなく、自社と世界の未来のために環境保護を果たすべきだと理解している。

4つの環境対応

　図15.2を用いることで、企業による環境に対する取り組みの進捗度が把握できる。縦軸は「内的」と「外的」であり、横軸は「今日的：グリーン」と「将来的：グリーン以上」となっている。

　最も基本的なレベルでは、「汚染防止」に取り組めばよい。これは、廃棄物を処理するという汚染コントロールではなく、廃棄物として排出する前に除去したり、削減したりすることを意味する。汚染防止は内的なグリーン・マーケティングに対応しており、企業は安全な製品、リサイクル可能なパッケージ、より優れた汚染コントロールなどに取り組む。例えば、ゼネラルミルズはハンバーガー・ヘルパー（牛のひき肉を使ったインスタント食品）の厚紙パッケージを20％減らしたところ、運搬用トラックも年500台削減できた。インテルは同社のオフィスのうち4カ所に太陽光システムを導入しているが、新しい太陽光パネルを1カ所に設置するだけで、3,280万ポンド（約1万4,880トン）の二酸化炭素排出を抑えられる[5]。

　次の段階は、製品ライフサイクル全般で環境への影響を最小化する「製品スチュワードシップ」である。製品の製造方法やデザインによって汚染を最小化するだけでなく、製品ライフサイクル全般における環境影響を最小化しようとする。多くの企業が環境適合設計（DFE）とゆりかごからゆりかごへ（cradle-to-cradle、完全循環型）の活動を採用するようになっている。これは、前もってリカバー、リユース、リサイクルしやすいもの、使用後安全に自然に戻せるも

【図15.2】
持続可能な環境に関するポートフォリオ

	今日的：グリーン	将来的：グリーン以上
内的	汚染防止 廃棄物として排出する前に除去したり、削減したりする	新たなクリーン技術 環境に関する一連の新技術や新性能を開発する
外的	製品スチュワードシップ 製品ライフサイクル全般で環境への影響を最小化する	持続可能性ビジョン 未来の持続可能性のための戦略的枠組みを作る

出典：Stuart L. Hart, "Innovation, Creative Destruction, and Sustainability," *Research Technology Management*, September-October 2005, pp. 21-27.

のとして、製品設計することである。環境適合設計や完全循環は、環境の持続に役立つだけでなく、企業にも高い利益をもたらす可能性がある。

　例えば、IBMは10年以上も前に、リースから戻ってきたメインフレーム・コンピューターの部品をリユースやリサイクルに回す事業を始めた。現在では同社の中古コンピューターを週に4万台受け入れ、チップにまで分解し、貴重な金属を回収している。受け入れたものの99％以上に用途を見つけているので、埋立地に戻す率は1％に満たない。環境のために開始したこの活動が、今や20億ドルの電子機器リサイクル・ビジネスへと成長し、世界22拠点で利益を生み出すようになっている[6]。

　「今日的なグリーン」活動は企業が環境を守るためにすでに行っていることに焦点をあてているが、「将来的なグリーン以上」の活動は将来に目を向けている。まず内部的には、「新たなクリーン技術」を準備することができる。持続可能性において先んじている組織であっても、現在の技術では限界がある。将来に向けての対応を行うためには、革新的な新技術を開発する必要があるだろう。例えば、コカ・コーラは持続可能性に関する研究に対して重点的な投資を行っている[7]。

　持続可能性という観点でいえばアルミ缶は理想的なパッケージであるが、人々はペットボトルの方を好む。ペットボトルのコークは全世界における販売量の50％近くを占め、アルミ缶の3倍を超えるが、ペットボトルには現在のところ持続可能性がない。ペットボトルは石油を原料としており、石油は限りある資源である。ペットボトルの多くはゴミ埋立地に運ばれるか、さらに悪ければ道路わきに捨てられる。また、ペットボトルは変色するので、無限にリサイクルすることはできない。廃棄物問題を解消すべく、コカ・コーラは6,000万ドルを投じて、ペットボトルからペットボトルへリサイクルする世界最大の最新鋭工場を建設中だ。この新しいリサイクル工場では、毎年約1億ポンド（約4,500万トン）のリユース用PETプラスチックを生産する予定である（2010年現在）。

　コカ・コーラはさらに永続的な解決法として、こうした環境問題に取り組むための新たなクリーン技術にも投資をしている。例えば、アルミ、とうもろこし、バイオプラスチックなどを使った新しいボトルの研究である。これに加えて、エコフレンドリーな流通の設計にも取り組んでいる。約1,000万台ある自動販売機や冷蔵クーラーは、コークを冷やすために大量のエネルギーと、ハイドロフルオロカーボン（HFC）と呼ばれる強力な温室効果ガスを使っている。そ

の排除のために同社は4,000万ドルを費やして研究し、最近になってHFCを使わず、しかも使用エネルギーも30〜40％も少ない新型クーラーを設置しはじめた。同社は同時に「ウォーター・ニュートラル」を目指し、ボトリングに必要な水の量を減らす方法や、世界中の分水嶺の保護も研究している。

新たなクリーン技術：コカ・コーラは環境問題を解決すべく、重点的な投資を行っている。パッケージの廃棄物を減らそうと、とうもろこし、バイオプラスチック、容易にリサイクルできるアルミなどを使った新しい曲線ボトルの研究が進行中だ。

　最後に、企業は未来へのガイドとして「持続可能性ビジョン」を策定できる。企業の製品やサービス、プロセス、政策はどのように発展しなければならないか、そこに到達するにはどのような新技術が必要なのかを示すことになる。この持続可能性ビジョンによって、自社をはじめとする関係者が従うべき汚染コントロール、製品スチュワードシップ、新たな環境技術の枠組みが形づくられる。

　ほとんどの企業は今日、図15.2における左上のセルに焦点をあて、汚染防止に重点的に投資をしている。多少先進的な企業は製品スチュワードシップを行い、新たな環境技術の開発に取り組んでいる。だが、持続可能性ビジョンを明確に定めている企業は少ない。図の左側半分にのみ投資する企業は近視眼的であり、たとえ今はよい位置につけていても、将来的に見れば脆弱である。反対に右側半分を重視する企業は、優れた環境ビジョンを有しているものの、それを実行する技術を十分には備えていないかもしれない。つまり、企業は持続可能な環境に関わる4つのセルすべてを展開しなければならないのである。

　ウォルマートはまさにそれを実行している。ウォルマートは近年、独自の持続可能な環境行動と供給業者の行動に与える影響により、頭角を現してきた。

REAL MARKETING

ウォルマート
世界一のエコ推進企業

「よい」企業と聞いて思い浮かぶのはどこだろうか。持続可能な行動を通じて地球を救おうとしている企業なら、パタゴニア、ティンバーランド、ベン・アンド・ジェリーズといった名前が挙がるだろう。だが、持続可能性という点において、おそらくウォルマートほど努力している企業はない。

ウォルマートは、不当労働行為から小規模コミュニティの破壊まで、さまざまな社会的悪事によって非難され続けてきた。それだけに、世界最大のこの企業が、地球を守るために立ち上がった最強の戦士でもあるという事実に多くの消費者は驚かされる。ウォルマートの環境面での最終目標は、再生可能なエネルギーを100％使用し、廃棄物をゼロに、そして環境面で持続可能な製品のみを販売するというものだ。この目標に向けて、自社事業のグリーン化に取り組んでいるだけではなく、10万もの供給業者、220万人にのぼる従業員、そして毎週来店する2億人の顧客という巨大なネットワークに対しても、同様の取り組みを働きかけている。

ウォルマートは全世界で約7,900店を展開し、エネルギーやその他の資源を大量消費しているので、小さな効率化でも環境保護に大きく貢献できる。例えば、ウォルマートの店舗にある自動販売機から照明を外すだけで、年間140万ドル分のエネルギーの節約になる。とはいえ、ウォルマートは小さな変化に満足しているわけではない。新たなエコ技術に向けて、大きく飛躍しようとしている。2005年、ウォルマートは環境にやさしくエネルギー効率の高い数々の技術をテストする場として、テキサス州マッキニーとコロラド州オーロラにそれぞれ実験店舗を開設した。

コロラド州オーロラにある実験店舗の外には、高さ143フィート（約44メートル）の風力発電機が建っている。場違いに見えるかもしれないが、この店舗が他とは違うことを明らかに示している。店舗の外観も独特で、前面には窓が続き、できるだけ店内に自然光を取り入れようとしている。敷地内の緑は暑いコロラドの夏にうまく適合している自生の植物なので、水やりと芝刈りの回数も、肥料や化学薬品の量も少なくてすむ。効率のよい蛍光灯システムは、この店舗だけで52家族の1年分をまかなえるほどの節電になる。また、店内の暖房システムで使っているのは、デリの揚げ物に使った食用油だ。集めた油と、自動車修理を行っているタイヤ・アンド・ルーブ・エクスプレスからの廃棄用エンジンオイルとを混ぜて燃やしている。農産物、肉、紙をはじめとする有機廃棄物は、すべて有機廃棄物用ゴミ処理機に入れられ、さらに庭用肥料に変える工場へと運ばれる。実験店舗はこのような技術を何十と取り入れ、効率的で

地球にやさしい小売事業実現に向けた実験室として機能しているのである。

　ウォルマートはこれら2つの実験店舗の評価後、効率のよい新店舗を次から次へと開設している。先ごろオープンしたラスベガスの店舗は、標準的な店舗と比べてエネルギー使用量が45％少ない。しかも、ウォルマートは学んだことを来店客にも伝え、さらにはターゲットやホーム・デポといった競合他社とも共有するなど、熱心に広めている。

　ウォルマートは持続可能性に関する独自の構想を推し進めると同時に、同社の顧客、従業員、供給業者の環境行動にも影響を与えている。例えば、「パーソナル・サステナビリティ・プログラム（PSP）」という従業員向けプログラムをスタートさせ、同僚の前で責任ある行動を誓約させている。禁煙や家の電球をLEDに変えるなど、内容はどんなことでもよく、誓約数はすでに20万PSPを超えている。また、供給業者に向けたエコ法も策定している。先般の発表によると、2015年までにサプライ・チェーン全体で温室効果ガスの排出を2,000万トン削減する計画だという。これは、道路上から380万台の車を1年間消すことに相当する。こうした持続可能性に関する目標を達成するために、同社は供給業者に対して、製品ライフサイクルの各過程で排出されるCO_2量の調査と、原料の供給、製造、パッケージング、輸送方法の見直しを求めている。

　さらにウォルマートは、サステナビリティ・インデックスというものまで開発している。これは供給業者からの情報に基づき、ウォルマートで販売する全製品のライフサイクルをたどって、使用した水の量から温室効果ガスの排出量、労働環境の公正さまでを測定しようというものである。同社は環境に対するやさしさと社会への影響を示すサステナビリティ・インデックスの札を数年以内に全製品につけたいとしている。インデックスの点数が高い製品には優遇措置があり、ウォルマートの店内で広い棚スペースも得られるはずである。

　ウォルマートという企業の規模を考えれば、供給業者が製品やパッケージをほんの少し変更した

ウォルマートにとって持続可能性は、単に正しい行いをする以上の意味がある。何よりも「隠れたコストを駆逐し、将来の世代のために天然資源を保護し、お客様に持続可能かつ手頃な製品を提供することで、節約と豊かな生活を応援」する優れたビジネスなのだ。

REAL MARKETING

だけでも、環境に対するインパクトは相当大きなものになる。例えば、P&Gはウォルマートの要求に応えるためにメガロール技術を開発し、レギュラーロール4個分のトイレットペーパーを小さなロール1個にしたが、この軽微に見える変更も、年間8,950万個のトイレットペーパーの芯と、約163トンのパッケージ用ビニールの節約につながった。同時にウォルマートにとっても、同社のトラックで42％多く輸送できるようになり、年間約20万リットルの燃料が節約できた。

ウォルマートの持続可能性への努力は批評家からも称賛を受けている。一部の懐疑論者も、「ウォルマートほどグリーン化に影響力を持つ企業はない」と語っている。しかし、ウォルマートにとってはエコを率先して追求することは単に正しい行いをする以上の意味がある。何よりも、優れたビジネスなのだ。事業の効率化や廃棄物の削減は環境によいだけでなく、ウォルマートの収益にもプラスなのである。

出典：引用、抜粋、その他の情報は以下より入手。"Walmart," *Fast Company*, March 2010, p. 66; Eve Lazarus, "Walmart's Green Business Summit Build Business Case for Sustainability," *Canadian Grocer*, March 2010, p. 11; Jack Neff, "Why Walmart Has More Green Clout Than Anyone," *Advertising Age*, October 15, 2007, p. 1; Denise Lee Yohn, "A Big Green, Reluctant Hug for Retailing's 800-lb. Gorilla," *Brandweek*, May 5, 2008, p. 61; Kate Rockwood, "Will Walmart'Sustainability Index' Actually Work?" *Fast Company*, February, 1, 2010, www.fastcompany.com; および"Sustainabilty Value Networks", http://waknartstores.com/Sustainability/7672.aspxより、2010年11月現在。

持続可能なマーケティングに向けての企業行動

当初、多くの企業がコンシューマリズムやエンバイロメンタリズムなどに反対していた。そうした主張や批判は、重要ではないと考えていたからである。しかし、現在ではほとんどの企業が持続可能なマーケティングを受け入れ、持続可能なマーケティングが現在と未来の顧客価値を増大させ、顧客リレーションシップを強固にするものとして理解している。

持続可能なマーケティング原理

持続可能なマーケティングを実施するにあたっては、顧客志向マーケティング、顧客価値マーケティング、革新型マーケティング、使命感マーケティング、ソサイエタル・マーケティングという、5つのマーケティング原理に沿っていなければならない。

顧客志向マーケティングとは、顧客視点でのマーケティング活動や組織作りを意味している。このマーケティングの原理では、現在においても未来においても、明確に定義された顧客グループのニーズを感じ、それに対応し、満足させることに力を注がなければならない。本書で取り上げてきた優れたマーケティング企業に共通していた点であり、絞り込んだ顧客に優れた価値を全力で届けようとする情熱である。顧客の目を通して世界を見ることでのみ、企業は永続的で収益性の高い顧客リレーションシップを構築できるのである。

顧客価値マーケティングの原理に従えば、企業は自社の資源のほとんどを顧客価値マーケティングに費やすべきである。販売促進、パッケージ変更、ダイレクト・レスポンス広告など、マーケターが行う多くの活動は短期的には販売を伸ばすだろうが、製品の品質や特徴における改良に比べれば追加的価値は少ない。市場提供物から顧客が受け取る価値を継続的に改善していくことで、長期的なロイヤルティとリレーションシップが構築できるのである。顧客のための価値を創造することによって、企業はその見返りとして、顧客から価値を入手できる。

革新型マーケティングの原理では、製品とマーケティングの真の改善を絶えず求める。よりよい方法を見逃す企業は、最終的にはよりよい方法を見つけた企業に顧客を奪われてしまうだろう。革新的マーケターのすばらしい例が韓国のサムスンである。

ほんの数年前までサムスンといえば、ソニー製品を買えない人のための模倣ブランドだった。しかし今では、流行の先端を行くというイメージを築いている。1996年、サムスン電子は安価な模造品を作るのをやめ、ライバルのソニーを規模の面だけでなく、スタイルや革新性の面でも追い抜こうと決意した。そして、優れたデザイナーを多数雇うと、高級顧客を標的として、流れるようなラインの美しく大胆な新製品を次々と発表した。それらの中には、鮮やかな色の携帯電話から壁に絵画のようにかけることのできる大型テレビなどが含まれている。

同社の新製品は、必ず「ワオ！」テストに合格しなければならない。市場調査で「ワオ！」という反応が得られなければ、デザイン研究所に送り返されるというものだ。この革新的な戦略のおかげで、サムスンは高い目標を達成した。サムスン電子は世界最大の家電メーカーであり、ソニーの1.5倍の売上を誇る。世界最大のテレビ・メーカーであり、世界第2位の携帯電話メーカーでもある。

同社のデザインは消費者を夢中にさせており、インターナショナル・デザイン・エクセレンス賞（IDEA）において、アップルでさえ7つのところ8つの賞を手にした[8]。

使命感マーケティングの原理によると、企業は自社の使命を製品という狭義ではなく、社会という広義の視点で定義する。企業が社会的使命を持つと、従業員も気持ちよく仕事に向き合い、明確な方向性を持つことができる。広義の使命に結びついたブランドは、ブランドと顧客の双方の長期的利益に最もかなう対応が可能になる。

例えば、ペディグリーは良質なドッグフードを作っている企業である。だが、そのことがブランドのすべてではなく、「犬が主役（Dogs rule）」というキャッチフレーズにこそ、ブランドのすべてが込められている。ペディグリーのマーケターは、「ペディグリーの行っていることはすべて、犬への愛からきています。犬の味方だからという、ごく単純なことです」と語っている。ペディグリーは社内外すべての活動を、この使命に焦点を合わせて行っている。ペディグリーの広告やウェブサイトをひと目見れば、ペディグリーの人々がいかに「犬が主役」という使命を信じているかがわかる。「教義（Dogma）」と呼ばれる内部マニフェストでは、職場や取引先への犬の同行さえ奨励している。さらに、「犬が主役」というブランドの約束を果たすために、ペディグリー・アドプション運動基金を設立し、「捨て犬」に里親を見つけるための寄付金を何百万ドルと集めている。こうした使命感のあるマーケティングにより、ペディグリーは世界一のドッグフード・ブランドとなった[9]。

ソサイエタル・マーケティングの原理に従うと、企業は消費者ニーズ、企業

使命感マーケティング：ペディグリーの広告やウェブサイトをひと目見れば、ペディグリーというブランドを支えている人々がいかに「犬の味方」という使命を信じているかがわかる。

の要求、消費者の長期的利益、社会の長期的利益を考慮してマーケティングを行う。消費者と社会の長期的利益を無視すると、消費者と社会に対して害をもたらしてしまうという認識を企業は持つべきである。機敏な企業はソサイエタルの問題を機会ととらえている。

　持続可能なマーケティングを行うためには、喜びだけでなくベネフィットも備えた製品を作らなければならない。**図15.3**にその違いを示した。製品は、消費者の当面の満足度と、長期的な消費者へのベネフィットの程度によって分類することができる。「**欠陥製品**」とは、苦いだけで効果のない薬のようなものであり、当面の魅力もなければ長期的なベネフィットもない。「**満足製品**」とは、当面は高い満足を得られるものの、長期的には害になるかもしれない製品である。その例としては、タバコやジャンクフードが挙げられる。「**有益製品**」とは、当面の魅力は少ないものの、長期的にはベネフィットをもたらすかもしれない製品である。自転車用ヘルメットや生命保険商品などがこれにあたる。「**理想製品**」とは、当面の高い満足と長期的な優れたベネフィットを兼ね備えたもので、美味で手軽でなおかつ栄養もある朝食用食品などがその例である。

　企業は自社製品のすべてが理想製品になるよう努力しなければならない。満足製品の抱える問題は、とてもよく売れるが、最終的には消費者に害を与えてしまう点である。品質を損なうことなく長期的なベネフィットを加えれば、こうした製品にもチャンスはある。有益製品の場合は、品質などの魅力の引き上げによって、消費者にもっと求めてもらうようにすることが課題である。

【図15.3】
ソサイエタル性による製品の分類

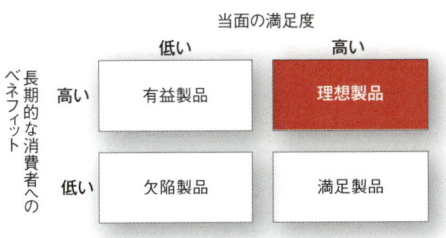

	当面の満足度 低い	当面の満足度 高い
長期的な消費者へのベネフィット 高い	有益製品	理想製品
長期的な消費者へのベネフィット 低い	欠陥製品	満足製品

マーケティング倫理

　正しい倫理観を持つことは、持続可能なマーケティングの第一歩である。長期的に見ると、非倫理的なマーケティングは顧客と社会全体の双方に害を与え、しかも企業のイメージを傷つけ、その存在自体を危険にさらすことにもなる。したがって、持続可能なマーケティングが掲げる顧客と企業の長期的な幸福という目標は、倫理的なマーケティング活動を通じてのみ達成できるのである。

　良心的なマーケターは多くの道徳上のジレンマに直面する。どう行動するのが最善なのかは、たいていの場合はっきりしない。すべてのマネジャーが道徳に敏感というわけでもないので、企業としてのマーケティング倫理方針として、組織内の全員が従うべきガイドラインを策定する必要がある。この方針の内容には、流通業者との関係、広告基準、顧客へのサービス、価格設定、製品開発、一般的な倫理基準などが網羅されている必要がある。

真摯な姿勢での取り組み

　どれほど優れたガイドラインであっても、マーケターが直面するあらゆる倫理面の問題を解決することはできない。**表15.1**には、マーケターが直面するであろう主な倫理的問題を示している。これらすべてのケースに覚えがあるなら、そのマーケティング活動は道徳観念がかなり欠けているのかもしれない。また、どの行動にも同調しないならば、マーケティング・マネジャーとしては慎重すぎるかもしれない。マネジャーに必要なのは、各場面が道徳的にどのように重要なのか、道義上どこまで許されるのかを理解することである。

　倫理や社会的責任にまつわる問題について、オープンで真摯な姿勢で取り組むことは、誠意と信頼に基づく強固な顧客リレーションシップの構築に役立つ。実際、現在では多数の企業が日常的に、社会的責任のプロセスに顧客リレーションシップを含めている。玩具メーカーであるマテルの例を見てみよう[10]。

　2007年秋、マテルのベストセラー製品に鉛を含んだ塗料が使われていることが判明し、同社は何百万もの玩具を世界規模でリコールするという事態に追い込まれた。深刻な事態だったが、マテルのブランド・アドバイザーは躊躇したり隠したりすることなく、敢然と立ち向かった。この迅速かつ決断力のある対応により、マテル・ブランドは顧客の信頼を維持することに成功したばかりか、

前年度比で6％の販売増となったのである。

　この敏腕「ブランド・アドバイザー」とは、いったい何者だろうか。実は、3歳から10歳の子供を持つ400人の母親たちなのだ。彼女たちは2007年6月、マテルのワールドワイド・コンシューマー・インサイツ部門が、「母親たちの声を聞き、さまざまなインサイトを得る」ことを目的として立ち上げたオンライン・ネットワーク「ザ・プレイグラウンド・コミュニティ」のメンバーである。危機にあっても、顧客と親密な会話ができているブランドは、より強固で信頼性の高いリレーションシップを築くことができるのである。

　エンバイロメンタリズムと同様、倫理問題は国際的なマーケターに特別な課題を提示する。ビジネスの規範や活動内容は国によって大きく異なる。例えば、

【表15.1】マーケターが直面する倫理的問題

- R&D部門が製品に若干の変更を加えた。「新型、改良」とはいえない程度の変更だが、パッケージや広告でこう表現すれば売上増が期待できることはわかっている。どうすればよいだろうか。
- 顧客の来店を促すために、機能を削ぎ落とした廉価モデルを製品ラインに追加するよう要請されている。その製品は良いものとはいえ、セールスパーソンは顧客により高価な製品の購入を勧めるだろう。どうすればよいだろうか。
- 競合他社を辞めたばかりの製品マネジャーを雇用したいと考えている。その人物なら、競合他社の次年度計画について話すはずである。どうすればよいだろうか。
- 優秀な販売代理人に家庭内の問題が起き、販売が減少している。問題を解決するにはしばらく時間がかかり、その間、多くの販売を失いそうである。法律的には、販売状況を理由にその販売代理人との契約を終了し、新たな人間を雇うことは可能だ。どうすればよいだろうか。
- 非常に重要な大口顧客の獲得チャンスを得た。その顧客は「ギフト」が重要であるとほのめかす。部下は相手の自宅に大画面テレビなどを贈るべきではないかという。どうすればよいだろうか。
- 競合他社が新機能を備えた戦略製品を出すらしい。毎年行われるトレードショーの非公開ディーラー会議で披露するつもりだと聞いた。そこにスパイを送り込んで内容を探らせることもできる。どうすればよいだろうか。
- 3つの広告キャンペーンから1つを選ばなければならない。最初の（a）は誠実かつ正確に情報を伝える内容である。次の（b）は性的な部分で感情に訴え、製品のベネフィットを誇張するものである。最後の（c）は騒がしく、ある意味いらいらさせるようなコマーシャルだが、視聴者の注意を十分に引くことができる。事前のテストでは、c、b、aの順で効果的だった。どうすればよいだろうか。
- 営業職に応募してきた優秀な女性と面接をしている。先に面接した男性より適任である。しかしながら、重要顧客の一部には男性の営業を好む傾向が見られ、女性の営業を採用すれば売上の一部を失うことになる。どうすればよいだろうか。

いくつかの国では、賄賂はいまだに標準的ビジネス活動である。世界銀行によると、全世界で合計すると年1兆ドル以上の賄賂が支払われていると推定している。ある研究では、賄賂の使用が最も目に余るのは、インド、ロシア、中国の企業だと指摘している。他に汚職がはびこっている国としては、イラク、ミャンマー、ハイチが挙げられる。汚職が最も少ないのは、スイス、ニュージーランド、デンマークの企業である[11]。では、倫理基準の低い国で効果的に競争するためには、自社の倫理基準を下げなければならないのだろうか。その答えはノーであり、企業は全世界共通の基準を守らなければならない。多くの団体や組織が倫理規範を提案しており、独自の規範を定めるようになっている。

マーケティング3.0

マーケティングの根本には、顧客のニーズを満たす企業は栄えるという信念がある。顧客のニーズを満たすことができなかったり、意図的でないにしろ将来の世代を傷つけたりする企業は衰退するだろう。大量生産と同様、持続可能性はビジネスにおける新たなトレンドであり、企業の競争力や存続の可能性を左右するのである[12]。

持続可能な企業とは、社会的、環境的、倫理的に責任ある行動を通じて、顧客に価値をもたらす企業のことをいう。持続可能なマーケティングは、顧客の今日のニーズを満たすことだけではなく、明日の顧客に対して、彼らが住む広範な世界の存続と成功を確約することを意味する。近年では、こうした新しい時代のマーケティングを「マーケティング3.0」と称している[13]。マーケティングを単に企業利益を生み出すためのものとして捉えるのではなく、人間の志や価値や精神の領域にまで踏み込み、世の中をよりよい場所にするためのものとして捉えようというのである。

価値の捉え方も、従来までの機能的価値や情緒的価値に加えて、新たに社会的価値が重視される。真の価値とも呼べるそうした価値の提供は、もちろん1社だけで実現することは難しい。CO_2の削減1つをとってみても、メーカー、流通、そして消費者が一緒に取り組まなければ大きな成果には結びつかない。多くの場合、他社や顧客をも巻き込みながら、価値は共に創られるのである。つまり、顧客のための真の価値を共創することにより、その見返りとして顧客から価値を獲得し、結果的に、高収益な顧客リレーションシップが将来にわたって構築されていくのである。

Discussion　　　　　　　　　　　　　　　　　　　　　　　　　　ディスカッション

Question 1

近年発売された新製品のうち、社会的価値という面で大きく前進しているものを挙げてみよう。

Question 2

ソサイエタル・マーケティング・コンセプトについて整理し、実際に取り組んでいると考えられる企業を挙げてみよう。

Question 3

2011年3月に発生した東日本大震災によって、マーケティングは「持続可能性」という面でどのように変化しているか考えてみよう。

Key Terms　　　　　　　　　　　　　　　　　　　　　　　　　　重要語句

持続可能なマーケティング（p.374）
コンシューマリズム（p.381）
エンバイロメンタリズム（p.382）
持続可能な環境方針（p.382）
顧客志向マーケティング（p.389）
顧客価値マーケティング（p.389）
革新型マーケティング（p.389）

使命感マーケティング（p.390）
ソサイエタル・マーケティング（p.390）
欠陥製品（p.391）
満足製品（p.391）
有益製品（p.391）
理想製品（p.391）

: 参考文献

第1章

1. Natalie Zmuda, "Zappos: Customer Service First—and a Daily Obsession," *Advertising Age*, October 20, 2008, p. 36; また、以下からの情報と引用を付加。Jeffrey M. O'Brien, "Zappos Knows How to Kick It," February 2, 2009, p. 54; Masha Zager, "Zappos Delivers Service… with Shoes on the Side,"*Apparel Magazine*, January 2009, pp. 10-13; Kelly Holman, "For Amazon, the Shoe Fits," *The Investment Dealer's Digest, January* 29, 2010, p. 28; "Zappos.com Salutes Customer Loyalty Team in New Ad Campaign," *Marketing Business Weekly*, April 4, 2010, p. 691; Barbara Lippert, "Zappos Brilliantly Goes Small to Show How Customer Service Is a Big Deal," *BrandWeek*, March 22, 2010, p. 9; およびwww.youtube.com/zapposとwww.zappos.com、2010年11月現在。
2. 以下を参照。"U.S. Market Leaders," *Advertising Age*, June 21, 2010, p. 18.
3. 以下における引用より。John J. Burnett, *Nonprofit Marketing Best Practices* (New York: John Wiley & Sons, 2008), p. 21.
4. アメリカ・マーケティング協会（ANA）による定義は以下のとおり：「マーケティングとは、組織および組織を取り巻く利害関係者に利益をもたらすべく、顧客に向けて価値を創造、伝達、提供し、顧客リレーションシップを構築する組織的な働き、およびその一連のプロセスである」www.marketingpower.com/_layouts/Dictionary.aspx?dLetter_M、2010年11月現在。
5. Jeffrey M. O'Brien, "Zappos Knows How to Kick It," *Fortune*, January 22, 2009, http://money.cnn.com/2009/01/15/news/companies/Zappos_best_companies_obrien.fortune/index.htm; およびRoland T. Rust, Christine Moorman, and Gaurav Bhalla, "Rethinking Marketing," *Harvard Business Review*, January-February 2010, pp. 94-101（『マーケティング再考』、ローランド・T・ラスト、クリスティーヌ・ムーアマン、ゴーラブ・バーラ著、関美和訳、ダイヤモンド社ハーバード・ビジネス・レビュー、2010年10月）。
6. 古典としては以下を参照。Theodore Levitt, "Marketing Myopia," *Harvard Business Review*, July-August 1960, pp. 45-56（『[新訳] マーケティング近視眼』、セオドア・レビット著、編集部訳、ダイヤモンド社ハーバード・ビジネス・レビュー、2001年11月）。最近の議論については以下を参照。"What Business Are You In?" *Harvard Business Review*, October 2006, pp. 127-137; Lance A. Bettencourt, "Debunking Myths about Customer Needs," *Marketing Management*, January/February 2009, pp. 46-51、うちp. 50; およびN. Craig Smith, Minette E. Drumright, and Mary C. Gentile, "The New Marketing Myopia," *Journal of Public Policy & Marketing*, Spring 2010, pp. 4-11.
7. 以下の情報に基づく。Michael Bush, "Why You Should Be Putting on the Ritz," *Advertising Age*, June 21, 2010, p. 1; Julie Barker, "Power to the People," *Incentive*, February 2008, p. 34; Carmine Gallo, "Employee Motivation the Ritz-Carlton Way," *BusinessWeek*, February 29, 2008, www.businessweek.com/smallbiz/content/feb2008/sb20080229_347490.htm. および、http://corporate.ritzcarlton.com/en/About/Awards.htm#Hotel、2010年11月現在。
8. ハーレー・オーナーズ・グループについての情報は以下より。www.harley-davidson.com/wcm/Content/Pages/HOG/HOG.jsp?locale_en_US、2010年11月現在。
9. Elizabeth Sullivan, "Just Say No", *Marketing News*, April 15, 2008, p. 17.
10. 以下より引用。Andrew Walmsley, "The Year of Consumer Empowerment," *Marketing*, December 20, 2006, p. 9; およびJeff Heilman, "Rules of Engagement: During a Recession, Marketers Need to Have Their Keenest Listening-to-Customers Strategy in Place," *The Magazine of Branded Content*, Winter 2009, p. 7. また、以下も参照のこと。Frank Striefler, "5 Marketing Principles Brands Should Embrace in 2010," *Adweek*, January 13, 2010, www.adweek.com.
11. Joel Rubenstein, "Marketers, Researchers, and Your Ears," *Brandweek*, February 15, 2010, p. 34.
12. 増田明子、恩藏直人「顧客参加型の商品開発」、『マーケティングジャーナル』122号、日本マーケティング協会、2011年、84-98ページ。
13. Gavin O'Malley, "Entries Pour in for Heinz Ketchup Commercial Contest," August 13, 2007, http://publications.mediapost.com.
14. Philip Kotler and Kevin Lane Keller, *Marketing Management*, 14th ed. (Upper Saddle River, NJ: Prentice Hall, 2012), p. 17.
15. "Consumer 'New Frugality' May Be an Enduring Feature of Post-Recession Economy, Finds Booz &

16. "Stew Leonard's," *Hoover's Company Records*, July 15, 2010, pp. 104-226; およびwww.stew-leonards.com/html/about.cfm、2010年8月現在。
17. Graham Brown, "MobileYouth Key Statistics," March 28, 2008, www.mobileyouth.org/?s=MobileYouth+Key+Statistics. 顧客の生涯価値については、以下にも興味深い議論がある。Sunil Gupta, et al., "Modeling Customer Lifetime Value," *Journal of Service Research*, November 2006, pp. 139-146; Nicolas Glady, Bart Baesens, and Christophe Croux, "Modeling Churn Using Customer Lifetime Value," *European Journal of Operational Research*, August 16, 2009, p. 402; およびJason Q. Zhang, Ashutosh Dixit, and Roberto Friedman, "Customer Loyalty and Lifetime Value: An Empirical Investigation of Consumer Packaged Goods," *Journal of Marketing Theory and Practice*, Spring 2010, p. 127.
18. Heather Green, "How Amazon Aims to Keep You Clicking," *BusinessWeek*, March 2, 2009, pp. 34-40; およびGeoffrey A. Fowler, "Corporate News: Amazon's Sales Soar, Lifting Profit," *Wall Street Journal*, April 23, 2010, p. B3.
19. Don Peppers and Martha Rogers, "Customers Don't Grow on Trees," *Fast Company*, July 2005, p. 26.
20. カスタマー・エクイティのさらなる詳細については以下を参照。Roland T. Rust, Valerie A. Zeithaml, and Katherine N. Lemon, *Driving Customer Equity* (New York: Free Press 2000); Rust, Lemon, and Zeithaml, "Return on Marketing: Using Customer Equity to Focus Marketing Strategy," *Journal of Marketing*, January 2004, pp. 109-127; Dominique M. Hanssens, Daniel Thorpe, and Carl Finkbeiner, "Marketing When Customer Equity Matters," *Harvard Business Review*, May 2008, pp. 117-124 (邦訳:『カスタマー・エクイティを科学的に最大化する』、ドミニク・M・ハンセンズ、ダニエル・ソープ、カール・フィンクベイナー著、編集部訳、ダイヤモンド社ハーバード・ビジネス・レビュー、2008年11月); Thorsten Wiesel, Bernd Skieram, and Julián Villanueva, "Customer Equity: An Integral Part of Financial Reporting," *Journal of Marketing*, March 8, 2008, pp. 1-14; およびV. Kumar and Denish Shaw, "Expanding the Role of Marketing: From Customer Equity to Market Capitalization," *Journal of Marketing*, November 2009, p. 119.
21. 事例は以下の情報から翻案。Rust, Lemon, and Zeithaml, "Where Should the Next Marketing Dollar Go?" *Marketing Management*, September-October 2001, pp. 24-28; およびJeff Green and David Welch, "What Cadillac Is Learning from the Ritz," *Bloomberg BusinessWeek*, June 17, 2010, p. 1.
22. "Consumer 'New Frugality' May Be an Enduring Feature of Post-Recession Economy, Finds Booz & Company Survey," *Business Wire*, February 24, 2010.
23. www.aboutmcdonalds.com/mcdおよびwww.nikebiz.com、2010年8月現在。
24. 非営利マーケティングに関する事例や評論は以下を参照。Philip Kotler and Alan R. Andreasen, *Strategic Marketing for Nonprofit Organizations*, 7th ed. (Upper Saddle River, NJ: Prentice Hall, 2008); およびPhilip Kotler and Karen Fox, *Strategic Marketing for Educational Institutions* (Upper Saddle River, NJ: Prentice Hall, 1995); およびPhilip Kotler and Nancy Lee, *Marketing in the Public Sector: A Roadmap for Improved Performance* (Philadelphia: Wharton School Publishing, 2007) (邦訳:『社会が変わるマーケティング:民間企業の知恵を公共サービスに活かす』、フィリップ・コトラー、ナンシー・リー著、スカイライトコンサルティング訳、英治出版、2007年)。
25. 水嶋敦、恩蔵直人「公益性を訴求する専門医団体の広報」『マーケティングジャーナル』125号、日本マーケティング協会、2012年、119～131ページ。

第2章

1. 引用やその他の情報は以下より入手。Barbara Lippert, "Game Changers," *Adweek*, November 17-24, 2008, p. 20; Mark Borden, "Nike," *Fast Company*, March 2008, p. 93; Michael McCarthy, "Nike's Swoosh Is Under Wraps," *USA Today*, January 7, 2009, www.USAToday.com; Jonathon Birchall, "Nike Seeks 'Opportunities' in Turmoil," *Financial Times*, March 16, 2009, p. 20; Brian Morrissey, "Nike Plus Starts to Open Up to Web," *Adweek*, July 20-27, 2009, p. 8; John Kell, "Corporate News: Nike's Quarterly Profit Jumps 53%," *Wall Street Journal*, June 24, 2010, p. B5; およびwww.nikebiz.comよりアニュアルレポートをはじめとする情報、2010年11月現在。
2. ミッション・ステートメントはアンダーアーマーhttp://investor.underarmour.com/investors.cfm、チポートレwww.chipotle.comの各サイトより、2010年9月現在。

3. 以降の議論の一部はwww.bcg.com/documents/file13904.pdf、2010年12月現在。
4. Matthew Garrahan, "Disney Profits Fall as Recession Hits," *Financial Times*, February 4, 2009, p. 25; Richard Siklos, "Bob Iger Rocks Disney," *Fortune*, January 19, 2009, pp. 80-86; Ben Fritz, "Company Town; およびDisney Profit Increases 55%," *Los Angeles Times*, May 12, 2010, p. B3.
5. H. Igor Ansoff, "Strategies for Diversification," *Harvard Business Review*, September-October 1957, pp. 113-124 (『多角化戦略の本質』、H・イゴール・アンゾフ著、関美和訳、ダイヤモンド社ハーバード・ビジネス・レビュー、2008年4月).
6. Michael E. Porter, *Competitive Advantage: Creating and Sustaining Superior Performance* (New York: Free Press, 1985 (『競争優位の戦略：いかに高業績を持続させるか』、マイケル・E・ポーター著、土岐坤ほか訳、ダイヤモンド社、1985年)；およびMichael E. Porter, "What Is Strategy?" *Harvard Business Review*, November-December 1996, pp. 61-78. (『[新訳] 戦略の本質』、マイケル・E・ポーター著、中辻萬治訳、ダイヤモンド社ハーバード・ビジネス・レビュー、2011年6月)を参照。また、"The Value Chain," www.quickmba.com/strategy/value-chain、2010年7月現在；ならびにPhilip Kotler and Kevin Lane Keller, *Marketing Management*, 13th ed. (Upper Saddle River, NJ: Prentice Hall, 2009), pp. 35-36 and pp. 252-253、および『コトラー＆ケラーのマーケティング・マネジメント第12版』フィリップ・コトラー、ケビン・ケラー著、恩蔵直人監修、月谷真紀訳、ピアソン桐原、2008年4月、46-48ページ、359-364ページ。も参照のこと。
7. Rebecca Ellinor, "Crowd Pleaser," *Supply Management*, December 13, 2007, pp. 26-29；およびwww.loreal.com/_en/_ww/html/suppliers/index.aspx、2010年8月現在。
8. "100 Leading National Advertisers," *Advertising Age*, June 21, 2010, p. 10. および、日経広告研究所「有力企業の広告宣伝費」2010年。
9. 4Pという分類は次の文献で提唱された。E. Jerome McCarthy, *Basic Marketing: A Managerial Approach* (Homewood, IL: Irwin, 1960) (『ベーシック・マーケティング』、E・J・マッカーシー著、粟屋義純監訳、東京教学社、1978年)。また、4Cをはじめとするその他分類の提案や議論については、以下を参照のこと。原田俊夫、原田一郎『現代マーケティング』前野書店、1978年; Robert Lauterborn, "New Marketing Litany: 4P's Passé C-Words Take Over," *Advertising Age*, October 1, 1990, p. 26; Phillip Kotler, "Alphabet Soup," *Marketing Management*, March-April 2006, p. 51; Nirmalya Kumer, "The CEO's Marketing Manifesto," *Marketing Management*, November/December 2008, pp. 24-29；およびRoy McClean, "Marketing 101—4 C's versus the 4 P's of Marketing," www.customfitfocus.com/marketing-1.htm、2010年7月現在。
10. 最高マーケティング責任者という役職については、以下に詳しい。Philip Kotler and Kevin Lane Keller, *Marketing Management*, 13th ed., pp. 11-12; Terry H. Grapentine and David Dwight, "Lay the Foundation for CMO Success," *Marketing Management*, May/June 2009, pp. 24-30；およびTodd Wasserman, "The Evolving CMO," *AdweekMedia*, June 8, 2009, p. 13.
11. 以下を参照。Kenneth Hein, "CMOs Pressured to Show ROI," *Brandweek*, December 12, 2008, p. 6; Lance Richard, "The Paradox of ROI and Decreased Spending in the Ad Industry," *American Journal of Business*, Fall 2009, www.bsu.edu/mcobwin/majb/?p=599；およびKevin J. Clancy and Peter C. Krieg, "Getting a Grip," *Marketing Management*, Spring 2010, pp. 18-23.
12. Mark McMaster, "ROI: More Vital Than Ever," *Sales & Marketing Management*, January 2002, pp. 51-52. 加えてSteven H. Seggie, Erin Cavusgil, and Steven Phelan, "Measurement of Return on Marketing Investment: A Conceptual Framework and the Future of Marketing Metrics," *Industrial Marketing Management*, August 2007, pp. 834-841；およびDavid Armano, "The New Focus Group: The Collective," *BusinessWeek*, January 8, 2009, www.businessweek.com/innovate/content/jan2009/id2009017_198183.htmも参照のこと。
13. 以下を参照。Hein, "CMOs Pressured to Show ROI," p. 6; Hammond, "You Gotta Be Accountable," p. 48；およびLawrence A. Crosby, "Getting Serious about Marketing ROI," *Marketing Management*, May/June 2009, pp. 10-11.
14. マーケティングROIの顧客中心型測定モデルに関しては、以下で議論の全容を確認できる。Roland T. Rust, Katherine N. Lemon, and Valerie A. Zeithaml, "Return on Marketing: Using Customer Equity to Focus Marketing Strategy," *Journal of Marketing*, January 2004, pp. 109-127; Roland T. Rust, Katherine N. Lemon, and Das Narayandas, *Customer Equity Management* (Upper Saddle River, NJ: Prentice Hall, 2005); Roland T. Rust, "Seeking Higher ROI? Base Strategy on Customer Equity," *Advertising Age*,

September 10, 2007, pp. 26-27; Thorsen Wiesel, Bernd Skiera, and Julián Villanueva, "Customer Equity: An Integral Part of Financial Reporting," *Journal of Marketing*, March 2008, pp. 1-14.

第3章

1. 以下の情報より抜粋、引用、翻案。Alex Taylor III, "Hyundai Smokes the Competition," *Fortune*, January 18, 2010, pp. 63-71; Jean Halliday, "Marketer of the Year: Hyundai," *Advertising Age*, November 9, 2009, pp. 1, 11-12; Todd Wasserman, "Why Hyundai's Dead Serious about Its SB Ads," *Adweek*, February 2, 2010, www.adweek.com; "Hyundai Marketer Ewanick Goes Face to Face with the Customer," *Automotive News*, October 26, 2009, p. 16; Janet Stilson, "Passing Lane," *Brandweek*, April 6, 2009, p. A7; および "Hyundai Launches FIFA 'Loyalty' Campaign," *MediaPostNews*, June 10, 2010, http://tinyurl.com/2c636kr.
2. 以下を参照。"Bausch & Lomb," www.wikinvest.com/wiki/Bausch_&_Lomb、2010年5月現在。
3. 以下より翻案。Taylor Clark, "Who's Afraid of the Big Bad Starbucks?" *The Week*, January 18, 2008, p. 46.
4. 以下の情報より翻案。W. Chan Kim, "Blue Ocean Strategy: Making the Competition Irrelevant," Fall 2008, http://www.blueoceanstrategy.com/abo/Links/Academy_magazine_Autumn08.pdf; および W. Chan Kim and Renée Mauborgne, *Blue Ocean Strategy: How to Create Uncontested Market Space and Make Competition Irrelevant* (Boston: Harvard Business Press, 2005) (邦訳:『ブルー・オーシャン戦略　競争のない世界を創造する』W・チャン・キム、レネ・モボルニュ著、有賀裕子訳、ランダムハウス講談社、2005年)。その他の議論および事例については以下を参照のこと。Kim and Mauborgne, "How Strategy Shapes Structure," *Harvard Business Review*, September, 2009, pp. 72-90 (邦訳:『ブルー・オーシャン戦略が産業構造を変える』W・チャン・キム、レネ・モボルニュ著、編集部訳、ダイヤモンド社ハーバード・ビジネス・レビュー、2010年1月); および Mioke Mallaro, "Is HME Retailing a Blue Ocean? Could Be," *HME News*, March 2010, p. S7.
5. Michael E. Porter, *Competitive Strategy: Techniques for Analyzing Industries and Competitors* (New York: Free Press, 1980), chapter 2 (邦訳:『競争の戦略』マイケル・E・ポーター著、土岐坤他訳、ダイヤモンド社、1982年); および Porter, "What Is Strategy?" *Harvard Business Review*, November-December 1996, pp. 61-78 (邦訳:『[新訳] 戦略の本質』マイケル・E・ポーター著、中辻萬治訳、ダイヤモンド社ハーバード・ビジネス・レビュー、2011年6月)。また、以下も参照のこと。Stefan Stern, "May the Force Be with You and Your Plans for 2008," *Financial Times*, January 8, 2008, p. 14; および "Porter's Generic Strategies", www.quickmba.com/strategy/generic.shtml、2010年5月現在。
6. 以下を参照。Michael Treacy and Fred Wiersema, "Customer Intimacy and Other Value Disciplines," *Harvard Business Review*, January-February 1993, pp. 84-93; Treacy and Wiersema, *The Discipline of Market Leaders: Choose Your Customers, Narrow Your Focus, Dominate Your Market* (New York: Perseus Press, 1997) (邦訳:『ナンバーワン企業の法則・勝者が選んだポジショニング』M・トレーシー、F・ウィアセーマ著、大原進訳、日本経済新聞社、2003年); Wiersema, *Customer Intimacy: Pick Your Partners, Shape Your Culture, Win Together* (Santa Monica, CA: Knowledge Exchange, 1998); Wiersema, *Double-Digit Growth: How Great Companies Achieve It—No Matter What* (New York: Portfolio, 2003); および Edward M. Hindin, "Learning from Leaders: Questions to Ask and Rules to Follow," *Health Care Strategic Management*, August 2006, pp. 11-13.
7. さらなる議論については以下を参照のこと。Philip Kotler and Kevin Lane Keller, *Marketing Management*, 13th ed. (Upper Saddle River, NJ: Prentice Hall, 2009), chapter 11、および『コトラー&ケラーのマーケティング・マネジメント 第12版』フィリップ・コトラー、ケビン・ケラー著、恩藏直人監修、月谷真紀訳、ピアソン桐原、2008年4月、11章。
8. 以下の情報より翻案。Clay Dillow, "Nintendo Goes to School: DS Classroom Turns Handheld Console into Teaching Tool," *Fast Company*, June 12, 2009, http://www.fastcompany.com; Yuri Kageyama, "In Tokyo School, Nintendo DS Is an English Teacher," *USA Today*, June 27, 2008, www.USAToday.com; Matt Peckham, "The Great Nintendo DS Invasion," *PC World*, March 19, 2010, www.pcworld.com; および Raphael G. Slatter, "Nintendo Aims to Get Consoles in Schools," *Associated Press*, March 19, 2010, http://www.msnbc.msn.com/id/35952226/ns/technology_and_science-games/.
9. 業界動向SEARCH.COMより。http://gyokai-search.com/、2012年12月現在。

10. Robert D. Buzzell and Bradley T. Gale, The PIMS Principles, Free Press, 1987（和田充夫、八七戦略研究会訳『新PIMSの戦略原則』ダイヤモンド社、1988年）。
11. 以下より翻訳。David J. Bryce and Jeffrey H. Dyer, "Strategies to Crack Well-Guarded Markets," *Harvard Business Review*, May 2007, pp. 84-91（邦訳：『新規参入の必勝法』デイビッド・J・ブライス、ジェフリー・H・ダイアー著、鈴木英介訳、ダイヤモンド社ハーバード・ビジネス・レビュー、2008年11月）；および Matthew Futterman, "Red Bull's Latest Buzz: New Soccer Stadium," *Wall Street Journal,* March 18, 2010, www.online.wsj.com の情報を付加。
12. 「ペットビジネスハンドブック」（産経メディックス、2013年）より。
13. 以下を参照。Anna Wilde Mathews, "Polly Want an Insurance Policy?" *Wall Street Journal*, December 9, 2009, p. D1; Diane Brady and Christopher Palmeri, "The Pet Economy," *BusinessWeek*, August 6, 2007, pp. 45-54; "New National Pet Owners Survey Details Two Decades of Evolving American Pet Ownership," *American Pet Products Manufacturers Association*, June 18, 2007, http://media.americanpetproducts.org/press.php?include=138671; "All in the Family," *Marketing Management*, January/ February 2008, p. 7; および http://press.petinsurance.com、2010年9月現在。

第4章

1. "Connected World," Best Buy Fiscal 2008 Annual Report, pp. 1-3, www.bby.com; Jonathan Birchall, "Personal Approach to Expansion," *Financial Times*, May 13, 2008, p. 14; および Gary McWilliams, "Analyzing Customers, Best Buy Decides Not All Are Welcome," *Wall Street Journal*, November 8, 2004, p. A1 より引用。その他の情報は以下より入手。Laura Spinali and Jeff O'Heir, "Top 101," *Dealerscope*, March 2009, p. 38; "Consumer Survey: Best Buy, Walmart Top CE Chains," *TWICE*, April 6, 2009, p. 6; Philippe Gohier, "Best Buy Isolates Its 'Demons,'" *MacLean's*, April 7, 2009, p. 40; Andrew Nusca, "In Wake of Circuit City's Demise, Best Buy Rivals Gain Share," *ZDNet.com*, January 12, 2010, www.zdnet.com/blog/gadgetreviews/in-wake-of-circuit-citys-demise-best-buy-rivals-gain-share/11060; ならびに www.bestbuyinc.com より、アニュアルレポートやその他の資料、2010年10月現在。
2. Elizabeth A. Sullivan, "H.O.G: Harley-Davidson Shows Brand Strength as It Navigates Down New Roads—and Picks Up More Female Riders along the Way," *Marketing News*, November 1, 2008, p. 8; "Harley-Davidson Hosts Special Rides to Kick Off Women Riders Month," *PR Newswire*, March 23, 2009; "Women Riders to Rev for a Cure at Daytona Bike Week," *PR Newswire*, February 5, 2010; および www.harley-davidson.com/wcm/Content/Pages/women_riders/landing.jsp、2010年10月現在の情報より翻案。
3. 以下を参照。Michael E. Porter, *Competitive Advantage: Creating and Sustaining Superior Performance* (New York: Free Press, 1985), pp. 4-8, 234-236.（邦訳：『競争優位の戦略：いかに高業績を持続させるか』、マイケル・E・ポーター著、土岐坤ほか訳、ダイヤモンド社、1985年）。近年の議論については以下を参照のこと。Slater and Eric Olson, "A Fresh Look at Industry and Market Analysis," *Business Horizons*, January-February 2002, pp. 15-22; Kenneth Sawka and Bill Fiora, "The Four Analytical Techniques Every Analyst Must Know: 2. Porter's Five Forces Analysis," *Competitive Intelligence Magazine*, May-June 2003, p. 57; および Philip Kotler and Kevin Lane Keller, *Marketing Management*, 13th ed., pp. 342-343.
4. SUVの売上データは www.WardsAuto.com より、2010年3月現在。価格データは www.edmunds.com より、2010年3月現在。
5. Michael Myser, "Marketing Made Easy," Business 2.0, June 2006, pp. 43-44; "Staples, Inc." Hoover's Company Records, http://premium.hoovers.com/subscribe/co/factsheet.xhtml?ID=rcksfrhrfjcxtr, April 2010; and www.staples.com, accessed April 2010.
6. "Singapore Airlines: Company Information," www.singaporeair.com、2010年11月現在より引用。
7. 以下を参照。Bobby J. Calder and Steven J. Reagan, "Brand Design," in Dawn Iacobucci, ed. *Kellogg on Marketing* (New York: John Wiley & Sons, 2001), p. 61.（『マーケティング戦略：ノースウェスタン大学大学院ケロッグ・スクール』、ドーン・イアコブッチ編著、奥村昭博・岸本義之監訳、ダイヤモンド社、2001年）。なお、より詳しい議論については、Philip Kotler and Kevin Lane Keller, *Marketing Management*, 13th ed., pp. 315-316 を参照のこと。

第5章

1. 引用および情報は以下文献より。Christina Saunders and Liza Martindale, "Tide Celebrates the Diverse, Individual Style of Americans in New Advertising Campaign," P&G press release, January 20, 2010, http://multivu.prnewswire.com/mnr/tide/42056/; Elaine Wong, "Marketer of the Year: Team Tide," *Adweek*, September 14, 2009, p. 20; "Case Study: Tide Knows Fabrics Best," *ARF Ogilvy Awards*, 2007, http://thearf.org より参照; Stuart Elliot, "A Campaign Linking Clean Clothes with Stylish Living," *New York Times*, January 8, 2010, p. B3; および "P&G: Our Purpose, Values, and Principles," www.pg.com/company/who_we_are/ ppv.jhtml、2010年11月現在。
2. 本項での引用は特に記載のない限り、カスタマー・インサイトに関する以下のすばらしい論考による。Mohanbir Sawhney, "Insights into Customer Insights," www.redmond.nl/hro/upload/Insights_into_Customer_Insights.pdf、2009年4月現在。アップルのiPodの例もこの記事からの翻案である。加えて "Corporate News: Demands for Macs, iPhones Fuels Apple," *Wall Street Journal Asia*, January 27, 2010, p. 22 も参照のこと。
3. Alan Mitchell, "Consumer Data Gathering Has Changed from Top to Bottom," *Marketing*, August 12, 2009, pp. 26-27.
4. Ian C. MacMillan and Larry Seldon, "The Incumbent's Advantage," "*Harvard Buisiness Review*, October 2008, pp. 111-121 (『業界トップの優位戦略』、イアン・C・マクミラン、ラリー・セルデン著、スコフィールド素子訳、ダイヤモンド社ハーバード・ビジネス・レビュー、2009年1月)。
5. マーケティング情報を提供する調査会社の詳細は、Jack Honomichl, "Honomichl Top 50," special section, *Marketing News*, June 30, 2009 を参照のこと。その他の情報は http://en-us.nielsen.com/expertise、www.smrb.com/web/guest/core-solutions/national-consumer-study、www.yankelovich.com より、2010年8月現在。
6. http://symphonyiri.com/?TabId=159&productid=84 を参照、2010年6月現在。
7. Pradeep K. Tyagi, "Webnography: A New Tool to Conduct Marketing Research," *Journal of American Academy of Business*, March 2010, pp. 262-268 を参照。
8. Emily Spensieri, "A Slow, Soft Touch," *Marketing*, June 5, 2006, pp. 15-16. 加えて www.femqb.com を参照、2010年2月現在。
9. "E-Rewards Rakes in $60M in New Funding," October 17, 2008, http://dallas.bizjournals.com/dallas/stories/2008/10/20/story5.html; および Gary Langer, "Study Finds Trouble for Opt-in Internet Surveys," ABCNews.com, September 1, 2009, http://blogs.abcnews.com/thenumbers/2009/09/study-finds-trouble-for-internet-surveys.html.
10. 総務省統計局「2010年（平成22年）度 統計調査等業務の業務・システム最適化実施評価報告書」
11. Barney Beal, "Gartner: CRM Spending Looking Up," *SearchCRM .com*, April 29, 2008, http://searchcrm.techtarget.com/news/article/0,289142,sid11_gci1311658,00.html; David White, "CRM Magazine Announces Winners of 2009 CRM Service Awards," *Business Wire*, April 1, 2009; および "Research and Markets: Global Customer Relationship Management (CRM) Sales Automation Software Market 2008-2012," *M2 Presswire*, January 14, 2010 を参照のこと。
12. 本例は Dan Sewell, "Kroger User Shopper Data to Target Coupons," *Huffington Post*, January 6, 2009, www.huffingtonpost.com/2009/01/06/kroger-uses-shopper-data_n_155667.html の情報より翻案。あわせて Chris Blackhurst, "Tesco at Top of Its Game As Leahy Plays His Cards Right," December 14, 2009, www.thisislondon.co.uk/standard-business/article-23783269-tesco-at-top-of-its-game-as-leahy-plays-his-cards-right.do も参照のこと。

第6章

1. GDPの数字は *The World Fact Book*, April 2, 2010, https://www.cia.gov/library/publications/the-world-factbook/index.html; および "Research and Markets: Evaluate the U.S. Consumer Behavior 2010 Market: Accounting for 71% of the U.S. Gross Domestic Product, or Over $10 Trillion," *Business Wire*, December 18, 2009 より。人口については、the World POPClock, U.S. Census Bureau, www.census.gov/main/www/popclock.html、2010年5月現在の数字。なお、このウェブサイトにはアメリカおよび世界の人口に関する最新推計が掲載されている。
2. Don E. Schultz, "Lines or Circles," *Marketing News*, November 5, 2007, p. 21; および Elizabeth A. Sullivan,

"Pick Your Brain," *Marketing News*, March 15, 2009, pp. 10-13.
3. 以下を参照。Lynn Russo Whylly, "Marketing to Asian Americans," advertising supplement to *Brandweek*, May 26, 2008, pp. S1-S3; Jeffrey M. Humphreys, *The Multicultural Economy 2008*; およびU.S. Census Bureau Reports, www.census.gov、2010年10月現在。
4. "Research reveals Word-of-Mouth Campaigns on Customer Networks Double Marketing Results," *Business Wire*, October 27, 2009.
5. 以下を参照。Brian Morrissey, "Social Rings," *Brandweek*, January 18, 2010, p. 20.
6. 以下を参照。Eleftheria Parpis, "She's in Charge," *Adweek*, October 6-13, 2008, p. 38; Abigail Posner, "Why Package-Goods Companies Should Market to Men," *Advertising Age*, February 9, 2009, http://adage.com/print?article_id=134473; およびMarissa Miley and Ann Mark, "The New Female Consumer: The Rise of the Real Mom," *Advertising Age*, November 16, 2009, pp. A1-A27.
7. 『巨富への道』、堺屋太一、PHP研究所、2010年。
8. 水口健次『なぜハーレーだけが売れるのか』日経ビジネス人文庫、2008年。
9. 以下を参照。Jennifer Aaker, "Dimensions of Measuring Brand Personality," *Journal of Marketing Research*, August 1997, pp. 347-356; Kevin Lane Keller, *Strategic Brand Management*, 3rd ed. (Upper Saddle River, New Jersey, 2008), pp. 66-67 (『戦略的ブランド・マネジメント　第3版』、ケビン・レーン・ケラー著、恩藏直人監訳、東急エージェンシー、2010年); およびVanitha Swaminathan, Karen M. Stilley, and Rohini Ahluwalla, "When Brand Personality Matters: The Moderating Role of Attachment Styles," *Journal of Consumer Research*, April 2009, pp. 985-1002.
10. 以下を参照。Abraham H. Maslow, "A Theory of Human Motivation," *Psychological Review*, 50 (1943), pp. 370-396; およびMaslow, *Motivation and Personality*, 3rd ed. (New York: HarperCollins Publishers, 1987); 加えてLeon G. Schiffman, Leslie Lazar Kanuk, *Consumer Behavior* (Upper Saddle River, NJ: Prentice Hall, 2010), pp. 98-106.
11. 以下を参照。Louise Story, "Anywhere the Eye Can See, It's Now Likely to See an Ad," *New York Times*, January 15, 2007, www.nytimes.com/2007/01/15/business/media/15everywhere.html; Matthew Creamer, "Caught in the Clutter Crossfire: Your Brand," *Advertising Age*, April 1, 2007, p. 35; およびRuth Mortimer, "Consumer Awareness: Getting the Right Attention," *Brand Strategy*, December 10, 2008, p. 55.
12. 総務省「平成22年通信利用動向調査報告書（世帯編）」
13. 引用および情報は以下より。Yubo Chen and Jinhong Xie, "Online Consumer Review: Word-of-Mouth as a New Element of Marketing Communication Mix," *Management Science*, March 2008, pp. 477-491; Leo J. Shapiro & Associates, "User-Generated Content Three Times More Influential Than TV Advertising on Consumer Purchase Decisions," *Marketing Business Weekly*, December 28, 2008, p. 34; および "Word of Mouth Influences Most Apparel Purchases," *Army/Navy Store & Outdoor Merchandiser*, January 15, 2010, p. 6.
14. 以下を参照。Leon Festinger, *A Theory of Cognitive Dissonance* (Stanford, CA: Stanford University Press, 1957) (『認知的不協和の理論』、レオン・フェスティンガー著、末永俊郎訳、誠信書房、1965年); Cynthia Crossen, "'Cognitive Dissonance' Became a Milestone in the 1950s Psychology," *Wall Street Journal*, December 12, 2006, p. B1; およびAnupam Bawa and Purva Kansal, "Cognitive Dissonance and the Marketing of Services: Some Issues," *Journal of Services Research*, October 2008-March 2009, p. 31.
15. 以降の論考はEverett M. Rogersの功績による。*Diffusion of Innovations*, 5th ed. (New York: Free Press, 2003) (『イノベーションの普及』、エベレット・ロジャーズ著、三藤利雄訳、翔泳社、2007年) を参照のこと。
16. Nick Bunkley, "Hyundai, Using a Safety Net, Wins Market Share," *New York Times*, February 5, 2009; Chris Woodyard and Bruce Horvitz, "GM, Ford Are Latest Offering Help to Those Hit by Job Loss," *USA Today*, April 1, 2009; および "Hyundai Assurance Enhanced for 2010," *PR Newswire*, December 29, 2009.

第7章

1. 引用および情報は以下より。Mary Jane Mash, "ESPN Founder Shares Secrets of Success," *Targeted News Service*, October 14, 2008; "How Do You View?" *Economist*, August 2, 2008; Jessica E. Vascellaro and Elizabeth Holmes, "YouTube Seals Deal on ABC, ESPN Clips," *Wall Street Journal*, March 31, 2009, p. B3; Lynn Zinser, "ESPN Outbids Fox Sports and Wins B.C.S. Rights," *New York Times*, November 19,

2008, p. 16; Matthew Futterman, "ESPN Hauls in Rights to Top College Bowl Games," *Wall Street Journal*, November 18, 2008, p. B4; Anthony Crupi, "ESPN Tops Beta Research Again," *Mediaweek*, January 10, 2010, www.mediaweek.com；およびwww.espn.com、http://espnmediazone3.com/wpmu、および www.collegefanz.com/index.jspa、2010年11月現在。.

2. 以下の情報より翻案。Chuck Salter, "Why America Is Addicted to Olive Garden," *Fast Company*, July-August 2009, pp. 102-106；および "Culinary Institute of Tuscany," www.olivegarden.com/culinary/cit/、2010年11月現在。

3. R. K. Krishna Kumar, "Effective Marketing Must Begin with Customer Engagement," *Marketing News*, April 15, 2009, p. 15.

4. 八島明朗、守口剛、恩藏直人、松本大吾、石田大典、石井裕明「現代アートの島『直島』」『マーケティングジャーナル』124号、日本マーケティング協会、2012年、110~124ページ。

5. 引用および定義は以下より。Philip Kotler, *Kotler on Marketing* (New York: Free Press, 1999), p. 17（『コトラーの戦略的マーケティング―いかに市場を創造し、攻略し、支配するか』、フィリップ・コトラー著、木村達也訳、ダイヤモンド社、2000年）；およびwww.asq.org/glossary/q.html、2010年11月現在。

6. Andy Goldsmith, "Coke vs. Pepsi: The Taste They Don't Want You to Know About," *The 60-Second Marketer*, www.60secondmarketer.com/60SecondArticles/Branding/cokevs.pepsitast.html、2009年5月現在。

7. 恩藏直人「パッケージ」恩藏直人、亀井昭宏編『ブランド要素の戦略論理』早稲田大学出版部、2002年、135~152ページ。

8. これらの語り草に関しては以下を参照のこと。Bob Janet, "Customers Never Tire of Great Service," *Dealerscope*, July 2008, p. 40；およびGreta Schulz, "Nordstrom Makes Customer Service Look Easy," December 11, 2009, http://amazingserviceguy.com/2370/2370/.

9. www.marriott.com/corporateinfo/glance.mi、2010年8月現在。

10. 以下を参照。CIA, *The World Factbook*, https://www.cia.gov/library/publications/the-world-factbook/geos/xx.htmlおよびhttps://www.cia.gov/library/publications/the-world-factbook/fields/2012.html、2010年8月現在；ならびにBureau of Labor Statistics, www.bls.gov、2010年8月現在。

11. 以下を参照。James L. Heskett, W. Earl Sasser Jr., and Leonard A. Schlesinger, *The Service Profit Chain: How Leading Companies Link Profit and Growth to Loyalty, Satisfaction, and Value* (New York: Free Press, 1997)（『カスタマー・ロイヤルティの経営：企業利益を高めるCS戦略』、ジェームス・L・ヘスケット、W・アール・サッサー・JR、レオナード・A・シュレシンジャー著、島田陽介訳、日本経済新聞社、1998年）；Heskett, Sasser, and Schlesinger, *The Value Profit Chain: Treat Employees Like Customers and Customers Like Employees* (New York: Free Press, 2003)（『バリュー・プロフィット・チェーン：顧客・従業員満足を「利益」と連鎖させる』、ヘスケット、サッサー、シュレシンジャー著、山本昭二、小野譲司訳、日本経済新聞社、2004年）；Christian Homburg, Jan Wieseke, and Wayne D. Hoyer, "Social Identity and the Service-Profit Chain," *Journal of Marketing*, March 2009, pp. 38-54；およびRachael W. Y. Yee and others, "The Service-Profit Chain: A Review and Extension," *Total Quality Management & Business Excellence*, 2009, pp. 617-632.

12. Jan Carlzon, Moments of Truth, (Albert Bonniers, 1985)（『真実の瞬間』ヤン・カールソン著、堤猶二訳、ダイヤモンド社、1990年）

13. Jena McGregor, "Customer Service Champs," *BusinessWeek*, March 5, 2007, pp. 52-64より抜粋；加えて、Daniel B. Honigman, "10 Minutes with... Fred Taylor," *Marketing News*, May 1, 2008, pp. 8-27の情報を付加。

14. 以下を参照。"McAtlas Shrugged," *Foreign Policy*, May-June 2001, pp. 26-37; Philip Kotler and Kevin Lane Keller, *Marketing Management*, 13th ed. (Upper Saddle River, NJ: Prentice Hall, 2009), p. 254、および『コトラー&ケラーのマーケティング・マネジメント 第12版』フィリップ・コトラー、ケビン・ケラー著、恩藏直人監訳、月谷真紀訳、ピアソン桐原、2008年4月、364-366ページ。

15. 水嶋敦、恩藏直人、Kavin Lane Keller「強いブランドを構築するためのピラミッド・モデル」『マーケティングジャーナル』95号、日本マーケティング協会、2005年、31~46ページ。

16. 以下を参照。Millward Brown Optimor, "BrandZ Top 100 Most Powerful Brands 2009," およびwww.millwardbrown.com/brandz/.

17. 以下を参照。Scott Davis, *Brand Asset Management*, 2nd ed. (San Francisco: Jossey-Bass, 2002)（『ブランド資産価値経営：組織を束ね、収益性を高める成長戦略』、スコット・M・デイビス著、青木幸弘訳、日本経済

新聞社、2002 年)。ブランドのポジショニングについて、より詳しくは Philip Kotler and Kevin Lane Keller, *Marketing Management*, 13th ed., Chapter 10、および『コトラー&ケラーのマーケティング・マネジメント 第12版』フィリップ・コトラー、ケビン・ケラー著、恩藏直人監修、月谷真紀訳、ピアソン桐原、2008 年 4 月、10 章。を参照のこと。

18. Susan Wong, "Foods OK, But Some Can't Stomach More Ad Increases," *Brandweek*, January 5, 2009, p. 7. また、以下も参照のこと。"Brand Names Need to Reward Consumers to Keep Them According to Study," *PR Newswire*, October 23, 2009; "IDDBA Study Shows Store Brands Spiking," *Dairy Foods*, January 2010, p. 38; および "Consumers Praise Store Brands," *Adweek*, April 8, 2010, www.adweek.com.
19. 以下を参照。Jack Neff, "Private Label Winning Battle of Brands," *Advertising Age*, February 23, 2009, p. 1; Chris Burritt and Carol Wolf, "Walmart's Store-Brand Groceries to Get New Emphasis," *Bloomberg.com*, February 19, 2009; および Jenn Abelson, "Seeking Savings, Some Ditch Brand Loyalty," *Boston Globe*, January 29, 2010, p. B1.
20. www.apple.com/ipod/nike/、2010 年 8 月現在からの引用。

第 8 章

1. 以下の情報を抜粋、引用、翻案。Chuck Salter, "Google: The Faces and Voices of the World's Most Innovative Company," *Fast Company*, March 2008, pp. 74-88; "The World's Most Innovative Companies," *Fast Company*, March 2009, p. 52; "The World's Most Innovative Companies," *Fast Company*, February 22, 2010, p. 60; "Google Shines a Light on Innovation," *Computer Weekly*, September 9-September 15, 2008, p. 3; David Pogue, "Geniuses at Play, On the Job," *New York Times*, February 26, 2009, p. B1; Quentin Hardy, "When Google Runs Your Life," *Forbes*, December 28, 2009, pp. 88-93; Tom Krazit, "Slight Dip in Google's January Search Market Share," *CNET News*, February 11, 2010, http://news.cnet.com/8301-30684_3-10452235-265.html; および www.google.com と www.googlelabs.com、2010 年 9 月現在。
2. "In a Tough Economy, Innovation Is King," *Marketing News*, April 15, 2009, p. 14.
3. Calvin Hodock, "Winning the New-Products Game," *Advertising Age*, November 12, 2007, p. 35; Neale Martin, "Force of Habit," *Brandweek*, October 13, 2008, pp. 18-20; "How P&G Plans to Clean up," *BusinessWeek*, April 13, 2009, pp. 44-45; および "Top 10 Reasons for New-Product-Failure," *The Marketing Fray*, January 7, 2010, http://www.marketingfray.com/2010/01/top-10-reasons-for-new-productfailure.html.
4. John Peppers and Martha Rogers, "The Buzz on Customer-Driven Innovation," *Sales & Marketing Management*, June 2007, p. 13.
5. Jeff Howe, "Join the Crowd," *Independent (London)*, September 2, 2008, p. 2; "P&G Leads 2010 Edison Best New Product Award Finalists with Five Nods," *PR Newswire*, February 11, 2010; および "About Us," www.innocentive.com、2010 年 9 月現在。
6. 以下を参照。George S. Day, "Is It Real? Can We Win? Is It Worth Doing?" *Harvard Business Review*, December 2007, pp. 110-120 (『「大文字のイノベーション」も必要である』、ジョージ・S・デイ著、山本冬彦訳、ダイヤモンド社ハーバード・ビジネス・レビュー、2008 年 9 月)。
7. 燃料電池自動車については、次の文献を参照のこと。恩藏直人、芳賀康浩、安藤和代、外川拓『エネルギー問題のマーケティング的解決』朝日新聞出版社、2013 年。
8. 事例は以下文献の情報を発展させた。"Decision Insight: Simushop," www.decisioninsight.com/content/simushop.shtml、2010 年 9 月現在; および Allison Enright, "Best Practices: Frito-Lay Get Real Results from a Virtual World," *Marketing News*, December 15, 2006, p. 20. また、Piet Levy, "10 Minutes with … Brad Barash, Vice President of Decision Insight, Inc.," *Marketing News*, February 28, 2009, p. 28 も参照のこと。
9. 以下を参照。Robert G. Cooper, "Formula for Success," *Marketing Management*, March-April 2006, pp. 19-23; Barry Jaruzelski and Kevin Dehoff, "The Global Innovation of 1000," *Strategy + Business*, Issue 49, fourth quarter, 2007, pp. 68-83; および Shu-Hua Chien and Jyh-jye Chen, "Supplier Involvement in Customer Involvement Effect on New Product Development Success in the Financial Service Industry," *Service Industries Journal*, February 2010, p. 185.
10. Robert Berner, "How P&G Pampers New Thinking," *BusinessWeek*, April 14, 2008, pp. 73-74; "How P&G Plans to Clean Up," *BusinessWeek*, April 13, 2009, pp. 44-45; および "Procter & Gamble Company," www.wikinvest.com/stock/Procter_&_Gamble_Company_ (PG)、2010 年 4 月現在。

11. 製品開発のスタイルについては、次の文献を参照のこと。恩藏直人『競争優位のブランド戦略』日本経済新聞社、1995年。
12. 恩藏直人、石田大典「顧客志向が製品開発チームとパフォーマンスへ及ぼす影響」『流通研究』第13巻、第1・2合併号、日本商業学会、2011年、19～32ページ。
13. Bryan Lilly and Tammy R. Nelson, "Fads: Segmenting the Fad-Buyer Market," *Journal of Consumer Marketing*, vol. 20, no. 3, 2003, pp. 252-265 の定義に基づく。
14. PLCにおけるマーケティング戦略についての包括的な議論は、以下の文献に詳しい。Philip Kotler and Kevin Lane Keller, *Marketing Management*, 13th ed. (Upper Saddle River, NJ: Prentice Hall, 2009), pp. 278-290、および『コトラー&ケラーのマーケティング・マネジメント 第12版』フィリップ・コトラー、ケビン・ケラー著、恩藏直人監修、月谷真紀訳、ピアソン桐原、2008年4月、401-419ページ。

第9章

1. 数字は以下に基づく。"Hertz Acquires Dollar Thrifty," April 26, 2010, slide 5.
2. Enterprize、および"We'll Pick You Up"は、エンタープライズ・レンタカーの登録商標である。引用およびその他の情報は以下より。"Enter Enterprise," *Business Travel News*, April 23, 2007; Carol J. Loomis, "Enterprise Pulls Up at the Airport," *Fortune*, July 23, 2007, p. 50; Stephan Stern, "Revealed: The Secret to Survival in 2009 (Pass It On)," *Financial Times*, December 23, 2008, p. 12; Michael B. Baker, "Wreckers Again on Her Enterprise," *Business Travel News*, December 14, 2009, p. 4; Andrew Ross Sorkin, "Hertz Aims to Push Forward with Dollar Thrifty," *New York Times*, April 6, 2010, http://dealbooks.blogs.nytimes.com; Gary Stoller, "Hertz to Acquire Rental Car Rival Dollar Thrifty in $1.2B Deal," *USA Today*, April 26, 2010, www.usastoday.com; "Update 1—Car Rental Shares Rise After Hertz Bid," *Reuters*, September 13, 2010, www.reuters.com/article/idUSN1321335120100913; および www.enterprise.com、www.enterpriseholdings.com、www.wecar.com、http://aboutus.enterprise.com/press_room/fact_sheets.html、2010年10月現在。
3. Nanette Byrnes, "Avon Calls. China Opens the Door," *BusinessWeek Online*, February 28, 2006, p. 19; Mei Fong, "Avon's Calling, But China Opens Door Only a Crack," *Wall Street Journal*, February 26, 2007, p. B1; "Cosmetic Changes in China Market," October 11, 2007, www.chinadaily.com.cn; および David Barboza, "Direct Selling Flourishes in China," *New York Times*, December 26, 2009, p. B1.
4. 引用および情報は以下より。Alex Taylor III, "Caterpillar," *Fortune*, August 20, 2007, pp. 48-54; Donald V. Fites, "Make Your Dealers Your Partners," *Harvard Business Review*, March-April 1996, pp. 84-95; および www.cat.com、2010年11月現在。
5. Shlomo Maital, "The Last Frontier of Cost Reduction," *Across the Board*, February 1994, pp. 51-52; および http://walmartstores.com、2010年6月現在。
6. 恩藏直人、芳賀康浩、安藤和代、外川拓『エネルギー問題のマーケティング的解決』朝日新聞出版、2013年。
7. 石田大典、恩藏直人「株式会社ダイフクのFA&DA事業」『マーケティングジャーナル』107号、日本マーケティング協会、2008年、110～124ページ。
8. 公益社団法人全日本トラック協会「日本のトラック輸送産業」より、2012年。
9. Michael Margreta, Chester Ford, and M. Adhi Dipo, "U.S. Freight on the Move: Highlights from the 2007 Commodity Flow Survey Preliminary Data," September 30, 2009, www.bts.gov/publications/bts_special_report/2009_09_30/html/entire.html; Bureau of Transportation Statistics, "Pocket Guide to Transportation 2009," January 2010, www.bts.gov/publications/pocket_guide_to_transportation/2010/; および米国トラック協会www.truckline.comより、2010年2月現在。

第10章

1. 以下を参照。Allen Adamson, "Marketers: Expect a Return to Core Brand Value—and Values—in 2010," *Forbes*, January 4, 2010, www.forbes.com; および "Consumer 'New Frugality' May Be an Enduring Feature of Post-Recession Economy, Finds Booz & Company Survey," *Business Wire*, February 24, 2010.
2. 以下の情報に基づく。Anne Marie Chaker, "For a Steinway, I Did It My Way," *Wall Street Journal*, May 22, 2008, www.wsj.com; および www.steinway.com/steinway と www.steinway.com/steinway/quotes.

shtml、2010年11月現在。ウォルマートとアマゾン・ドットコムの売上高は2013年の両社発表資料を参照。
3. 事例は以下より翻案。Anupam Mukerji, "Monsoon Marketing," *Fast Company*, April 2007, p. 22. また、以下も参照。www.stagumbrellas.com、2010年9月現在。
4. Elizabeth A. Sullivan, "Value Pricing: Smart Marketers Know Cost-Plus Can Be Costly," *Marketing News*, January 15, 2008, p. 8. また、Peter J. Williamson and Ming Zeng, "Value-for-Money Strategies," *Harvard Business Review*, March 2009, pp. 66-74 (『バリュー・フォー・マネー戦略で不況に克つ』、ピーター・J・ウィリアムソン、曾鳴著、関美和訳、ダイヤモンド社ハーバード・ビジネス・レビュー、2009年5月）も参照。
5. 1目盛りが同じ伸びを示す直線となるよう、経験曲線を片対数グラフで表している。
6. 帝国データバンク史料館・産業調査部編『百年続く企業の条件』朝日新書、2009年。
7. 以下を参照。Nagle, Hogan, and Zale, *The Strategy and Tactics of Pricing*, Chapter 7.
8. 恩蔵直人『コモディティ化市場のマーケティング論理』有斐閣、2007年。
9. 価格戦略について、より包括的な議論は以下に詳しい。Thomas T. Nagle, John E. Hogan, and Joseph Zale, *The Strategy and Tactics of Pricing*, 5th ed. (Upper Saddle River, New Jersey: Prentice Hall, 2011).
10. 以下の情報より翻案。Mei Fong, "IKEA Hits Home in China; The Swedish Design Giant, Unlike Other Retailers, Slashes Prices for the Chinese," *Wall Street Journal*, March 3, 2006, p. B1; "Beijing Loves IKEA—But Not for Shopping," *Los Angeles Times*, http://articles.latimes.com/2009/aug/25/business/fi-chinai-kea25; およびwww.ikea.com/ms/en_US/about_ikea/factandfigures/index.html、2010年4月現在。
11. 情報は以下より入手。"What Happens to All That Poo at the Zoo . . .," www.youtube.com/watch?v=kjfNVEvRI3w&feature=player_embedded#、2010年4月現在；"Zoo Doo® at Woodland Park Zoo," www.zoo.org/zoo-doo、2010年11月現在。
12. 以下を参照。Eric Anderson and Duncan Simester, "Mind Your Pricing Cues," *Harvard Business Review*, September 2003, pp. 96-103 (『価格シグナル戦略』、エリック・アンダーソン、ダンカン・シミスター著、西尚久訳、ダイヤモンド社、ハーバード・ビジネス・レビュー、2004年1月）；およびPeter J. Boyle and E. Scott Lathrop, "Are Consumers' Perceptions of Price-Quality Relationships Well Calibrated?" *International Journal of Consumer Studies*, January 2009, p. 58.
13. Louise Story, "Online Pitches Made Just for You," *New York Times*, March 6, 2008, www.nytimes.comより翻案。また、以下も参照のこと。Lucy Soto, "Cookies Bite Back: Those Little Computer Chromes Keep Track of Your Spending Habits," *Atlanta Journal-Constitution*, January 31, 2010, p. B1.
14. 以下の情報に基づく。"The World's Most Influential Companies: Unilever," *Business Week*, December 22, 2008, p. 47; およびwww.unilever.com/sustainability/、2009年11月現在。
15. 以下の事例より翻案。Ellen Byron, "Fashion Victim: To Refurbish Its Image, Tiffany Risks Profits," *Wall Street Journal*, January 10, 2007, p. A1; およびAliza Rosenbaum and John Christy, "Financial Insight: Tiffany's Boutique Risk; By Breaking Mall Fast, High-End Exclusivity May Gain Touch of Common," *Wall Street Journal*, October 20, 2007, p. B14. あわせて以下も参照。Brian Burnsed, "Where Discounting Can Be Dangerous," *Business Week*, August 3, 2009, p. 49.

第11章

1. 以下を参照。"Integrated Campaigns: Häagen-Dazs," *Communication Arts Advertising Annual 2009*, pp. 158-159; Tiffany Meyers, "Marketing 50: Häagen-Dazs, Katty Pien," *Advertising Age*, November 17, 2008, p. S15; Barbara Lippert, "Häagen-Dazs Tries Beekeeping," *Adweek*, May 5, 2008, www.adweek.com/aw/content_display/creative/critique/e3i26f1bfd408799a2088db93460922ea3f; Ted McKenna, "The Right Message," *PR Week*, July 28, 2008, p. 17; Karen Egolf, "Häagen-Dazs Extends Social Media Effort," *Advertising Age*, November 10, 2009, http://adage.com/goodworks/post?article_id=140412; "Häagen-Dazs Loves Honey Bees," April 28, 2010, http://limeshot.com/2010/haagen-dazs-loves-honey-bees-titanium-silverlion-cannes-2009よりサマリービデオ；およびwww.helpthehoneybees.com、2010年10月現在。
2. 電通「2011年 日本の広告費」、December 15, 2012, http://www.dentsu.co.jp/books/ad_cost/2011/index.html.
3. "Integrated Campaigns," Advertising Annual 2008, *Communication Arts*, pp. 72-73; Emily Bryson York, "'Whopper Freakout' Wins Grand Effie," *Advertising Age*, June 4, 2009, http://adage.com/article?article_id=137166; およびwww.bk.com/en/us/campaigns/whopper-freakout.html、2010年12月現在。
4. 以下を参照。"Brand Design: Cracking the Colour Code," *Marketing Week*, October 11, 2007, p. 28; および

Joe Tradii, "Available for Your Brand: Burnt Umber! Any Takers?" *Brandweek*, November 17, 2009,www.brandweek.com.

5. Jonah Bloom, "The Truth Is: Consumers Trust Fellow Buyers Before Marketers," *Advertising Age*, February 13, 2006, p. 25; および "Global Advertising: Consumers Trust Real Friends and Virtual Strangers the Most," *Nielsen Wire*, July 7, 2009.
6. www.tremor.com/revealing-case-studies/crest-weekly-clean/、2010年6月現在。
7. 企業および業界の広告費については以下より。http://adage.com/ datacenter/datapopup.php?article_id=119881、2010年9月現在。
8. プロモーション予算の決定については、以下に詳しい。W. Ronald Lane, Karen Whitehill King, and J. Thomas Russell, *Kleppner's Advertising Procedure*, 18th ed. (Upper Saddle River, NJ: Prentice Hall, 2011), chapter 6.

第12章

1. 以下を参照。Devin Leonard, "Hey, PC, Who Taught You to Fight Back?" *New York Time*, August 30, 2009, p. BU1; Eleftheria Parpis, "Microsoft Fetes Windows 7 'Creators,'" Adweek, October 22, 2009, accessed at www.adweek.com/aw/content_display/esearch/e3i92ec830f3865d5c0c7438cad8708e49e; Noreen O'Leary, "*Amid Transition, Rivals Are Descending on Apple*," Brandweek, November 7, 2009, p. 4; Abbey Klaassen, "*In Mac vs. PC Battle, Microsoft Winning in Value Perception*," Advertising Age, May 18, 2009, accessed at http://adage.com/digital/article?article_id=136731; Rupal Parekh, "*Microsoft vs. Apple Fight Enters New Round*," Advertising Age, September 18, 2008, accessed at http://adage.com/article?article_id=131102; and Josh Smith, "*Apple Ends 'Get a Mac' Ads: Goodbye Mac, Goodbye PC*," May 26, 2010, accessed at www.walletpop.com/blog/2010/05/26/apple-ends-get-a-macads-goodbye-mac-goodbye-pc/.
2. 電通のリリースより。December 15, 2012, http://www.dentsu.co.jp/news/release/2012/pdf/2012017-0223.pdf
3. アメリカと世界の広告費データは以下より入手。"Leading National Advertisers," *Advertising Age*, June 21, 2010, pp. 10–12; "Top 50 Global Marketers," *Advertising Age*, December 28, 2009, p. 15.
4. 広告予算についてさらに詳しくは以下を参照。Ronald Lane, Karen King, and Thomas Russell, *Kleppner's Advertising Procedure*, 18th ed. (Upper Saddle River, NJ: Prentice Hall, 2011), chapter 6.
5. 事例は以下より翻案。Jean Halliday, "Thinking Big Takes Audi from Obscure to Awesome," *Advertising Age*, February 2, 2009, http://adage.com/print ?article_id=134234、さらにJack Neff, "Study: Cutting Spending Hurts Brands in Long-Term: Following Boom/Bust Cycle Flirts with Danger," *Advertising Age*, April 6, 2009, http://adage.com/article?article_id=135790; およびNat Ives, "Ad Spending Dropped 12% in 2009, But Things Are Looking Up," *Advertising Age*, March 17, 2010, http://adage.com/print?article_id=142832.
6. Louise Story, "Anywhere the Eye Can See, It's Likely to See an Ad," *New York Time*, January 15, 2007, p. A12; および James Othmer, "Persuasion Gives Way to Engagement," *Vancouver Sun*, August 20, 2009, p. A13.
7. "Advertising in the U.S.: Synovate Global Survey Shows Internet, Innovation and Online Privacy a Must," December 3, 2009, http://www.synovate.com/news/article/2009/12/advertisingin-the-us-synovate-global-survey-shows-internet-innovation-and-online-privacy-a-must.html; および Katy Bachman, "Survey: Clutter Causing TV Ads to Lack Effectiveness," *MediaWeek*, February 8, 2010.
8. 消費者生成型広告についてさらに詳しくは以下を参照のこと。Emma Hall, "Most Winning Creative Work Involves Consumer Participation," *Advertising Age*, January 6, 2010, http://adage.com/print?article_id=141329; Stuart Elliott, "Do-It-Yourself Super Ads," *New York Times*, February 8, 2010, www.nytimes.com; Michael Learmonth, "Brands Team Up for User-Generated-Ad Contests," *Advertising Age*, March 23, 2009, p. 8; およびRich Thomaselli, "If Consumer Is Your Agency, It's Time for Review," *Advertising Age*, May 17, 2010, p. 2.
9. 以下を参照。David Kiley, "Paying for Viewers Who Pay Attention," *Business Week*, May 18, 2009, p. 56.
10. NHK放送文化研究所「2010年国民生活時間調査報告書」より。
11. 以下より翻案。Scott Cutlip, Allen Center, and Glen Broom, *Effective Public Relations*, 10th ed. (Upper Saddle River, NJ: Prentice Hall, 2009), chapter 1.

409

12. 以下よりの情報。"The Heart Truth: Making Healthy Hearts Fashionable," Ogilvy Public Relations Worldwide, www.ogilvypr.com/en/case-study/heart-truth?page=0、2010年6月現在；およびwww.nhlbi.nih.gov/educational/hearttruth/ about/index.htm、2010年11月現在。
13. 以下を参照。Geoffrey Fowler and Ben Worthen, "Buzz Powers iPad Launch," *Wall Street Journal*, April 2, 2010; "Apple iPad Sales Top 2 Million Since Launch," *Tribune-Review* (Pittsburgh), June 2, 2010; および "PR Pros Must Be Apple's iPad as a True Game-Changer," *PRweek*, May 2010, p. 23.

第13章

1. 多数のP&Gマネジャーから得た情報に、以下からの情報を付加。"500 Largest Sales Forces in America," *Selling Power*, October 2009, pp. 43-60；およびwww.pg.com/jobs/jobs_us/cac/f_cbd_home.shtml、2010年12月現在。
2. 以下の情報より翻案。Kim Wright Wiley, "For the Love of Sales," *Selling Power*, October 2008, pp. 70-73.
3. 以下の事例に基づく。Ernest Waaser and others, "How You Slice It: Smarter Segmentation for Your Sales Force," *Harvard Business Review*, March 2004, pp. 105-111（『企業変革は営業から始まる』アーネスト・ワッサー他著、ダイヤモンド社、ハーバード・ビジネス・レビュー、2005年1月）。
4. Jennifer J. Salopek, "Bye, Bye, Used Car Guy," *T + D*, April 2007, pp. 22-25; William F. Kendy, "No More Lone Rangers," *Selling Power*, April 2004, pp. 70-74; Michelle Nichols, "Pull Together—Or Fall Apart," *Business Week*, December 2, 2005, www.businessweek.com/smallbiz/content/may2005/sb20050513_6167.htm；およびJohn Boe, "Cross-Selling Takes Teamwork," *American Salesman*, March 2009, pp. 14-16.
5. "Customer Business Development," www.pg.com/jobs/jobs_us/cac/f_cbd_home.shtml、2010年11月現在。
6. 本件をはじめとする情報ならびに議論の詳細については、以下を参照。www.gallup.com/consulting/1477/Sales-Force-Effectiveness.aspx、2009年10月現在；Benson Smith, *Discover Your Strengths: How the World's Greatest Salespeople Develop Winning Careers* (New York: Warner Business Books, 2003)（『あなたのなかにあるセールスの才能：その見つけ方、活かし方、育て方』ベンソン・スミス、トニー・ルティリアーノ著、加賀山卓朗訳、日本経済新聞社、2004年）; Tom Reilly, "Planning for Success," *Industrial Distribution*, May 2007, p. 25; Dave Kahle, "The Four Characteristics of Successful Salespeople," *Industrial Distribution*, April 2008, p. 54; および "The 10 Skills of 'Super' Salespeople," www.businesspartnerships.ca/articles/the_10_skills_of_super_salespeople.phtml、2010年5月現在。
7. 以下を参照。Joseph Kornak, "'07 Compensation Survey: What's It All Worth?" *Sales & Marketing Management*, May 2007, pp. 28-39; および William L. Cron and Thomas E. DeCarlo, *Dalrymple's Sales Management*, 10th edition (New York: John Wiley & Sons Inc., 2009), p. 303.
8. 以下を参照。Gary H. Anthes, "Portal Powers GE Sales," *Computerworld*, June 2, 2003, pp. 31-32. また、以下も参照のこと。Henry Canaday, "How to Boost Sales Productivity and Save Valuable Time," *Agency Sales*, November 2007, p. 20; および "According to IDC, One-Third of Potential Selling Time Is Wasted Due to Poor Sales Enhancement," *Business Wire*, November 13, 2008.
9. セールス・フォース・オートメーションについては、以下の広範な議論を参照。このテーマを特集している *Industrial Marketing Management* の2005年5月号；Anupam Agarwal, "Bringing Science to Sales," *Customer Relationship Management*, March 2008, p. 16; および Robert M. Barker, Stephen F. Gohmann, Jian Guan, and David J. Faulds, "Why Is My Sales Force Automation System Failing?" *Harvard Business Review*, May/June 2009, p. 233.
10. 以下より引用。Bob Donath, "Delivering Value Starts with Proper Prospecting," *Marketing News*, November 10, 1997, p. 5; および Bill Brooks, "Power-Packed Prospecting Pointers," *Agency Sales*, March 2004, p. 37. また、以下も参照のこと。Maureen Hrehocik, "Why Prospecting Gets No Respect," *Sales & Marketing Management*, October 2007, p. 7; および "Referrals," *Partner's Report*, January 2009, p. 8.
11. 以下を参照。"Coupon Use Skyrocketed in 2009," *Promo*, January 27, 2010.
12. "2010 Promotion Products Fact Sheet," www.ppa.org/NR/rdonlyres/35235FB0-A367-4498-B0AF-E88085C3A60B/0/PPAIProProFactSheet.pdf、2010年8月現在。
13. "The Charmin Restrooms Return to Times Square This Holiday Season to Help Consumers Really 'Enjoy the Go,'" *PR Newswire*, November 23, 2009; および http://www.charmin.com/en_US/enjoy-the-go/nyc-restrooms.php、2010年3月現在。

14. *Transforming Trade Promotion / Shopper-Centric Approach* (Wilton, CT: Kantar Retail, June 2010), p. 8.

第14章

1. 以下を参照。Daniel Lyons, "The Customer Is Always Right," *Newsweek*, January 4, 2010, p. 85; Brad Stone, "Can Amazon Be the Walmart of the Web?" *New York Times*, September 20, 2009, p. BU1; Heather Green, "How Amazon Aims to Keep You Clicking," *BusinessWeek*, March 2, 2009, pp. 34-40; Joe Nocera, "Putting Buyers First? What a Concept," *New York Times*, January 5, 2008, www.nytimes.com; Brian Morrissey, "Marketer of the Year: Jeff Bezos," *Brandweek*, September 14, 2009, p. 30; Geoffrey A. Fowler, "Corporate News: Amazon's Sales Soar, Lifting Profit," *Wall Street Journal*, April 23, 2010, p. B3; およびwww.amazon.com より、アニュアルレポートやその他の情報、2010年10月現在。ウォルマートとアマゾン・ドットコムの売上高は2013年の両社発表資料を参照。
2. これらをはじめ、本項におけるダイレクト・マーケティング関連の統計は以下を参照。Direct Marketing Association, *The DMA 2010 Statistical Fact Book, 32nd edition*, February 2010; および Direct Marketing Association, *The Power of Direct Marketing: 2008-2009 Edition*, June 2009; "DMA's Power to Direct Marketing Report Finds DM Ad Expenditures Climb to Over 54% of All Advertising Expenditures," October 19, 2009, www.the-dma.org/cgi/dispannouncements?article_1335; 加えて、www.the-dma.orgの豊富な情報、2010年11月現在。
3. 以下を参照。電通「2012年 日本の広告費」2013年2月21日。
4. Jeffrey Ball, "Power Shift: In Digital Era, Marketers Still Prefer a Paper Trail," *Wall Street Journal*, October 16, 2009, p. A3.
5. Ball, "Power Shift: In Digital Era, Marketers Still Prefer a Paper Trail"; および "Report: Catalogs Increasingly Drive Online Sales," RetailCustomerExperience.com, March 17, 2010, www.retailcustomerexperience.com/article/21521/Report-Catalog-sincreasingly-drive-online-sales.
6. DMA, *The Power of Direct Marketing, 2009-2010 Edition*.
7. 総務省統計局、平成22年調査「携帯電話（PHS、携帯情報端末（PDA）なども含む）の保有状況」および、恩蔵直人、及川直彦、藤田明久『モバイル・マーケティング』日本経済新聞社、2008年。
8. 総務省統計局、平成22年調査「インターネットの利用機器と場所」。
9. Daniel B. Honigman, "On the Verge: Mobile Marketing Will Make Strides," *Marketing News*, January 15, 2008, pp. 18-21; "Mobile Search Ads to Grow 130% by 2013," *TechWeb*, February 25, 2009; "Mobile Web Use Leaps 34%," *Adweek*, September 30, 2009, www.adweek.com; Carol Flammer, "Cell Phones, Texting and Your Customers," January 9, 2010, www.carolflammer.com/2010/01/cell-phones-text-messaging-marketing-to-consumers/; および "Wireless Quick Facts," http://www.ctia.org/advocacy/research/index.cfm/AID/10323、2010年7月現在。
10. 総務省「平成22年通信利用動向調査報告書（世帯編）」。
11. これらをはじめとするインターネット関連の統計は、以下を参照。"Nielsen Online Reports Topline U.S. Web Data for February 2010," *Nielsen Online*, March 15, 2009, http://blog.nielsen.com/nielsenwire/online_mobile/nielsen-provides-topline-u-s-web-data-for-february-2010/; および www.internetworldstats.com、2010年7月現在。
12. 以下を参照。"Study Finds Internet More Important Than TV," *Radio Business Report*, March 25, 2010, http://www.rbr.com/media-news/research/22765.html.
13. 以下を参照。"Internet Retailer: Top 500 Guide," www.internetretailer.com/top500/list、2010年10月現在。
14. ステープルズに関するデータは、www.staples.com よりアニュアルレポート他、2010年7月現在。
15. Erick Schonfeld, "Forrester Forecast: Online Retail Sales Will Grow to $250 Billion by 2014," *Tech Crunch*.com, March 8, 2010, http://techcrunch.com/2010/03/08/forrester-forecast-online-retail-sales-will-grow-to-250-billion-by-2014/; および Anna Johnson, "Local Marketing: 97 Percent of Consumers Use Online Media for Local Shopping," *Kikabink News*, March 17, 2010, www.kikabink.com/news/local-marketing-97-percent-of-consumersuse-online-media-for-local-shopping/.
16. 以下を参照。"eBay Inc.," *Hoover's Company Records*, April 19, 2009, p. 56307; および www.ebayinc.com よりイーベイのアニュアルレポート他、2010年7月現在。
17. Nigel Hollis, "Going Global? Better Think Local Instead," *Brandweek*, December 1, 2008, p. 14; Jeff

Vandam, "Blogs Find Favor as Buying Guides," *New York Times*, December 22, 2008, p. B3; および "State of the Blogosphere 2009," *Technorati*, May 2009, http://technorati.com/blogging/feature/state-of-the-blogosphere-2009/.

18. 以下の情報より翻案。Brian Morrissey, "Brands Tap into Web Elite for Advertorial 2.0: Well-Connected Bloggers Are Creating Content on Behalf of Sponsors Thirsty for Buzz," *Adweek*, January 12, 2009, p. 9. また、以下も参照のこと。Elizabeth A. Sullivan, "Blog Savvy," *Marketing News*, November 15, 2009, p. 8; および Michael Bush, "All Marketers Use Online Influencers to Boost Branding Efforts," *Advertising Age*, December 21, 2009, http://adage.com/digital/article?article_id=141147.
19. 電通のニュースリリースより。December 15, 2012, http://www.dentsu.co.jp/news/release/2012/pdf/2012017-0223.pdf.
20. 電通のニュースリリースより。December 15, 2012, http://www.dentsu.co.jp/news/release/2011/pdf/2011019-0223.pdf.
21. Noreen O'Leary, "Does Viral Pay?" *Adweek*, March 29, 2010; および www.youtube.com/watch?v=VQ3d3KigPQM、2010年11月現在。
22. Chaddus Bruce, "Big Biz Buddies Up to Gen Y," *Wired*, December 20, 2006, www.wired.com; および Brian Morrissey, "Kraft Gives Facebook Users Reason to Share," *Adweek*, December 30, 2008, www.adweek.com.

第15章

1. 本項の数字および議論の内容は以下より翻案。Philip Kotler, Gary Armstrong, Veronica Wong, and John Saunders, *Principles of Marketing: European Edition*, 5th ed. (London: Pearson Publishing, 2009), chapter 2.
2. Oliver James, "It's More Than Enough to Make You Sick," *Marketing*, January 23, 2008, pp. 26-28; および Richard J. Varey, "Marketing Means and Ends for a Sustainable Society: A Welfare Agenda for Transformative Change," *Journal of Macromarketing*, June 2010, pp. 112-126.
3. 以下を参照。Martin Sipkoff, "Four-Dollar Pricing Considered Boom or Bust," *Drug Topics*, August 2008, p. 4S; および Sarah Bruyn Jones, "Economic Survival Guide: Drug Discounts Common Now," *McClatchy-Tribune Business News*, February 23, 2009.
4. "Overconsumption Is Costing Us the Earth and Human Happiness." *Guardian*, June 21, 2010, より www.guardian.co.uk/environment/2010/jun/21/overconsumption-environment-relationships-annie-leonard.
5. 以下を参照。Jack Neff, "Green-Marketing Revolution Defies Economic Downturn," *Advertising Age*, April 20, 2009, http://adage.com/print?article_id=136091; Ben Jacklet, "Energy Hog Intel Hones Green-Power Strategy," *Oregon Business*, March 2010, p. 14; および "UPS Adds 245 CNG Trucks to the Company's Green Fleet," *GreenBiz*, January 19, 2010, www.greenbiz.com/news/2010/01/19/ups-adds-245-cng-trucks-green-fleet.
6. 以下を参照。Brown, "The Many Shades of Green." *Mechanical Engineering*, January 2009, http://memagazine.asme.org/Articles/2009/January/Many_Shades_Green.cfm.
7. 以下の情報に基づく。Marc Gunther, "Coca-Cola's Green Crusader," *Fortune*, April 28, 2008, p. 150; "Cold Test Markets Aluminum Bottles," February 20, 2008, www.bevnet.com/news/2008/02-20-2008-Coke.asp; "Coca-Cola to Install 1,800 CO_2 Coolers in North America," April 30, 2009, www.r744.com/articles/2009-04-30-coca-cola-to-install-1800-co2-coolers-in-north-america.php; および "The Business of Recycling," www.thecocacola-company.com/citizenship/environment_ case_studies.html、2010年9月現在。
8. 以下よりの情報。Mark Borden, "The World's 50 Most Innovative Companies: #36: Samsung," *Fast Company*, February 17, 2010, p. 90; Laurie Burkitt, "Samsung Courts Consumers, Marketers," *Forbes*, June 7, 2010, www.forbes.com/global/2010/0607/marketing-apps-consumer-electronics-apple-samsungs-big-spend.html; および Choi He-suk, "Samsung Renews Resolve to Reform," *Korea Herald*, June 8, 2010, www.koreaherald.com/national/Detail.jsp?newsMLId=20100607001598.
9. 以下よりの情報。Eleftheria Parpis, "Must Love Dogs," *Adweek*, February 18, 2008, www.adweek.com; および "The PEDIGREE Adoption Drive Partners with Dog Lover Carrie Underwood to Help Homeless Dogs," February 12, 2010, www.mars.com/global/news-and-media/press-releases/news-releases.

aspx?SiteId=94&Id=1767.
10. 以下の素材から翻案。Jeff Heilman, "Rules of Engagement," *The Magazine of Branded Engagement*, Winter 2009, pp. 7-8.
11. 以下を参照。The World Bank, "The Costs of Corruption," April 8, 2004, http://tinyurl.com/ytavm; "Bribe Payers Index 2008," *Transparency International*, www.transparency.org/policy_research/surveys_indices/bpi; および "Global Corruption Report 2009," *Transparency International*, www.transparency.org/publications/gcr/gcr_2009.
12. David A. Lubin and Daniel C. Esty, "The Sustainability Imperative," *Harvard Business Review*, May 2010, pp. 41-50.
13. 『コトラーのマーケティング3.0 ソーシャル・メディア時代の新法則』フィリップ・コトラー、ヘルマワン・カルタジャヤ、イワン・セティアワン著、恩藏直人監訳、藤井清美訳、朝日新聞出版、2010年9月。

用語集

あ

アイデア・スクリーニング
新製品開発のステップの一つ。創出されたアイデアをふるいにかけること。p.203

アイデア創出
新製品のアイデアを系統的に探し求めること。1つの新製品を開発するためには、何百何千ものアイデアをひねり出すのが普通である。p.202

アプローチ
初めて顧客に会うこと。p.339

アロウワンス
製品を販売してもらうために企業が支払う協賛金。p.270

い

一次データ
直面している課題のために新たに収集される情報。p.121

因果型リサーチ
原因と結果についての仮説を検証するためのマーケティング・リサーチ。p.119

インターナル・マーケティング
組織メンバーが一丸となって顧客満足を提供するよう、企業が従業員を導き、動機づけること。p.184

インターネット
世界中のあらゆるユーザーを互いにつなぎ、莫大な情報の宝庫に結びつける巨大な公共コンピューター・ネットワーク網。p.361

インダイレクト・マーケティング・チャネル
最終顧客との間に、1社もしくは複数の仲介業者が存在するチャネル。p.228

インタラクティブ・マーケティング
顧客ニーズを満たすために、サービスを提供する売り手とそれを受ける買い手とのインタラクションの質に目を向け、高度化をすすめてゆく取り組み。p.184

インパクト
視聴の質を左右するもので、視聴者へ及ぼす影響度。p.316

う

ウォンツ
ニーズが文化的背景や個人の特徴を通して具体化されたもの。p.7

売上高比率法
売上実績や予想売上高に一定比率を乗じた額を広告コミュニケーション予算として設定する方法。p.297

上澄み吸収価格設定
初期価格を高く設定し、その額を喜んで払おうとする複数のセグメントから短期間に最大限の利益をすくい取る戦略。p.266

え

エスノグラフィー調査
観察調査の一形態であり、調査員を消費者のもとに送り込み、「ふだんの生活」の中で観察と交流を行う手法。p.123

FOB（Free On Board）価格設定
地理的価格設定戦略の1つで、輸送に乗せた時点で商品の所有権と責任が顧客に移り、顧客が工場から目的地までの輸送費を支払うもの。p.272

エブリデイ・ロー・プライシング（EDLP）
一時的な値引き販売はほとんど行わず、常に低価格で販売する価格設定。価格を上下させるハイ・ロー・プライシングと対比される。p.255

エンバイロメンタリズム
市民、企業、政府機関による組織的な活動であり、現在および未来の生態環境を守り、改善することを目的とする。p.382

お

オケージョンによる細分化
購入しようと思い立ったとき、実際に購入したとき、購入した製品を使用したときなど、オケージョン（使用場面）に応じて、市場をセグメントに分割すること。p.91

オピニオン・リーダー
特別な知識や個性などの特性により、準拠集団内の他者に対して影響力を持つ人々。p.144

オペレーショナル・エクセレンス
業務上の卓越性。マイケル・トレーシーとフレッ

ド・ウィアセーマが提唱する、マーケティング戦略の3つの価値基準のひとつ。p.72

オンライン広告
消費者がインターネットを閲覧しているときに表示される広告のことであり、ディスプレイ広告、検索連動型広告などがある。p.367

オンライン・ソーシャルネットワーク
人々が交流し、意見や情報を交換するオンライン上のコミュニティのこと。ブログ、交流サイト、バーチャルワールドなど、さまざまなものがある。p.145

オンライン・フォーカス・グループ
オンライン上で少人数を集め、訓練を受けた進行役のもとで製品やサービスなどについてチャットしてもらう。消費者の考えや行動に関する定性的インサイトを得ることができる。p.128

オンライン・マーケティング
インターネットを通じて製品やサービスを売り、顧客リレーションシップを築こうとする取り組み。p.361

オンライン・マーケティング・リサーチ
インターネット・サーベイ、オンライン・フォーカスグループ、ウェブ実験、消費者のオンライン上の行動追跡などにより、オンラインで一次データを収集すること。p.127

か

開放的流通
できる限り多くの販売店に製品を置くこと。p.238

買回品
消費者が品質や価格、スタイルなどの属性を慎重に比較する購買頻度の低い消費財。p.172

価格
製品やサービスの対価として課される金額のこと。p.253

価格感受性
価格の変動に対する顧客の敏感さ。p.266

価格割引
一定期間内の支払いや大量購入などに対して価格を割り引くこと。p.269

学習
経験によってもたらされる個人の行動変化。p.150

革新型マーケティング
持続可能なマーケティング原理の1つであり、製品とマーケティングの真の改善を絶えず求めることを要求するもの。p.389

拡張製品
製品に付加されたサービスやベネフィット。アフターサービスや保証など、実態製品の外側に位置づけられる。p.171

カスタマー・インサイト
マーケティング情報から導出される顧客や市場に関する鮮度の高い理解のこと。顧客価値と顧客リレーションシップを作り出すための基礎となる。p.114

カスタマー・インティマシー
顧客との親密さのことで、顧客独自のニーズの充足に専念する。マイケル・トレーシーとフレッド・ウィアセーマが提唱する、マーケティング戦略の3つの価値基準のひとつ。p.72

カスタマー・エクイティ
企業が抱える既存および潜在的な顧客の生涯価値を総計したもの。p.23

寡占的競争
市場を支配する少数の企業による競争状態。数少ない売り手が牽制し合いながら、価格やマーケティング戦略を決定する。p.264

カタログ・マーケティング
ダイレクト・マーケティングのうち、紙カタログ、ビデオカタログ、デジタルカタログなどを顧客に郵送したり、店舗やオンラインで提供したりするもの。p.356

価値提案
競合製品と差別化し、顧客に提供を約束するベネフィットすべてのこと。「なぜこのブランドを買わねばならないのか」という顧客の質問に対する回答でもある。p.103

価値提供ネットワーク
顧客価値提供システム全体のパフォーマンス向上を目的として、企業、供給業者、流通業者、ひいては顧客にいたるまでが「パートナー」を組み、作り上げるネットワーク。p.225

価値連鎖（バリュー・チェーン）
製品の設計、生産、販売、配送、顧客サポートを実施していくにあたって、価値創造活動を担う企業内各部門の連携。p.44

観察調査
人々の行動や状況を観察して一次データを収集する手法。p.123

完全競争
価格をコントロールできない状況下での競争。買

い手にも売り手にも、市場価格に対する大きな影響力はないので、マーケティング・リサーチ、製品開発、価格設定、広告、販売促進はほとんど出番がない。p.264

完全独占
市場に単一の業者しか存在しない状態。p.264

管理型VMS
垂直的マーケティング・システムの1つで、所有権や契約による結びつきではなく、特定のチャネル・メンバーが規模やパワーにより、生産から流通までの段階を調整するもの。p.234

き

キオスク・マーケティング
キオスク端末（進化した自動販売機）を利用したマーケティング。p.358

機械装置
対象者の身体的反応を測定し、消費者行動をモニタリングする調査手段。p.130

企業型VMS
垂直的マーケティング・システムの1つで、生産から流通までの段階が1つの所有権のもとに結合しているもの。チャネルのリーダーシップは、同一資本が各段階を所有することによって確立される。p.231

起業家マーケティング
自身でビジネスを構築し、成長に向けて取り組まれるマーケティング手法。p.71

企業から企業へ（B to B）オンライン・マーケティング
企業がネットを活用して、新規法人顧客への到達、より効果的な既存顧客対応、購入業務の効率化と低価格化などに取り組むこと。p.363

企業から消費者へ（B to C）オンライン・マーケティング
企業がネットを活用して、最終消費者に製品やサービスを販売すること。p.362

企業（ブランド）サイト
顧客の信用を築き、顧客からのフィードバックを集めるとともに、製品を販売するのではなく、他の販売チャネルの補完を目的として設計されたウェブサイト。p.366

企業向けセールス・プロモーション
取引のきっかけ作り、購入の刺激、顧客に対する謝礼、セールスパーソンの動機づけなどを目的として企業を対象に実施される販売促進。p.345

記述型リサーチ
製品の市場潜在力、消費者のデモグラフィックスや製品に対する態度など、マーケティングの問題点や市場についての実態を明確にするためのマーケティング・リサーチ。p.119

基準地点価格設定
地理的価格設定戦略の1つで、販売者は「基準地点」とする都市を選び、その基準地点から顧客の所在地までの輸送費を請求するもの。p.273

季節割引
オフシーズンに製品やサービスを購入する購買者に対して認められる割引。p.270

機能訴求
顧客に、「製品が期待するベネフィット（便益）をもたらす」ことを知らせるメッセージ。p.289

機能割引
特定の機能を果たすチャネル・メンバーに対して認められる割引。p.270

キャプティブ製品の価格設定
かみそり本体とその刃、ゲーム機とゲームソフトなど、主製品とそれに付随して使われる製品の場合、主製品を安く、付随製品を高くする価格設定のこと。p.268

競合他社分析
主要な競合他社を特定し、その目的、戦略、強みと弱み、反応パターンなどを評価し、攻撃すべき競合他社と回避すべき競合他社とを選別するプロセス。p.65

競争志向の企業
競合他社の行動と反応に基づいて、自社の戦略を展開していこうとする企業。p.80

競争者対抗法
競合他社の支出に合わせて広告コミュニケーション予算を設定する方法。p.297

競争的マーケティング戦略
競合他社に対して優位となるポジショニングを実現し、最大限の戦略的競争優位を得るための戦略。p.70

競争ベースの価格設定
競合他社の製品価格に基づいて、自社の製品価格を設定すること。p.262

競争優位
より低い価格設定や、優れたベネフィットの提供によってもたらされる競合他社に対する優位性。p.68

く

クチコミ
信頼できる友人や媒体が発した意見。消費者の購買行動に大きな影響を及ぼす。p.144

クチコミ効果
標的とする購買者とその隣人、友人、家族、同僚との間で行われる、製品に関する人的コミュニケーションの効果。p.291

グッド・バリュー価格設定
優れた品質とサービスとの適切な組み合わせに対して、低価格を設定すること。p.255

クラウドソーシング
イノベーションの門戸を開け放ち、顧客、従業員、フリーの科学者や研究者、ときには不特定多数の人々まで、広く製品イノベーションのプロセスに関わってもらう方法のこと。p.202

クリエイティブ・コンセプト
広告メッセージ戦略を印象に残るものにするための、人の心をつかむ「ビッグ・アイデア」のこと。p.312

クリック・アンド・モルタル企業
従来のブリック・アンド・モルタル（倉庫や店舗を構えた）企業が、ネット上にも販売とコミュニケーションの独自チャネルを展開する形態。p.362

クリック・オンリー企業
いわゆるドットコム企業のこと。ネット上でのみ操業し、ブリック・アンド・モルタルとしての市場プレゼンスはない。p.361

クロージング
顧客との間で契約締結に至ること。p.340

け

経験曲線（学習曲線）
生産量が増えることで効率性が向上し、単位当たりの平均コストが低下する動きを示した曲線。p.259

契約型VMS
垂直的マーケティング・システムの1つで、生産から流通までの段階において、独立した企業が契約によって結束し、単独では達成しえない販売効果を得ようとするもの。p.231

欠陥製品
本来であれば提供できるであろう魅力やベネフィットを欠いた製品。p.391

現金割引
掛けではなく、現金で支払う買い手に対して認められる割引。p.269

こ

交換
求めるものを他者から手に入れ、その見返りとして何かを提供する行為。p.8

広告
明示された広告主による、アイデア財、サービスに関する非人的な提示とプロモーションのうち、有料のものをいう。p.283、307

広告会社
企業の広告プログラムの一部またはすべての計画、準備、実施、評価を支援する企業。p.322

広告戦略
広告目的を達成するための戦略。広告メッセージの作成と広告媒体の選択という、2つの主要な要素から成り立っている。p.310

広告媒体
広告メッセージを標的視聴者に伝達するために使うメディア。p.315

広告目的
一定期間内に成し遂げるべき、特定の視聴者を対象とした特定のコミュニケーション・タスク。p.308

広告予算
製品または企業の広告プログラムに配分される資金。p.309

行動による細分化
消費者の行動、つまりオケージョン（使用場面）や使用状況、ロイヤルティ（忠誠）などに基づいて市場を分割すること。p.91

購買決定
どのブランドを購入するかについての決定。p.158

購買後の行動
購買者の意思決定プロセスのうち、購入後の満足、もしくは不満に基づいてとる行動のこと。p.159

購買プロセス
消費者が通常、購買にいたるまでに通過する段階。認知、理解、好意、選好、確信と進み、最後が実際の購買となる。p.288

顧客価値
製品やサービスの入手や消費によって顧客が得る価値。コストとベネフィットの比率で把握される。p.170

顧客価値提供ネットワーク
顧客価値提供のパフォーマンス向上を目的として、企業、供給業者、流通業者、ひいては顧客にいたるまでが「パートナー」を組み、作り上げるネットワーク。p.45

顧客価値分析
標的顧客が価値を感じるベネフィットを明らかにし、各社の提供物の相対的価値を見定めるために行う分析。p.68

顧客価値ベースの価格設定
販売者側のコストではなく、購買者の知覚価値に基づいて価格を設定すること。p.254

顧客価値マーケティング
持続可能なマーケティング原理の1つであり、企業は自社資源のほとんどを顧客価値の創造に費やすべきだというもの。p.389

顧客シェア
特定顧客による同一製品カテゴリーの購買において、自社製品が占める割合。p.23

顧客志向の企業
顧客育成に焦点をあてて戦略を策定し、標的顧客に優れた価値を提供する企業。p.80

顧客志向マーケティング
持続可能なマーケティング原理の1つであり、企業には顧客視点での活動や組織作りが必要だとするもの。p.389

顧客主導型マーケティング
現在の顧客を詳しくリサーチすることで顧客ニーズを把握し、そうしたニーズに基づいて製品やサービスの提供を試みるマーケティング手法。p.12

顧客中心の新製品開発
顧客が抱える問題を解決し、顧客がより満足する経験の創出に焦点を合わせた新製品開発。p.208

顧客の生涯価値
ある顧客から生涯にわたって得られるだろう購買に基づいた価値。p.21

顧客の知覚価値
ある市場提供物における全ベネフィットと全コストの差を顧客が評価したもの。p.14

顧客別(市場別)販売組織
セールスパーソンを特定の顧客、あるいは特定の市場に特化させる販売組織形態。p.333

顧客マネジド・リレーションシップ
マーケティングにおける関係性の1つで、支配権は顧客にある。新しいデジタル技術によって力を得た顧客が、企業に対し、もしくは顧客相互間で情報をやり取りし、ブランドとの関係を主体的に形成する。p.18

顧客満足
ある製品に対する顧客の期待と、その製品の知覚されたパフォーマンスとを比較したもの。p.14

顧客誘導型マーケティング
顧客自身もよくわかっていないような顧客ニーズをつかみ、顕在ニーズと共に潜在ニーズにも合致する製品やサービスの提供を試みるマーケティング手法。p.12

顧客リレーションシップ・マネジメント
優れた顧客価値と満足の提供により、顧客との間に優れた関係を構築、維持していく総合的なプロセス。p.14、134

個人マーケティング
製品やマーケティングを顧客個々のニーズと好みに合わせること。ワン・トゥ・ワン・マーケティング、カスタマイズド・マーケティング、個客市場(マーケット・オブ・ワン)マーケティングとも呼ばれる。p.98

コスト・プラス法(マークアップ法)
製品のコストに標準的な利幅(マークアップ)を上乗せして価格を設定すること。p.259

コスト・ベースの価格設定
自社の考える優れた製品を設計し、製造に必要なコストを合計して、そのコストに目標利益を上積みした金額を価格として設定すること。p.256

コスト・リーダーシップ戦略
企業が取る基本的な競争戦略の1つであり、製造および流通のコストの最小化を狙う。p.71

固定費
生産高や販売量に左右されないコスト。p.257

コ・ブランド
異なる企業のブランド名2つを同一製品に使用すること。共同ブランディング、W(ダブル)ネームともいう。p.194

コンシューマリズム
市民と政府機関による組織的な活動であり、消費者の権利と力の強化を目的とする。p.381

コンセプト・テスト
標的とする顧客の集団に対して新製品のコンセプトを提示し、アピール力がどれほどかを確認すること。p.204

さ

サード・パーティ・ロジスティクス（3PL）
マーケティング・ロジスティクスを直接取引に関与しない「第三の企業」に委託すること。p.246

サービス
製品の一形態であり、販売目的で提供される活動、ベネフィット（便益）、満足など、本質的に無形で、所有されることのないもの。p.169

サービスの消滅性
サービスはのちの販売や使用のために蓄えておくことができないという特性。p.183

サービスの不可分性
提供者が人であれ、機械であれ、サービスは生産と消費が同時であり、提供者から切り離すことができないという特性。p.183

サービスの変動性
サービスは有形材のように品質が一様ではないという特性。サービスの品質は、誰がいつ、どこでどのように提供するかに依存する。p.183

サービスの無形性
サービスは購入前見ることも味わうことも、触れることも聞くことも匂いをかぐこともできないという特性。p.182

サービス・プロフィット・チェーン
サービス会社において、利益や成長が生じるメカニズムを説明する5つの連鎖。[社内でのサービス品質―満足し生産性の高い従業員―より大きなサービス価値―満足しロイヤルティも高い顧客―健全な利益と成長]。p.183

サービス・リカバリー
失敗した状況からでも顧客の購買やロイヤルティを獲得しようとすること。p.186

サーベイ調査
知識、態度、好み、購買行動などについて質問することにより、一次データを収集する調査。p.124

在庫管理
在庫水準を管理すること。在庫不足や過剰在庫などを回避することが狙い。p.244

サイコグラフィックスによる細分化
市場を社会階層、ライフスタイル、人格特性などに基づいてセグメントに分割すること。p.90

採用プロセス
あるイノベーションについて初めて知ったときから、最終的にそれを採用するまでに個人がたどる心理的プロセス。p.160

サブカルチャー
共通の生活体験や生活状況を有する集団の細分化された文化。大半は重要な市場セグメントを形成している。p.143

サプライ・チェーン・マネジメント
原材料、最終製品、および供給者や顧客に関連する情報が、付加価値を伴いながら川上へ、あるいは川下へと向かう流れを管理すること。p.242

差別化
優れた顧客価値を創造するために、市場提供物を文字どおり差別化し、他社との違いを明確化すること。p.48

差別化可能性
概念的に区別可能であり、マーケティング・ミックスの要素やプログラムに対して異なる反応を示すセグメントであるかどうか。市場細分化を有効にする要件の1つ。p.94

差別化戦略
企業がとる基本的な競争戦略の1つ。高度に差別化した製品ラインやマーケティング・プログラムを生み出すことに注力して、競争優位性を確立する戦略。p.71

差別型マーケティング（セグメント・マーケティング）
複数の市場セグメントを標的として、それぞれに対して別個の提供物を設計する市場カバレッジ戦略。p.96

参照価格
購買者のマインド内にあり、ある製品を見るときに参照する価格。現在の価格や過去の価格、購買環境の評価によって形成される。p.271

サンプル
マーケティング・リサーチのために、母集団の代表として選ばれる集団。p.128

し

GRP（延べ視聴率）
リーチとフリークエンシーを掛け合わせた数値。p.315

事業性の分析
新製品の売上、コスト、利益計画を確認し、企業目的を満たすものとなっているかを調べる新製品開発のステップ。p.206

事業ポートフォリオ
企業を構成する事業をいくつかの指標に基づいてまとめたもの。p.36

支出可能額法
経営陣から見て支出可能と思われる額を広告コミュニケーション予算として設定する方法。p.296

市場
製品やサービスの実際の購買者と潜在的な購買者の集まり。p.9

市場開拓
現在の製品に対して新しい市場を見つけ、開拓していくことにより、企業を成長させること。p.40

市場細分化
市場を、異なるニーズや行動を持ち、別個の製品やマーケティング・プログラムを必要とする購買者グループに分割すること。p.47、87

市場志向の企業
顧客と競合他社の双方にバランスよく注意を払い、マーケティング戦略を策定する企業。p.80

市場浸透
既存の市場セグメントで既存製品の売上を増加させることにより、企業を成長させること。p.40

市場浸透価格設定
初期価格を低く設定することで、新製品を速やかに市場に浸透させ、多数の購買者と大きな市場シェアを得る戦略。p.266

市場成長率ー相対市場シェア・マトリクス
企業のSBU（戦略事業単位）を市場成長率と相対市場シェアの観点から評価するポートフォリオ設計手法。p.37

市場セグメント
与えられた一連のマーケティング活動に対して、類似した反応を示す顧客集団。p.47

市場提供物
ニーズやウォンツを満たすために提供される製品とサービス、情報、経験の組み合わせ。有形・無形を問わない。p.7

市場テスト
実際の市場環境で製品とマーケティング・プログラムのテストを行うこと。p.206

持続可能な環境方針
環境を支えつつ企業に利益をもたらす戦略を策定する経営アプローチ。p.382

持続可能なマーケティング
現在の顧客ニーズを満たしつつ、将来の世代のニーズも同様に満たすことができるような、社会や環境への責任を果たすマーケティング。p.374

実験調査
目的に合致したグループを複数選び出してそれぞれに異なる操作を行い、変数をコントロールした上で、各グループの反応の違いをチェックする。結果は一次データとして収集する。p.124

実行可能性
セグメントを引きつけて、製品・サービスを提供するための効果的なプログラムが設計できるかどうか。市場細分化が有効であるための要件のひとつ。p.94

実態製品
製品レベルの実態部分。デザイン、ブランド、品質、パッケージなど、私たちが通常意識する製品の部分。p.170

使命感マーケティング
持続可能なマーケティング原理の1つであり、企業が自社の使命を製品という狭義の表現ではなく、社会という広義の視点で定義するもの。p.390

社会階層
ある社会にほぼ永続する秩序立った区分で、各階層の構成員は同じような価値観、関心、行動を共有する。p.143

社外データ
顧客を取り巻く環境、競合他社の動向と評価、機会と脅威に関する情報、といった公に入手できる情報。p.117

社内起業家マーケティング
創業当時の独創性や熱意が失われないように、起業家精神を奨励し、組織の刷新を試みるマーケティング手法。p.71

社内データ
顧客と市場に関する情報を社内に電子データとして蓄積したもの。p.116

習慣的購買行動
消費者の購買関与水準が低く、ブランド間の知覚差異がほとんどない場合の購買行動。とくに吟味することなく、従来からのブランドを習慣的に購買する。p.155

集中戦略
市場全体を追求するのではなく、限られた市場

セグメントに対して努力を集中させる戦略。p.71

需要
購買力を伴ったウォンツ。p.7

需要曲線
価格の変化に伴い、市場の購入量がどのように変わるかを表した曲線。p.264

需要の価格弾力性
価格変化に対する需要の感受性を表す指標。p.265

準拠集団
人が自身の態度や行動を形成する際に、直接的あるいは間接的に比較対象や参考にする集団のこと。p.144

情緒訴求
購買を動機づけるような感情の喚起を促すメッセージ。p.290

消費財
最終消費者が個人的に消費するための製品やサービス。p.172

消費者から企業へ（C to B）
最終消費者がネットを活用して、売り手を探し出し提供物について調べ、購買し、フィードバックをすること。ときには取引条件を主導することさえある。p.365

消費者から消費者へ（C to C）
最終消費者がネットを活用して、互いに商品や情報を交換すること。p.364

消費者購買行動
製品やサービスを再販売ではなく個人消費を目的に購入する最終消費者（個人や世帯）の購買行動。p.140

消費者市場
製品やサービスを、個人消費のために購入・獲得するすべての最終消費者（個人および世帯）が作り出す市場。p.140

消費者生成型マーケティング
消費者が誘われて、あるいは自発的に、ブランド経験の構築や発展に関与すること。消費者は他者のブランド経験を形成する上で、ますます大きな役割を果たすようになってきている。p.19

消費者向け販売促進
短期的な購買促進やもしくは長期的な顧客リレーションシップの増強を目的として利用される販売促進ツール。p.343

商品化
市場に新製品を投入すること。p.208

情報探索
消費者の意思決定プロセスのうち、消費者がさらなる情報の探索に乗り出す段階。p.157

情報提供型広告
新製品の導入時に用いられる広告で、顧客に新製品についての情報を伝える。主として一次需要の創造を目的とする。p.308

真実の瞬間
スカンジナビア航空を立て直したヤン・カールソンの言葉であり、企業のスタッフが顧客と接する瞬間のこと。顧客の満足度を左右するのは、そうした瞬間（接客）の積み重ねによる。p.185

新製品
市場や企業からみて、新しいと知覚される製品、サービス、アイデアのこと。p.160

新製品開発
自らの製品開発努力により、オリジナル製品、改良製品、新モデル、新ブランドを開発すること。p.200

人的コミュニケーション・チャネル
人間が直接コミュニケーションを図るチャネル。対面、電話、手紙やメール、さらにはインターネットの「チャット」などが含まれる。p.291

人的販売
販売と顧客リレーションシップ構築を目的として、企業のセールス・フォース（販売、営業部隊）が実施する人的取り組み。p.283、329

信念
人があるものに対して抱いている考えを言葉で言い表したもの。p.151

新ブランド
新製品カテゴリーへの進出にあたり、新たに作られたブランド名のこと。p.196

心理的価格設定
価格の経済的な側面だけではなく、買い手の心理的な側面も考慮して価格を設定すること。p.271

す

衰退期
製品ライフサイクルのうち、製品の売上も利益も減少する段階。p.217

垂直的マーケティング・システム（VMS）
生産者、卸売業者、小売業者が統合されたシステムとして機能する流通チャネル組織。あるチャネル・メンバーが他のメンバーを所有している

か、契約を結んでいるか、または全メンバーの協力を得るだけの十分なパワーを持っている。p.231

水平的マーケティング・システム
同一段階に位置する複数の企業が提携し、共同で新たな市場機会を開拓するチャネル構造。p.234

SWOT（スウォット）分析
企業の強み（Strength）、弱み（Weakness）、機会（Opportunity）、脅威（Treat）から見る全体的な環境評価の枠組み。p.52

数量割引
大量購入者に対して認められる割引。累積的な割引と非累積的な割引がある。p.270

スタイル
基本的で独特な表現形式のこと。住宅、衣服、芸術などに見られる。p.214

スパム
頼みも望みもしていないのに送られてくる迷惑電子メール。p.369

せ

生産財
生産者が、製品やサービスを生産するために購入する製品のこと。p.173

生産志向
購入者は手に入りやすく価格も手頃な製品を好むので、経営者は生産と流通の効率化に集中するべきだという考え方。p.10

成熟期
製品ライフサイクルのうち、売上の伸びが鈍化、もしくは横ばいになる段階。p.216

成長期
製品ライフサイクルのうち、市場で支持を得た製品が売上の急速な伸びを見せはじめる段階。p.215

製品
顧客のニーズを満たす便益の束であり、市場に提供されることで注目、取得、利用あるいは消費されるすべてのもの。p.168

製品開発
既存製品を改良したり、新製品を開発したりする取り組み。p.40

製品コンセプト
製品アイデアをより詳しく、買い手に理解される言葉で述べたもの。p.204

製品志向
顧客は最高の品質と性能、そして特徴を備えた製品を好むので、マーケティングの焦点を継続的な製品改善に絞ろうという考え方。p.10

製品／市場成長マトリクス
市場浸透、市場開拓、製品開発、多角化という四つの観点から企業の成長機会を見極める枠組み。p.40

製品属性
品質、特徴、スタイル、デザインといった、製品が有している性質。p.175

製品バンドルの価格設定
いくつかの製品をまとめて束にし、その束を割引価格で提供すること。p.269

製品別販売組織
セールス・フォースが製品ラインやブランドごとに販売活動を行う。p.332

製品ポジショニング
製品の重要な特性が消費者によってどのように定義づけられているか、つまり、競合製品との相対関係において、当該製品が消費者の頭の中でいかなる位置を占めるか、ということ。p.99

製品ミックス（製品ポートフォリオ）
ある売り手が販売に供するすべての製品ラインとアイテムの集合体。p.181

製品ライフサイクル（ＰＬＣ）
市場に導入された製品の売上と利益がたどる道筋を表したもの。導入期、成長期、成熟期、衰退期の4つの段階がある。p.213

製品ライン
「類似した機能を持つ」、「同じ顧客グループに販売される」、「同種の販路で扱われる」、「同一価格帯に属している」などの点で密接な関わりを持つ製品の集まり。p.179

製品ラインの価格設定
1つの製品ラインに属する多様な製品について、コストの違い、それぞれの特徴に対する顧客の評価、競合他社の価格などに基づき、段階的な価格を設定すること。p.268

製品リーダーシップ
最先端の製品やサービスを次々と生み出し、優れた顧客価値を提供する。マイケル・トレーシーとフレッド・ウィアセーマが提唱する、マーケティング戦略の3つの価値基準のひとつ。p.72

セールスパーソン
顧客に対して企業の人間として接する個人のこ

と。見込み客の発掘、コミュニケーション、販売、サービス、情報収集、カスタマー・リレーションシップ構築のうち、1つ以上の活動を遂行する。p.329

セールス・フォースの管理
セールス・フォースの活動を分析、計画、実行、コントロールすること。p.331

セグメント型価格設定
1つの製品やサービスを、コストの差ではなくセグメントごとに調整し、複数の価格で販売すること。p.270

接近可能性
セグメントに効果的に近づき、製品・サービスを提供できるかどうかということ。市場細分化が有効であるための要件の1つ。p.93

説得型広告
自社ブランドの長所を訴え、選択的需要を生み出そうとする広告。競争の激化とともに重要性が増す。p.309

全国統一価格設定
地理的価格設定戦略の1つで、顧客の所在地に関係なく、全顧客に対して均一の輸送費を請求するもの。p.272

選択的流通
製品の取り扱いを希望する仲介業者から何社かを選び、流通させるという方法。p.239

専門品
独特の個性もしくはブランド・アイデンティティを持ち、購買者が特別な努力を払ってでも購入しようとする消費財。p.172

戦略グループ
ある業界において、同じ戦略、またはよく似た戦略をとっている一群の企業。p.67

戦略事業単位（SBU）
自社の事業や製品などを評価する際に用いる単位。他の事業や製品とは切り離して計画を立案でき、独自の競争相手を有している。p.36

そ

総コスト
所定の生産水準における固定費と変動費の合計。p.257

ソーシャル・マーケティング
個人と社会の福利向上をもたらすことを目的として設計されたプログラムに、マーケティングの概念とツールを活用すること。p.175

測定可能性
セグメントの規模、購買力、特性を測定できるかどうかということ。市場細分化が有効であるための要件の1つ。p.93

ソサイエタル（社会志向的）・マーケティング志向
消費者や企業の現在のニーズを満たしつつ、同時に、社会的・環境的責任を果たすことを考えたマーケティングのこと。p.12、390

損益分岐点による価格設定（ターゲットリターン価格設定）
製造とマーケティングに要するコストを考え、損益が釣り合う、もしくは目標利益（ターゲットリターン）の出る価格を設定すること。p.260

た

ターゲット・コスティング
最初に顧客が求める価値を考慮して理想とする販売価格を定め、その価格で確実に収支の合うコストを目指す。製品を設計してコストを決めてから「この値段で売れるか」と問う通常のプロセスを逆に実行する。p.263

ターゲット市場
企業が標的と定めたニーズや特性を共有する購買者の集団。p.95

ターゲティング
各市場セグメントの魅力を評価し、参入対象とするセグメントを選定するプロセス。p.48、87

代替品の評価
消費者の意思決定プロセスのうち、消費者が情報を活用して選択対象ブランドの代替品を評価するステップ。p.158

態度
人が比較的持続して抱いている、物事に対する肯定的もしくは否定的な評価や感情、のこと。p.151

ダイナミック価格設定
顧客や状況特性に応じて、絶えず価格を調整すること。p.273

ダイレクト・マーケティング
顧客として慎重に選ばれた対象と直接的に関わることで、反応を直に得たり、永続的な関係を育んだりすること。p.283

ダイレクト・マーケティング・チャネル
仲介の段階を持たないマーケティング・チャネル。流通業者を存在させず、生産者が直接顧客に販売する。p.228

ダイレクトメール・マーケティング
ダイレクト・マーケティングのうち、提供物や案内などを特定の住所に届けるもの。p.356

ダイレクト・レスポンス・テレビジョン（DRTV）・マーケティング
ダイレクト・マーケティングのうち、ダイレクト・レスポンス・テレビ広告やテレビショッピングの番組など、テレビを通して実施するもの。p.358

多角化
既存の製品や市場とは別の領域で事業を開始したり、他社の事業を買収したりすることにより、企業を成長させること。p.41

探索型リサーチ
問題点の明確化と仮説の提案に有用となるような予備的情報を集めるためのマーケティング・リサーチ。p.119

ち

地域別価格設定
地理的価格設定戦略の1つで、全国を2つ以上の地域に分けて、地域ごとに均一の輸送費を請求する。金額は遠い地域ほど高くなる。p.273

地域マーケティング
市町村、地域、ときには特定の場所のためのマーケティング。ブランドやプロモーションを調整する。p.97

チーム型の製品開発
さまざまな部門が職能横断的なチームとして密接に連携し、時間短縮と効率化をねらう製品開発アプローチ。p.209

チーム販売
販売、マーケティング、エンジニアリング、財務、テクニカル・サポートといった部門や、さらには上位の経営層からも人材を招集してチームを編成し、得意先への対応にあたること。p.333

知覚
情報を選別、整理、解釈し、そこから意味のある世界観を形成するプロセス。p.150

チャネル・コンフリクト
マーケティング・チャネルのメンバー間に見られる、目標、役割、報酬に関する意見の不一致。p.229

チャネルの段階
製品とその所有権を最終消費者に向けて移転させていく上で、何らかの働きをする仲介業者の層。p.227

地理的価格設定
国内市場では顧客の住む地域ごとに、海外市場では国ごとに、価格を設定すること。p.272

地理的細分化
市場を国、地域、市町村、さらには近隣地区といった地理的単位に分割すること。p.88

て

定式的マーケティング
理にかなった穏当な戦略を策定し、それに沿って活動するマーケティング手法。p.71

ディスインターメディエーション（脱流通業者化）
製品やサービスの生産者がマーケティング・チャネルから流通業者を廃して最終消費者と直接接触する、あるいは根本的に新しいタイプのチャネル流通業者が出現して、従来の業者と置き換わること。p.235

デモグラフィックスによる細分化
市場を年齢、性別、世帯規模、家族のライフサイクル、所得、職業、教育などのデモグラフィック変数に基づいてセグメントに分割すること。p.88

デモンストレーション
購買意欲を刺激するための実演行動。p.340

テリトリー制販売組織
特定の地区（テリトリー）を割り当てられたセールスパーソンが、その地区の全顧客に対して自社製品の販売を担当する販売組織形態。p.332

テレマーケティング
電話を使用して顧客に直接販売するもの。p.357

伝統的マーケティング・チャネル
独立した生産者、卸売業者、小売業者により構成されるチャネル。それぞれが独立した事業体であり、たとえチャネル全体の利益が犠牲になっても、自らの利益を最大化しようとする。p.230

と

動機
充足行動を引き起こさせるほど強いニーズのこと。p.148

統合型マーケティング・コミュニケーション（IMC）
企業内のコミュニケーション・ツールを慎重に統合することで、顧客に一貫性と説得力のあるメッセージを伝えようとする取り組み。p.285

統合型ロジスティクス・マネジメント
よりよい顧客サービスの提供と流通コストの削減を図り、流通システム全体のパフォーマンスを最大化するためには、マーケティング・チャネル全組織間、チームワークが必要だとするロジスティクスの概念。p.245

導入期
製品ライフサイクルのうち、新製品が初めて市場に登場し、購入できるようになる段階。p.215

トーン＆マナー
広告全体によって醸し出される雰囲気や印象のこと。p.314

独占的競争
複数の企業が競争しているが、提供物の差別化が可能なため非価格競争が展開される。p.264

な

ナショナル・ブランド
メーカーが所有するブランドのこと。流通が所有するプライベート・ブランドと対比される。p.193

に

ニーズ
欠乏を感じている状態。p.7

ニーズの認識
購買者の意思決定プロセスにおける第1段階。人々が問題やニーズを認識する段階のこと。p.157

二次データ
すでに別の目的で収集され、どこかに存在している情報。p.120

認知的不協和
購買後の葛藤から生じる不快感。購買決定時での妥協が大きく影響する。p.159

は

パーソナリティ
個人または集団を他から際立たせる、特有の心理学的特徴。自信、優越感、社交性、自主性、保身的、攻撃的といった特性で示される。p.147

パートナー・リレーションシップ・マネジメント
顧客により多くの価値をもたらすことを目的として、社内の他部門および社外のパートナーと緊密に協力し合う取り組み。p.20

排他的流通
限られた数の販売者に対して、それぞれのテリトリーで排他的に製品販売権を与えること。p.238

バイラル・マーケティング
ネット版のクチコミ・マーケティング。友人に伝えたくなるようなウェブサイト、動画、電子メールなどを利用する。p.367

端数価格
「198円」のように、意図的に8や9で終わる価格を設定すること。p.272

バズ・マーケティング
オピニオン・リーダーを育てて、コミュニティ内の他者に製品やサービスに関する情報を広めてもらうこと。p.292

パッケージング
製品の容器や包装をデザインし、作成すること。p.177

パブリック・リレーションズ（PR）
企業を取り巻くさまざまなステークホルダー（利害関係者）との間に良好な関係を構築すること。p.323

バラエティ・シーキング型購買行動
消費者の購買関与水準は低いが、ブランド間の知覚差異が高い場合の購買行動。様々なブランドを購入する傾向にあるため、この言葉が用いられている。p.156

反対意見への対処
購入にあたって顧客が抱いている反対意見を探り出し、明確化し、克服すること。セールスを成功に導く鍵となっている。p.340

販売志向
ビジネスを実施する上で、大規模な販売活動やプロモーション活動が重要だという考え方。p.11

販売促進
消費者の購買、もしくは流通業者の販売意欲を促進するための短期的な取り組み。p.283、341

販売ノルマ
セールスパーソンに対して示される、どれだけ売るべきか、製品ごとの内訳はどうあるべきかを定めた基準。p.338

販売プロセス
販売にあたってセールスパーソンがたどるステップ。見込み客の発掘と評価、プレアプローチ、アプローチ、プレゼンテーションとデモンストレーション、反対意見への対処、クロージング、フォ

ひ

PIMS
Profit Impact of Market Strategyの単語の頭文字からなる。「市場戦略が収益性に及ぼす影響」に関する包括的な研究。p.76

非人的コミュニケーション・チャネル
個人的な接触ではなく、メッセージを伝える媒体。主要メディア、雰囲気、イベントの3つがある。p.292

非探索品
消費者が知らない、もしくは通常なら購入しようと思わない消費財。p.173

品質
顧客ニーズを満たす能のある、製品やサービスの特性や特徴を総合したもの。p.175

ふ

ファッション
ある分野で現在受け入れられている、もしくは人気のある様式のこと。p.214

ファッド
消費者の熱狂やブランド人気などに突き動かされ、一時的に異常なほど売れること。p.214

フォーカス・グループ・インタビュー
5〜8人を集め、訓練を受けたインタビュアーのもとで製品やサービス、組織について数時間かけて話をしてもらう。進行役は、議論のフォーカス（焦点）が重要な議題から外れないよう気を配る。p.126

フォローアップ
確実な顧客満足とリピートのために、販売後にフォローを行うこと。p.341

付加価値価格設定
ライバルに合わせて価格を下げるのではなく、付加価値的な特徴やサービスを加えることにより自社提供物を差別化し、高い価格を設定すること。p.255

不協和低減型購買行動
消費者の購買関与水準は高いが、ブランド間に知覚差異がほとんどない場合の購買行動。p.155

複雑な購買行動
消費者の購買関与水準が高く、しかもブランド間の知覚差異が大きい場合の購買行動。p.154

副産物の価格設定
主製品の価格競争力を高めるために、製品やサービスの生産過程で生じる副産物に価格を設定すること。廃棄物も、利益を生み出す場合がある。p.268

プッシュ戦略
マーケティング・チャネルを通して製品を最終消費者まで「プッシュ」、つまり押し込むこと。主として人的販売が用いられる。p.300

プライベート・ブランド
スーパーやコンビニエンスストアの独自ブランド。多くはメーカーのナショナル・ブランドと提携し、比較的低価格に設定されている。p.193

フランチャイズ組織
契約型VMSの1つで、フランチャイザーと呼ばれるチャネル・メンバーが、生産、流通過程における複数の段階を統括するもの。p.231

ブランド
製品やサービスの製造者や販売者を特定するためのネーム、シンボル、デザインなどを組み合わせたもの。競合他社のものと差別化するためのものでもある。p.176

ブランド・エクイティ
ブランド名の認知がもたらす、製品やマーケティングに対する顧客反応の差異効果。選好やロイヤルティ獲得能力を測る尺度となる。p.189

ブランド拡張
新カテゴリーの新製品や改良製品に既存のブランド名を使うこと。p.195

ブランド・パーソナリティ
ブランドに結びついていると思われる特性を、人の特性で表現したもの。p.148

フリークエンシー（露出頻度）
ターゲット市場の平均的人物が、期間内に何回メッセージに接触したかを測る数値。p.315

ブルー・オーシャン戦略
血に染まった「レッド・オーシャン」で競合他社と戦うのではなく、競合のない「ブルー・オーシャン」市場を作り出そうとする戦略。p.70

プル戦略
最終消費者に向けて広告などのマーケティング活動を行い、製品の購入を促す戦略。買い手から「プル」、つまり製品を引っぱらせること。p.300

プレアプローチ
訪問の前に、相手組織と購買担当者について可

（前項より続き）ローアップと進む。p.338

能な限り情報を得ておくこと。p.339

プレゼンテーションとデモンストレーション
買い手に対して「価値の話」をし、自社の提供物で顧客の抱える問題をいかにして解決するかを示すこと。p.340

ブログ
自分の思いを綴るネット上の日記。p.365

プロダクト・プレイスメント
自社ブランドを小道具としてテレビ番組や映画などにはめ込むこと。映画の007シリーズに登場する自動車や腕時計など。p.312

プロトタイプ（試作品）の開発
製品コンセプトを形のある製品へと発展させ、市場提供物として作り上げること。p.206

文化
社会の一員が、家族をはじめとする集団から学ぶ基本的価値観、選好、行動。人間の欲求や行動を決定する最も根本的な要素。p.142

へ

ベストプラクティス
最良事例のことで、学びの対象であるベンチマークとなる。p.68

ベネフィットによる細分化
製品に求めるベネフィット（便益）に応じて、購買者をグループ分けすること。p.92

ベンチマーキング
リーディング・カンパニーの優良事例に注目し、それを継続的に分析し、品質やパフォーマンスの改善策を見つけ出すプロセス。p.68

変動費
生産高に応じて変動するコスト。p.257

ほ

ポートフォリオ分析
ポートフォリオ（企業を構成する製品や事業）を評価するプロセス。p.36

ポジショニング
競合製品との相対関係において、標的とする顧客のマインド内で、自社製品が明確かつ望ましい位置を占めるようにすること。p.49、87

ポジショニング・ステートメント
会社やブランドのポジショニングを要約したもの。次の形式で記述するとわかりやすい。「［標的とするセグメントとニーズ］にとって、我々の［ブランド名］は［差別化ポイント］という［製品カテゴリー］である」。p.106

ま

マーケット・チャレンジャー
ある業界において2番手以下に位置し、1番手を目指して市場シェアを拡大しようと激しく戦う企業。p.73

マーケット・ニッチャー
業界の他企業が見過ごしているか、あるいは無視している小さなセグメントに注力する企業。p.73

マーケット・フォロワー
ある業界において2番手以下に位置し、波風を立てることなく現在のシェアを守ろうとする企業。p.73

マーケット・リーダー
ある業界において最大の市場シェアを占める企業。p.73

マーケティング
顧客が求める価値を創造し、その価値を顧客に伝達し、そして説得し、その見返りとして顧客から価値を得るプロセス。p.2

マーケティング・コミュニケーション・ミックス
広告、販売促進、人的販売、パブリック・リレーションズ、ダイレクト・マーケティングなどのツールを適切に組み合わせたものであり、顧客が求める価値を説き、顧客リレーションシップを構築するための取り組み。p.283

マーケティング・コントロール
マーケティング戦略および計画の成果を評価し、目標が確実に達成されるように修正措置を講じること。p.55

マーケティングサイト
消費者とインタラクションを持ち、購買やその他のマーケティング成果へと導くウェブサイト。p.366

マーケティング志向
ターゲット市場のニーズを競合他社よりも的確につかみ、顧客満足を提供することが組織目標達成の鍵となるという考え方。p.11

マーケティング実行
戦略的マーケティング目的を達成するために、マーケティング計画をマーケティング活動へと転換すること。p.55

マーケティング情報システム（MIS）
マーケティング意思決定者に必要な情報を収集し、分析し、評価するための仕組み。p.115

マーケティング戦略
顧客価値の創造と収益性の高い顧客リレーションシップ構築の達成につながるマーケティング論理。p.46、205

マーケティング・チャネル
製品を消費者や法人ユーザーが使用、または消費できるようにするための流通経路。p.225

マーケティング・チャネルの管理
個々の流通業者を選定し、管理し、そして成果を評価すること。p.240

マーケティング投資に対するリターン（マーケティングROI）
マーケティング投資から得た純収益を、マーケティング投資コストで除したもの。p.57

マーケティング・マイオピア
製品自体にばかり目が行き、製品が生み出す顧客にとっての便益や経験を見落としてしまうこと。p.8

マーケティング・マネジメント
ターゲットとなる市場を選定し、その市場との間に収益性の高い関係を構築する技術・科学。p.10

マーケティング・ミックス
ターゲット市場から望ましい反応を引き出すことを目的として調整されるマーケティング・ツール――製品、価格、流通、プロモーション――の集合体。p.49

マーケティング・リサーチ
組織が直面する特定のマーケティング課題に関するデータを、体系的に設計、収集、分析、報告すること。p.118

マーケティング・ロジスティクス
利益を確保しつつ顧客の要求を満たすために、原材料の生成地点から最終製品の消費地点まで製品のフローを計画、実行し、コントロールすること。p.242

マイクロ・マーケティング
特定の個人や地域の好みに合わせて、製品やマーケティング・プログラムを調整すること。地域マーケティングと個人マーケティングがある。p.97

マス・カスタマイゼーション
生産などでマスの効果を活かしながら、個々のニーズに合わせて製品やサービスを提供する仕組み。p.98

マルチチャネル・マーケティング・システム
単一の企業が、さまざまな顧客セグメントに到達するために、複数のマーケティング・チャネルを利用する流通システム。p.235

マルチブランド
同一製品カテゴリー内で複数のブランドを展開すること。p.196

満足製品
当面は満足を得られるものの、長期的には害になるかもしれない製品。p.391

み

見込み客の発掘と評価
セールスパーソンなり企業なりが、見込みのある客を見極めること。p.338

ミッション・ステートメント
自らを取り巻く環境の中で何を実現したいのか、組織としての使命や目標を表明したもの。p.34

む

無差別型マーケティング（マス・マーケティング）
市場セグメント間の違いを無視し、単一の製品やサービスで市場全体に対応しようとする考え方。p.95

も

目標基準法
広告コミュニケーションによって何を達成したいかに基づいて予算を設定する方法。(1)特定の広告コミュニケーション目標を明確にし、(2)その目標を達成するために必要なタスクを決定し、(3)これらのタスクに要するコストを見積もることにより、広告コミュニケーション予算を設定する。p.297

モバイル・マーケティング
携帯電話などモバイル端末を利用したマーケティング。p.359

最寄品
日常的に高頻度、かつ最小限の比較検討と購買努力で購入される消費財。一般に低価格で、必要になった時にいつでも消費者が購入できるように流通させなければならない。p.172

ゆ

有益製品
当面の魅力は少ないものの、長期的にはベネ

フィットをもたらすであろう製品。p.391

輸送費吸収価格設定
地理的価格設定戦略の1つで、取引の獲得を目的として輸送費の全額、もしくは一部を販売者が負担するというもの。p.273

ら

ライセンス・ブランド
他企業が作ったネームやシンボル、有名人の名前などを使用したブランドのこと。p.193

ライフスタイル
活動、関心、意見に表れる個人の生活様式。p.147

ライン拡張
既存のブランド名を使って、既存製品カテゴリーに形、色、サイズ、材料、フレーバーなどを変えた製品を追加すること。p.195

り

リーチ（到達範囲）
ある一定期間にターゲット市場の何％が広告キャンペーンに接触したかを測る数値。p.315

利益確保可能性
製品やサービスを提供するのに十分な規模であるか、または収益性を見込めるセグメントであるかどうかということ。市場細分化が有効であるための要件の1つ。p.94

理想製品
当面の満足だけではなく長期的な優れたベネフィットを兼ね備えた製品。p.391

リマインダー型広告
自社ブランドを忘れさせないようにすることを狙った広告。成熟期の製品にとって重要な広告。p.309

流通業者向けセールス・プロモーション
再販業者に対してブランドの取り扱い、棚スペースの確保、広告への掲載、消費者への推薦などを促すことを目的として利用される販売促進。p.345

流通センター
さまざまな工場や供給業者からの製品を受け入れ、注文を受け、できる限り速やかに顧客に向けて配送するためのセンター。p.244

倫理訴求
「何が正しくて、適切か」という感覚に訴えるメッセージ。p.290

索引

●名前（企業、組織、人、ブランド）

A-Z

ABC	39, 167
ALSOK	40-41
AMD	105
AQUOS	16
AT&T	295
BMW	24, 49, 64, 99, 104, 310
DHC	358
DHCオリーブバージンオイル	358
ESPN	167-168
『FAST COMPANY』	199
F.E.M.	126
FXXスーパースポーツカー	48
GAP	65, 231, 232
GE	234
GM	196, 294
GUARD ONE	40
H&M	232
H.I.S.	145, 166
IBM	71, 102, 191, 333, 384
IHI	48, 93, 330
IHIロジテック	244
iPod	74, 113, 162, 194, 210
iPod touch	113, 194
JAPANドラッグストアショー	346
J.D.パワー・アンド・アソシエイツ	121
JR東日本	144, 360
『LEON』	318
LINE	190
L. L. Bean	355
MINI USA	366
MSN	361
Nike＋iPodスポーツ・キット	194
P&G	7, 26, 68, 110, 111-113, 118, 153, 191, 196, 203, 209, 246, 292, 308, 327-328, 333, 345, 366, 388
P&Gオールドスパイス	366
R-W-W	203
SAS	134
SK-Ⅱ	110
TSUBAKI	192, 214, 300, 314
TSUTAYA	145
Tモバイル	368
USAトゥデー	319
VISA	90, 145
『VOGUE』	318
Windows 7	306
YKK	74, 189
ZARA	232-233

あ

アーカー, ジェニファー	148
アートオブシェイビング	194
アクア	10, 99
アクセンチュア	192, 294
『朝日新聞』	318
アジエンス	70, 96, 214
味の素	35, 74, 290
アスクル	225, 235
アストンマーティン	312
アスピリン	193
アタック	70, 75, 192
アタックNeo	75, 290
アップル	72, 74, 101-102, 104, 113, 138, 139-140, 169, 171, 191-192, 194, 210, 266, 305-307, 324, 390
アディダス・インサイダーズ	127
アドバネクス	48
アパホテル	65, 105
アフラック	186, 314
アベンティス	192
アマゾン・ドットコム	3, 23, 69, 85, 101, 192, 236, 251-252, 274, 292, 351-352, 354, 359, 361
アメリカン・エキスプレス	201, 294, 343
アメリカン航空	343
アメリカンホーム保険	228
アユーラ	196
アラモ・レンタカー	223
アルマーニ	255
アルマーニエクスチェンジ	255
アンダーソン, ブラッド	86
アンパンマン	194

い

イーテイラー（e-tailer）	361
イーベイ	86, 274, 361, 364
イーワニック, ジョエル	64
イオン	27, 28, 57, 69, 74, 193, 234, 344
イケア	267
一休.com	236, 367
イトーヨーカ堂	57
イプサ	196
イメルト, ジェフリー	337
インテル	105, 383

う

ヴァージン・アトランティック航空	312
ヴァージン・ドリンクス	77
ヴァシュロン・コンスタンタン	313
ヴァン クリーフ＆アーペル	276
ヴァンガード・カー・レンタル・グループ	224
ウィアセーマ, フレッド	72
ウェスタンユニオン	66
ウェッジウッド	234
ウォークマン	74, 192
ウォルト・ディズニー社	38
ウォルト・ディズニー・ピクチャーズ	39
ウォルマート	5, 43, 66, 71-72, 85, 153, 178, 191, 243, 246, 251-252, 255, 327, 334, 352, 380, 385, 386-388
ウッズ, タイガー	294-295
ウッドランドパーク動物園	269

え

エイボン	239, 240
エクソン	192
江崎グリコ	67, 90, 214
エスカレーター	193
エステー	35, 181
エビアン	270
エブラヒム・クリム・アンド・サンズ	256
エルメス	257
エンタープライズ・ホールディングス	223-224

エンタープライズ・レンタカー 223-224	クリスピン・ポーター・アンド・ボガスキー 305	シミュショップ 207
お	クローガー 134, 347	シャープ 16
オーデマ ピゲ 313	黒川温泉 174	シャープ, イザドア 188
オールズモビル 196	**け**	ジャガー 95, 256
オグルヴィ・アンド・メイザー 132	経済産業省 121	ジャパネット 367
大人の休日倶楽部 144	経済産業省特許庁 121	じゃらんnet 367
オメガ 312	ケラー, ケビン=レーン 190	ジャンバ・ジュース 346
オラクル 134	ケロッグ 195	シュミット, エリック 200
オリーブ・ガーデン 169	健康サララ 290	消臭力 35, 181, 192
か	ケンタッキー・グリルド・チキン 207	ジョーダン, マイケル 102
『カー・マガジン』 379	ケンタッキー・フライド・チキン 186, 207	ジョブズ, スティーブ 139
カールソン, ヤン 185	**こ**	ジョンソン・エンド・ジョンソン 69, 153
カインズ 69, 123, 146	ご意見パーク 202	白戸（ホワイト）家 312
花王 57, 70, 75, 96, 123, 151, 214, 227, 231, 290	小岩井 177	シルク・ドゥ・ソレイユ 70
価格.com 274, 367	コープさっぽろ 116	ジレット 194, 295
崖の上のポニョ 194	コカ・コーラ 19, 47, 63, 66, 77, 91, 95, 102, 152, 167, 177, 191, 195, 231, 238, 251, 309, 322, 368, 384	シンガポール航空 101, 183, 186
カシオ 257		**す**
軽井沢プリンスホテル 186		スウォッチ・グループ 180
カルバン・クライン 194		スーパードライ 192
き		スカイマーク 256
キールズ 45	**さ**	スカンジナビア航空 185
キシリトール 192, 196, 314	サーチ・アンド・サーチ 111	スキナー, ジム 42
キッコーマン 26, 74, 166, 189	サウスウエスト航空 72, 97, 186, 236	スシロー 192
キットカット 92, 219	佐川急便 76	スターバックス 42, 69, 98, 104, 107-108
紀ノ國屋 97	サターン 196	スタインウェイ 254
キャタピラー 241	ザッポス・ドットコム 3-5, 357	スタッグ 256
キャデラック 24, 99	佐藤製薬 293	スタンダード・オイル 192
キヤノン 192, 231, 257	サムスン電子 26, 118, 389	ステープルズ 362
キヤノンマーケティングジャパン 231	サントリー 118, 330	スニッカーズ 219
キリンチューハイ氷結 195	サントリーフーズ 66	スペシャルK 195
キリンビバレッジ 66	**し**	スリーエム（3M） 12
キング, スティーヴン 252	シアーズ 72, 347	**せ**
金のつぶ 192	シーブリーズ 216	セールスフォース・ドットコム 134
キンバリー クラーク 133	シーメンス 175	関アジ 177
く	シェイ, トニー 3-5, 7	ゼネラルミルズ 383
グーグル 34, 74, 118, 167, 191, 199-200, 361, 367-368	シスコシステムズ 363	セブン-イレブン 69, 88
クーポンズ・ドットコム 343, 347	資生堂 73-74, 196, 216, 227, 298, 300, 314, 330	セルデン, ラリー 85
グッチ 194	シック・カナダ 126	セルファイヤー 347
クノールカップスープ 74	シック クアトロ4® フォーウーマン 126	ゼロックス 333
グラソー 120	ジップロック 192	鮮度の一滴 178
グリシャム, ジョン 252	シティバンク 18	全米心臓肺血液研究所（NHLBI） 324
クリストフル 268	シボレー 176, 219	**そ**
		ソイジョイ 192

430

総務省統計局	121	
ソニー	73-74, 231, 309, 389	
ソニーマーケティング	231	
ソフトバンクモバイル	312	

た

大七酒造	263
ダイソー	9
タイド	111
タイトリスト	294
ダイフク	244
ダウ・ジョーンズ・サステナビリティ・インデックス	376
高島屋	65
宅急便	76, 192
タワーレコード	66, 236
ダンキンドーナツ	107-108

つ

ツイッター	114, 136, 145, 152, 282, 369

て

帝国ホテル	65
ディシジョン・インサイト	207
ディズニー・チャンネル	39
ティファニー	276
テイラー, ジャック	223
ティンバーランド	69, 372, 373-374, 386
デオ&ウォーター	216
テスコ	134
デル	85, 237, 364

と

東海バネ工業	48, 135
東急イン	65
東京都交通局	318
東芝	48, 367
とちおとめ	177
トップバリュ	28, 193
となりのトトロ	194
トミー ヒルフィガー	194
ドミノ・ピザ	347
トヨタ	10, 20, 22, 48, 50, 65, 74, 99, 104, 177, 180, 195, 224-225, 229, 231
ドラえもん	194
ドラッカー, ピーター	6
ドリトス	207, 319
トレーシー, マイケル	72

な

ナイキ	27, 31-33, 69, 102, 167, 179, 194, 293-295
ナイト, フィル	31
ナイロン	193
直島	175
ナショナル・レンタカー	223

に

ニールセン・メディア・リサーチ	130
ニールセン・カンパニー, ザ	121
『日経ビジネス』	318
日経ビジネスオンライン	361
日産	10, 76, 99, 180
日本香堂	216
ニトリ	10, 35, 143, 147, 255, 256
『日本経済新聞』	316, 318
日本航空（JAL）	129
日本コカ・コーラ	66, 178, 231
日本チェーンドラッグストア協会	346
日本マーケティング学会	174
日本臨床矯正歯科医会	28
任天堂	5, 75
ニンテンドーDS	75

ね

ネスレ日本	219

の

ノース・フェイス, ザ	153
ノードストローム	72, 179
ノキア	72, 191
ノバルティス	192

は

バーガーキング	74, 196, 229, 286, 360
ハーゲンダッツ	281-282, 286
ハーレー・オーナーズ・グループ（H.O.G.）	17
ハーレーダビッドソン	17, 90-91, 147, 153, 176, 192, 300
バーンズ&ノーブル	360
ハインツ	19
バウワーマン, ビル	31
パタゴニア	386
パッカード, デイビッド	20
パテック フィリップ	313
バド・ライト	63, 132
パナソニック	57, 152-154, 225, 243, 365, 367
ハネウェル	93
ハリー・ウィンストン	238
ハリウッド・ピクチャーズ	39
ハローキティ	194
パンテーン	110
パンパース	110, 191

ひ

ピーチ	105
ピエール・マルコリーニ	153
ビスタコン	69
ヒストリー・チャンネル	39
日立	48, 73, 189, 244
ビタミンウォーター	19
ビックカメラ	343
ピューレックス・コンプリート・3イン1・ランドリー・シート	102
ヒューレット・パッカード	20
ヒュンダイ	62, 63-65, 160
ヒュンダイ・アシュアランス・プログラム	63, 160
ヒルトンホテル	358
ヒルロム	333

ふ

ファブリーズ	110
ファミリーマート	69
フィッシャープライス	123
フェイスブック	19, 26, 71, 114, 136, 145, 152, 319, 368-369
フェデックス	72
フェラーリ	48
フェラーリF430 F1 スパイダー・コンバーチブル	48
フォーシーズンズ・ホテル	104, 184, 186-189
フォーチュン500	246
フォード・エスケープ	49
ブックオフ	255
フュージョン・クロム・コレクション	194
ブライアント, コービー	102
プラス	235
ブランソン, リチャード	77

ブランチズ・ホッケー 98	マクドナルド 27, 35, 41-43, 74, 102, 104, 124, 186, 189, 191, 255, 287, 347, 375	ユニクロ 65-66, 143, 166, 231
ブランド・キーズ 65		ユニリーバ 275, 314, 320
プリウス 10, 50, 99, 177, 224		ユンケル 293
ブリタニカ・ジャパン 361	マクドナルド, リチャード＆モーリス 41	よ
フリトレー 130, 207		ヨーヨー 193
プリングルズ 110	マスターカード 19	ヨドバシカメラ 57, 343
ブルームバーグ 121	マズロー, アブラハム 148-149	ら
プレイ・ラボ 123	マツモトキヨシ 104, 192, 227, 234	ライオン 76, 92
フレッシュ・エンカウンター・コミュニティ・マーケット 346		ライフネット生命保険 101
	マテル 212, 392	楽天トラベル 236
フロイト, ジークムント 148	み	ラスムッセン, ビル 167
へ	ミシュラン 290	ラックス 214
米国ダイレクト・マーケティング協会（DMA） 353	ミズノ 189	ラフリー, A・G 209
	みずほ銀行 291	ランコム 45
ベイシアグループ 146	三井住友銀行 291	ランドローバー 99
ヘイズ, ジョン 201	ミツカン 75, 166	り
ベスト・バイ 66, 84, 85-86, 87, 237, 359	ミッキーマウス 42, 194	リージェント・セブンシーズ・クルーズ・ライン 91
	三越 65, 166, 273	
ベゾス, ジェフ 351-352	みつばちクレヨン 67	リーバイス 275
ベテリナリー・ペット・インシュアランス（VPI） 79	三菱重工 48, 93, 330	リーブス, ロッサー 102
	三菱東京UFJ銀行 291	リッツ・カールトン 15, 16, 35, 72, 73, 101, 183
ベネトン 232	ミューチップ 244	
ペプシ 78, 153, 177, 251	妙花蘭曲グランド・キュヴェ 263	良品計画 19
ペプシコ 19, 77, 130, 319	ミラー・ライト 132	れ
ベン・アンド・ジェリーズ 386	ミルミル 214	レクサス 22, 49, 65, 72, 99, 104, 177, 180, 310, 360
ヘンケル 102	む	
ほ	無印良品 19, 202	レゴ・グループ 211-212
ボーカルポイント 292	め	レッドブル 77, 119, 120
ボーデンハイマー, ジョージ 167-168	明治安田生命 183, 314	レナーズ, ステュー 22
	メイベリン 45	レノボ 10, 275
ホームセキュリティα 40	メルセデス・ベンツ 99	レブソン, チャールズ 170
ホーム・デポ 105-106, 387	も	レブロン 35, 170
ポケモン 194	モーエン 133	ろ
ボシュロム 69	モスバーガー 74, 145, 225, 231	ロイヤル・カリビアン 91
ボストン・コンサルティング・グループ 37	モスフードサービス 231	ロイヤル コペンハーゲン 234
	森永製菓 67, 238, 344	ローソン 97
ポッキー 192, 214	や	ロールス・ロイス 95, 176
ホテルオークラ 65	ヤクルト 214	ロッテ 67, 92, 196, 217, 238, 314, 319, 368
ホリデイ・イン 72	ヤフー 199, 361, 367	
ボルグワーナー 93	ヤフー・オークション 364	ロレアル 45
ホンダ 65, 99, 180, 189, 263	ヤマサ醤油 178	ロレックス 104, 172, 313
ポンティアック 196	山田養蜂場 67	わ
ま	ヤマト運輸 76	ワークマン 146
マイクロソフト 79, 134, 139, 191, 199, 300, 305-307	ゆ	ワールド 96
	ユーチューブ 136, 152, 153, 286, 319-320, 365, 368, 369	『ワールドサッカーダイジェスト』 379
マウンテンデュー 153		和光 9

ワッパー・フリークアウト	286
ワナメーカー，ジョン	296

● **事項**

A–Z
AIDA	289
FOB（Free On Board）価格設定	272-273
GRP（延べ視聴率）	315
PIMS	76
SWOT分析	52
USP（Unique Selling Proposition、ユニークな販売命題）	102

あ
アートオブシェイビング	194
アイデア・スクリーニング	203
アイデア創出	202, 209
アドバーテインメント	311
アプローチ	338, 339, 340
アロウワンス	269-270, 345

い
意思決定プロセス	128, 142, 156-163
一次データ	121-124, 127
イノセンティブ	203
イマージョン・グループ	126
因果型リサーチ	119
インターナル・マーケティング	184
インターネット	361
インダイレクト・マーケティング・チャネル	228
インタラクティブ・マーケティング	184-185
インパクト	316

う
ウェブサイトの開設	366
「ウェブノグラフィー」調査	123
ウォンツ	7-8, 13
売上高比率法	297
上澄み吸収価格設定	266

え
エスノグラフィー調査	123, 132-133, 212
エビデンス・マネジメント	182
蛯原友里	174
エブリデイ・ロー・プライシング（EDLP）	255
エンバイロメンタリズム	381-382, 388, 393

お
オケージョンによる細分化	91
オピニオン・リーダー	144-145, 161
オプショナル製品の価格設定	268
オペレーショナル・エクセレンス	72
オンライン広告	311, 367
オンライン・ソーシャルネットワーク	145, 366, 368-369, 374
オンライン・フォーカス・グループ	128
オンライン・マーケティング	26, 235, 299, 350-370
オンライン・マーケティング・リサーチ	127-128

か
開放的流通	238-239
買回品	172
価格	5, 9, 13,40, 42, 47-51, 250-279
価格感受性	266-267, 274, 278
価格設定戦略	250, 253-269
価格調整戦略	250, 266, 269-275
価格変更	250, 266, 275-278
学習	142, 148, 150
革新型マーケティング	388-389
カスタマー・インサイト	110-137
カスタマー・インティマシー	72-73
カスタマー・エクイティ	21, 23-24, 59, 191
寡占的競争	264
カタログ・マーケティング	355-356
価値提案	10, 21, 25, 62, 87, 103-106, 304
価値提供ネットワーク	44-45, 224-225
価値連鎖（バリュー・チェーン）	44
観察調査	123-124
完全競争	264
完全独占	264
管理型VMS	234

き
キオスク・マーケティング	355, 358
機械装置	129-130
企業型VMS	231
起業家マーケティング	71

企業から企業へ（B to B） 363	広告のフォーマット 314	コ・ブランド 193-194
企業から消費者へ（B to C） 362	広告媒体 315	コミュニケーションプロセス
企業（ブランド）サイト 366	広告目的 308	287-288
企業向けセールス・プロモーション	広告予算 309	コミュニケーション・ミックス戦略
341, 345	行動による細分化 91	299, 301
記述型リサーチ 119, 124	購買決定 140, 146, 148, 156,	コミュニケーション・ミックスの策定
基準地点価格設定 273	157, 158, 160	298
季節割引 270	購買行動のタイプ 154-156	コモディティ化 104, 169, 281,
機能訴求 289-290	購買行動モデル 141	342
機能割引 270	購買後の行動 156, 159	コンシューマリズム 380-381, 388
キャプティブ製品の価格設定 268	購買時点（POP）プロモーション	コンセプト・テスト 204-205
競合他社分析 65	344	**さ**
競争志向の企業 80	購買者の意思決定プロセス 142,	サード・パーティ・ロジスティクス
競争者対抗法 296, 297	156, 160-163	（3PL） 246
競争戦略 70-71, 73, 76	購買プロセス 145, 156, 160, 288	サービス 169
競争地位による4つの戦略 73	顧客価値 3-5, 8-9, 11, 14,	サービスの消滅性 183
競争ベースの価格設定 262	21-22, 43-44, 48, 170, 171	サービスの不可分性 183
競争優位 62-82, 100-103, 106,	顧客価値提供ネットワーク 45	サービスの変動性 183
113, 117, 191, 203, 225, 242,	顧客価値分析 68	サービスの無形性 182
256, 310	顧客価値ベースの価格設定 254	サービス・プロフィット・チェーン
く	顧客価値マーケティング 388-389	183, 184, 187, 189
クチコミ 3, 68, 144, 145, 152,	顧客シェア 21, 23	サービス・マーケティング 181,
158-159, 184, 324	顧客志向の企業 80	183-185
クチコミ効果 291	顧客志向マーケティング 388-389	サービス・リカバリー 186-187
グッド・バリュー価格設定 255	顧客主導型マーケティング 2, 9-13,	サーベイ調査 123-124
クラウドソーシング 202-203	33, 46-47, 84, 87, 351	在庫管理 243-244, 354
クリエイティブ・コンセプト 312,	顧客セグメント別価格設定 270	サイコグラフィックスによる細分化
313	顧客中心の新製品開発 208	90
クリック・アンド・モルタル企業	顧客の生涯価値 21-24, 59, 159	採用プロセス 160
362	顧客の知覚価値 14, 268	サブカルチャー 143, 147
クリック・オンリー企業 361-362	顧客別（市場別）販売組織 333	サプライ・チェーン 20, 224
栗原はるみ 174	顧客マネジド・リレーションシップ	サプライ・チェーン・マネジメント
クロージング 50, 338, 340	18	20, 242
け	顧客満足 8, 11, 14-16, 44, 46,	差別化 48-49, 87, 99-107
経験曲線（学習曲線） 259	59, 159, 175, 241, 244, 341	差別化可能性 94
契約型VMS 231	顧客リレーションシップ・マネジメント	差別化戦略 71
欠陥製品 391	14, 18, 21, 23, 134	差別型マーケティング（セグメント・
現金割引 269	顧客ロイヤルティ 14-15, 21, 108,	マーケティング） 96
こ	134	参照価格 271
交換 6, 8, 9	国際流通チャネル 239	サンプリング計画 122, 128
広告 283	個人マーケティング 97-98	サンプル 128, 343
広告会社 322	コスト・プラス法（マークアップ法）	**し**
広告コミュニケーション予算の設定	259-260	事業性の分析 205-206
296, 309	コスト・ベースの価格設定 256	事業ポートフォリオ 36, 39
広告戦略 308, 310, 322	コスト・リーダーシップ戦略 71	支出可能額法 296
広告投資に対するリターン 321	固定費 257, 260-262	市場 7-11

市場開拓	40
市場カバレッジ（市場配荷率）	239
市場細分化	9, 46-47, 84, 87, 88-94, 177
市場志向の企業	80-81
市場浸透	40
市場浸透価格設定	266
市場成長率ー市場シェア・マトリクス	37
市場セグメント	47-48, 86, 87, 91, 94-95
市場提供物	7-9, 13, 169
市場テスト	206-208
持続可能な環境方針	382
持続可能なマーケティング	13, 27, 372-395
実験調査	123-124
実行可能性	94, 237
実施スタイル	313
質問票	129-130
使命感マーケティング	388, 390
社会階層	143
社内起業家マーケティング	71
社外データ	117, 133
社内データベース	117
習慣的購買行動	155
集中型（ニッチ）マーケティング	97
集中戦略	71
需要	7, 49, 69, 151, 183, 227, 253, 260-261, 264-265, 274, 300, 324
需要曲線	264
需要の価格弾力性	264-265
シュワーツ, ジェフリー	372-373
準拠集団	144
情緒訴求	289-290
消費財	172-173
消費者から企業へ（C to B）	365
消費者から消費者へ（C to C）	364
消費者購買行動	140
消費者市場	88, 92-93, 140, 341
消費者生成型広告	319-320
消費者生成型マーケティング	19
消費者生成型メッセージ	315
消費者向け販売促進	300, 343
商品化	208-209

情報探索	156-157
情報提供型広告	308
商用オンライン・データベース	122
新製品	160-163, 198-221
新製品開発	19, 75, 198-202, 208, 210
人的コミュニケーション・チャネル	291-292
人的販売	283, 285, 298-299, 301, 326, 329-330, 338
信念	151
新ブランド	194-196, 343
心理的価格設定	269, 271
心理的要因	142, 148
す	
衰退期	213, 217
垂直的マーケティング・システム（VMS）	230-232
水平的マーケティング・システム	230, 234
数量割引	270
スタイル	214
スパム	369
せ	
生産財	172-173
生産志向	10
成熟期	216
成長期	215
製品	6-8, 168
製品開発	40
製品形態別価格設定	270
製品コンセプト	204, 206
製品志向	10, 34, 81
製品特性	162
製品のグローバルな展開	218
製品バンドルの価格設定	268-269
製品別販売組織	332
製品ポジショニング	99
製品ミックス	168, 175, 181, 217, 266, 267-269
製品ライフサイクル（PLC）	213
製品ライン	179-181
製品ラインの価格設定	268
製品リーダーシップ	72
セールスパーソン	329-341, 354

セールス・フォース・オートメーション（SFA）	337
セールス・フォースの管理	331
セグメント型価格設定	269-270
接近可能性	93
説得型広告	309
全国統一価格設定	272
選択的流通	238-239
専門品	172
戦略グループ	67
戦略事業単位（Strategic Business Unit：SBU）	36
そ	
総コスト	257, 260-261
ソーシャル・マーケティング	175
測定可能性	93
ソサイエタル・マーケティング志向	10, 12
損益分岐点による価格設定（ターゲットリターン価格設定）	260
損益分岐点分析	260
た	
ターゲット顧客	9-10
ターゲット・コスティング	263
ターゲット市場	7, 10-11, 16, 30, 55, 95, 99, 192, 263, 315
ターゲティング	9, 46, 47, 48, 84, 87, 94-95
代替品の評価	156-158
態度	148, 151
ダイナミック価格設定	273-274
ダイレクト・マーケティング	283, 299, 350-370
ダイレクト・マーケティング・チャネル	228, 354
ダイレクトメール・マーケティング	355-356
ダイレクト・レスポンス・テレビジョン（DRTV）・マーケティング	355, 358-359
多角化	41
単位コスト	259
探索型リサーチ	119
ち	
地域別価格設定	273
地域マーケティング	97-98

チーム型の製品開発	208-210	
チーム販売	333-334	
知覚		150
チャネル管理	96, 240	
チャネル・コンフリクト	228-230	
チャネル組織の変更		235
チャネルの段階		227
チャネル・メンバーによる付加価値		
		226
チャネル目的の設定		237
地理的価格設定	269, 272	
地理的細分化		88
て		
定式的マーケティング	70-71	
ディスインターメディエーション		
（脱流通業者化）	235-236	
デモグラフィックスによる細分化		
		88
テリトリー制販売組織		332
テレマーケティング	299, 355-357	
伝統的マーケティング・チャネル		
		230
と		
動機		148
統合型マーケティング・コミュニケー		
ション	280-302, 316	
統合型ロジスティクス・マネジメント		
		245
導入期	213, 215	
トーン＆マナー		314
独占的競争		264
な		
ナショナル・ブランド		193
に		
ニーズ	2, 5-13, 15-16, 20, 27,	
	34, 44, 47, 56, 66-67, 72, 77,	
	79-80, 86-88, 95, 97-98, 100,	
	110, 112-113, 115-116, 120,	
	122, 136, 139-140, 143, 148-	
	150, 157-158, 171, 176, 208-	
	210, 216, 223-224, 236-237,	
	254, 284, 326, 329, 333, 354,	
	372, 374, 375, 378, 381, 389,	
	394	
ニーズの認識	156-157	
二次データ	120-122	

認知的不協和		159
は		
パーソナリティ	146-148	
パートナー・リレーションシップ・		
マネジメント	19-20, 44	
媒体タイプ	315-316	
媒体の選択		291
媒体ビークル	315, 318	
排他的流通	238-240	
バイラル・マーケティング		367
端数価格		272
バズ・マーケティング	145, 292	
パッケージング	175, 177-178	
パブリック・リレーションズ		283,
	299, 301, 304-325	
バラエティ・シーキング型購買行動		
		156
反対意見への対処	330, 338, 340	
販売志向		10-11
販売促進	67, 96, 145, 156, 208,	
	234, 264, 283, 299, 301, 327-	
	348, 362, 389	
販売ノルマ		338
販売プロセス	338, 340	
ひ		
非人的コミュニケーション・チャネル		
		291-292
非探索品	11, 172-173	
ビデオリサーチ		121
品質		175
ふ		
ファイター・ブランド		278
ファッション		214
ファッド		214
フォーカス・グループ・インタビュー		
		126
フォローアップ	338, 341	
付加価値価格設定	254-256	
普及速度		162
不協和低減型購買行動		155
複雑な購買行動		154
副産物の価格設定		268
プッシュ戦略	299-300	
プライベート・ブランド		193
フランチャイズ組織		231

ブランデッド・エンターテインメント		
		312
ブランド 10, 18, 24-25, 28, 31-		
	33, 36, 54, 57, 96, 102-104,	
	106, 112, 116, 120, 141, 144-	
	145, 148-150, 152-159, 166-	
	197, 239, 251-252, 264, 284-	
	285, 290-291, 293-295, 312,	
	314-315, 319-321, 327-328,	
	344, 353, 390	
ブランド・エクイティ	189-191,	
	194, 301, 342	
ブランド拡張	194-196	
ブランド・ビルディング・ピラミッド		
		190
フリークエンシー（露出頻度）		315
フリークエンシー・マーケティング・		
プログラム	17, 342	
ブルー・オーシャン戦略		70
プル戦略		300
プレアプローチ		339
プレゼンテーションとデモンスト		
レーション		340
ブログ		365
プロダクト・プレイスメント		312
プロトタイプ（試作品）の開発		206
文化		142
へ		
ベストプラクティス		68
ベネフィットによる細分化		92
ベンチマーキング		68
変動費	257, 259, 261-262	
ほ		
ポートフォリオ分析		36
ポジショニング 9-10, 30, 46, 47,		
	48-49, 51, 55, 70, 84, 87, 99-	
	108, 120, 146, 183, 191-192,	
	201, 207, 214, 263, 267, 280,	
	308, 342	
ポジショニング・ステートメント		
		106
ま		
マーケット・チャレンジャー		73
マーケット・ニッチャー		73
マーケット・フォロワー		73
マーケット・リーダー		73

マーケティング		2
マーケティング計画書		54
マーケティング・コミュニケーション・ミックス		283
マーケティング・コントロール		55
マーケティングサイト		366
マーケティング3.0		394
マーケティング志向		10-12
マーケティング実行		55
マーケティング情報システム（MIS）		114-115, 135
マーケティング戦略		30-59
マーケティング戦略の立案		205
マーケティング組織		56
マーケティング・ダッシュボード		59
マーケティング・チャネル（流通チャネル）		222-247
マーケティング投資に対するリターン（マーケティングROI）		55, 57, 59
マーケティングのインパクト		376, 378-379
マーケティング・マイオピア		8, 10-11
マーケティング・マネジメント		10
マーケティング・ミックス		166-279
マーケティング・リサーチ		68, 110-137, 201, 264
マーケティング倫理		392
マーケティング・ロジスティクス		241-246
マイクロ・マーケティング		95, 97-98
マス・カスタマイゼーション		98
マズローのニーズ階層		149
マルチチャネル・マーケティング・システム		234-235
マルチブランド		196
満足製品		391
み		
見込み客の発掘		338
ミッション・ステートメント		34
みのもんた		174
む		
無差別型マーケティング（マス・マーケティング）		95
め		
メッセージ戦略		312
メッセージの設計		289
メディア・デバイド		285
も		
目標基準法		297
目標利益（ターゲットリターン）		260
モチベーション・リサーチ		149
モバイル・マーケティング		359
最寄品		172, 238
ゆ		
有益製品		391
輸送手段		244-245
輸送費吸収価格設定		273
よ		
4つの環境対応		383
ら		
ライセンス・ブランド		193
ライフスタイル		147
ライン拡張		195
り		
リーチ（到達範囲）		315
利益確保可能性		94
理想製品		391
リマインダー型広告		309
流通業者向けセールス・プロモーション		345
流通センター		244
倫理訴求		290

フォトクレジット

第1章　3 ZUMA Press／アフロ　15 Elan Fleisher/LOOK/Getty Images. 22 The New York Times／アフロ　27 imago／アフロ　28 イオン株式会社提供。

第2章　33 アマナイメージズ　39 Mark Eite/Aflo Co. Ltd/ Alamy. 41 Bloomberg via Getty Images. 45 ロイター／アフロ　50 トヨタ自動車株式会社提供。

第3章　63 ロイター／アフロ　66 アフロ　75 AP Photo/Katsumi Katsahara.

第4章　85 Getty Images. 90 江崎グリコ株式会社提供。91　©James Leynse/CORBIS. All Rights Reserved. 92 株式会社ロッテ提供。96 株式会社ワールド提供。105 読売新聞／アフロ 107 ©Bumper De Jesus/Star Ledger/ CORBIS.

第5章　111 Courtesy of Procter & Gamble. 113 Bloomberg／Getty Images. 120 レッドブル・ジャパン株式会社提供。127 アディダス ジャパン株式会社のご厚意により使用。

第6章　139 AFLO 144「大人の休日倶楽部ジパング／ミドル」会報誌。JR東日本提供。147 ハーレーダビッドソンジャパン提供。153 パナソニック株式会社提供。

第7章　167 Jeremy Brevard/Icon SMI. 171 AP／アフロ 174 株式会社ゆとりの空間提供。178 ヤマサ醤油提供。180 マリオット・インターナショナル提供。187 Robyn Twomey. 190 YKK株式会社提供。

第8章　199 Eros Hoagland/Redux. 211 LEGO and the LEGO logo are Trademarks of the LEGO Group. ©2013 The LEGO Group. 216 資生堂提供。219「キットカット　2013年『受験生応援キャンペーン』ポスター」。ネスレ日本株式会社提供。

第9章　233 Jochen Tack/Alamy. 234 御殿場プレミアム・アウトレット。三菱地所・サイモン提供。236「一休.com（http://www.ikyu.com/）」株式会社一休提供。238 Guy/Stockphoto/AGE photostock. 239 Lou Linwei/Alamy. 243 株式会社ダイフク提供。

第10章　251 Christopher Schall/Impact Photo. 255 Courtesy of Steinway Musical Instruments, Inc. 262「妙花蘭曲グラン・キュヴェ」大七酒造株式会社提供。267 ©Romain Degoul/REA/Redux. 270 Christopher Schall/Impact. Photo 274 ©Kakaku.com, Inc. All Rights Reserved.　カカクコム提供。276 Amanda. Kamen.

第11章　281 ©2010 HDIP, Inc. All rights reserved. Used with permission. The Häagen-Dazs® brand is a registered trademark. 290 花王提供。293 佐藤製薬「ユンケル黄帝液」。佐藤製薬提供。

第12章　305 Newscom／アフロ　310 AP／アフロ　313 ロイター／アフロ　314 アフラック（アメリカンファミリー生命保険社）提供。318 毎日新聞社／アフロ

第13章　327 Getty Images. 330 株式会社IHI提供。342 アフロ　347 長田洋平／アフロ

第14章　351 AP Wide World Photos. 358 DHC（☎0120-333-906）提供。364 Yahoo! JAPAN提供。368 REX FEATURES／アフロ

第15章　375 Redux Pictures. 385 Donald Bowers/Getty Images for the Coca Cola Company. 387 ZUMA Press／アフロ　390 Courtesy of Mars, Incorporated.

コトラー，アームストロング，恩藏の
マーケティング原理

平成26年3月5日　発　　行
令和2年7月30日　第3刷発行

|著作者|フィリップ・コトラー，ゲイリー・アームストロング，恩藏直人|

編　集　　株式会社 ピアソン桐原

発行者　　池　田　和　博

発行所　　丸善出版株式会社
　　　　　〒101-0051　東京都千代田区神田神保町二丁目17番
　　　　　編集・電話(03)3512-3263／FAX(03)3512-3272
　　　　　営業・電話(03)3512-3256／FAX(03)3512-3270
　　　　　https://www.maruzen-publishing.co.jp

© Philip Kotler, Gary Armstrong, Naoto Onzo, 2014

翻訳・上川典子，丸田素子
翻訳協力・株式会社トランネット
装丁・大下賢一郎
本文デザイン・相波恵デザイン事務所
編集・髙橋京子，高野夏奈
組版・株式会社メディアアート
製本・Integra Software Services Private Limited
印刷・株式会社 加藤文明社／製本・株式会社 星共社

ISBN 978-4-621-06622-5 C 3063　　　　Printed in Japan

本書の無断複写は著作権法上での例外を除き禁じられています．